本书的出版得到了香港动物守护神咨询有限公司的资助和支持

特此鸣谢

动物保护法概论

The Theory of Animal protection Law

|孙 江 何 力 黄 政 编著|

法律出版社
始创于 1954 年

出 版 说 明

二十多年前，当中国改革开放开始勃兴，法律和法律教育开始再度崛起之时，法律出版社便以精诚态度和极大力度服务于中国的法律教育。针对不同阶段的读者，本社陆续推出多种系列的法学教材，迄今已达数百种。高等学校教材、教学参考书为其中主要部分。而历年来逐步推出的“八五”、“九五”及正在推出的“十五”国家级规划教材，更为重点。长期以来，“法律版”的众多教材，颇受学林瞩目。在此，我们深深感谢读者和作者对我们的信任。

进入21世纪以来，中国法律教育在取得长足发展的同时，也积极酝酿和展开改革举措，培养高素质的现代法律人才成为法律教育的重要目标。为此，本社应时而动，力求从教材的品种上、内容上、形式上实现更大突破，为新一代法律人学取专业知识提供更好读本。

就高等学校教材而言，我们立足两种进路：全面革新既有教材，或推出全新教材。革新既有教材，意在选取已出版教材尤其是“八五”、“九五”规划教材中的精品，从内容到形式全面更新、修订，重新整合，使这些长盛不衰的法律教育财富，以崭新面目，继续服务于新读者。推出全新教材，则或为推出“十五”规划教材，或约请优秀作者撰写新作，精阐原理，结合实践，关注前沿，努力创造出新世纪的新经典。优秀作者，或为老一辈与盛年名家，或为新生代才俊。或革新，或全新，这些教材在21世纪呈现崭新风采，并同享规划教材之盛，因之统为一名：“21世纪法学规划教材”。

我们深信，中国的法律教育事业将在改革和发展中不断壮大；我们承诺，本套“21世纪法学规划教材”，以及本社所有法律教育图书都将在发展中不断更新和超越。本着竭诚为法律和法律教育发展服务，竭诚为读者服务之宗旨，我们愿更加敬业，与广大读者和作者一起，共同创造法治事业及法律教育事业的美好未来。

法律出版社

作者简介

孙　江　西北政法大学副教授、硕士研究生导师，西北政法大学动物保护法研究中心主任。著有《法律维权启示录》、《二十一世纪法律热点问题研究》（主编）、《让法律温暖动物》（合作）、《农业法视野中的土地承包经营权流转法制保障研究》（合作）、《动物福利立法研究》、《中国法律专家论证案件全书》（副主编）等。主要研究方向：环境法、农业法和新闻法。近几年主要致力于动物福利和动物保护立法研究。主持和参与了多项省部级课题的研究工作，目前，正在主持陕西省社科基金项目《生态文明视野下的动物保护法律制度完善的现实研究》和司法部"国家法治与法学理论研究项目"《和谐社会视野下的中国动物福利立法研究》。

何　力　陕西省委党校法学教研部副教授，西北政法大学动物保护法研究中心兼职研究员，陕西省"五五普法"讲师团成员。研究方向：宪法、动物保护法。主要著述：《宪法理论比较研究》（专著），《行政法治建设研究》（合著），《法律分析与应用》（副主编），《让法律温暖动物》（合作）等，主持和参与了多项国家、省部级课题的研究工作，主持陕西省哲学社会科学基金项目《地方政府行政责任制度完善的现实研究》，参与了国家社会科学基金重点课题《中国特色的社会主义法治国家建设研究》、司法部"国家法治与法学理论研究项目"《和谐社会视野下的中国动物福利立法研究》和陕西省社科基金项目《生态文明视野下的动物保护法律制度完善的现实研究》。其中一些科研成果获省部级奖。

黄　政　西北政法大学经济法学院讲师，西北政法大学动物保护法研究中心副主任。主要研究方向为：环境与资源法。曾发表《化学品环境管理立法若干问题研究》、《循环经济的理解和实现机制》、《环境执法中公众参与的探讨》、《野生动物保护立法完善之浅析》等。翻译《欧盟化学品未来战略白皮书》、《美国化学品国家管理概述》等。正参与司法部"国家法治与法学理论研究项目"《和谐社会视野下的中国动物福利立法研究》和陕西省社科基金项目《生态文明视野下的动物保护法律制度完善的现实研究》的课题研究工作。

序

动物保护法学是一门新兴的法律学科，是二十世纪中后期开始成型的独立法律分支，也是法律的边缘学科，涉及刑法、民法、物权法、环境法、国际法等法学领域，又是涉及哲学、自然科学以及伦理学的交叉学科。

有关动物保护法的教学在欧美等西方国家已经相当普及，而在我国动物保护法教学才刚刚起步，在一些大学的法学院系设有资源与环境保护法课程，包括野生动物保护法的内容，但大多没有设置为一门单独的课程。据中南林业大学法学院院长周训芳教授介绍：中南林业大学已经开设了野生动植物保护法方面的课程。2000 年中国科技大学开设了“环境与动物福利法”。

2008 年初，西北政法大学在环境资源与环境保护法专业研究生中开设《动物福利法学》，这是一门侧重介绍西方动物保护法、动物福利思想的课程。该课程从历史的角度出发，介绍了古今中外动物保护法思想的产生、发展及历史演变，系统地介绍了西方国家动物（主要是驯养动物）福利立法与实践。进而引出在我国进行驯养动物福利立法的必要性、立法实践进程中的障碍和具体法律制度构建的思考和研究。同年，西北政法大学在法学专业本科生中开设《动物保护法概论》，这是一门对野生动物保护法和驯养动物保护法全面系统介绍的课程，不仅介绍西方动物保护立法与实践，还系统地介绍了中国动物保护现状和动物保护立法及实践。

2008 年底，西北政法大学将《动物保护法概论》列入法学专业本科生教学计划，正式成为全校法学专业选修课程，并于 2009 年第二学期正式开课，这应该是全国首例。该课程的建设与发展，需要一本与之配套的教材，这是本书编著的初衷。同时，也希望本书有助于公众了解动物保护立法发展，有助于专家、学者进行动物保护立法的研究。

本书的编著者曾参与司法部、陕西省社科基金有关动物保护法研究项目，与动物保护组织以及学者保持长期的交流，占有了一定的资料，取得了一些成果，这一切为我们撰写本教材提供了诸多支撑。

本书共分三编：第一编为导论（何力、孙江撰写），第一、二、三章系统阐释了动物、动物福利、动物权利和动物保护法等基本理论，第四章是动物保护法的历史溯源，详尽地介绍了古今中外动物保护立法的产生、发展和演变。本编旨在使读者对动物保护法的基本理论和知识有所了解。

第二编是世界动物保护立法现状概述(黄政、何力撰写),第一章对部分国家和地区的动物保护立法和实践进行了概括介绍,第二章对有关动物保护的全球性条约、区域性条约以及鸟类、哺乳动物及鱼类保护条约进行了介绍。第三、四章主要是对动物保护立法先进国家和地区的野生动物和驯养动物保护法律制度与规定的引介。本编内容有利于读者开阔眼界,了解和掌握世界动物保护法律制度现状和发展趋势。

第三编为中国动物保护立法及其实践(孙江、何力撰写)。本编详尽地介绍了中国传统文化中蕴涵的动物保护法思想,对中国动物保护现状和动物保护立法及实践现状、动物保护组织及动物保护法教学科研等进行了概括性介绍。以期使读者在了解中国动物保护立法和实践的现实状况之基础上,对中外动物保护立法予以比较,进一步对我国的动物保护法律制度之构建有所思考。在结语部分,作者提出了和谐文化视野下的动物保护立法思考,抛砖引玉,粗浅地探讨了我国动物保护理念和立法思想的脉络。

因为动物保护法学目前还非主流学术方向,研究的人员还很少,有关这方面的参考著述也非常少,而且大多是西方国家动物保护法思想和动物保护立法及实践的介绍,本书是国内第一本尝试介绍野生动物和驯养动物全面保护,与国际社会接轨的保障动物福利层面的动物保护法教材。编著本书的困难也就可想而知了,加上我们现在的研究水平还很有限,编著时间亦较为紧张,书中难免出现疏漏和不足,恳请专家、读者批评指正!

孙江　何力　黄政

2009 年 7 月 7 日于西北政法大学

目　录

第一编　导　论

第二编　世界动物保护立法现状概述

第三编　中国动物保护立法及其实践

第一编　导　　论

第一章　动物概述

第一节　动物的概念

动物的概念在不同学科中是不同的。在立法中，由于文化传统、社会发展路径以及理论基础等方面的不同，各个国家和地区在动物保护法中所指称的动物内涵亦存在着一定的差异。

一、"动物"概念的词源解释

对动物概念的认识有一个历史的发展过程。动物学之父的亚里士多德在他著名的《动物志》一书中，系统地描述了500多种动物，但是并没有给出一个精确的定义，而是重在考察动物之间的差异及偶然性，此后才是考虑进而解释这些事物的原因。[1] 随着人类社会的发展，生产力的不断进步，人类探索领域的扩大，对"动物"一词的理解越来越精确。20世纪以来，由于各个学科相互渗透，"动物"的概念也更具客观性、科学性，但各种辞书的解释也各不相同。

《辞源》中记载：动物"生物的一大类，区别于植物，固礼地官大司徒：'辩五地之物生：一曰山林，其动物宜毛物，其植物宜早（草）物。'文选张平子（衡）西京赋：'缭垣系，四百余里，植物斯生，动物斯止。'"[2]《辞海》对动物的定义是："生物的一大类，与植物和微生物共同组成生物界。包括原生动物、腔肠动物、扁形动物、线形动物、环节动物、软体动物、节肢动物、棘皮动物和脊索动物等，已知约有一百余万种，遍布于自然界。动物一般不能将无机物合成有机物，只能以植物、动物和微生物为营养，因此具有与植物不同的形态结构和生理功能，以进行摄食、消化、吸收、呼吸、循环、排泄、感觉、运动和繁殖等一系列生命活动。动物与人类关系密切。家养动物、鱼类和毛皮兽是人类重要的食物来源和工业及医药原料；许多昆虫和啮

---

〔1〕 亚里士多德：《亚里士多德全集》（第四卷·动物志），中国人民大学出版社1996年版，第394页。

〔2〕 广东、广西、湖南、河南辞源修订组，商务印书馆编辑部编：《辞源》14合订本，商务印书馆1988年版。

齿类动物危害农业和林业；许多低等动物是其他某些动物的寄生虫；有些动物能传播人和动物的疾病，以及植物病害的病源，危害人、畜和农作物。”[1]

《中国百科大辞典》第一卷第426页关于“动物”的条目记载：“根据L. 马吉利斯提出的五界分类分案，现有生物可分为原核和真核生物两大类。前者即原核生物界……后者可再分为原初生物界、真菌界、植物界和动物界……真菌、植物和动物都是多细胞生物，它们的一个主要区别是它们的营养方式。植物为自养，……真菌和动物都是异养生物……但真菌是寄生或腐生、分泌消化液于对象，将其分解后再吸收，而动物直接将其摄食入体内再消化利用……而且能否运动也不作为动物的分类特征……”[2]

《不列颠百科全书》对动物的解释为：“动物：动物界的多细胞生物，据认为系独立地从单细胞的真核生物进化而来。动物和植物间最明显的不同在于动物细胞或无细胞壁，或其细胞壁由含氮物质构成，而植物的细胞壁是由碳水化合物之一纤维素构成。一般地说，动物与植物、真菌的区别在于能够自由进行空间移动。”[3]

《大美百科全书》中的解释为：“许多生物可明显地看出是属动物还是植物，有些则不然，因此需有一套特定的标准作为分辨的依据。若暂时抛开原生动物(Protozoon)不谈，动物需具有以下特征：(1)多细胞的个体组织；(2)在生命周期中至少有一个阶段能移动；(3)须以现存食物摄取养分(他营性)；(4)能产生两种不同的生殖细胞(配子)，如精子和卵子；(5)在发育过程中通常会形成胚胎”。[4]

从以上之列举，可以看出，各辞书对“动物”定义在承认其生物属性的同时，采取了不同的方法和标准。有的用了运动性标准，有的是在细胞学的基础上以营养方式划分。

二、动物的生物学定义

目前，世界上已鉴定的生物约有200万种，已知的动物约150万种，长期以来，生物学家在生物分界上做了大量研究工作，生物分界也有一个不断深入的历史过程，现今已形成包括病毒在内的六界学说。动物界(Alimalia)的定义是：多细胞真核生物，无细胞壁和叶绿体，不进行光合作用，借吞噬作用来摄食，具有神经系统，能对刺激产生反应，如昆虫、鱼鸟、兽等。[5]

从上述动物的词源考察，我们也可以看出，对动物一般定义为具有自我运动、

---

〔1〕 辞海编辑委员会：《辞海》，上海辞书出版社1988年版，第467页。

〔2〕 中国百科大词典编委会：《中国百科大词典》，华夏出版社1990年版，第426页。

〔3〕 美国不列颠百科全书公司，中国大百科全书编辑部：《不列颠百科全书之国际中文版》，中国大百科全书出版社1999年版，第346页。

〔4〕 大美百科全书编辑部：《大美百科全书》(第17版)，外文出版社1994年版，第512页。

〔5〕 姜云垒、冯江主编：《动物学》，高等教育出版社2006年版，第2页。

感觉并具有消化食物能力的生物。因此,人也属于广义范围内的动物。有研究表明:人和很多哺乳动物的基因都有90%以上的同源性,就是说90%以上都是相同的。例如人与类人猿之间的同源性在99%以上。因此,单从生物学意义上讲,人与动物并无根本不同,人与动物只不过都是在漫长的物种进化中产生的不同物种而已。

三、动物的法律概念

在法律上,涉及的动物一般是指除人以外的动物,这很明显是在将人与其他动物对照的基础上对动物作出的一个范围上的限定。因此,动物保护法对于动物应该是一种界定而不是定义,是通过对于动物的范围的界定来明确本法所确立的保护及福利施予的对象,而不是对于动物这一概念进行一种学理上的定义与解释。在动物保护视角下,"动物"一般仅指除人以外的脊椎动物。[1] 考察国内外关于动物的立法,不同的法律针对其不同的调整对象,对"动物"的界定和范围的规范亦有差异。其中英美普通法系国家的动物法律法规,对其具体法律适用的动物往往有比较详细具体的罗列,在1981年英国的《动物园执照颁发法》中,对动物的定义为:"属于兽纲 mammalia、两栖纲 amphibia、鸟纲 aves、爬行纲 reptilia、鱼纲 pisces 和昆虫纲 insecta 以及其他的并非植物和真菌的多细胞有机体……"[2]《智利民法典》第608条规定:"天然自由并独立于人类而生存的动物为野生或未驯化的动物,如野兽和鱼;通常依赖人类生存的动物为家养动物,如鸡、绵羊;其天性为野生但已习惯于被养殖之生活,并已识别人类之特定控制方式的动物,为驯化动物。驯化动物如保持受人类保护或照料的习惯,适用关于家养动物的规定,失去这一习惯时,重新归于野生动物。"[3]而欧洲大陆法系国家的动物法,一般不对动物提出具体定义。例如,瑞士《联邦动物保护法》只是简单说明该法适用于脊椎动物。

在新加坡《畜鸟法》"防止虐待动物"一章里,认为"动物"应该"包含任何野生或经驯养之兽、鸟、鱼、爬行动物或昆虫等"。香港《防止残酷对待动物条例》中的"动物"包括"任何哺乳动物、鸟雀、爬虫、两栖动物、鱼类或任何其他脊椎动物或无脊椎动物,不论属野生或驯养者"。[4] 在这里,动物概念包括昆虫和无脊椎动物,其传达的是所有动物都不应受到虐待,这一理念是很完整、也很彻底的。这就意味着即便是非常弱小的动物,人类也表达了相当的法律关照。从一定意义上说,这样

---

〔1〕 孙江:《动物福利立法研究》,法律出版社2008年版,第4页。

〔2〕 童攀林、刘正雄、王迪得:《中华小百科全书第九部生物学卷、医学卷》,四川辞书出版社1998年版,第326页。

〔3〕 杨立新:"关于建立法律物格的设想",载 http://www.yanglx.com/dispnews.asp? id=425。

〔4〕 莽萍:"动物福利考验人类道德",载《中国青年报》2002年11月13日。

的法律规定反映的是一种理想意义上的“动物”范畴。

我国《野生动物保护法》规定保护的野生动物，是指珍贵、濒危的陆生、水生野生动物和有益的或者有重要经济、科学研究价值的陆生野生动物。《中华人民共和国动物防疫法》所指的动物，是指家畜家禽和人工饲养、合法捕获的其他动物。《中华人民共和国进出境动植物检疫法》里的“动物”是指饲养、野生的活动物，如畜、禽、兽、蛇、龟、鱼、虾、蟹、贝、蚕、蜂等。

而在我国台湾地区“动物保护法”中的“动物”是指“犬、猫及其他人为饲养或管领之脊椎动物，包括经济动物、实验动物、科学应用动物、宠物及其他动物”。其中：经济动物：指为皮毛、肉用、乳用、役用或其他经济目的而饲养或管领之动物；实验动物：指为科学应用目的而饲养或管领之动物；科学应用动物：指为教学训练、科学试验、制造生物制剂、试验商品、药物、毒物及移植器官等目的所进行之应用行为；宠物：指犬、猫及其他供玩赏、伴侣之目的而饲养或管领之动物。[1] 这种立法模式，既明确了动物保护法要保护的对象，又表明了立法者关注的重点。是一种操作性较强的规范方式。“野生动物保育法”规定野生动物系指一般状况下，应生存于栖息环境下之哺乳类、鸟类、爬虫类、两栖类、鱼类、昆虫及其他种类之动物。

还有一些国家在具体的法律规范中分别对特别适用的动物予以定义，如瑞典在其《动物福利法》中规定，此法的适用对象是驯化动物和被囚禁的动物或用于某种特殊用途的动物。在《饲养动物类保护一般规定》(98/58/EC)中规定，包括鱼类、两栖类和爬虫类，不包括野生动物、体育和马戏用动物、实验用动物和无脊椎动物。

由此可见，由于各国的文化、种族、习惯和宗教信仰等差异，使“动物”一词的内涵和外延没有一个统一的标准，因此就不能强求给出“动物”一个放之四海而皆准的定义。我国现行的动物保护法侧重于对野生动物的保护，而世界上大多数国家的动物保护法不仅侧重于对野生动物保护，而且对与人类社会关联更为密切的驯养动物也立法予以保护，因为这些动物不仅数量庞大，而且其生存在相当大的程度上要依赖于人类的态度和行为，也最容易受到伤害。现实中，有些动物就是为被肉食而生，有的是用来被奴役和取其皮毛的，甚至有些动物就为了各类实验而被培育。这就容易造成歧视，让人们以为可以任意使用、屠宰或关押动物。动物保护法律制度恰恰首先是要求人们对动物取之有道，防(禁)止虐待动物，满足其康乐之需求。

---

〔1〕 莽萍、徐雪莉：《为动物立法——东亚动物福利法律汇编》，中国政法大学出版社 2005 年版，第 73 ~ 74 页。

第二节　动物的分类

一、动物的自然分类

按不同的标准，动物有不同的分类。现在我们所用的动物分类系统，是以动物形态或解剖的相似性和差异性的总和为基础的。根据古生物学、比较胚胎学、比较解剖学上的许多证据，基本上能反映动物界的自然类缘关系，称为自然分类系统。动物分类系统，由大而小，有界、门、纲、目、科、属、种等几个重要的分类阶元（分类等级）。由此动物可分为38个门。整体划分，动物界可分为两大门类，即根据动物身体中有没有脊椎而分成为脊椎动物和无脊椎动物两大主要门类。脊椎动物中包括：鱼类，爬行类，鸟类，两栖类，哺乳类五大类，无脊椎动物中包括：原生动物，扁形动物，腔肠动物，棘皮动物，节肢动物，软体动物，环节动物，线形动物八大类。[1]

二、动物在法学上的分类

从世界各国立法实践考察，诸多有关动物保护以及福利的法律法规所指的动物一般是指脊椎动物。并在此基础上，以动物与人类的关系为标准，将动物分为两大类：生活在野外、不被人控制和喂养的野生动物和被人基于各种目的而饲养的驯养动物。

根据各国立法实践，一般法律所指的只是野生动物中脊椎动物中的一部分，而不是全部野生动物。立法中通常以动物种群数量划分为濒危野生动物和一般野生动物。也有以经济价值、珍稀为标准进行分类的，如分为一级和二级保护野生动物。还有以野生动物对生态以及人类产生的功能，划分为有益野生动物和有害野生动物。

驯养动物通常按照其不同功用而细分为五类：(1)农场动物，指人类为了食品生产并且获得经济利益而饲养的动物。(2)实验动物，指人类为了科学研究而饲养的动物。如《北京市实验动物管理条例》总则第2条就明确指出，"本条例所称实验动物，是指经过人工饲养、繁育，对其携带的微生物及寄生虫进行控制，遗传背景明确或来源清楚的，应用于科学研究、教学、生产和鉴定以及其他科学实验的动物。"(3)伴侣动物，又称宠物，是指那些适于家庭饲养，用于丰富人类精神生活，提高人类生活质量的动物。(4)工作动物，又称役使动物，是指为人类所利用来为人类提供服务的动物，包括警犬、牧犬、耕牛、拉车或驼运物品的马等。(5)娱乐动

---

〔1〕 周正西：《动物学》，中国农业大学出版社2001年版，第3页。

物，主要指为人类表演或者供人观赏的动物，包括动物园内的动物、马戏团动物以及在影视业中使用的动物等。在实践中，上述分类还存在交叉的情况，如：家养犬只，既是伴侣动物，有时也因守护财产被认为是工作动物。[1]

第三节　人与动物的关系

不同的动物种类作为地球生态系统中的组成部分，不仅在维持生态平衡方面发挥着一定的功能，而且也为人类的生存与发展提供了许多资源。随着人类技术水平的飞速发展，其对包括动物在内的自然界的索取也越来越多，由此引发的环境危机也前所未有地凸显出来，过度索取引发的大量动物物种的灭绝，不仅会导致生态失衡，甚至直接威胁着人类的生存。有学者指出生态环境危机是人类自身的生存危机，如果人类不能调整自己的行为，那么人类的灭绝的加速并不是不可能的，人类的灭绝也并不意味着生物世界的终结。著名古生物学家 D. V. 阿格尔教授甚至预言，在一个没有人类的世界中，啮齿类动物将是优势的动物种类。

可喜的是，人们已经开始认真审视自我行为，开始重新认识人与自然的关系，重新认识人与动物的关系，并通过法律和条约来约束自己的行为。

一、人与自然的关系

人类与自然的关系，与其他生物同自然的关系迥然不同。首先，人类对于自然界的一切索取和作用基本上是一种后天习得的、自主的、有意识、有选择的理性行为。第二，人类对自然界的索取和作用是利用自己制造的工具进行的，这就大大增强了人类向自然索取的能力。另外，由于人类世代相传的后天获得的知识和本领具有积累性和滚动发展性，这就为人类的发展和进步提供了一种永无止境并且逐渐加速的可能性。[2] 在20世纪50年代以前，人们对于人与自然的关系这一问题的认识，主要有两种看法。一种是重点强调人的主观能动性、重要作用和重要地位，它突出人对自然的改造作用，重视人与动物以及自然界中其他物质的区别。它认为“人是大自然中唯一具有内在价值的存在物，环境道德的唯一相关因素是人的利益，因此，人只对人类负有直接的道德义务，人对大自然的义务只是对人的一种间接义务”。[3] 只有人才有责任和权利，一切非人存在物皆无所谓责任和权利，既没有内在价值也没有什么尊严。另一种看法则尽可能淡化人在自然中的特殊

---

〔1〕 孙江：《动物福利立法研究》，法律出版社2008年版，第5页。

〔2〕 邝福光：《环境伦理学教程》，中国环境科学出版社2000年版，第66页。

〔3〕 何怀宏主编：《生态伦理——精神资源与哲学基础》，河北大学出版社2002年版，第337页。

性，强调人与动物的共性和人与自然的关系，认为在人与自然之间应存在着伦理关系，人不过是自然界的一部分，人在改造和利用自然的过程中应“道德地”对待自然，生态伦理的主体不应仅仅是人，还应包含自然在内，人不过是自然中的一部分。[1] “大自然中的其他存在物也具有内在价值，其他生命的生存和生态系统的完整也是环境道德的相关因素。因此，人对非人类存在物也负有直接的道德义务，这种义务不能还原或归结为对人的义务。”[2] 随着社会生产力的发展，人们对于人与自然的关系这一问题的认识进一步深化，最后渐渐形成三种典型的观点：

（一）古典人类中心主义。古典人类中心主义主张自然界与人类有主客之分，是人类对人类生存系统中人与环境主客体关系的一种认识理念。在这种认识理念下，人是最高级的存在物，一切以人为核心，人类行为的一切都从人的利益出发，以人的利益作为唯一的尺度，只依照自身的利益行动，并以自身的利益去对待其他事物，改天换地，征服自然，做自然的主宰，挣脱自然对人类的束缚，谋求人类的幸福。

（二）自然中心主义。又称作“生态中心主义”。在这种认识理念下，人之于自然的中心地位遭到了绝对的否定，认为一切生命体都与人一样具有目的性、主动性、主导性、创造性和能动性。而且，把自然当作是最高的主体，人应当以生态为中心并顺应自然，人对于自然的作用甚至是一种“宇宙之癌”，意即人在宇宙中为了自身的发展而做出的行为如同癌细胞一样过分扩张，剥夺了其他生物的空间，破坏了自然的和谐。

（三）现代人类中心主义。这是一种倡导人与自然和谐相处的现代意义上的人类中心主义，是人类中心主义和自然中心主义相互融合，相互渗透的产物，主张人是价值世界的中心。[3] 它从人类整体的永续性的角度去具体地理解和确立人自身生活的自觉意识。在将人的内在目的性作为自己行动的最高原则和最后的基本依据的同时尊重自然客观发展规律，把自然不仅看作对象而且看作人类自身价值的载体，倡导要尊重自然，热爱自然，合理保护、利用自然，提高人类的自身素质，从而实现社会生产力和自然生产力相和谐，经济再生产与自然再生产相和谐，经济系统与生态系统相和谐，最终实现人类社会可协调和可持续发展。

二、人与动物的关系

人与动物的关系是人与自然关系的一个重要方面，人对动物的态度是人对自然的态度的具体表现之一。对于人类与自然的关系的不同看法，将直接导致对于

---

〔1〕 何怀宏主编：《生态伦理——精神资源与哲学基础》，河北大学出版社2002年版，第337页。

〔2〕 [美]大卫·雷·格里芬编：《后现代精神》，中央编译出版社1998年版，第4～28页。

〔3〕 现代人类中心主义反对那种认为“人是宇宙中心”、“人是自然主宰”等意义上的人类中心主义，只承认人是价值世界的中心，在此基础上维护人的合理的利益与需求。

人与动物关系的不同认识。

（一）古典人类中心主义视野下人与动物的关系

在古典人类中心主义者看来，人是一种自在自为的，其一切需求都是合理的，可以为了满足自己的任何需要而对自然有着绝对的支配权利。在这样的认识论指导下，动物之于人是绝对的客体。

1. 人“天生”就是其他存在物的目的

亚里士多德明确表示，“植物的存在是为了给动物提供食物，而动物的存在是为了给人提供食物……由于大自然不可能毫无用处地创造任何事物，因此所有的动物肯定都是大自然为了人类而创造的”。[1] 传统基督教继承了亚里士多德的这一观点，认为自然和动物都是上帝为给人提供衣食来源而创造的，除了人，任何存在物都没有内在价值。例如，将基督教的神学思想和亚里士多德的哲学融合在一起的托纳斯·阿奎那就在其《理性造物与其他造物的区别》中宣称：“在一个由上帝、天使、人、动物、植物与纯粹的物体组成的‘伟大的存在链’中，人更接近上帝和天使。上帝是最完美的，其他存在物的完美程度取决于它们与上帝接近的程度，那些较不完美的存在物应服从那些较完美的存在物。在自然存在物中，人是最完美的，其他存在物是为了人的存在而存在，因此。人可以随意使用动物、植物。对动物的残酷行为之所以是错的，是由于这种行为会鼓励和助长对他人的残酷行为。”[2]

2. 动物是一种“自然的机器”

到了17世纪，笛卡尔主义盛行，认为非人类动物没有思维，完全缺乏任何意识体验。动物没有语言的能力，不像我们人类可以交流精神生活。所以，动物是一种“自然的机器”，是没有任何思维的躯体，是像缺乏精神意识的电动兔子一样的生物玩具。动物只有物质的属性，它与无生命的客体没有任何区别，因此，我们可以随意对待它们。笛卡尔甚至认为，动物感觉不到痛苦，因为痛苦是作为“亚当之罪”而存在的，而动物与亚当之罪没有任何关系，因此它们不可能痛苦。当我们折磨动物时，它们并未真正感到痛苦，它们只是表现得好像是在受苦。[3]

在这样的认识论影响下，人是动物的绝对的主人，可以任意对待这些不能与之交流的生命，即使善待动物，也是出于人类自身的利益考虑，比如康德和洛克在论述人与动物关系问题时都主张，人不应当虐待动物，不是出于动物自身的价值或者

---

〔1〕［古希腊］亚里士多德：《政治学》，商务印书馆2006年版，第23页。

〔2〕［意］阿奎那：“理性造物和其他造物的区别”，载S. J. Armstrong、R. G. Botzler编：《环境伦理学：分歧与共识》，纽约，1993年版，298～301页。

〔3〕［法］笛卡尔：“动物是机器”，载S. J. Armstrong、R. G. Botzler编：《环境伦理学：分歧与共识》，纽约，1993年版，281～285页。

权利，而是我们负有仁慈地对待动物和不残酷对待它们的间接义务，因为对动物的温柔情感能够发展成对人类的仁慈情感，对动物残忍的人在与他人交往时也变得心狠手辣。康德明确宣称："只有人才有资格获得道德关怀……就动物而言，我们不负有任何直接的义务。动物不具有自我意识，仅仅是实现目的的一个工具。这个目的就是人……我们对动物的义务，只是我们对人的一种间接义务。"[1]

（二）自然中心主义视野下人与动物的关系

自然中心主义认为古典人类中心主义是以对人类理性的绝对信任为前提的，但是理性本身未必值得信赖。而且，不是每一人类成员个个能说话，能自由选择（譬如白痴、婴儿等），但我们并未因此而否定他们的内在价值。因此，在他们看来，人与动物的关系表现为：

1. 动物有天赋价值，应获得适当的尊重

在自然中心主义的世界里，所有的生命体一般说来都有其内在于自身的"固有价值"，因此，动物和人是处于平等的地位，应该受到同等的尊重，人不是动物存在的目的，我们没有理由不去善待这些无辜的生命。

2. 动物亦有意识、思维和情感，不仅仅是工具

1871年，达尔文发表了《人类的由来及性选择》（或译成《人类起源》）宣称人和低等动物有着共同起源，人是由古猿进化而来。这个观点震惊了当时的学术界和宗教界，也因此从根本上改变了科学对人和动物关系的看法，对神学、哲学、社会学、政治学以及法学都产生了前所未有的影响。

第一，动物有着同人类相似的神经和感觉器官，动物可以感知痛苦和快乐。18世纪中叶，英国开始出现要求改变对动物的态度和减少虐待动物行为的呼声，人们开始意识到动物具有同人相似的感知，是具有生命的生灵，能感觉到痛苦和快乐。1776年，英国牧师汉弗雷·彼瑞马特在其博士论文中写道："痛苦终究是痛苦，不论是施加在人身上还是施加在动物身上……动物像人一样会感到疼痛。动物有着同人类相似的神经和感觉器官。"[2]

第二，动物不是没有思维的生物玩具。科学家发现，动物和人一样也有家庭、父母、兄弟姐妹，也有亲情，也有喜怒哀乐等七情六欲，动物会用工具，甚至有创新意识和自由的语言交流方式。这都是可能证明动物有思维的证据。

更让人惊讶的是，随着新的科学研究进展，认为只有人类拥有语言而其他动物没有语言的看法开始变得站不住脚。近年来，一项重要的基因研究成果，是科学家发现了一个被称为FOXP2的基因，这个基因同语言和语言障碍有关，对运用语言

---

〔1〕［德］康德："我们对动物只具有间接义务"，载L. P. Pojman编：《环境伦理学》，波士顿，1994年版，第27～28页。

〔2〕曹菡艾：《动物非物——动物法在西方》，法律出版社2007年版，第92页。

至关重要。它使人类可以灵活控制嘴和喉部肌肉,发出复杂的声音。但是,这一基因并不是人类所独有的。通过将人类 FOXP2 基因编码的这一蛋白质和猩猩及老鼠的同一蛋白质进行比较,科学家发现,组成人的这一基因差异氨基酸序列,同黑猩猩的相比,在总数 715 当中仅有两处不同,其他均相同。在该领域研究的发展中,科学家于2004 年发现,一些善于唱歌的鸣鸟,带有同人几乎完全相同的 FOXP2 基因。[1] 总之,人们已经不再固守十八九世纪认为动物是不能思考、没有感觉的机器的那种过时和不科学的观念。

因此我们可以说,在自然中心主义视野下,道德价值的主体的界限被从人类扩展到动物,认为人类应当承认动物的内在价值,维护动物的平等权益,承认动物享有被尊敬对待的基本权利,而享有被尊敬对待的基本权利就意味着具有不被伤害的基本权利,这是一个首要权利。此外,我们也不应该干涉动物的生活。"如果动物不受苦的利益具有道德意义,我们就必须废除而不仅仅是规制动物财产制度,我们也必须停止我们不以之使用于人的方式来利用动物。"[2] 只要人类仍旧把动物看作物并将其作为人类的财产而继续加以利用,动物权利就无从谈起。

(三)现代人类中心主义视野下人与动物的关系

现代人类中心主义是可持续发展观的生态伦理学基础,在人类与生态环境的相互作用中将人类的长远利益置于首要地位,认为人类的长远利益和整体利益应成为人类处理自身与包括动物在内的生态环境关系的根本价值尺度。因此,在现代人类中心主义视野下,人与动物的关系是对立统一的。一方面,动物是人类不可缺少的资源,也是人类必须而且应该加以合理利用的资源。动物不仅为人类提供了食物的来源、工业原料、药物的来源,还为科学发展提供了有益的启示。另一方面,不论是从道义角度还是从人类自身发展的需要角度来说,我们都要善待动物,合理利用动物。例如,人类必须承认动物在整个生态环境中的价值,尤其是野生动物的生态作用。在生态系统中,人与动物以及与其他生物、非生物之间的物质循环、能量流动、信息传递,有着相互依赖、相互制约的辩证关系。如果生态系统里某些物种突然丧失,很可能导致整个系统功能的失调,甚至使整个生态系统面临瓦解的危险。曾经在农牧业生产中,由于人们过量使用农药和杀虫剂,将一些有益的昆虫和动物也杀死了,失去了天敌的鼠、虫便开始泛滥成灾,最终也为农牧业生产带来巨大灾难。正是由于动物对人类的这种作用,要求我们必须保护动物,必须合理开发利用动物资源,将人类的开发利用行为限制在合理的范围和幅度之内,以确保

---

[1] 曹菡艾:《动物非物——动物法在西方》,法律出版社 2007 年版,第 32 ~ 33 页。

[2] [美]G. L. 弗兰西恩著:《动物权利导论:孩子与狗之间》,张守东等译,中国政法大学出版社 2005 年版,第 260 ~ 261 页。

生态平衡和动物资源的持续利用。[1]

在人类社会的不断发展中，我们还需要继续利用动物资源，因为目前我们还没有找到动物的替代品以实现对动物的利用体制的废除。虽然，在宰杀、利用动物的过程中，动物的确可以感知痛苦，在某种程度上也可以说它们还具备一定程度的思维能力，然而动物还远远没有达到“理性”这一要求，即使我们按照动物权利论的要求对其施以平等对待，动物也没有能力作为权利主体来主张、行使并实现自己的权利，它只能是作为客体，由人间接地对其加以善待。而这，也应该是在我国进行动物立法、动物法研究和教学中应予以秉承的态度。

由上可知，无论是古典人类中心主义、自然中心主义还是现代人类中心主义，虽然在对人与动物的关系认知上有差异甚至矛盾，但都认可动物应受到保护这一事实。

第四节　动物的经济价值

从远古时代到现代文明，人类一直都在本能与意识、自在与自为、理性与非理性之间徘徊着索取自然，把植物、动物变成食物、燃料，衣着……只有这样人类才能生存，才能生活和生产，这本身就是一个自然过程，没有这些就没有人的生存乃至发展的基础，这似乎是无可争议的事实。同样，千百年来，人们对动物这一客观存在的承认从未怀疑过，对它的认识、描述和判断也从未停止过。当人类满足了基本的衣食之需后，他的智慧在增加，欲望在膨胀，需求的内涵与外延也在不断扩大，食要精美，衣要华丽，基于这种努力提高物质生活水平的事实认知，却导致了其价值判断的偏离。这就是对动物价值的认识只看到其能够满足人的物质需要这一方面，却忽略了其他的价值功能。当然，人们可以直观感受到和意识到的动物的首要价值也正是它们的经济价值。

一、动物的经济价值概说

经济价值，是指任何事物对于人和社会在经济上的意义。动物种类繁多，有多样的特性与功能，才使动物世界呈现出丰富的可利用性，这正是动物的经济价值所在。

现代环境经济学把资源环境价值分为使用价值和非使用价值两部分。其实，动物的经济价值也可以分为使用价值和非使用价值。使用价值是指当动物被使用

---

〔1〕 杨源：“人与动物关系的法理学探讨”，载《2001年环境资源法学国际研讨会论文》。

或消费时，满足人们某种需要或偏好的能力。它又可分为直接使用价值、间接使用价值和选择价值三部分。直接使用价值是指动物直接满足人们生产和消费需求的能力，如动物提供给人类食物、皮毛、药材等。单就药物来说，发展中国家人口的80%依赖植物或动物提供的传统药物，以保证基本的健康。间接使用价值是指人们从动物所提供的用来支持生产和消费活动的各种功能中间接获得的效益，它们既能给人提供实惠，在使用过程中又不会受损耗。如蝴蝶传播花粉，促进了某地的果树品种的改良和产量的增加。选择价值又称"期权价值"，是指当代人现在愿意为了后代人对动物资产的使用所做出的支付意愿，这取决于动物资源供应和需求的不确定性以及人们对生态风险的态度，实际上包括未来的直接和间接使用价值，如当代人对保护生物多样性等支付意愿。动物的非使用价值又称为"存在价值"，是指人类的发展将可能利用的那部分动物的价值，及能满足人类精神文化和道德需求的动物资源价值，如濒危野生动物的物种等。它是由动物资源内在属性所决定的固有效用，它同动物的使用与否及其方式无关，主要形式是动物的存在价值，即人们对动物存在意义的支付意愿。[1]

动物的经济价值根据满足人类的需求，可分为生存与经济发展价值。生存价值是指动物资源满足人类的衣食住行等基本需要以及满足人类精神需要方面的价值。经济发展价值是指动物满足人类社会持续稳定发展的价值。动物的存在具有给人类社会提供未来利益的潜力，可以说这是一种备值价值。[2] 虽然从目前来看，有些动物物种少有或完全没有直接经济价值，但许多物种在提供新药、作为生物控制资源、作为新工艺的原料等方面具有巨大的潜能。如，野生生物种类繁多，人类对它们已经做过比较充分研究的只是极少数，大量野生生物的使用价值目前还不清楚。但是可以肯定，这些野生生物具有巨大的潜在使用价值。一种野生生物一旦从地球上消失就无法再生，它的各种潜在使用价值也就不复存在了，亦是人类社会的巨大损失，这也是其潜在的经济价值的体现。鉴于篇幅与学科限制，本书对动物的经济价值之分析，仅为浅尝辄止，主要涉猎其使用价值中的部分内容。

二、动物的食用价值

动物曾经是人类的主要蛋白质来源，即便在今天，它的这种价值仍然是存在的。动物性食物作为一大类食物，主要为人体提供蛋白质、脂肪、矿物质、维生素 A 和 B 族维生素。它包括畜禽肉、蛋类、水产品、奶及其制品等，它们之间的营养价值相差较大，只是在给人体提供蛋白质方面十分接近。

---

[1] 张广海："资源环境生态经济价值综论"，载《中国人口·资源与环境》2002 年第 5 期。

[2] 李霖、马玉银："浅析生物多样性经济价值评估的意义"，载《扬州教育学院学报》2004 年第 9 期。

（一）动物性食物的营养成分[1]

肉类可分为畜肉和禽肉两种，前者包括猪肉、牛肉、羊肉和兔肉等，后者包括鸡肉、鸭肉和鹅肉等。肉类食物中含有丰富的脂肪、蛋白质、矿物质和维生素。肉的组分变化不仅取决于肥肉与瘦肉的相对数量，也因动物种类、年龄、育肥程度及所取部位等不同而呈显著差异。

常见的蛋类有鸡蛋、鸭蛋、鹅蛋等，各种禽蛋的营养成分大致相同。鸡蛋蛋清中的蛋白质含量为11%～13%，水分含量为85%～89%；蛋黄中仅含有50%的水分，其余大部分是蛋白质和脂肪，二者的比例为1:2。此外，鸡蛋还含有碳水化合物、矿物质、维生素、色素等。

水产品包括各种鱼类、虾、蟹、贝类和海藻类（海带、紫菜）等，其中以鱼类为最多。鱼类的营养成分因鱼的种类、年龄、大小、肥瘦程度、捕捞季节、生产地区以及取样部位的不同而有所差异。总的来说，鱼肉的固形物中蛋白质为主要成分；脂肪含量较低，但其中不饱和脂肪酸较多；鱼肉还含有维生素、矿物质等成分，特别是海产咸水鱼含有一定量的碘盐和钾盐等。它们对人体健康有重要意义。

奶类是一种营养丰富，容易消化吸收，食用价值很高的食物，不仅含有蛋白质和脂肪，而且含有乳糖、维生素和无机盐等。鲜奶一般含水分87%～89%，蛋白质3%～4%，脂肪3%～5%，乳糖4%～5%，矿物质0.6%～0.78%，还含有少量的维生素。牛奶是人类最普遍食用的奶类，与人乳相比，牛奶含蛋白质较多，而所含乳糖不及人乳，故以牛奶替代母乳时应适当调配，使其化学成分接近母乳。

（二）动物性食物的营养特点

肉禽鱼蛋奶均属于动物性食物，从营养的角度看，它们不仅含有丰富的蛋白质、脂肪、无机盐和维生素，而且蛋白质的质量高，属优质蛋白。肉禽鱼蛋奶等食物在营养上主要具有如下几个特点。

1. 蛋白质量多、质好

肉类的蛋白质主要存在于肌肉中，骨骼肌中除去水分（约含75%）之外，基本上就是蛋白质、其含量达20%左右，其他成分（包括脂肪、碳水化合物、无机盐等）约占5%；鸡肉蛋白质的含量在20%～25%之间，鸭肉为13%～17%，鹅肉为11%左右；鱼及其他水产动物种类极多，蛋白质含量相差较大，但大多数在15%～22%之间；全蛋（可食部分）蛋白质的含量也与蛋的种类、品种、产地等因素有关，鸡蛋为11%～15%，鸭蛋为9%～14%，鹅蛋为12%～13%；鲜奶的主要成分是水，约在85%以上。牛奶蛋白质的含量在3%～4%之间，羊奶约为4%，马奶2%，水牛奶4.7%，牦牛奶0.5%。肉禽鱼蛋奶蛋白质的氨基酸组成基本相同，含有人体8种必

---

〔1〕 参见“动物性食物的营养价值”，载http://zhidao.baidu.com/question/2107791.html。

需氨基酸，而且含量都比较充足，比例也接近人体的需要。都具有很高的生物价，[1]肉、禽、鱼为80左右，奶约为85，蛋最高达94。一般认为蛋中蛋白质几乎能全部被人体消化吸收和利用，为天然食物中最理想的优质蛋白质。所以在进行各种食物蛋白质的营养质量评价时，一般以全蛋蛋白质作为参考蛋白质。各种肉类和奶类的蛋白质消化吸收率也很高，一般达85%～90%。奶中的蛋白质含有丰富的赖氨酸，是谷类食物良好的天然互补食物。

2. 饱和脂肪酸和胆固醇含量较高

肉禽鱼蛋奶所含的脂类物质不完全一样，但一般地说。饱和脂肪酸和胆固醇的含量都比较高。

畜肉的脂肪含量依其肥瘦有很大的差异。其组成以饱和脂肪酸为主，多数是硬脂酸、软脂酸、油酸及小量其他脂肪酸。羊脂中的脂肪酸含有辛酸、壬酸等饱和脂肪酸，一般认为羊肉的特殊膻味与这些低级饱和脂肪酸有关。禽肉脂肪熔点较低，在33～44℃之间，所含亚油酸占脂肪酸总量的20%。鸡肉脂肪含量约为2%，水禽类为7%～11%。鱼类脂肪含量较低，一般为1%～3%，主要分布在皮下和脏器周围，肌肉中含量很低。鱼脂肪主要由不饱和脂肪酸组成，熔点较低，通常呈液态，人体的消化吸收率为95%左右。海水鱼中不饱和脂肪酸的含量高达70%～80%，用它来防治动脉粥样硬化和冠心病能收到一定的效果。

蛋的脂肪含量与蛋的种类有关，去壳的鸡蛋约为10.5%，鸭蛋和鹅蛋约为14.5%。不管是哪种蛋，脂肪主要集中在蛋黄，鸡蛋蛋黄的脂肪含量高达33.3%，鸭蛋和鹅蛋蛋黄脂肪含量更高，达36.2%；蛋白的脂肪含量很低，鸭蛋蛋白含量为0.03%，鸡蛋和鹅蛋为0.02%。蛋中的脂肪主要由不饱和脂肪酸组成，在常温下为液体，容易被人体吸收。蛋黄中含有大量的卵磷脂、脑磷脂和神经鞘磷脂，这些成分都是人脑及神经组织发育生长所必需的营养物质。

奶中脂肪的含量也与来源有关，脂肪以很小的微滴分散在乳浆中，所以很容易被人体所消化吸收。脂肪的组成以饱和的棕榈酸和硬脂酸为主，约占40%；饱和的短链脂肪酸丁酸和已酸约占9%；不饱和的油酸占30%，亚油酸和亚麻酸仅占3%；其余为月桂酸和肉豆寇酸等。

畜肉中胆固醇的含量依肥度和器官不同有很大的差别，如瘦猪肉为77毫克/100克，肥猪肉为107毫克/100克；内脏的胆固醇含量比较高，如猪心为158毫克/100克，猪肝为368毫克/100克，猪肾为405毫克/100克，脑中的含量最高，猪脑达3100毫克/100克，等等。

---

〔1〕生物价是一种评估蛋白质营养价值的生物方法，指对保留氮量与吸收氮量的百分比值。生物价（BV）=（保留氮量/吸收氮量）×100%。

3. 碳水化合物含量低

肉禽鱼蛋奶中碳水化合物的含量都很低，在各种肉类中主要是以糖原的形式存在于肌肉和肝脏，其含量与动物的营养及健壮情况有关。瘦猪肉的含量为：1% ~2%，瘦牛肉为2% ~6%。各种禽肉碳水化合物的含量都不足1%。

各种鱼类碳水化合物含量相差较大，低的不足0.1%，如海蟹、比目鱼等；高的超过7%，如福建的鲳鱼。蛋品中所含的碳水化合物很少，主要是葡萄糖。由于蛋的容积有限，营养成分主要以脂肪和蛋白质为主，所以糖的含量低，鸡蛋为1% ~2%，鸭蛋为0.3% ~2%，鹅蛋较高，为3% ~4%。

奶中所含的碳水化合物为乳糖，不同动物的含量有所差别。牛奶为5%，羊奶4.3%，马奶5.8%，水牛奶4.8%。乳糖的甜度仅为蔗糖的1/6，它具有调节胃酸，促进胃肠蠕动和消化腺分泌的作用。

4. 无机盐含量比较齐全

肉类中无机盐的含量与种类及成熟度有关，肥猪肉和瘦猪肉分别为0.70%和1.10%；肥牛肉和中等肥度的牛肉分别为0.97%和1.20%。肉类是铁和磷的良好来源，并含有一些铜，肌肉中所含的铁和铜没有肝脏多，钙在肉中的含量比较低，为7~11毫克/100克。铁在肉类中主要以血红素铁的形式存在，消化吸收率较高，不易受食物中的其他成分干扰。各种禽类无机盐的含量均在1%左右，其内脏的含量稍高，为1.1% ~1.5%。鱼类中无机盐的含量稍高于畜禽类，为1% ~2%，并且是钙的良好来源。海产鱼类还含有丰富的碘。

蛋类所含无机盐主要为铁和磷，大部分集中在蛋黄里。在奶类中含有丰富的无机盐元素，牛奶为0.7%，羊奶为0.9%，马奶为0.4%。奶中富含有钙、磷、镁、钾、钠、硫等外，还含有铜、锌、锰等微量元素。它们在奶中大部分与酸类物质结合成盐类。牛奶中钙与磷的比值为1.2:1，接近于人奶(人奶为1:1)。

5. 维生素含量丰富

肉禽鱼蛋奶均含有丰富的维生素，畜、禽肉及其内脏所含的13族维生素比较多，尤其是肝脏是多种维生素的丰富来源，如100克羊肝中约含维生素A 29900IU，硫胺素0.42毫克，核黄素3.57毫克，尼克酸18.9毫克，抗坏血酸17毫克。

鱼类也是B族维生素的良好来源，海产鱼类的肝脏所含的维生素A和D极为丰富，是其他食物无法相比的。蛋中的维生素，主要集中在蛋黄，其种类有维生素A和D、硫胺素、核黄素，蛋清中也含有较多的核黄素。

牛奶含有人体所需的各种维生素，其含量随着乳牛的饲养条件、加工方式和季节的变化而有所不同。

三、动物的药用价值

动物入药在中国有几千年的历史。随着现代医学的发展，动物药用价值以及中医的现代化日益受到关注。例如，五灵脂（复齿鼯鼠等的粪便）、海螵蛸、蝉蜕等都是常用的动物性药物。尤其是我国土地辽阔，地形复杂，气候多样，因之有许多居世界首位，或为中国所独有的珍稀动物物种。加之中医所应用的药材，大多为取之于动、植、矿的天然药物，所以在中国许多动物种类被用作药品，资源丰富。按入药的部位来划分有：

1. 全身入药的，如全蝎、蜈蚣、海马、地龙、白花蛇等。以蛇为例，《中国毒蛇学》就蛇体的各个部分——蛇毒、蛇肉、蛇胆、蛇油、蛇鞭、蛇血、蛇蜕、蛇皮、蛇信、蛇骨、蛇内脏等，从保健学、营养学、医药学等方面作了详尽的介绍。中医药典记载："蛇性温、归肝、脾二经，治诸风虚症、疱、疮、顽癣"等。《本草纲目》记载了17种蛇的形态和药用功效：蛇胆，清肝明目、去脂降压、降火除痘；蛇蜕，祛风、解毒、明目、杀虫；蛇鞭，壮阳补肾、填精益髓、强身固本；蛇油，柔嫩肌肤、去皱防衰、防冻治烫；蛇毒，治疗瘫痪、小儿麻痹症；蛇酒，治肿痛风湿、通栓降压、舒筋活络；纯蛇粉，嫩肤养颜、去皱除斑、强身健骨；蛇参，滋阴补阳、祛病强身等。

2. 部分的组织器官入药的，如虎骨、鸡内金、海狗肾、乌贼骨等。

3. 分泌物、衍生物入药的，如麝香、羚羊角、蜂王浆、蟾酥等。

4. 排泄物入药的，如五灵脂、望月砂等。

5. 生理的、病理的产物入药的，如紫河车（人的胎盘）、蛇蜕为生理的产物；牛黄、马宝为病理的产物等。

按药用动物的物种来划分，我国已知可作药用的动物已达900余种，跨越了动物界中的8个门动物（按近代对动物界的分类可达11门）。从低等的海绵动物到高等的脊推动物都有。从分布来看，从东到西，自北向南；从高山到平原；从陆地到海洋，均有分布。特别是我国海岸线长，海洋药用动物无论从种类到产量，都有很丰富的资源。而且像金丝猴、大鲵、黑颈鹤、华南虎等，不仅属于国家珍稀动物，并且也有很高的药用价值。[1]

但是，近年来由于生态系统平衡失调，药用动物资源已遭到不断地破坏，野生药用动物日益减少，某些珍稀药用动物已濒于绝迹，一些地区大量捕杀野生药用动物，致使要收集少量的样品也很困难。此外，一些获取所需药用野生动物器官的手段也缺乏人道表现，如活体取用熊胆入药的方式就非常残忍。对此，我们不仅不赞成，而且建议应予以限制或改进（替代）。当前，为了更好地保护及合理使用药用

---

〔1〕"动物药基础知识——中国药用动物资源"，载 http://www.medste.gd.cn/html/tcm/class1694/class1701/class1713/class1717/class1722/21061320070607134000.html。

动物资源,需要建立一些相应的保护野生药用动物的措施,禁止乱捕乱猎野生药用动物。在适当的地区建立某些种的药用动物的自然保护区,以保存药用动物的物种。对于用量大,而医疗上又急需的药用动物品种,若仅依靠野生不能完全满足供应的,可进行人工驯化、饲养。此外,近年来,研究人员对于药用动物的有效成分也在着手研究,取得了一定的成果,这对今后进行人工合成,或寻找更有价值的替代品提供了线索或科学依据。

四、动物的其他经济价值

动物的经济价值取决于科学发展的水平,但也取决于动物的特性。动物的经济价值除了直接被食用或医用外,还体现在促进农林牧副渔生产、科研教育及文化体育和旅游业等各方面。

(一)促进农林牧副渔生产。动物的生存,从一个或多个层面可因农林牧副渔业的发展有所改变。青蛙消灭田地里的害虫,猫头鹰在狩猎满足自己食物需要的同时,也在客观上为人类保护庄稼。而这些看得见摸得着的实际作用,往往是人类现有的技术都望尘莫及的。又如,经营野生动物,可增加单位土地面积上的产品产量,扩大土地利用率,野生动物不仅可以生活在农林牧业所没有和不能利用的土地上,而且可以生活在已被利用了的土地上。经营和生产野生动物产品,就意味着扩大化了土地的利用率,增加了单位土地面积上的产品产量,因而对发展山区经济具有重大的意义。而通过对野生动物的合理狩猎和驯养繁殖,所得的产品不仅可以增加人民的收入,同时可以控制危害农林牧业野生动物的种群数量,从而稳定农林牧业的生产。通过驯养繁殖野生动物,既能有效地保护野外的动物资源,又能满足社会对野生动物的需求。通过对危害农林牧业生产野生动物的适当猎捕,不仅可增加收入,更重要的还可以保障农林牧业的生产。

(二)科研价值。通过动物,我们得以观察自然的运作过程,了解生态系统的运转规律;动物所包含的多样化的基因,使我们的生命世界得以完整。同时我们也通过学习他们,发展我们的文化和科技,若无猿猴的灵动,仙鹤的飘逸,何来中国古老的体操——五禽戏?若蝙蝠很早就灭绝了,我们的雷达如何得以被发明?如果蜻蜓很早灭绝,我们的当代直升机技术可能会极为低下……

(三)旅游及审美价值。旅游业号称“无烟工厂”,是经济创收的一条极好途径,自然状态下的动物作为旅游观赏的主要对象之一,正在发挥着它特有的作用和价值。投资不多,见效很快,收益也很高。如千岛湖旅游区以动物为主的景点颇多,吸引了诸多游客前往观赏,通过旅游者的往来,产生了巨大的经济效益。人们在紧张的工作之余,通过对自然状态下的动物的观赏而恢复精力和振奋精神。很多人为能在自然界中欣赏野生动物而感到极大的满足,野生动物不仅丰富了人们的文化生活,使人得到休息,而且也扩大了人们的视野,增长了很多知识。

另外,动物的存在还有美学价值,可以陶冶人们的情操,美化人们的生活。鹰击长空,鱼翔浅底,曾给我们人类带来无尽的遐想;而山野中鸣唱的小鸟,浅草中潜行的爬虫,森林中奔驰的猛兽,他们的姿态,他们的声音、他们的色彩是最完美的自然杰作,少了它们,我们的世界将变得无比死寂、苍白和乏味。动物在人类进步文化发展中,几乎无所不在。

两百多年来,我们的繁荣大多是依赖地球上丰富多彩的生命创造的,人类对自然的功利性开发和使用已经使世界十分之一的鸟类和四分之一的哺乳动物濒临灭绝。鱼类、贝类和甲壳纲动物濒临灭绝的物种几乎高达三分之二。为功利目的灭绝这个星球上的其他生物将使人类自身面临什么命运,这是需要我们关注的问题。我们对动物生命的认识不能仅局限于它们可以为人所用,而需要转向深刻全面的价值认识,人类应该有能力在自然世界和价值世界之间架起一座理性桥梁。

第五节 动物的生态价值和伦理价值

人们对待动物价值多元性,往往把经济价值的获取和利用作为首要的选择,不重视甚至漠视其他的价值。这就导致了对动物滥捕乱杀行为的出现,而其造成的直接后果是,人类的生存环境受到了负面影响,甚至严重威胁到人类自身的生命安全。因此,对动物生存价值的关注应该是多维度、综合性的,应在对其经济价值探寻的同时,了解和掌握其生态与伦理价值,并以此为基础来考虑人与动物的相恰互适性。

一、动物的生态价值

包括人类在内的所有生物在地球生态系统中都占有特定的生态位,〔1〕在地球生态系统的物质、能量及信息流动循环中起着特定的作用。就全局而言,生物间的关系是相互作用、相互依存、相互制约的共生关系。这种关系告诉我们,整个地球生态系统是一个利益整体,其中任何物种的存在都是目的与手段的统一,即表明某种生物存在着,并需要其他生物也存在着,同时也表明某种生物存在着,其他的生物也需要它的存在。〔2〕只有具备了整体生态意识,充分认识局部与整体的关系,才能从宏观上把握动物自身的真正价值。

所谓生态价值是以自然环境为核心的价值关系。生态价值既可以指生态系统

---

〔1〕 生态位(ecological niche)是指一个种群在自然生态系统中,在时间空间上所占据的位置及其与相关种群之间的功能关系与作用。

〔2〕 雷毅:《生态伦理学》,陕西人民教育出版社 2000 年版,第 45 页。

及其要素的价值，也可以是与生态环境有关的价值。生态价值泛指涉及生态的一切价值现象及其本质。生态价值关系有两个内容：一是包括人类在内的生命现象满足自然环境的需要，一是自然环境满足包括人在内的所有生命现象的生存要求。换句话说生态价值就是生命现象与其环境之间的相互依赖和满足需要的关系。[1]据此，动物的生态价值主要有：

（一）动物的生存对人类及其他生物具有生命支撑价值

从生态学角度看，地球是一个进化的生态系统，该系统中，每个因子都具有价值。人是这个进化过程所产生的一个晚期的但却是杰出的作品。人类文明的发展，使我们具有了许多高超的技能，但仍不能摆脱自然生态系统的限制。人类的福祉植根于自然，其价值是无法用货币来衡量的。自然群落中的个体生命都以各自的方式贡献于环境的总体质量，从而贡献于对人类生命的支撑。在人类出现以前，自然生态已持续了几十亿年，创造了成千上万种物种。地球并不是我们珍视它才有了价值，而是有了价值我们才珍惜它。因此，从这个意义上讲，动物亦具有对地球生物的生命支撑价值。

从整个生态系统来说，人与动物以及动物与动物之间不仅仅有着天然的相互依存关系，而且我们进步中的绝大部分知识正是来源于动物对环境适应能力带来的启示。如果世界没有了它们，我们就失去在这个世界的参照，我们也就失去对自我加以认识的可能。

（二）动物的生存具有内在价值

动物本身是具有自然价值的，认识动物的内在价值，提高和放大人类的道德伦理责任，更有利于实现人类对自身和动物生命的保护。

对自然的内在价值的认识，乔治·爱德华·摩尔（G. E. Moore）[2]认为，自然的内在价值系指由自然自身所决定的，而非人为所规定的那种意义存在，它是对自然界自我目的性的一种表征。约翰·奥尼尔（John O'Neill）[3]认为，在生态学中内在价值有三方面所指：其一是相对于工具价值而言的，内在价值是指非工具性价值，即它不是在充当其他事物工具时所获得的意义规定，而是自我决断的，是其自身作为目的所决定的；其二是指事物自身的独特属性所决定的意义存在；其三是指与评价者无关的“客观价值”，即不管评价者是否在场，是否认可，这种价值是仍

[1] 胡安水：“生态价值的含义及其分类”，载《东岳论丛》2006年第2期，第171～174页。

[2] 乔治·爱德华·摩尔（George Edward Moore 或 G. E. Moore，1873年11月4日～1958年10月24日），英国哲学家，属于分析哲学学派，主要贡献为伦理学。

[3] 约翰·奥尼尔（John O'Neill），美国社会学家，多伦多约克大学的知名社会学教授，他同时也在多伦多大学的比较文学研究中心和研究生院兼任教学和研究工作。他兼任国际季刊《社会科学的哲学》的助理编辑以及《国际现象学和道德科学文丛》的主编。

然存在的。所以自然的内在价值最重要的还是指自然的内在目的性、非工具意义。[1] 此外，理论界还有其他的一些学说，但共识是认为，自然的内在价值主要指自然不需要人来决定，与人的需要无关，具有非工具意义的内在目的性。由此可知，动物亦具有同样的内在价值。

同时，我们应看到，"系统是价值的转换器"。也就是说，在地球生物圈内，各种生物与环境之间的互利互惠关系实质上就是一种价值的转换，各物种一方面实现着自身的内在价值，另一方面又满足着其他物种的需要以及它所从属的更大系统的需要，表现出各种工具价值，自然系统这个生命之源将它们二者结合在一起。"内在价值只有植入工具价值中才能存在。没有任何生物体仅仅是一个工具，因为每一个生物体都有其完整的内在价值。"[2]

(三)动物的生存对于维护整个生态系统稳定、完整、有序所具有的价值

任何一个生命系统都有其自身的目的，那么这个目的便是这个系统的价值之所在。生态系统有内在价值，人类和动物的价值都属于它的组成部分；同时生态系统对于人类和动物来说也具有工具价值，没有生态系统的支持，人类与动物就不能存在和发展。因此，无论从自然尺度还是人的尺度看，生物共同体的完整、稳定和优美是人类和一切生命的共同利益之所在。而生物共同体的不完整、不稳定和丑陋对于包括人类在内的整个生命世界都是有害的，是对人类和所有生命共同利益的破坏，对于人来说是恶不是善。动物，实际上也包括人，对于维护整个生态系统稳定、完整、有序具有重要的价值和意义，这是其最高的内在价值，它遵循的是生态系统的整体尺度，而不是服从于哪一个物种的特殊要求。

在生态系统中，通过食物链和食物网，各种生物之间可以相互制约，而使得它们的数量相对稳定，并促进生态系统的物质循环，这种现象就叫做生态平衡。如果生态系统中某种动物的数量发生了变化，生态平衡就不能保持了，那么生态系统的稳定、完整和有序化就会遭到破坏。

动物在生物圈中的作用有：(1)动物在维持生态平衡中起重要作用：如果食物链或食物网中的某一种生物发生了变化，会影响整个生态系统。(2)动物可以促进生态系统的物质循环：在生态系统中物质和能量是沿着食物链和食物网从一种生物流向另一种生物。(3)动物有帮助植物传粉、传播种子的作用：有些植物经动物传粉后，产量有明显的增加，而动物也获得了它们所需的花粉、花蜜。缺少了虫媒传粉，受精结实就受到了很大的影响。

很多事实表明，目前没有任何证据证明生物是在多样化，却有各种原因造成物

---

[1] 李培超：《自然的伦理尊严》，江西人民出版社 2000 年版，第 138 页。

[2] [法]阿尔贝特·史怀泽著：《敬畏生命》，陈泽环译，上海社会科学院出版社 1992 年版，第 9 页。

种不断灭绝。2003年度国家自然科学一等奖获得者、中国科学院古生物研究所研究员陈均远说，目前看来，人类是最庞大的，但其实也是最脆弱的物种。生命历史告诉我们，貌似庞大的物种，往往在自然环境变化时最先退出历史舞台。恐龙统治中生代1亿多年，人类今天也像一个恐龙，如果地球进入极端环境，那么我们很可能会最先退出历史舞台。“人类不可能离开其他物种单独生存，我们与其他物种是相依相伴的兄弟姐妹关系，不可能单独存活下来。”人类同样不能离开动物而单独存活。[1]

现代生态文明是一种内向的文明。它关心如何使有限的财富带来更大的幸福，而不是如何获取最大限度的财富；它更关注内在的心性满足，而非对动物的无限占有欲；它强调广义的人际关系的和谐，包括代内和代际人际关系的和谐。为此，我们必须以保护动物等物种为己任，给后代留下完整和稳定的生物圈。

二、动物的伦理价值

对动物的认知，会影响人类伦理品质的高下。从理论上确认包括内在价值在内的动物的多元价值，有助于在道德实践上养成敬畏生命、尊重自然的伦理品质。“敬畏生命”伦理学的最早提出者是法国思想家阿尔贝特·史怀泽（Albert Schweitzer）[2]，他寻求重建自然和伦理之间的联系，对人们提出的基本要求是：“像敬畏自己的生命意志那样敬畏所有生命意志”，“在自己的生命中体验到其他生命”，满怀同情地对待生存于自己之外的所有生命意志。他对善恶本质的认识是：“善是保持生命、促进生命，使可发展的生命实现其最高的价值。恶则是毁灭生命，伤害生命，压制生命的发展。”[3]这是必然的、普遍的、绝对的伦理原则。我们从中可以看到，史怀泽是说所有生命都有内在价值，值得我们敬畏和尊重。生命不是“中立的”，不是没有任何价值的宇宙间的“存在”。生命本身即是善，它激起尊重并渴望尊重。他认为敬畏生命伦理的关键在于行动的意愿，它可以把有关行动效果的一切问题搁置一边。它描述的是一种品性和素质，而非行为规范，但是现代人确实需要这样一种品性。

在人的精神追求、伦理品格中，敬畏生命应是我们对这个世界所采取的一种态度，这种态度确定我们是什么样的人，而不仅仅是我们该做什么。一个有道德的人应持这样的态度：敬畏任何有固有价值的生命，正是通过对动物等其他生命的同情

---

〔1〕“科学家解读人类将会渐渐消失还是突然死亡”，载中国生物信息，http://www.biosino.org/news-2005/200507/05070509.htm。

〔2〕阿尔贝特·史怀泽（Albert Schweitzer，1875~1965），法国人，当代具有广泛影响的思想家，他创立的以“敬畏生命”为核心的生命伦理学是当今世界和平运动、环保运动的重要思想资源。

〔3〕［法］阿尔贝特·史怀泽著：《敬畏生命》，陈泽环译，上海社会科学院出版社1992年版，第9页。

和关心,人把自己对世界的自然关系提升为一种有教养的精神关系,从而赋予自己存在的意义。自然本身不懂得敬畏生命,它以最有意义的方式产生着无数生命,又以毫无意义的方式毁灭着它们。包括人类在内的一切生命等级,都对生命有着可怕的无知。能够敬畏生命正是人能够高于其他生命的本质所在。正是通过对动物等其他生命的感受、体验、使我们感受到了整个世界的存在,从而使我们的存在获得了一种比所有生命都更宽广的纬度。敬畏生命不等于不利用动物等生命物种的生命价值,但是它把在何种情况下,可以为一个生命而伤害和牺牲另一个生命的决定权和选择权留给了个人,因而个人也获得了更大的道德自由和自主权。它可以帮助我们意识到这种选择所包含着的伦理含义和道德责任,它可以使我们避免随意地、粗心大意地、麻木不仁地、极其功利地伤害和毁灭其他生命。

我们对动物的认识已经经历了从事实认识,到科学认识再到价值认识,进而转向伦理的认识的深化过程,这并不意味着否定前者肯定后者,而是表明人的主体意识的升华,以一个更广大、更长久的“人类自我”——人与自然界的一体化为主体意识,因此也是更加理性的、全面的自我意识,是更高伦理品质的存在。

从某种意义上,我们可以说尊重动物的伦理价值,能够折射出我们在人与自然问题上的人文精神,反映普遍的人类自我关怀,表现为对人的尊严、价值、命运的维护、追求和关切等方面。环境伦理学认为,生态系统或者说大自然是一个整体,“物物相关、相生相克”,每一个物种都是构成生态系统的必不可少的成员。“如果它灭绝了”就会影响到其他物种的生存,以致影响整个生态系统的完整性,这就是生物所具有的内在价值,也是我们要敬畏生命的原因。我们必须重视动物的内在价值,改变那种动物只是为了给人吃而生的传统价值观。如果人们树立了正确的动物生态伦理价值观,就会觉得藏羚羊毛的披肩没有任何美感可言,而是不道德的象征。收藏象牙制品不但不再令人骄傲,反而是一种罪过。我们曾经认为值钱的那些动物制品,就会因为缺少道德的支持变得一文不值。而我们身边环境的美丽完整和稳定是人类健康福祉所系,是社会永续发展的基础,那才是最宝贵的。

第二章　动物权利与动物福利

第一节　动物保护的兴起

人类有史以来不断地调整着对于人与自然、人与动物关系的态度。动物学家认为,自35亿年前地球上出现了脊椎动物和人,人类经历了采集渔猎时代、畜牧农业时代、无限制利用时代,最终进入动物保护时代,祈望人类与动物和谐相处、共同进化。

动物保护是指对动物物种和种群进行保护,其基本目的是对人类生活、生产以及生态、审美功能满足的保护,这是目前国际社会动物保护立法普遍关注的问题。

在“动物保护”一词中,“保护”的含义实质是“保存”,或“保育”的意思,动物保护是指为了挽救濒临灭绝的动物种类、种群数量控制以及使动物个体免受伤害,由人类社会采取各种保护措施和手段,从而使动物得以安全、健康地生活和繁衍后代。广义的动物保护应具有两层含义:第一层含义是,人类社会为了保存物种资源或保育生物的多样性而提供的各种有效的保护措施。如各国颁布野生动物保护法律法规,以保护濒危的野生动物;建立野生动物自然保护区,用以保护动物的生活环境;对具有特色的畜禽地方品种实施保种计划,以丰富可利用的遗传资源;等等。在这个意义上的动物保护,是以物种资源或种群为对象的保护,包括野生动物、家畜地方品种和培育品种等。这类保护的科学理论是以遗传学、动物行为学和动物生态学为基础的。第二层含义是,为了保护动物免受身体损伤、疾病折磨和精神痛苦等,最大限度地减少人为活动对动物造成的直接伤害。在这一视角下,也可以认为是动物的福利、动物的康乐。萨姆布朗斯和古亦特分别对动物保护的这一含义予以了概括。萨姆布朗斯认为,动物保护是指使动物免受或者减轻痛苦、折磨及损伤;古亦特认为,动物保护是指避免对动物的残忍行为,改善对动物的处置方式,减少动物的应激反应和紧张,并对动物的试验进行监督。在这层含义之下,动物保护的保护对象主要是指与人类生活社会发展密切相关的驯养动物,包括关养的野生动物。它是动物福利学及兽医学和动物卫生学交叉形成的新领域,且包括伦理、道德等社会科学的内容。[1] 根据上述动物保护的含义可知,动物保护的对象包括野生动物和驯养动物两大类。

现代动物保护运动的兴起源于环境伦理学的兴起,体现在人与动物关系的实际状况和相关法律规范的微妙变化上,主要的发展历程如下:

一、环境伦理学的出现——现代动物保护主义兴起的渊源

在现代社会中,环境问题是被广泛关注的问题之一。同时,亦是一个综合性的问题,它是"由于文化本身的不成熟而引发出的一个重大的社会问题,一个人类问题"。[2] 因此,环境问题的解决,不能仅仅依赖经济和法律手段,还必须同时诉诸伦理信念,进行一场深刻的思想革命。而环境伦理学正是要通过对人与自然之间道德关系的研究和探索,把人类的道德关怀扩展到整个生态环境领域,从而为人类保护自然,解决环境问题,提供新的价值导向和科学的理论指导。在这些新的价值思考和导向之下,人类对于动物的态度也在悄然发生着变化。

(一)丰富的自然也可能被穷尽的事实以及"熵学说"的提出,促使人类调整对待自己赖以生存的自然环境,包括对待动物的态度

1. 生产力的发展,让人类意识到自然资源并非永不枯竭

长期以来,由于知识和技能的发展和进步,人类曾经一度以为自己的发展方向和向自然界的索取可以永无止境,然而随着生产力发展水平的进一步提高以及对自然环境的依赖程度的不断深化,人们发现原来自然资源并不是永不枯竭的,它终会有被穷尽的一天。尤其是二十世纪中叶以来,"二战"的结束给人们提供了一个相对和平而稳定的发展空间,人类补偿性消费惯性和年轻一代及时行乐心态,极大地刺激了对物欲的追求,这些都为社会生产发展提供了极大的内在需求动力,推动了经济社会的高速发展。在相对被动的自然界和自然资源面前,人类的行为几乎达到了疯狂和忘乎所以的程度。被科学技术发展带动的巨大社会生产力,已经接近可以穷尽某种不可再生资源的地步;人类生产过程中和狂热消费过程中释放出的负能流——废水、废气、废渣对自然环境产生巨大的负面影响,已有了从整体上威胁到人类生存发展的可能性。然而,以目前的科技水平,人类能达到的空间活动,还是建立在地球表面提供的物质和能量基础上的,我们不可能"提着自己的头发离开地球",于是,人类开始重新审视自己与整个世界的关系。

2. "熵学说"的提出使人类意识到生存环境不断恶化是一个客观规律

牛顿所揭示的热力学第一定律告诉我们,宇宙中的物质与能量是永恒的,它们既不能被创造也不能被消灭,它们只有形式的变化而没有本质的变化。近300年

---

〔1〕 陆承平:《动物保护概论》,高等教育出版社1999年版,第50~54页。

〔2〕 郑慧子:《批判与建构》,河南大学出版社2000年版,第7页。

来工业社会的确立和进步,也正是基于这一原理。社会的发展,其实就是人们以各种科学技术手段来改变各种能量载体的存在形式。然而正如恩格斯指出:“我们不要过分陶醉于我们人类对自然的胜利。对于每一次这样的胜利,自然界都对我们进行报复。每一次胜利,起初确实取得了我们预期的结果,但是往后和再往后却发生完全不同的、出乎预料的影响,常常把最初的结果又消除了。”[1]1981 年,美国杰里米·里夫金和特德·霍华德两人发表《熵——一种新的世界观》,给了陶醉于对自然改造成果中的人们当头一棒。

早在 1868 年为德国物理学家克劳修斯所揭示的熵学说原理,即热力学第二定律。这一定律告诉我们,物质和能量虽然是守恒的,但在表现形态上它只能“沿着一个方向转换,即从可利用到不可利用,从有效到无效,从有序到无序”。“无论在地球上还是在宇宙任何地方建立起任何秩序,都必须以周围环境里的更大混乱为代价。”因为“宇宙的能量总和是个常数,总的熵是不断增加的”。熵就是最后不能再被转化做功的无效能量的总和。这种情况在封闭系统中表现得最为明显:当熵达到最大值时,表示一切有效能量均消耗殆尽。当有效能量和无效能量完全相等时,则意味着整个系统的全面崩溃。[2]

这一学说的出现,让人类从一个新的理论视角开始观察和思考人类日趋恶化的生存环境以及人与自然的关系。

(二)环境保护运动的兴起,促进了环境伦理学的形成,也为动物保护主义的出现构建了理论平台

事实上,伴随着 19 世纪中后期西方的第一次环保运动与 20 世纪上半叶的第二次环保运动的兴起以及科学的生态学的产生及其成熟,人类生态学向社会方向偏移,最终发展演化形成了环境伦理学,由此,也为动物保护主义的生成奠定了伦理学的理论基础。

早在古代环境问题就已经出现了,但那时,主要表现为生态破坏,环境污染不具有普遍性。随着近代工业文明的到来,环境问题才逐渐成为一个具有普遍意义的社会问题。环境问题的产生是一个由量变到质变的过程,它的不良影响是一个积累过程。18 世纪末到 20 世纪初,随着工业革命的逐步深入,环境污染和破坏日益严重,环境问题主要表现在森林的锐减、野生动物及其栖息地数量的陡然下降等方面。20 世纪 30 年代到 70 年代是环境问题的凸显时期,这一阶段出现了举世闻名的“八大公害”事件:马斯河谷事件,多诺拉烟雾事件,洛杉矶光化学烟雾事件,伦敦烟雾事件,四日市哮喘事件,水俣病事件,骨痛病事件,米糠油事件。[3] 到 20

[1] 《马克思恩格斯选集》(第 3 卷),人民出版社 1972 年版,第 154、457 页。
[2] 邝福光:《环境伦理学教程》,中国环境科学出版社 2000 年版,第 52 页。
[3] 余谋昌:《当代社会与环境科学》,辽宁人民出版社 1986 年版,第 28 页。

世纪80年代中叶,环境问题已经发展到全球的范围,并导致环境危机。随之而来的是,十几年的时间内,前后三次的环境保护运动的展开。但其结果并没有使资源与环境问题得到有效的解决,反而更加恶化了。正是在这种现实情况下,环境运动从60年代针对具体的环境破坏行为,发展到70年代观念和制度层面上的全面反思。人们便试图从世界观、道德观和价值观等层面去寻找环境问题产生的根源,进而直接促使了环境伦理思想的转向与多元化发展。

正是基于这样的一些考虑,有良知和有责任感的当代人从道德的视角发现,地球上一个物种凌驾于所有其他物种之上统治所有物种,这样的生态系统是不稳定的。所有物种都有生存价值和生存权利,它们生活在同一个地球上,只有和谐相处、互利共生,才能可持续发展。因而人类行为只考虑人类利益的伦理已经不够了,需要有考虑地球生命和自然界的伦理。于是,人们结合现代生态科学、环境科学的理论与实践,开始探求人与生态环境关系、人与动物关系的新观念、新思路,构建新理论。

(三)环境伦理思想的产生与发展变化,影响着动物保护主义的生成

基于古希腊哲学家普罗泰戈拉"人是万物的尺度"的思想,以及笛卡尔主客二分和康德"人是唯一的目的存在物"的思想长期对人们的影响,使人类往往把自然界的事物和过程孤立起来,把自然万物看作静止的、永恒不变的东西,认为自然界只有机械运动,相信人与自然的二元对立。同时认为,科学认识的目的就是探索自然奥妙,利用和征服自然,为人类的幸福服务。其结果是随着人类征服改造自然的能力与效率得到巨大提高,自然的形态与结构可由人类随意改变,天然的自然不断被人化、人工化。人与自然的亲缘与亲密的关系被遮蔽,人成了唯有心智和理性的纯主观、纯理性的人,自然是纯客观、纯物质的自然。自然被对象化为与人类毫不相干的外在物。而环境伦理学是对传统思想方法和机械论世界观的一种转向:它要正本清源,确立一种全新的世界观,重新确认人在自然中的位置、角色和作用,重新认识人与自然的真实关系,重构人与自然的和谐关系。

在这种情况下,一些有识之士承担了创立环境伦理学的责任,并写下了一系列有关这方面的著作。法国思想家史怀泽写的《文化和伦理》被认为是生态伦理学的奠基之作。史怀泽认为崇拜生命是伦理学的基础,尊重生命是伦理学的灵魂,人对他周围的所有生命负有个人责任。理性对自然界的统治不是纯粹的进步,它固有一些毛病,征服自然赋予人一种力量,人类会用这种力量来作恶,只有理性对人类的信念和意愿进行统治时,人们才能把自己的意愿与周围的福利加以比较,合乎道德地行事。美国科学家和生态哲学家利奥波德通过自己的科学实践、观察和思考,提出了"大地伦理"思想。这一思想主要体现在其去世后的1949年出版的《沙乡年鉴》中。指出:"土地道德观把智人从土地群落的征服者变成了群落中的一名普通公民,这意味着尊重自己的异种伙伴,尊重整个群落体系";"当一个事物有助

保护生物共同体的和谐、稳定和美丽的时候,它就是正确的,当它走向反面时,就是错误的”。[1] 所谓和谐,就是指这个共同体的完整和多样性,保留至今尚存的一切生物。可以说这是一种比较完整形态上的环境伦理思想。美国女海洋生物学家雷切尔·卡逊于1962年写出了《寂静的春天》,卡逊警告人们已经出现的环境危机,为已存在的问题提供证据,她的呐喊唤醒了人们的环境意识。更可贵的是卡逊运用了科学的生态学理论,对人类对待自然的行为进行了道德思考并关注人类的长远利益和地球的未来。这些思想在一定程度上也影响着人类对待动物的态度和想法。

(四)现代生态科学、环境科学及人类文明范式的当代转换是环境伦理学以及动物保护主义产生的科学基础和文化背景

生态科学和环境科学所研究的世界是人与自然相互统一的、有机的整体世界,整体性是生态科学和环境科学的基本特征,整体论理念是生态科学和环境科学的基本观念。在生态科学和环境科学中,自然科学、人文科学和社会科学走向综合,由于各科学门类和各学科的交叉,使得构建一个完整、统一的科学的世界前景成为可能。由此可以看出生态科学、环境科学与生态环境哲学的共通性:生态科学的世界观也就是生态环境哲学的世界观,生态科学的方法与观点也可能成为环境伦理学的方法与观点,或为环境伦理学所吸收和转换。生态科学与环境科学为环境伦理学的产生提供了科学的理论基础。

我们知道人类社会的文明发展已经历了两个主要形态:传统的农业文明和近代以来的工业文明。当一种文明带给人类的福利是以人类面临灾难和毁灭为代价时,这种文明的发展及其存在的合理性和正当性就受到怀疑,其内在的缺陷和弊病必会引起反思和批判,因而,这种文明形态就要被矫正、改造和更新。关于生态危机与人类文明发展关系的研究表明,人类以往一些文明的没落,直接原因是这些文明的发展引发环境破坏而导致的生态灾难。如果说农业文明时期,环境破坏与生态危机是局部的、表层的,还没有超出自然的修复能力,那么,在工业文明时期,环境破坏和生态危机则是全面而深层的,远远超出了自然自身的修复能力。人类文明要向前发展,需要对旧有的文明形态进行革新,通过对社会、个人的一种观念和思想介入,唤起人们生态意识的觉醒和回归自然家园的意识。只有从价值观上摆正了大自然的位置,在人与自然之间建立了一种新型的伦理关系,才能构建人、社会、自然之间的和谐关系,实现新的文明范式。

20世纪50年代,人类的科学技术水平进一步提高,人类开始步入信息化时代,人类群体间、集团间、国家间的活动开始出现区域化和一体化的趋势,人类和自然环境的关系以及相互作用也出现了集团化、区域化和国际化的趋向。人类向自

---

〔1〕 [美]利奥波德:《沙乡年鉴》,吉林人民出版社1997年版,第192、194、213页。

然索取、开发、利用、改造的行为上升到了集团或国家间的行为，从而引发了社会环境与自然环境之间的伦理道德关系。人类传统的单纯意义上人与人之间伦理关系便发展为不仅包括人与人之间，还包括人与自然之间、人与社会之间以及社会与自然之间的多层次的立体交叉关系，大大地扩大和延伸了传统伦理学研究领域。非人类中心主义环境伦理学说兴起并逐渐成为引起世人关注的全球性话题，对动物予以保护的思想也就具有了根植的背景和土壤。

二、人类进入动物保护时代

人爱护动物的形象，并非由来已久。一直到20世纪初，人类对动物的剥削利用，以致造成动物痛苦或死亡，都还一直是西方社会普遍存在的现象，而当时少数胆敢就这个现象提出道德质疑的人，往往被其他人视为疯子或是无可救药的理想主义者。直到近数十年来，因为蓬勃发展的动物解放运动，西方人对待动物的态度才有了长足的进步。

(一)西方同情动物思想与动物解放运动的萌芽和兴起

在动物解放运动兴起之前，西方人对于动物的态度源自人类中心主义，其核心观念是“只有人类才有道德身份，其他事物只有在服务于人类利益时才有伦理价值”。[1] 尽管西方社会对待动物的态度以人是主宰为基调，但是同情关怀动物的思想并没有就此消失，而是交织在这种以人为主宰的普遍论调里。西方哲学史上那些具有博大同情的善者对动物的怜悯和关怀虽然被淹没在人类几千年来对动物的残酷虐待之行径中，但一直在引起人们的感情共鸣。

1. 古罗马时代同情动物思想的萌芽

古罗马时代的学者奥维德、塞内加、坡菲瑞和普鲁塔克等对所有遭受痛苦的动物都表示怜悯，同时厌恶人类为了取乐，在餐桌上或竞技场上使用有知觉的动物。公元3世纪的罗马法学家乌尔比安认为，动物法应当是自然法的一部分，因为后者包括了“大自然传授给所有动物的生存法则，这种法则确实不为人类所独有，而属于所有的动物”。[2] 这是西方哲学史上对关于动物是否具有道德地位，或人对动物是否具有直接的道德义务问题的最早表述。有几位基督教圣徒也表示过对动物的某种关怀。如圣巴西勒写过一篇祈祷文，劝人善待动物。圣克里索斯托也有过类似的说教，还有圣以撒的教导，甚至还有像圣诺特等一些圣徒蓄意阻挠狩猎，从猎人手中救下雄鹿和野兔，等等。[3]

---

[1] [美]戴斯·贾丁斯著：《环境伦理学》，林官明、杨爱民译，北京大学出版社2002年版，第105页。

[2] [美]纳什著：《大自然的权利》，杨通进译，青岛出版社1999年版，第17页。

[3] 曹文斌：“现代西方动物解放思想发轫”，载《遵义师范学院学报》2007年第5期。

2. 近代西方的仁慈主义思想

文艺复兴时期,达·芬奇因关怀动物的痛苦而成为素食者,布鲁诺受哥白尼新天文学的影响,反对人类中心论,他大胆申言"面对无限宇宙,人只不过是一只蚂蚁",从科学的角度动摇了人类的中心统治地位。法国启蒙思想家、作家和哲学家伏尔泰针对给动物带来最痛苦后果的笛卡尔的机械论哲学讽刺道:"自然已经把所有的感觉器官安置在动物身上,难道它们会感觉不到任何东西?……不要设想自然中会存在着这种荒谬的盾。"[1]

著名英国思想家洛克在其《关于教育的几点思考》中谈到,动物是能够感受痛苦的,毫无必要地伤害它们,在道德上是错误的。他主张人们不仅要善待以往那些被人拥有且有用的动物,而且还要善待松鼠、小鸟、昆虫——事实上是"所有活着的动物"。[2] 休谟亦表达了一种相当普遍的情绪,认为人们有义务按人道法则文雅地使用这些动物。康德也倡导人们对动物应予以仁慈,反对虐待动物的行为。

在这些仁慈主义思想的影响下,虽然人类残酷对待动物的事实并没有发生根本性变化,但各种有影响力的人物结合起来改善了人们对待动物的态度,人们逐渐认识到其他动物确实会感受到痛苦和享受到快乐,应当得到某种程度的道德考虑,人与动物的关系自此出现了些许转机,善待动物的思想已开始纳入人们的思考,为动物保护运动的兴起埋下了伏笔。

3. 现代西方动物解放运动的兴起

1780 年,功利主义哲学家边沁发表了《道德与立法原理导论》,认为"可能有一天,其余动物生灵终会获得除非暴君使然就绝不可能不给它们的那些利权"。[3] 边沁最早提出将动物纳入人类的道德共同体中。由于十八世纪知识的进步,十九世纪动物的状况有了某些实际的改善,即通过法律形式反对任意虐待动物。

几年以后,达尔文在日记里写道:"人类妄自尊大,认为自己该当是神创的伟大杰作。愚见以为,人其实是由动物创造出来的。"1871 年,达尔文正式出版了《人类的由来及性选择》,改变了人类和动物之间存在截然不同的鸿沟的传统观念,指出人类其实是由动物进化来的。随着进化论的普遍被人接受,由进化论所激起的知识剧变已开始改变人们对待动物的态度。

当人们普遍对第一次世界大战的惨痛历史予以追思,并对生命无比珍惜时,前文所提到的二十世纪最伟大的人道主义者史怀泽也因战争期间义务行医以及关怀动物的善举,而荣获"诺贝尔和平奖",他的"敬畏生命"伦理学更是开创了动物伦

---

[1] [美]汤姆·雷根、卡尔·科亨著:《动物权利论争》,杨通进、江娅译,中国政法大学出版社 2005 年版,第 60 页。

[2] [美]纳什著:《大自然的权利》,杨通进译,青岛出版社 1999 年版,第 20 页。

[3] [英]边沁著:《道德与立法原理导论》,时殷弘译,商务印书馆 2003 年版,第 49 页。

理的先河。从此,动物的地位达到了一个前所未有的高度。

1975 年,美籍澳裔哲学家彼得·辛格的《动物解放》,在伦理学的高度上对动物的道德地位进行了论证。书中以大量的篇幅列举了人类对具有感知能力的动物的残酷虐待和屠杀行为,引起了西方社会关爱动物人士的高度同情和关注,此书也被誉为动物解放运动的"圣经",标志着现代西方动物解放运动的兴起。此后,许多动物解放组织如雨后春笋般地涌现出来,要求解放动物的口号此起彼伏,西方社会也由此揭开了善待动物的新篇章。

(二)动物保护兴起和发展的规则表现

动物界的生存法则曾被德国的库尔特·拜尔茨在其《基因伦理学》一书中予以了经典的描述:"没有尊重兔子'权利'的狐狸,也不会有兔子进行'尊重'青草和白菜的生存利益的训练,而青草和白菜也同样把它们生长的土地仅仅当作一种资源来看待。生物体仅仅出于各自生存和繁殖的利益才同环境发生交往;在交往中,会短期地、机会主义地——与人类相似——谋求整个种类的利益,而从长期看,有时则发生同类相残甚至自我毁灭。"而人类相对于动物界不同的是,不断地通过自身实践,调整着人与动物的关系,调整着对待动物的显性或隐性规则。

在人类对动物无限制利用和残杀之前的古代社会,图腾崇拜是最原始的动物保护方式,体现了人对自然的敬畏和顺应态度。前苏联经济学家澳斯特罗维强诺夫认为,图腾是庇护氏族的动物的名称,每个氏族都以动物之名为名,氏族成员不仅不能杀死这种动物,而且要以各种方法保护它。而当人类从"采集渔猎时代"到"畜牧农业时代",其对待动物的态度转为顺应自然。我国《秦律·田律》中规定,在每年的七月之前,不许捕猎幼兽、幼鸟和拾鸟蛋,不准设置猎捕野兽的陷阱和网罝,不准向河里投置毒药捕杀和杀害鱼鳖。这一规定反映了要求人类自觉地按照自然生态规律利用动物资源。

近代以来,科技进步带来了法学思想的转变。人在很大程度上可以支配自然、改造自然,法律也把自然环境中越来越多的有利于人的东西纳入到财产法之中,包括动物。人支配和利用动物的关系在民法中比较典型的表现就是"先占原则"。先占原则在美国早期的野生动物案件审判中得到运用,野生动物在法律上属于最先占有和控制的人。野生动物在其所属的土地上时,该土地的所有者对此野生动物具有优先占有权。

民法的这一传统,在二十世纪八九十年代至二十一世纪初,奥地利、德国、俄罗斯等国相继对民法典进行了修改才有所改变。如前文所述,德国 1990 年民法典的修改。奥地利在 1988 年修改了民法典,其第 285a 条规定:"动物不是物,它们受特别法的保护。关于动物的规定仅于无特别规定的情形适用于动物。"[1] 俄罗斯在

---

〔1〕 曹菡艾:《动物非物——动物法在西方》,法律出版社 2007 年版,第 259 页。

制定民法典时，对动物做出规定："对动物适用关于财产的一般规则，但以法律和其他法律文件未有不同规定为限。""在行使权利时，不允许以违背人道主义的态度残酷地对待动物。"欧洲国家民法典的修正，体现了人对待动物态度在法律上的变化，也意味着人类已经进入了动物保护时代。

（三）动物保护兴起的其他实践表现

现代的动物保护运动是从西方开始的。其根本原因在于资本主义的发展带来生活方式的变革，并激发了人们对"权利"的全新认识。十七世纪开始，宠物成为英国中产阶级生活方式的一部分。首先，宠物是财产的一部分、宠物属于个人的概念被人们接受。其次，人们日渐意识到人和动物的相互依赖、不可分割的感情关系，这间接地挑战了人主宰动物的观念。最后，西方家庭的宠物都有自己的名字，也就是有自己的"身份"。名字的出现给予动物独立于人的身份。除了人们的生活方式的变革外，工业革命的发展产生的中产阶级在发出自己的声音的同时与传统的贵族阶级划分了界线。传统的贵族阶级喜欢打猎，因为打猎激发战争。他们喜欢斗鸡或逮熊，因为这些活动代表了贵族所欣赏的生活方式。居住在城市里的中产阶级对此没有什么兴趣，他们呼吁的是停止这些无谓的牺牲，指责这些活动对动物的残酷性。从十七世纪晚期，以人为中心的传统逐渐遭到了侵蚀和破坏。十八世纪，非人类中心的观点愈来愈受到广泛地认可，人们对残酷对待动物的行为的谴责也日渐强烈。这种道德的觉醒与英国多年实行的宰杀动物方式有关。那种毫不人道的宰割方式激发了人们的厌恶和愤怒。1790 年，素食运动在英国广泛发展。动物屠宰厂在压力下停止在公共场所屠杀动物。宰杀行为必须不让人看见。

到了十八世纪晚期，虽然比人类要低一等，动物的确能思想、推理和有感情——这种观念被很多思想家接受和讨论。很多人认为，"一个文明的国家应该为保护动物不受虐待而设立人道的法律"。这种主张并不是一时的多愁善感，而是严肃的道德、法律和政治议题。英国人最先把同情的眼光投向动物，并在法律实践中解决这个道德议题。1809 年，一位英国勋爵在国会提出一项提案，要求禁止虐待马、猪、牛、羊等动物。这项提案在当时遭到了人们的嘲笑，结果，虽然在上院获得通过，但在下院被否决。到了 1822 年，世界上第一个反对虐待动物的法律才在英国获得通过。尽管这个法令仅仅适用于体型大的家养动物，比如牛、羊、猪、马等，而把狗、猫和鸟类排除在外，但是，它仍然被认为是动物保护史上的里程碑。随后，爱尔兰、德国、奥地利、比利时和荷兰等国也通过了反虐待动物法案。之后美国的"反虐待动物法案"被认为超越了英国的反虐待动物法令，因为它禁止虐待所有动物，包括野生动物和驯养动物。这直接促进了动物福利的改善，并为进一步思考动物权利问题奠定了基础。

与此同时，英语世界中动物保护组织诞生，1824 年，英国议会的议员和三位神职人员组成了两个委员会。一个委员会负责发表刊物，教育大众，影响大众观念。

另一个委员会制定条例,监查对待动物情况。结果在成立的第一年,这个委员会就处理了150多例残酷对待动物的事例。这个委员会还反对用动物做让动物痛苦的实验,等等。这个委员会影响之大,几年之内,北欧几个国家就成立了同样的委员会。1840年,维多利亚女皇给予这个委员会"皇家"的名义,从此这个委员会就被称作为"皇家防止残酷对待动物协会"。[1]

维多利亚时代最重要也是影响最深远的动物保护活动是反对用活的动物进行实验运动。这个运动的起因是一个法国的科学家用没有麻醉的猫和狗做解剖实验。他的做法引起公众的愤怒不满,成千上万的人开始抗议这种毫不人道的实验行为。英国于1876年制定了残酷对待动物法案,要求任何要实验的研究者都必须向政府提出申请,获得批准才能用动物做实验。反对用活动物进行实验运动是20世纪动物保护运动的直接先驱。[2] 自19世纪中期实验医学问世以来,生物医学突飞猛进,实验动物科学由此产生并奠定了它在生物医学发展中的重要地位。在100多年的过程中,与人类健康密切相关的重大科研突破,主要或大部分系经动物实验而完成。与实验医学出现的同时,随着动物应用数量的增加,动物保护主义开始露头,并迅速膨胀起来。美国人伯格认为,残酷地对待活着的动物,会使人道德堕落,并变得野蛮起来。而一个民族不能阻止其成员残酷对待动物,也将面临危及自身和文明衰落的危险。在他的努力下,1866年美国防虐待动物组织(ASPCA)成立。之后,1877年善待动物组织(AMA)成立;1883年抗活体解剖动物组织(AAVSS)成立;1899年善待动物教育团体(AHES)成立;1952年成立了动物福利组织(AWI);1954年美国人道协会(HSUS)成立。目前,在美国已有几千个动物保护团体。其中较温和的,认为科研应用动物固属需要,但应给予动物以良好环境、良好营养、良好空间和镇痛、麻醉药剂,以及良好的照料。而更多的是所谓激进组织(至少有400个),如动物解放阵线(ALF),主张完全停止用动物进行医学研究和药物测试。目前,美国政府正在草拟"在科研中禁止使用来源不明的犬猫"的法规,一旦被通过,生物医学科研将面临考验。另一方面,动物保护主义者又转向观赏动物和环保。1994年有人联名向美国农业部控告:某马戏团在猩猩演出时"用电击棒以及铁棒驱打",且禁闭猩猩"于狭小铁笼中",都严重违反动物福利法。经农业部派加州兽医部门调查后发现,关闭猩猩的铁笼不但空间大,且装有空调和电视,价值50万美元,也没有发现用铁器驱打动物之事,方始平息。洛杉矶市政府每年将街头无主猫捉后处死后,卖给有关单位利用,2万只死猫价值5万美元,所赚费用贴补市政建设。动物保护组织又作干预,认为这笔钱是"血债",绝不能容忍。市政府被迫每年花费7.8万美元,将猫送化肢站烧成肥料。凡此种种,科学家们不

---

〔1〕 曹菡艾:《动物非物——动物法在西方》,法律出版社2007年版,第96页。

〔2〕 同上注,第103页。

得不花费很大精力，寻求社会谅解和支持。[1]

从动物立法的发展进程看，动物保护主义初起时仅涉及濒危动物，后逐渐扩展到宠物和实验动物。近年已扩及普通家畜家禽，甚至连动物园内的动物展出，都受到监视和警告。动物保护主义已形成一股政治力量，类似绿色和平组织，到处介入社会活动。1992 年 2 月 12 日，欧洲议会通过了有关化妆品法令 76/768 号修正法令，凡属化妆品原料含有"已经过动物试验合格的化学药物"自 1998 年 1 月 1 日起不得上市，其后 12 国部长会议又补充，如果届时仍找不到非动物试验的检验方法，则可把施行日期推迟不少于 2 年时间。这个法令是政府与国际动物保护组织长期斗争的调和结果，有 250 万人签名支持这项修正法令。[2]

到了 20 世纪后期，不仅欧美国家，世界上大多数国家，包括亚洲和拉美、非洲一些国家都制定了反对虐待动物的法律，动物福利协会和各种动物保护组织纷纷涌现。现在，人们已经达成共识，残害和毁灭生命是不正确的，爱护和促进生命才是人的基本责任，而一个文明的国家应该为保障动物不受虐待而设立人道的法律。

第二节　动物权利论

一、动物权利主义的兴起

"动物权利"起源于英国，从二十世纪七八十年代开始，随着世界范围环境保护运动的兴起，"动物权利论"的观点逐渐盛行。动物权利论被认为是现代动物保护运动的"发动机"和"牵引器"。但对于动物权利，我们中国人缺乏足够了解，其实就是现在经常讲的人权，被大多数国人普遍认知、真正接受也就是最近十年的事。在动物权利的认识和学习上，我们还需要一个相当长的过程。

20 世纪 70 年代之后，随着非人类中心主义环境伦理的兴起，人们开始渐渐放弃与自然对立的人类中心主义发展观，将人类的道德责任范围扩展到整个自然界。当人类的道德关怀视野扩展至人以外的存在物时，动物首当其冲地成为被考虑的对象。

动物保护运动主要有两个派别：动物权利主义和动物福利主义。动物权利主义派反对人类利用动物的所有方式，包括食用、科学实验、狩猎等。他们认为，人类

---

〔1〕"实验动物福利"，载上海交通大学医学院网站，http://www.shsmu.edu.cn/dept/sydw/index.htm。

〔2〕"动物与人：西方动物权利思想的来龙与去脉"，载 http://www.chinese-hermit.net/ReadNews.asp? NewsID=3034&BigClassName=%E8%A5%BF%E9%A3%8E%E4%B8%9C%E6%B8%90&SmallClassName=%E8%A5%BF%E6%96%B9%E5%93%B2%E5%AD%A6&Specia。

利用动物,不论是在实验室用动物做试验还是在农场饲养动物,或者射猎野外生存的动物,从原则上讲,都是错误的,是不道德的,是应该停止和取缔的做法。主要原因是这些做法均给动物带来痛苦,而且那些被人利用或食用的动物被人类作为工具、手段和目的,这在道义上是非常错误的。动物权利派认为,问题不在于是否减少动物的痛苦,问题是动物有自身的存在的理由,人类没有权利剥夺动物的存在、生存权利。人类和动物应是在同一地平线上平等的存在。作为人类,我们应该认识到,动物具有应该受到人类尊敬的最基本的权利。拥有感知力、能够自知的动物应该享有支配自己生命的基本权利。动物跟人类一样具有感受快乐和痛苦的能力,也具有最基本的愿望:不受饥渴、没有痛苦、有安全感、有自由和快乐、能和自己的同类和家庭成员生活在一起。所有生命,包括动物,或者至少说哺乳动物或脊椎动物,都具有这些最基本的愿望和生存权。

然而,这并不是说动物应该具有同人类一样的各类权利。很显然,动物不具有选举投票、受教育等众多人类所独有的权利。但是,人类同所有生命共同享有一个地球,彼此相互依存,人类不能不依赖其他生命生存。此外,人类更不应该以"万物主宰"而自居,任意杀戮残害其他生命。所以,给予动物权利其实就是将人类从以自我为中心的"物种歧视"偏见中自我解放、解脱出来。总之,动物权利派认为人类应当以人道方式对待自己,同时,人类也应当以人道方式对待他者,包括动物。

动物权利早在十八九世纪就已提出,但动物权利运动作为社会运动仅有30多年的历史,主要是在1975年彼得·辛格出版了《动物解放》一书之后,动物权利运动才有了理论基础和根源。动物慈善组织"伦理对待动物协会"(PETA)和"人道协会"(Humane Society)是这个派别的代表。

动物权利论的代表人物有辛格(P. Singer)、雷根(T. Regan)、费恩伯格(E. Feinberg)、G. L. 弗兰西恩、约翰逊(E. Johnson)、沃伦等。动物权利论者主要受边沁和密尔的功利主义的启发,把有感觉能力的个体的需要和利益视为评价行为正确与否的最后基础,坚持"导致不必要的痛苦的行为是错误的"这一原则的普遍适用性。

二、辛格的动物解放

1974年,澳大利亚哲学家J. 帕斯莫尔撰写的《人类对自然的责任》一书出版,指出传统哲学和宗教把人类视为自然界绝对主宰的观点是错误的,人类应该热爱和保护大自然。这是当代哲学家最早以传统哲学观点反思环境问题的著作。然而,帕斯莫尔的伦理观念依旧是以人为中心的,认为自然本身并无内在价值可言,人类关注、尊重自然并非对自然负有责任而是利益使然。1975年,美国哲学家彼得·辛格在其《动物解放》一书中把道德价值的主体的界限从人类扩展到动物,认为动物有着与人相似的感受能力,人类应当承认动物的内在价值,维护动物的平等权益。这为动物保护提供了理论依据，成为人与自然之间传统伦理观念的一个突破口。彼得·辛格也成为动物解放理论的代表人物，它的动物解放理念的哲学依据是以边沁的功利主义为基础的。

边沁认为：功利，简单地说就是“快乐原则”，它指的是快乐是一种内在的善，凡是能带来快乐的就是道德的，带来痛苦的（包括给自己或任何其他个体带来的痛苦）就是不道德的。正是基于此种理论，辛格把动物的快乐和痛苦引入人类的道德考虑中。辛格同时认为，拥有感知能力是获得这种道德考虑的先决条件，凡是有感知能力者均应有感觉快乐和痛苦的功能。在这一原则下，动物与人同样具有利益，所以应享受同样的法律待遇。否则就是物种歧视，而这种歧视就如同性别歧视、种族歧视等一样是不能容忍的。

他在《动物解放》一书中，开篇即指出：“凡是解放运动都意在结束某种不平与歧视……本书的目的是想要使你的态度与做法面向一个非常大的族群：就是除了人以外的其他动物。我认为我们目前对这些动物的态度是千年累积的偏见与歧视之结果。我认为，我们没有任何理由拒绝把我们的基本道德原则扩及动物——除非是为了保留因欺压他们而获得的私利。我要求你认知你对其他物种的态度是一种偏见，其可议程度不亚于种族偏见与性别歧视。”[1]由此可见，支撑彼得·辛格的理论最主要的观念就是平等。

彼得·辛格认为，首先，动物虽然智力上有限，但有时反而比人类更能感到痛苦，因此应纳入利益平等考虑的范围。其次，除非诉诸宗教或玄想，否则人的神圣性与动物的非神圣性都不能够证明。因此，不能因想当然地认为动物的生命不具有神圣性和动物无自我意识，而对其予以物种歧视。同时，他还列举了许多人和动物、动物之间超越生理需要和生理机能的表现动物有感情的例子来说明动物是有感情的。以此说明，利益平等考量是基本道德原则，也是人类平等乃至人与动物平等的理论根据。一方面，凡具有感知能力者即具有利益，彼此相似的利益应得到相似的考量。另一方面，即使以人人均持有的事实性质而论平等，这一标准也应及于动物，因为，某些动物的综合心智能力确实比某些人高。故此，他认为人类与非人类动物平等就是必然的结论，应维护动物的平等权益。

三、汤姆·雷根的动物权利论

美国当代哲学家汤姆·雷根认为辛格从功利主义出发对动物的道德地位所做的论述是不够充分的，他从康德哲学出发对动物权利进行了论述并提出了自己的观点。康德提出，每个生灵都有内涵价值，也就是说，这个生灵具有独立于被他人利用的自身所固有的独特价值，即“天赋价值”。雷根同意康德有关生灵有内涵价

---

〔1〕［英］彼得·辛格著：《动物解放》，祖述宪译，青岛出版社 2004 年版，第 134 页。

值的理论，但他将生灵的范围扩大到包括人类以外的动物，不同意康德的人对动物仅有间接义务的观点。在雷根看来，作为正在体验生命的个体，动物具有为其本身的价值，这就是所谓的“天赋价值”。天赋价值不同于其他的评价，它与个体的经验无关。正是动物身上的这种价值赋予了它们一种道德权利，基于这种天赋价值，动物可以成为道德主体。动物和人一样，都是生命的主体，是有思维，有欲求，有意识，有记忆，具有未来感，能感知快乐和痛苦的生命，都应该享有被尊敬对待的基本权利。而享有被尊敬对待的基本权利就意味着具有不被伤害的基本权利，这是一个首要权利，此外，我们也不应该干涉动物的生活。在大自然中动物之间的交往不存在谁侵犯谁的问题，因为动物不是为自己行为负责任的道德主体。只有人与动物打交道时，动物的权利问题才会显现出来，因为只有人才能够意识到动物的权利。

汤姆·雷根明确声明自己是一个动物权利倡导者，声明自己积极投身于动物权利运动，完全意识到自己的观点是激进的甚至是极端的。他明确指出动物运动的目标是要废除对动物的剥削，完全废除商业性的动物农业，完全废除皮毛工业，完全废除科学对动物的利用。汤姆·雷根的动物权利论也被称为“强势动物权利理论”。

四、G. L. 弗兰西恩的动物权利论

弗兰西恩从批判边沁和辛格的功利主义理论缺陷出发提出了自己的观点。他认为，“边沁的研究方法中至少存在两个严重缺陷。首先，断言在事实上动物有知觉但却没有自我意识或持续生存的利益，这在概念上是成问题的。其次，一旦边沁承认人和动物有质的差别……他就使我们不可能在道德上重视动物的权益……那么我们就不能运用平等考虑原则”。由此，弗兰西恩提出自己的观点：“如果动物不受苦的利益具有道德意义，我们就必须废除而不仅是规制动物财产制度，我们也必须停止我们不以之使用于人的方式来利用动物。”[1]弗兰西恩尖锐地指出，只要人类仍旧把动物看作物并将其作为人类的财产而继续加以利用，动物权利就无从谈起。他从法学的视角，对于动物权利提出了一个简明而新颖的辩护思路。

五、沃伦的动物权利论

沃伦针对雷根的强势动物权利论提出弱势动物权利论。沃伦认为，动物拥有权利的基础不是它们所拥有的天赋价值，而是它们的利益。动物是拥有它们自己的利益的，而动物拥有利益的前提是，它们能够感受快乐或痛苦。在沃伦看来，所有拥有感觉的动物（并不仅仅指雷根所说的某些高等哺乳动物）都拥有权利，但

---

〔1〕 孙江：《动物福利立法研究》，法律出版社2008年版，第38页。

是，与动物权利相比，人的权利是一种较强的权利，范围也要广泛地多，比如人可以有言论、集会、结社、游行、示威等种种自由权利，而这些对动物来说毫无意义。沃伦也承认，与人类相比，动物的夭折可能不是一个太大的悲剧，但仍然是一种不幸。应该说，动物拥有生存权，只是一般来说，它们的这种权利比人的生存权要弱一些[1]。

玛丽·沃伦的这一理论本质上来说是对雷根“强势动物权利论”的修补，也被称为“弱势动物权利论”。

六、对几种动物权利理论的简要评说

以上几种动物权利理论中，占主导地位的是彼得·辛格的动物解放论和汤姆·雷根的动物权利论，玛丽·沃伦和弗兰西恩的动物权利论分别是对雷根和辛格的动物权利论的不足之处进行修正的动物权利论。

由上述陈述可以看出，各种权利理论之间存在着如下差别：首先，理论基础不同，辛格的动物解放论是从边沁的功利主义出发，雷根的动物权利论是从康德的道义论出发，玛丽·沃伦的弱势动物权利论以利益论为出发点，弗兰西恩的动物权利论是从人对动物的态度出发。其次，论述权利的依据不同，辛格以动物的感知能力为依据，雷根以“天赋价值”作为依据，玛丽·沃伦以动物有感知能力进而拥有利益为依据，弗兰西恩以动物有不受苦的利益为依据。再次，权利的内容也有不同，辛格的动物权利内容是“平等的考虑”，雷根的动物权利内容是“获得尊重对待的平等权利”，玛丽·沃伦的动物权利内容是“趋乐避苦”，弗兰西恩的权利内容是“不被当作财产对待”。最后，权利主体的范围不同，辛格将权利主体的范围限定为有感知能力的动物，包括一切农场动物、鸟类、哺乳类动物以及海洋生物，雷根将权利主体的范围限定为某些高等哺乳动物和鸟类，玛丽·沃伦将权利主体的范围限定在一切有感觉能力的动物，弗兰西恩的权利主体包括一切受人类剥削的动物。

此外，它们之间也是有联系的：首先，都从不同角度论证动物权利成立的理论；其次，都从道德权利角度出发对动物权利的应然内容做出界定；最后，都主张对现有的不公正的剥削动物的体制予以废除（这里指的是绝大部分的动物权利论者）。其中，辛格的动物解放论和弗兰西恩的动物权利论、雷根的动物权利论和玛丽·沃伦的弱势动物权利论还具有逻辑上的前后关系，即后者是在批判前者的基础上提出自己的动物权利理论。

辛格从功利主义出发对动物的道德地位所作的论述是值得称赞和有说服力的，但却不能令人满意。我们认为，辛格的理论缺陷有二：第一，他从动物有感知能力出发，必然将一部分动物排除在权利大门之外。正如在他的《动物解放》中所

---

〔1〕 孙江：《动物福利立法研究》，法律出版社2008年版，第37页。

说，他是严格按照这个标准来进行素食选择的，首先是工厂化农场的一切肉蛋产品，其次是鸟类和哺乳类，然后是海洋动物。在海洋动物中，牡蛎、蛤、贻贝、扇贝等软体动物是非常简单的生物，不能确定它们是否有感觉痛苦的能力，所以辛格有时还会吃它们。感知能力不是一个理想的标准，它限制了享有权利的动物的范围。第二，辛格认为动物因其感受痛苦和快乐的能力而将其列入道德考虑，但列入道德考虑与实际拥有权利是两回事，一个是应然状态，一个是实然状态，列入道德考虑并不必然拥有权利，感受痛苦的能力并不必然推理出实际拥有权利。因此，感知能力是一个很好的标准，但不是最好的标准。

雷根的天赋价值论比辛格的感知能力有说服力得多，但雷根的理论也有不足之处。第一，对"天赋价值"定义不详，雷根虽然一再强调动物是拥有"天赋价值"的主体，但对"天赋价值"本身却言之甚少。尤为重要的是，雷根没有证明拥有天赋价值与拥有权利之间的必然联系。他并不认为动物真的拥有权利，他只是说，如果所有的人都拥有权利，那么至少某些动物也拥有权利。当然，这只能说是提出了问题，而不是解决了问题。第二，他没有说明如何区分拥有权利和没有权利的界限，即哪些动物拥有权利。要在权利的拥有者和非拥有者之间划一条泾渭分明的界线是很难的。因为在雷根所说的作为生活主体的动物和不作为生活主体的动物之间总有某些模糊的过渡状态，处于这个区域的动物，既不是完全的生活主体，又不是毫无苦乐感受的低等动物。[1]

玛丽·沃伦以利益为基础为动物辩护的弱势动物权利论，比雷根的强势动物权利论温和了许多，更容易为人接受。她强调动物权利的同时，更强调人权高于动物权利，符合现今的社会条件，具有一定合理性和可操作性。弗兰西恩从批判功利主义论证动物权利的弊端出发，得出动物受剥削的根本原因，是把动物当作资源看待，并得出废除现有剥削动物的制度和动物建立一种全新的关系的目标，他的理论无疑是激进和彻底的。

综上所述，我们可以看出，动物权利主义的基本原则是：非人类动物就其本质上来说应该有行为的自由；有在它们自己的生活圈中生活、居住的自由；有远离人类的伤害、虐待和剥削的自由，也就是说动物有权利不受人类的伤害、虐待和剥削，享有和人类一样的权利。人类对非人类的动物的剥削是基于人类的"物种主义"。动物权利运动试图将人类彼此之间的相互尊重与关爱扩展到其他的动物。因此，动物权利主义者不支持畜牧业、动物实验，以及为了人类的利益而利用动物，比如一些工作性的动物和娱乐性的动物。在现今社会来说，无论是在法律的建制上还是在现实生活的可操作性上，动物权利说恐怕也仅仅是动物保护的一种理想模式，并不能被广泛地接受。

---

[1] 杨通进："动物拥有权利吗"，载《河南社会科学》2004年第6期，第30页。

第三节 动物福利思想

动物福利是动物保护运动的另一个基本派别。20 世纪 60 年代以后，随着集约式饲养迅速扩展带来的问题和公众动物保护意识的觉醒，动物福利问题在西方国家成为公众极为关心的问题。为了使动物免受不必要的痛苦，科学家、兽医和动物保护人士等开始注意研究动物福利的标准和界定，以便保护动物的基本利益，也有许多国家开始进行本国的动物福利立法。

从哲学角度看，动物福利派以功利主义（utilitarianism）哲学思想为基础。动物福利理念的产生在西方国家已有上百年的历史，动物福利作为一种社会运动，较动物权利历史更为悠久。很多动物福利和动物保护组织以动物福利理念为指导思想，倡导改善和提高动物福利。例如，“皇家防止虐待动物协会”是这个派别的代表。

一、动物福利的概念

“福利”（welfare），按其字面理解，通常为改善社会成员物质、文化生活，提高其生活质量的代名词。福利一词在汉语词典上的意思是健康和舒适的生活状态，在英文词典里为“Welfare”，是由“well”和“fare”两词合成的复合词，“well”的意思是好，“fare”的意思是生活，两者合起来就是“美满的生活”、“安乐的人生之路”。在韦氏辞典（Merriam Webster Dictionary）上 Welfare 有两个释义：幸福健康的生活状态；给需要帮助者提供金钱或必需品上的援助。可见，福利的概念主要与这几个词有关：健康、幸福、舒适。要准确定义福利二字并不容易，这是因为：第一，健康、幸福、舒适这些词都是个体的主观感受，不同个体的感受和标准都不尽相同。而幸福这类个体精神感受的概念对于不同的个体来说感受可能完全不同。第二，这些概念是仅仅针对人还是包括一切有感知的生物，即使针对的是人类，不同种族和不同民族对这些概念的理解也存在很大区别。如若取最一般的相对共性的概念，则根本无法明确阐明福利概念的意义。如此看来，福利一词在法律术语中原本就很难界定。

通常，福利一词被用来形容人的状态和人以外的动物的状态，现在被人们普遍使用，例如人的福利、社会福利、福利金、动物福利等[1]。动物福利（Animal Welfare）的概念是由英国动物学专家休斯于 1976 年提出的，当时指的是饲养农场

---

〔1〕 曹菡艾：《动物非物——动物法在西方》，法律出版社 2007 年版，第 59 页。

中的动物与其环境协调一致的精神和生理完全健康的状态。[1] 1988年美国环保学者弗雷泽提出，动物福利的目的就是在极端的福利与极端的生产利益之间找到平衡点。[2] 而后在1990年，台湾学者夏良宙提出，就对待动物立场而言，动物福利可以简述为"善待活着的动物，减少死亡的痛苦"。[3] 我国则有学者认为动物福利就是让动物有一个宽松的生活和生存环境，饮食正常，无疾病，无心理紧张压抑，不受痛苦伤害，等等。[4] 当"福利"和"动物"组合起来后形成的新概念亦始终难以形成一个统一的定义。

可见，动物福利的概念并不是福利概念在动物身上的简单延伸，动物福利更加强调保证动物康乐（Well - being）的外部条件。所谓动物的康乐，是指动物"心理愉快"的感受状态，包括无任何疾病，无任何行为异常，无心理的紧张、压抑和痛苦等。[5] 目前，"动物福利"泛指动物应该享有免受虐待和享有适当生活标准的福利，即"让动物在康乐的状态下生存，也就是为了使动物能够康乐而采取的一系列行为和给动物提供相应的外部条件"。[6] 被国际社会所广泛承认的动物福利观念，是应该怎样合理、人道地利用动物，尽量在动物的繁殖、饲养、运输、饲养、表演、实验、展示、陪伴、工作、治疗和捕杀过程中，减少其痛苦，不得使其承担不必要的痛苦、伤害和忧伤，而不是不能利用动物或一味地保护动物。

二、动物福利的标准[7]

根据剑桥大学动物福利教授布鲁姆（Dlnald M. Broom）的观点，"福利"必须能用客观的方法评估测量，这样我们才能在精确的科学测量、法律文件和公众讨论中统一使用"福利"这一概念。布鲁姆教授还认为评估测量动物福利要同道德伦理的判断区分开来。一旦我们评估确定了福利之后，评估的结果可以用来指导我们对道德伦理问题做出判断。布鲁姆认为，福利必须指每个动物（包括人在内）个体本身的特征，而不是人们给予的外界的东西。例如，人们常常使用"福利"一词来描绘给穷人支付福利金，这个用法并不准确，这个意思同科学或法律的福利含义没有关系。但是，如果一个穷人没有钱吃饭而忍受饥饿，政府给这个人支付补助金让

---

〔1〕 宋伟："中国法学界应当关注的话题：动物福利法"，载《上海实验动物科学》2002年第12期。

〔2〕 刘国信："世界各国的动物福利立法"，载《动物福利》2005年第3期。

〔3〕 刘国信："世界各国的动物福利立法"，载《动物福利》2005年第3期。

〔4〕 刘永鑫："解读英国动物福利立法完善我国动物福利立法"，载《绿色中国》2005年第12期。

〔5〕 陆承平：《动物保护概论》，高等教育出版社1999年版，第52～53页。

〔6〕 宋伟：《善待生灵——英国动物福利法律制度概要》，中国科学技术大学出版社2001年版，第5页。

〔7〕 关于"动物福利标准"，曹菡艾教授在《动物非物——动物法在西方》一书中有了翔实的阐述，因此，本部分内容主要摘编整理于此书第59～63页。

他能够买东西吃,我们可以说他的福利状况由此发生好转。我们可以用“福利”这个词描述人和动物。对动物福利产生影响的因素可以包括疾病、受伤、饥饿、有益的刺激、群体交往、居住条件、蓄意恶意对待以及人类对动物的处置、运输、试验、残害、治疗、基因改变等。

因此,布鲁姆说,一个个体的福利指的是该个体对应付其所处环境而努力的状态。福利指的是该个体在某一特定时刻的特征,说明该个体当时状况如何。布鲁姆指出,动物在一生中面临很多不同的问题和挑战,他们同人一样,使用不同方式来解决和应付这些问题。应付的意思包括动物对自己身体状态的正常调节和应急反应。布鲁姆说,应急反应的生理显示迹象包括肾上腺素活动提高、心速加快、惊恐行为等。这些需要耗费更多的身体能量,因此只有当动物预测正常调节行为不够时,这些生理迹象才出现。当动物无法应付或可能应付失败时,动物就经历了紧张压力或是在承受痛苦。

我们可以以此为标准来描述一个动物的福利或一个人的福利的好坏状态。布鲁姆总结出了评估动物福利的衡量方式和标准:

普通评估方法	评估
福利差的直接指标	有多差
测验 (a)回避 (b)正面喜欢	(a)动物不得不面对希望避免的情形或刺激的程度 (b)非常喜欢的程度
测量表现成长行为和其他生理功能的能力	正常行为或生理或生物发育无法发生的重要程度

布鲁姆教授研究设计出了一套测量动物福利差的基本指标,包括:寿命缩短、成长或繁殖的能力下降、身体受伤害、疾病、免疫压抑、身体竭力应付、行为竭力应付、行为病理学数据、自我麻醉、表现出的行为回避程度、正常行为压抑程度、正常身体运作过程和身体发育被压抑的程度。类似的,还有一个动物福利好的基本测量指标,包括:表现出的多种正常行为、表现出的非常喜欢的行为程度、快乐的身体指示迹象、快乐的行为指示迹象。在测量动物福利方面,牛津大学动物学教授道金斯(Marian Dawkins)提出了两个衡量标准:第一是动物的健康状况;第二是动物是否得到他们想要的东西。而且我们还需要透过动物的眼睛、从动物的视角来认识动物福利,听到动物的心声。

如果我们将以上理论用于具体动物福利评估,我们可以说疾病、伤痛、行动困难、发育不正常等都表明动物福利很差。如果动物居住条件很差,例如家禽被长期关在拥挤的笼子里,无法伸展翅膀和腿脚,其肌肉和骨骼变得虚弱、不健康,由此造成家禽应付环境的能力下降，这也就说明这些家禽的福利状态较差。类似的，研究表明：被长期关养在围栏里的猪，其骨骼只有正常猪骨骼强度的65%，这也表明其福利较差。这些都是可以客观、准确测量出来的。我们还可以使用行为测验。如果一个动物避免某一物体或者强烈表示不喜欢某一物体，这也表明了动物福利状态。如果一个动物希望用某种自然姿势躺下或站立，但进行多次努力却无法成功，因为居住的空间太小，这也表明动物福利差。其他表明动物福利的行为测验包括动物的反常行为，例如自我伤害、猪咬尾巴、鸡叼毛、特别富有侵略性行为等，都表明动物福利状态差。

对于动物评估的客观性，布鲁姆教授认为，福利评估同道德伦理判断应该加以区分。例如，评估动物在运输过程中的福利状态，科学家可以对动物在不同运输方式中的身心状态进行科学客观的比较，比较动物运输过程中的具体身心健康指标数据和行为。在此评估基础上，人们可以做出伦理道德的选择，例如，决定使用何种运输方式、运输条件等。

总之，动物福利是一个科学概念。长期以来，人们已经达成共识的是动物福利包括动物身心健康两方面，涉及动物感受痛苦和快乐的各种广泛感受。应该让动物享有身体健康，免受饥渴、苦寒、病痛、过多劳作等体力上的折磨，同时也应该享有心理健康，免受精神折磨和创伤。

三、动物福利的内容和分类

动物福利概念的引入是人类意识观念的进步，是人类基于利用动物和保护动物的权衡中提出的。人类应该合理、人道地利用动物，尽量保证那些为人类作出贡献的动物享有最基本的权利，反对极端的利用手段和方式。动物福利的目的就是要在极端的福利与极端的生产利益之间找到平衡点。

当前，对驯养动物福利内容的认识，较为一致的观点是，动物福利涵盖了五个方面的自由。这五项自由最初是由英国农场动物福利理事会建议提出的，包括：1. 不受饥渴和营养不良困扰的自由；2. 不在恶劣环境中生活的自由；3. 不受痛苦、伤害和疾病的自由；4. 享有表达正常天性的自由；5. 受恐惧和忧虑紧张的自由。[1]

动物福利的五项自由已被许多国家关注并成为制定动物福利法律、法规的基本考量，在相关的动物保护法律中也予以了体现。例如，欧盟理事会有关用于农畜

---

〔1〕 对于动物福利的内容，祖述宪教授将其译为“五项基本福利”，即：1. 不受饥渴：提供充足的清洁水和食物以维护动物健康和精力；2. 不受困顿：提供合适的环境，包括房舍和栖息场所；3. 不受疼痛、伤病的折磨：预防疾病，及时给伤病动物诊治；4. 不受恐惧和痛苦：确保动物拥有良好的条件和对待，避免精神上的痛苦；5. 自由表达正常习性：提供足够的空间、适当的设施以及与同类动物伙伴在一起。这种翻译亦有其可取之处，在此，我们也一并介绍给读者。

目的的动物保护法令中就规定了用于农业目的的动物的居住条件、喂养条件、身体健康和心理健康等的具体指标。然而“福利”更多地被运用在驯养动物身上，对野生动物福利的认识和思考尚有阙如，事实上野生动物亦有“动物福利”的需要。

国际上通行的动物福利的分类方法，是将动物福利分为农场动物福利、实验动物福利、伴侣动物福利、工作动物福利、娱乐动物福利和野生动物福利。在遵循总的动物福利原则下，具体到每一项动物福利，都因其特殊的地方而有所区别。例如，农场动物一般是以养殖屠宰为目的的，因此农场动物福利就要对如何养殖屠宰进行限制，尽量使农场动物在养殖时确保康乐之状态，在死亡时尽量免受痛苦；而伴侣动物一般不涉及被屠宰的问题，因此伴侣动物福利侧重的是对其康乐生活状态的保护，例如免受虐待、遗弃等。

四、辩证地理解人类对动物的利用和对动物福利的保护

人们对于动物的充分利用和对动物的福利保障是相辅相成的。完全忽视动物的福利而使用动物，必然会给动物带来许多问题，如生病的牛、马不能为主人很好地工作；不能处在良好生活状态的宠物会变得抑郁或烦躁不安，自然不能给其主人带来快乐；不能处在良好生活状态的畜牧动物，其体内激素分泌失调，对于最终的食品质量和产量都会有影响；不能处在良好生活状态的实验动物，也无法给科学实验带来希望的实验结果等。同时，在制定动物福利标准时，应结合社会和经济发展状况。因此，动物福利不能忽视两个方面：第一，动物福利的改善有利于人们对动物的利用，当福利条件满足动物康乐时，便能最大限度地发挥动物的作用。第二，在社会条件允许时，重视动物福利，改进动物利用中不利于动物康乐的利用方式，尽可能使动物免受不必要的痛苦。

在动物立法方面，几乎所有西方现行的有关动物保护和动物福利的法律多为动物福利法，特别是禁止动物虐待法规，旨在保护动物免受虐待，改善动物的生活品质。此类法律也越来越多地包含人对动物的法律关照责任，例如有责任为动物提供饮食和住宿，不仅是要善待动物，不虐待动物，而且要尽到最起码的关照责任。这些认识和主张提倡用渐进的方法改善动物福利。

这些主张的目的主要有：确定人类对动物的整体责任和个人责任的性质和范围；为动物提供保护，使之免受虐待和残酷行为；制定规范如何对待动物的法规；在法律上规定对待动物的最低福利标准；促进提高动物福利；鼓励负责任的动物拥有和饲养做法；改善动物和人类健康和公共安全；教育公众了解有关动物的需要；在出现动物虐待等问题时，在法律上允许第三方介入，改变传统财产权的法律；让政府决策人注意和重视动物福利问题；影响法庭对动物的态度；建立这样一个原则，即对动物是一个人民普遍关心的、合理合法的社会公正问题；提供机会以便进一步推进动物保护立法的发展。

总之,动物福利派认为,人类可以适当、合理地利用非人类动物,例如用于研究试验、食用、猎取、用于体育娱乐和其他用途,但在此利用中,如果对人类的利益大于动物能承受的限度,这样才可以接受。他们提出人类应该合理、人道地利用动物,应尽量保证为人类做出贡献和牺牲的动物享有最基本的权利,既包含了对动物的保护,也包含了对动物的合理利用。动物福利概念的引入是人类意识观念的进步。

五、动物权利与动物福利之辨析

比较动物福利与动物权利两个概念可知,动物权利包含着动物福利的内容,但动物福利的概念则是基于如何科学、合理、人道地利用动物这一角度提出的。两个不同的概念,在保护对象和保护内容各有侧重。

由上述论述可知,动物权利论强调的是人与动物之间是完全平等的。因此,动物权利论禁止人类一切使用或利用动物的行为。而动物福利论并不追求人与动物之间的平等,也承认人在这个世界上的主导地位。动物福利的哲学基础与动物权利的不同,动物福利者认可动物的人性的、负责任的使用以满足人类的需要。动物权利者在人类需要与动物利益发生冲突时,将动物放在第一位。动物福利论强调的是善待动物,希望人在利用动物的时候能尽量使用最为友好的方式。

在法律层面适用时,动物福利保护法律强调的是人类应当提供给动物的福利,这说明动物所得到的好处只能是人给予的,而且动物的接受并非主动要求而是被动接受的。这与“权利”的行使特征是截然不同的。从现行法律规范的类型看,只有法律对动物价值和福利的确认规范及对人的应为、可为、禁为等行为规范。动物福利的需求用语上,只有一些自由、设施、条件等用语。对动物价值和福利,其实这只是法律规范中的确认性规范,法律对人的要求属于法律规范中的行为规范,针对的都是人,在法律上并未赋予动物作为法律关系的主体主动行使权利的地位。瑞士1997年颁布的《牲畜权利法》,虽然采用了“权利”一词,但根据其法律内容和该国动物保护基本法的标题——《动物福利法》来看,“权利”应做“福利”来理解。

我们认为,与动物权利论相比较而言,动物福利论更为实际也更能为大多数人所接受。在社会发展进程中,人类有义务在利用动物的过程中减少它们的痛苦,仁慈地对待动物,不虐待动物。但是,也有人认为这是一种虚伪的做法,既然动物的最后的命运是被人类食用或以其他的方式为人类的利益而死亡,那么动物生存时的福利好坏又有何意义呢?既然最后的结果还是死亡,那么我们追究动物的生存方式、死亡方式又有何价值呢?动物权利派会认为,既然要保证动物的福利,那就从根本上来做:不利用动物,不食用它们的肉,不用它们的毛皮做衣服或是利用它们做实验。其实,这是一种极端的想法,不具有现实的意义。我们说,人的生命也会走向死亡,这是必然规律,那是否意味着我们在活着的时候可以不用考虑我们的生活质量，连最起码的健康和愉悦的生活也是浪费呢？但是实际上，从古至今，我们一直积极地追求幸福美好的生活，努力寻求更健康的生活方式，尽量让人生充满愉悦。那么动物也是如此，我们的生活在现在来看是无法避免利用动物的，那么在利用它们的过程中尽量减少它们的痛苦，给它们提供必要的福利保证就显得十分的必要。

此外，动物福利这一理念更容易得到共识和推广。激进的动物权利论者的理想是美好的，但这需要极高的道德水平、生产力水平以及人们相应生活习惯的改变，在现阶段这些还难以实现。动物权利作为非人类中心主义的环境伦理观在伦理学上也许能成立，在实践中却难以想象，激进的动物权利论者的一些行为也常常会对生态环境造成适得其反的效果。所以，激进的动物权利论并不适合现在的情况。而动物福利论更贴近我们的现实生活，具有可操作性，能够达到人和动物“双赢”的目的。西方国家的动物福利法已有百余年历史，动物福利观念得到了统治阶层和广大民众的认同和支持，这也是有目共睹的。

随着社会经济的发展和文明的进步，爱护动物、保护动物越来越为民众所接受，成为大多数人的心声，落实到行动上需要全社会甚至整个人类的支持，但是激进的做法有时候反而会适得其反，不仅无法将爱护保护动物的理念加以推广反而会引起反感，20 世纪 70 年代美国极端的动物保护组织主张动物也有权利，和人具有同等的地位，人类没有权利利用动物。他们采取了一系列的所谓的动物保护的行动，包括破坏毛皮加工厂、烧毁动物实验室，甚至对虐待动物的人武力报复。这样的方式给社会造成了极大的混乱，对保护爱护动物的观念的推广并没有起到积极的作用，反而引起很多人的强烈反感。所以，动物福利的观念既符合了人类爱护保护动物的良好愿望，也为人类通过发展逐渐地减少利用动物留下了一定的空间，动物在这一理念推广下的生存质量也会得到很大的改善。

第三章　动物保护法概述

第一节　动物保护法的法理内涵

一、动物保护法的含义

动物保护法(Animal Protection Law)是指国家制定或认可的有关动物保护、管理以及合理利用的法律规范的总和。传统意义的动物保护法首先是为了人类能够永续利用自然,维持生物多样性,强调动物种群的延续。随着人类人文精神的不断进步,动物保护法开始更多地关注动物活着的状态,即转而以动物的生存质量为关注焦点。无论是对动物现有的生存状态的关注,还是对他们的终极归宿的关照,本质上都是对动物福利的关注。动物保护法的保护对象由早期的可以利用的野生动物,到驯养动物的一部分逐渐扩大到所有受人类影响的动物,内容由单纯禁猎、防止虐待向改善动物的生存环境和减少痛苦等基本福利,甚至动物的精神福利层面发展。

因此,这里提到的动物保护法是现在国际上通行的动物保护立法模式,许多国家也称其为动物福利法,这是对野生动物、驯养动物全面保护的立法,不仅单纯对动物的保护,还要给予动物福利保障。[1]

法律上的动物保护,有如下含义:第一层含义,是禁止人的行为,维持物种的自然生存状态及其种群的适当数量,维持生态系统的稳定性和人类对动物及其制品需求的持续性。第二层含义,是管理人对动物的行为,以抑制人对动物行为为目的,保障动物物种的存续和种群的适量。第三层含义,是鼓励人的积极行为,维持和增进动物物种以及种群数量的稳定,以满足人们生存和发展的需求。第四层含义,是尊重动物生存周期的基本需求,禁止和限制人对动物在其生存期间不必要的伤害,这方面主要关注动物福利。

比如我国早在1950年就由中央人民政府公布了《稀有生物保护办法》,开始了新中国的野生动物保护工作,到1988年全国人大常委会又颁布了《中华人民共

---

〔1〕 参见 http://law.nwupl.cn/Article/showArticle.asp?ArticleID=645。

和国野生动物保护法》,从而使我国野生动物保护工作较早步入法制化、规范化轨道,但因缺乏动物福利意识,到目前为止却始终未能给予与人类朝夕相伴的驯养动物以足够的关注。

本书在以下内容中凡提到"驯养动物"的法律保护表述为"动物保护法"或"动物福利法",除非另有特别说明,否则视为未作区分,均在动物福利层面使用这一概念。

二、动物保护立法产生的原因及特点

(一)动物保护立法产生的原因

动物保护立法的产生是基于多方面的因素,总的来说,主要有以下几个方面:

1. 经济原因。动物保护立法是建立在相当程度的经济基础之上的。马克思主义哲学认为,经济基础决定上层建筑。故动物保护立法首先出现在工业革命的发源地——英国,后来随着经济中心的转移,动物保护立法的中心也逐渐由英国转移到美国。此外,经济水平也决定了动物福利的提高和动物保护立法的产生和发展。随着人类经济水平的提高,人类福利日益提高。通常只有在人类生活水平的提高的同时或之后,才会有精力和财力来考虑改善动物的福利。例如,宠物福利基本上就取决于人类的生活状况。这也是为什么我们会看到人类在经济状况极端恶化的条件下,为了生存而不得已杀死自己饲养的宠物狗的原因。所以,我们可以得出这样结论——人类只有在解决了基本温饱问题,逐步提高了人类自身福利水平的前提下,才会开始关注和保护动物的福利。

2. 文化原因。宗教深刻地影响了西方动物保护立法。产生于西方的动物保护法带有很深的宗教的印记("摩西十诫"中就有保护动物福利的内容)。西方基督教主张人类和非人类的动物平等。在中世纪占据主流的宗教法和深受宗教影响的自然法中,我们都能找到动物保护立法的影子。许多法学家认为,自然法是动物保护立法的渊源。而自然法的历史渊源是宗教,因此,可以说,动物保护立法的历史渊源是宗教,也就是说,宗教是动物保护立法的文化根源,它深刻地影响了西方的动物保护立法。

3. 理论原因。传统的立法是以人类中心主义为其哲学基础的。与以往的立法不同,以保护动物福利为中心内容的动物保护法,它的理论基础却是现代人类中心主义。它将人类的长远利益和整体利益作为处理自身与动物关系的根本价值尺度,要求人类在利用动物的同时,还必须保护动物,必须合理开发利用动物资源,将人类的开发利用行为限制在合理的范围和幅度之内,以确保生态平衡和动物资源的持续利用。动物保护立法深刻贯彻了现代人类中心主义,把道德关怀的范围由人扩展到动物,并进一步维护动物的康乐。

(二)动物保护法的特点

与其他法律相比,动物保护法有其自身的特点:

1. 具有伦理道德性。无论人类怎样强调动物与人的不同,有一点是毋庸置疑的,那就是它们都同人一样害怕伤害,恐惧死亡。动物福利理念的前提,就是认为动物和人类一样,有感知、有痛苦、有恐惧、有情感需求。动物保护法强调“善待动物”。动物保护法是用法律这个有效的工具规范人们的行为,保护动物,是人类对自然界观念的更新,也是社会文明进步的象征。

2. 具有明显的边缘科学的特点。动物保护法研究处于多种学科的交汇点上,融汇了多种学科的知识并对多种学科产生影响,因而具有比较明显的边缘学科的特征。它不仅与动物保护、环境保护等学科密切联系,还与畜牧业、兽医业、商业贸易等紧密相连。所以,理解动物保护法不能仅仅从动物保护的角度考虑,还需把它与相关的学科关联起来,才能有较为全面的理解。

3. 立法的终极目的是善待人类自己。法治是人类追求并实现完善自身理想的一种方式,关怀人类自己自然是最终归宿。表面上看,保护动物在一定程度上限制了人类对待动物的自由和权利,但正是这种限制,更深层次上体现出人类关怀自己生存发展的价值取向。这将有助于人类和自然的和谐以及人类社会自身的和谐。因此,关爱动物其实归根到底也是尊重和关爱人类自己,今天立法保护动物正是关怀明天人类自身的需要。

4. 与科技紧密联系。既然动物保护法保护对象是动物,那么它就与许多有关动物的科学有密切的联系。一方面,对于动物生存状态的测量是以人类对于动物的生理、心理和行为的科学为依据的。动物的生理变化可以通过对动物的心跳、血压、呼吸、瞳孔以及体内激素等进行测量。动物行为的异常可以在一定程度上反映动物的生活状态,如动物在紧张时会心跳加快、血压升高等症状,动物在遭受痛苦时会全身颤抖蜷缩、发出叫声乃至面部表情扭曲等。另一方面,动物福利是否实现,需要科学来进行较准确的认定。同时,科学的发展,也会产生一系列的新的动物福利问题。这样,动物保护法需要及时的修改、废止以及重新制定。而动物保护法的不断完善还依赖于科学技术的发展为其提供科学有效的方法。

第二节　动物法律地位的界定

动物的法律地位问题,涉及动物究竟是继续作为法律关系的客体加以保护,还是可以成为法律关系的主体的问题。其主要观点可以分为三类:一是动物客体说;二是动物主体说;三是动物有限主体说。

一、有关动物法律地位的学说

传统民法上，动物一直是作为法律关系的客体被看待的，各国的法律实践也都遵循此原则处理涉及动物的案件。但是反对理论也是由来已久，早期主张动物具有主体地位的主要是泛灵论者，在泛灵论者的理论中动物具有和所有生命一样的灵性。进入二十世纪以后，动物的主体地位成为理论上的一个热点，尤其是彼得·辛格（Peter Singer，1946 – ）[1]的《动物解放》一书出版以后，动物主体地位的讨论更是备受重视，基本形成了动物解放论和动物权利论、生态整体主义论三种主张动物应该拥有权利的理论。而这三种理论影响了法学界，催生了动物法律主体论，即主张动物可以在法律上具有完全的权利主体资格，享有同人类成员一样的法律权利。其中，有人主张“扩大法律主体人格范畴，动物和自然物也有生命权、健康权，也有生存和存在的权利，这是动物的具体人格权。在一般人格权中，动物和自然物也应有人格自由、人格平等、人格尊严的权利。”[2]更有甚者，认为生态法学“将一切生命体作为法律关系的主体，而自然人在生态法律关系中是作为被约束和被限制的对象而存在的”，以及“人不仅是权利的主体，还是自然界的权利的客体”。[3]

如果动物享有权利主体地位，当其行为违法，如毁坏财物、伤害人类时，我们如何让其承担法律责任？

此外，有动物主体论者引用德国民法典修正案作为依据，指出动物脱离“物”，成为法律主体已经有了法律依据。[4] 但我们也应该看到，德国民法典在增加该款规定的同时，又在第903条关于“所有人的权限”条款中加上了“动物的所有权人在行使权利时，应注意有关保护动物的特别规定”一句。前面规定了动物不是物，后面又使用“动物的所有权人”一词，最终还是将动物纳入了物权的客体之内，也就是说，动物依旧是“物”。可见，德国立法者并非要将动物排除在物的范围之外，只是在应对国内环境保护、动物保护势力的压力所做出的技术性处理。其最主要意图是要表达“动物是特殊的权利客体”，动物的所有人不能像对普通物一样随意处分而已。

我们认为，上述两类观点都有其法学理论的困境和实践操作的矛盾之处，故在

---

〔1〕 彼得·辛格（Peter Singer，1946 – ），著名伦理学家，现任教于澳大利亚莫纳虚大学哲学系。曾任国际伦理学学会主席，是世界动物保护运动的倡导者。其代表作《动物解放》一书从1975年出版以来，被翻译成二十多种文字，在几十个国家出版。英文版的重版多达26次。

〔2〕 王紫零：“非人类存在物法律主体资格初探”，载《广西政法管理干部学院学报》2003年第5期。

〔3〕 刘文燕、刘滨：“生态法学的基本结构”，载《现代法学》1998年第6期。

〔4〕 郑友德、段凡：“一种理念的诠释：动物法律主体地位之思考”，载《华中科技大学学报》（社会科学版）2004年第6期。

我国的动物法律规范中仍应确立动物是客体，但是为特殊的客体的法理定位。

二、动物不是物，是特殊的客体

一般意义上的法律关系的客体包括：物与行为。但在1990年8月20日，德国民法修正案生效之后对这一范畴的理解有所改变。修正案将《德国民法典》第一编总则中的第二章“物”重新命名为“物，动物”，第90条a规定：“动物不是物。它们受特别法的保护。法律没有另行规定的，对于动物适用有关物所确定的有效规则。”第903条第2项规定：“动物的所有人在行使其权限时，应遵从关于动物保护的特别规定。”由此可见，在修改之后的《德国民法典》中，“物”的外延缩小了，动物仍然是客体，但不在“物”之中，成为特殊的客体。在我国，杨立新教授2005年在清华大学做“建立法律物格的思想”演讲时，主张将物格分为三类，第一类是“生命”物格，包括动物。第二类是抽象物格，最典型的是网络。第三类是一般物格，指第一类、第二类以外的物格。其中，第一物格的地位是最高的；陈本寒教授同样认为“在法律上，我们说，动物仍然是物，只不过是一种特殊物而已”。那么，动物为什么不能成为法律关系的主体或限制主体呢？

首先，动物的特性决定其不能成为法律关系的主体。现代西方哲学以主客二分的思想体现在大陆法系中，就是将“人”作为权利主体，而“物”只能作为权利的客体。而区分“人”与“物”的重要标准就在于，“没有理性的东西只具有一种相对的价值，只能作为手段，因此叫作物；而有理性的生灵才叫作‘人’，因为人依其本质即为目的本身，而不能仅仅作为手段来使用”。[1] 自然人的意志能力容易理解，法人的意志能力则可以归结到由自然人构成的法人机关的意志，实际上还是根源于自然人。如果给予动物法律主体地位，如何区分动物之间不同的权利要求和义务分配呢？这将是任何人都无法圆满回答的问题。动物如何实现自己的权利？动物本身不可能积极地去通过自己的有意识的行为去实现自己的权利，可能还是需要我们人类进行配合，事实上就是人类给自己附加上更多的义务而已。结果就是动物单方面获得权利，而人则单方面承担义务，造成新的不平等。根据法理学对权利义务关系的论述，不存在纯粹的权利和义务，任何主体在享有权利的同时，必然承担义务。假若动物享有法律权利，那么动物也必然应承担法律义务。如何界定动物的法律义务，仍是一个难题。

其次，赋予动物法律主体地位的法理基础首先是扩展人类伦理道德范围，将动物纳入道德范畴，成为人类道德的主体，进而赋予动物法律主体地位。但事实上，人类无法在人与动物之间构建正义、公平的道德关系，泛道德论不是拯救动物的出路。动物无法理解人类的道德，人类对动物施以道德只是一相情愿的事情。我们

---

〔1〕［德］卡尔·拉伦茨：《德国民法通论》（上册），王晓晔等译，法律出版社2003年版，第46页。

可以用理性来约束自己使得动物可以在我们中间被作为主体来对待、认同并且不被伤害。那么一个置身于一群动物之中的人却不可能被这些动物作为它们意义上的主体来对待、认同并且不被伤害。即使是处于程序上的正义,也要求我们与动物之间的道德关系是人和动物来共同构建的,但是,同样是因为缺乏理解作为基础,这一过程无法实现。我们没有证据证明我们所认为的公平、正义也同样是被动物所认可的。

再者,动物主体论与法律责任制度相矛盾。法律责任产生的前提是违反了法定或约定的义务。法律责任的本质"是由于实施了违法行为、违约行为或出现了不属于违法、违约行为的某些法律事实而使责任主体应当承担的不利法律后果"。[1] 试想,如果动物享有权利主体地位,当其行为违法时,如毁坏财物、伤害人类等,如何让其承担法律责任?无论是民事赔偿、行政罚款、拘留还是刑事处罚,对于人类和社会来说都无实际意义,即使是有代理它们的机构也于事无补。一是这种法律责任无法真正实现法律责任的设立目的;二是即使这种法律责任能够实现,对于动物的同类却起不到丝毫的警示作用。人以外的生物认识不到彼此的责任,更不能交流责任的看法,无法让其承担任何责任,即使形式上为满足人类要求动物承担责任的心理,规定动物的法律责任,这对于没有"责任"概念的动物来说有什么意义呢?主张动物在法律上具有权利主体资格(包括完全主体资格和限制主体资格)的倡导者提出可以为动物设立监护人或代理人,就像为无民事行为能力人设立监护一样。但是,由于动物缺乏理性,也无法与人进行沟通交流,动物与人之间也不可能存在真正意义上的理解,没有理解作为基础,即使为动物设立了这样的监护制度,也无法真正代表被监护或者被代理的动物的利益,不能做到对动物的真实意思的表达,动物还是不能作为真正意义上的权利主体出现在审判席上。

同时,动物有限主体论者只将一部分高级动物纳入到我们的法律共同体中,而将其他种属的动物不考虑在内,在倡导动物拥有权利的同时,又在动物之间又制造了新的不平等,甚至存有对部分动物的歧视。从规则分配的角度看,主体能普遍地享受到法律形式上的权利,那么主体性才能在法律上得以落实,否则便不存在真正的法律主体,主体性在法律上便因此而大打折扣。

此外,有动物主体论者引用德国民法典修正案作为依据,指出动物脱离"物",成为法律主体已经有了法律依据。[2] 但是,我们应该看到德国在增加该款规定的同时又在第903条关于"所有人的权限"条款中加上了"动物的所有权人在行使权

---

〔1〕 徐永康主编:《法理学》,上海人民出版社2003年版,第410页。

〔2〕 郑友德、段凡:"一种理念的诠释:动物法律主体地位之思考",载《华中科技大学学报》(社会科学版)2004年第6期。

利时,应注意有关保护动物的特别规定”一句。前面规定了动物不是物,后面却又使用“动物的所有权人”一词,最终还是将动物纳入了物权的客体之内,即说到底,动物依然是“物”。由此可见,德国的立法者并非要将动物排除在物之外,而只是在因应国内环境保护、动物保护势力的压力所做的一种立法上的技术性处理。德国立法者的最主要意图只是要表达“动物是特殊的权利客体”以及动物的所有人不能像对普通物一样随意处分的意思而已。

综上所述,人类社会发展到今天,站在人类生存和发展的角度,立法保护动物的必要性是不言而喻的,但是立法保护动物不等于要将动物上升为法律主体,这是矫枉过正的认知,动物仍应作为法律关系的客体而存在。

第三节　动物保护法的基本原则

动物保护法的基本原则,是指动物保护法所确认的或体现的、反映动物保护法特征的、具有普遍指导作用的基本准则。据此,作为动物保护法的基本原则,具有如下特征:首先,动物保护法的基本原则须由法律所确认或体现。确认是指动物保护法对其进行了明确规定,体现是指动物保护法虽无直接规定,但有关法律条款中体现了某项法律原则的精神。其次,动物保护法的基本原则须反映动物保护法的特点。那些法的一般性原则或共同原则不能作为动物保护法的基本原则。最后,动物保护法的基本原则须是贯穿整个动物保护法体系的、具有普遍意义的指导性原则。这是其区别于一般动物保护法律规范的界限。

一般说来,动物保护法的基本原则应是立法上所确认的原则。但是,鉴于动物保护法的价值理念正处于转变和发展时期,特别是我国的动物保护法律制度,这一特质更为突出。我们认为从理论上探讨当代动物保护法的基本原则就显得十分必要。当然,动物保护法应当包含哪些基本原则,目前尚无定论。世界动物保护协会(WSPA)在其2000年世界大会上,提出了动物福利包含的五大自由,即让动物享有“不受饥渴的自由、生活舒适的自由、不受痛苦伤害和疾病的自由、生活无恐惧和悲伤感的自由以及表达天性的自由”。具体的立法实践中,许多国家的动物保护立法亦遵循了这种精神。那么,结合西方发达国家的立法经验以及我国的具体国情,本书认为因野生动物与驯养动物均有福利问题需要考量,因此对其予以保护立法的共有原则应为:第一,利用与消费正义原则;第二,保护动物福利与规范动物管理相结合的原则。另外,针对实验动物和野生动物所具有的特殊性与特别需要,针对这两类动物的保护立法,除动物保护法的共有原则外,“3R原则”可以作为实验动物保护法的特有原则;“拯救与控制相结合原则”可以作为野生动物保护法的特有原则。

一、利用与消费正义原则

(一)将正义引入动物保护法之原则的理由

虽然不同的时代、不同的人对正义的表达不同,但当我们深及其内,会发现正义蕴涵着人类对自由、平等、秩序的价值追求和现实要求。人类对正义的渴望和追求是与生俱来的,它外化于人们的一切活动之中,“谁不在争取正义?谁又不受正义问题的影响?政治制度、宗教、科学——特别是伦理学、法理学和政治理论——全都关心正义问题,而且全都渴望有一个按照他们的特殊概念来看是正义的世界……总之,正义是一个无处不在的问题”。[1]千百年来,人类之所以执著于对正义的追寻,是因为正义从根本上影响人类的自由和社会的进步。人在追求正义的征程中,不断地获得丰富的人性和确证人之为人的存在真理。

然而,人类在具体的生存与发展过程中,往往会为了一己之利或短期的、眼前的利益,显现出其破坏社会乃至自然正义的不当行为。因此,哈耶克说:“只有那些能够由正当行为规则加以决定的人的行动秩序方面,才会产生有关正义的问题。所谓正义,始终意味着某个人或某些人应当或不应当采取某种行动。”[2]因此,在当代动物保护的制度规范中,利用与消费正义的实质,就是用人类的整体理性来反思人类对动物加以利用和消费的行为,以人与动物、人与自然、人与人、人与自身的协调与和谐发展为目标,主张合理、适度、适当利用和消费动物,使对动物的利用不尽成为人类自身发展的基础环节,而且成为促进社会与环境协调发展,促进人类全面、可持续发展,实现人类整体与长远利益的基本环节。[3]

从社会实践来看,从正义的角度关注人们对动物的使用行为,以正义的价值理念引导人类对动物的态度,不仅具有重要的实践价值,而且理应成为动物保护法的立法宗旨和指导精神。其主要成因在于当正义介入动物保护法后,人类会以此为基本的价值目标,以引导动物保护法及动物保护行为达到较为理想的境况。西方法律思想史上,自然法理论一个重要特点和内容,就是主张以正义作为法的原则或价值目标。而法一经以正义作为基本价值目标,其本身就在相当大的程度上转化为法律正义。

(二)利用和消费正义原则的内容

动物保护法中,利用与消费正义原则的具体内容包括:

---

〔1〕［英］麦考密克、［奥］魏因伯格著:《制度法论》,周叶谦译,中国政法大学出版社1994年版,第249页。

〔2〕［奥］冯·哈耶克著:《法律、立法与自由》(第1卷),邓正来等译,中国大百科全书出版社2000年版,第52页。

〔3〕秦鹏:《生态消费法研究》,法律出版社2007年版,第94~95页。

1. 人类在利用和消费动物时，不得虐待动物，不能对动物施以不必要的痛苦，要合理、仁道地利用动物。人类所拥有的科学技术水平和自身发展的需要，都在一定程度上决定了，在相当长的历史时期，人类还必须对动物加以利用和消费。但是这种利用和消费行为是有度的，以不虐待动物为基本要求。这也是尊重生命、尊重自然最起码的要求。人类要受到行为道德的约束，善良、仁道地对待动物。

所谓虐待动物，就是将伤害与刻意形成的痛苦强加在动物身上。而反虐待就是要求：禁止残酷对待、折磨所有的动物，不得殴打或用其他方法虐待动物，禁止残酷地使动物负荷过重或使动物受到不必要的痛苦，避免动物受到不必要的刺激等。这些也是人类对动物应尽的基本义务。更何况人的生存与发展和禁止虐待动物并不矛盾。正如康德所言："如果不想窒息人类的情感，则人必须以仁心对待动物，因为对动物残忍的人对人也会变得残忍。"

在现代社会的公共评价尺度内，一个国家的国民对待动物态度如何，是衡量一个社会文明程度的重要标志，对待动物的态度直接反映出人们对待生命的基本态度。一个标榜文明的人和民族，不应该把满足自己的食欲和其他种种利益建立在对动物的残酷折磨上。目前，尊重生命、尊重自然、反对虐待动物已经成为国际社会共识，各国的动物保护制度基本都体现了这一原则要求。

2. 人类自身生存和发展的同时，也需要保护和关照动物的生命和福利。在前面的章节中，我们不断地阐释着动物也能感知痛苦，也有喜怒哀乐。动物保护法既然以具有感知能力的动物为关注的核心，那就不可避免应该包括人道关怀的道德考量。地球生物圈内的物种是平等的，它们享有生存的权利，具有自身的内在价值；人类只是地球生物圈大家族中的普通成员，而非生物圈的主人，人类应当尊重其他生物生存、存在的权利。[1] 如此的关照才符合自然正义的要求。

在诸多的动物保护法律制度中，禁止虐杀动物已经成为最基本的底线，即防止虐杀动物只是动物保护法的基本要求。而动物保护较全面的理念是尊重动物的生命及保护动物的权益，并将保障满足动物的基本要求纳入法律和司法制度的框架内，通过法律的强制性使人类承担起保护动物的义务。

按照国际通行的动物福利的"五大自由"，首先是动物应享有不受饥渴的自由。所谓不受饥渴，就是要保证给动物提供充足的清洁水、保持良好健康和良好精力所需要的食物，以使动物不受饥饿之苦，来满足生命的需要。这项原则主要是满足动物的生理福利。动物的生命需要是动物最基本的需要，如果这些需要得不到满足，动物的生命受到威胁，其他为人类的贡献也就无从谈起。这种需要的满足程度也决定了动物所受福利待遇的高低以及对动物存在的意义。当然，不同的动物对食物和水的需求会有差异。如，供应给实验动物的饲料侧重于营养、无污染和适

---

〔1〕 曹明德、黄锡生主编：《环境资源法》，中信出版社2004年版，第33页。

口性，而农场动物所实用的食物，还必须满足其健康，并使其健壮。

其次，人类要给动物提供舒适的生活。这里的舒适是指动物拥有的适当的空间或栖息场所，能够满足其正常的休息和睡眠。这种需要是在保证动物生命的前提下，更注重动物身体的健康。在某些状况下，环境对动物的影响或许只是造成短时间的无法应对、无所适从。但是长期下来，动物就可能无法维持精神和身体的稳定性，以至于造成寿命和繁殖的减少。有些影响是物理性的，比如温度的改变或痛击；有些则是精神上的，比如让动物感到恐惧的威胁或者同伴的丧失。

再次，动物享有不受痛苦、伤害和疾病的自由。这种自由是让动物享有借助预防措施或迅速的诊断及治疗，免予疼痛、疾病或伤害。人类可以为动物做好防疫、预防疾病，并且给患病动物及时诊治，以减少动物的疼痛和伤病的几率，以满足动物的卫生福利。反对会引起动物任何程度痛苦的禁锢，提倡以恰当的方法饲养动物，能满足其生理需求，提供足够空间和环境刺激，同时应当拥有相当水准的兽医和一般性的动物护理设施，例如，一些国家对猪的福利法规定，猪在运输途中必须保持运输车的清洁，要按时喂食和供水，运输时间超过 8 小时就要休息 24 小时。还规定，在动物受到侵害或骚扰时，动物主人有责任给予合理的关心和必要的保护。

另外，动物还享有生活无恐惧和悲伤感的自由。动物作为一种生命形式，除了有基本的生存需要，也有更高层次的心理需要。动物也害怕伤害、恐惧死亡。让动物享有生活无恐惧和悲伤感的自由，目的在于保证动物拥有良好的条件和处置，以满足其心理福利。如英国的《动物福利法（屠宰）》就规定，屠宰房应保证动物的基本安全，其结构、设备和工具不会引起动物的刺激、痛苦和伤害，动物屠宰场应远离动物，实施单独屠宰，等等。

最后，动物享有表达天性的自由。应当给动物提供足够的空间、适当的设施以及尽量与同类动物伙伴在一起，同时要求切实避免引起动物精神上痛苦的情况或处置，使之免予恐惧及挫折，能够自由地表达正常的习性，以满足其行为福利。这种生理健康的需要主要包括动物的生活习性需要和社会需要。

事实上，现行的动物保护之国际法和国内法都有类似原则的体现，如 1987 年的《保护宠物动物的欧洲公约》规定的原则之一就是，任何人不得引起宠物动物不必要的疼痛、痛苦或者忧伤。丹麦 1991 年的《动物福利法》规定，本法是为了确保动物免受疼痛、痛苦、焦急、永久伤害和严重的忧伤。

动物生命的需要是动物福利的基础，没有了生命意义上的保障，动物福利是建立在沙滩上的；动物健康的需要是动物福利的必要条件，保证了动物的生理上和心理上的健康才能使其处于康乐的状态，才能更好地为人类服务。侧重于对动物福利予以关注的动物保护法正是从动物需求出发，来确定其法律基本原则。当然从以上阐述，可以看出，这些自由主要的关涉对象是驯养动物。

3. 对动物进行利用和消费的同时，要兼顾到人与动物的和谐相处以及经济、社会的可持续发展。人与动物的和谐是人与自然和谐理念在动物保护法上的反映，它是社会发展的产物，体现了人与自然、人与动物之关系的发展趋势。动物保护法就是要用具体的法律规范和制度在人与动物之间创造一种和谐关系。将人的发展、人对动物的利用或消费与动物生存与发展之间的矛盾限制、调整到双方都可以承受的范围内，将由于这种矛盾引起的各方利益损失降低到最小程度。

《世界自然保护策略：为了可持续发展的生存资源保护》一书第一次从学术的角度指出："可持续的发展意味着，必须既考虑经济方面又考虑社会和生态方面，必须既考虑生物资源之根本又考虑非生物资源之根本，必须既考虑可供选择行为的短期厉害又考虑长期厉害。"[1] 而可持续发展作为一种理念形成是以世界环境与发展委员会 1987 年的报告《我们共同的未来》为标志的。报告指出：可持续发展是指"既满足当代人的需要，又不对后代人满足其需要的能力构成危害的发展"。[2] 因此，动物保护法应规范，当代人类在利用动物时，要考虑到动物的可再生性，有义务保持每一种动物的最佳再生能力，也即保存每一种动物物种，确保每一种动物的可再生和永续利用。同时，还应将动物的保护和利用与经济、社会的发展有机地结合起来。

利用与消费正义原则意在塑造人类正当合理的利用动物的行为，使这种行为的尺度与人和社会的发展尺度结合统一起来，不断成就人的理性发展和社会的全面进步。

二、保护动物福利与规范动物管理相结合的原则

动物保护法在关注动物生命和福利的同时，尚不能偏废对动物的管理。虽然传统意义上的动物法，尤其是我国的动物法在立法理念上一直是以管理为重。但是，当代动物保护法所提及的管理与此已有不同。在这里，我们对以往的动物法的管理原则和思想不再做赘述，只就当前动物与人的关系中出现的新态势而对动物管理的需要加以分析。这些管理规范设置的主要目的，一方面是为了实现动物种群的整体利益，另一方面，是为了保证人类自身价值此终极目标追求之完成。

随着社会的发展，近年来与残忍对待动物的行为形成反差的是，人与某些动物关系的过度亲密。都市中的宠物热就是一例。宠物能带给人欢乐，其忠诚、善解人意也深得人心。故主人与宠物的"平等"相处是极容易做到的，甚至人与宠物同桌

---

〔1〕 IUCN, UNEP and WWF, World Conservation Stragtegy, Gland, Switzerland, 1980, para. 3 of Part 1.

〔2〕 世界环境与发展委员会著：《我们共同的未来》，王之佳等译，吉林人民出版社 1997 年版，第 52 页。

而食，同床而眠，同盆而浴。然而人与动物毕竟是不同的物种，人对动物的过分亲近，从某种角度说，也构成了对动物天性的侵犯。有时，还会成为人与动物交叉感染的各种瘟疫流行的重要渠道。与此同时，“宠物热”还引发了买卖和繁育某些动物的产业化，人为地增殖某些动物不仅会进一步破坏生命金字塔的平衡，从而破坏整个生态系统的平衡。

此外，出于种种原因，城市里流浪猫狗的数量在增多。随着关爱动物的理念越来越深入人心，亦有许多好心人自发地给流浪动物喂食，但因缺乏有效管理和科学的控制措施，导致一些社区和公园内流浪动物激增，出现泛滥的现象。如北京的紫竹院公园，上海的“绿地名人坊”住宅区都有过类似的报道。据新闻部门调查，“非典”时期单是北京市每天就有 30 只以上的宠物猫狗被主人遗弃，造成大量动物四处游荡，无家可归。然而，动物流浪不是动物之错，而是不负责的饲养人的行为导致。饲主随意遗弃所饲养的伴侣动物，既可能使伴侣动物失去生存的条件，也可能造成流浪动物的增加，现在在一些城市流浪动物已经成为公共问题。因此，有必要对饲主随意丢弃所饲养的伴侣动物的行为予以禁止。加大犬繁殖行业的规范管理，减少审批新增犬繁殖场所，以减少利益驱动下的无序繁殖对社会造成的危害；对流浪动物绝育给予政策支持，事实上，北京市保护小动物协会和北京小动物诊疗行业协会联合倡议的《控制流浪动物数量、预防动物疫病传播》免费为流浪动物做绝育，献爱心的公益活动，2006 年 7 月 1 日在北京市范围内正式启动，截至 2008 年 7 月 31 日，已经为 8226 只流浪小动物实施绝育手术。这个公益活动，已经得到北京市政府的重视和支持。北京市政府从 2008 年 7 月 1 日起，对参加公益活动的 39 家动物医院，将按照对流浪动物实施绝育手术的数量给予适当的经济补偿。这个做法应该在全国进行推广。

动物保护法旨在保护动物，实现人与动物的和谐相处，这就要求用法律规范来推进人类对动物天性的尊重和动物传统的世袭领地的尊重，不能过分干扰和人为地控制动物的生活。因此，在保护动物福利的同时，还应注重对动物的管理行为的规范设置。

三、实验动物保护的“3R”原则

一直以来，各种各样的试验给动物带来不同程度的痛苦，人类的外科手术或试验可以通过麻醉等方式减轻痛苦，但是动物性试验就很难避免了。但是动物实验却又是人类发展和时代所必需的。为了解决这样的问题，英国的动物学家 W. M. S. Russell 和微生物家 R. L. Burch 通过大量的调查研究，在 1959 年《人道实验技术原则》中提出了科学、合理、人道的使用试验动物的理论。这就是现在国际社会普遍认可的“3R” 原则，即：寻找动物的替代品（replacement）、减少实验动物数量（reduction）和优化动物实验（refinement）。1999 年新西兰的《动物福利法案》把

“3R”原则作为实验动物福利法的基本原则。

我们提倡人道地对待实验动物，而并不要求一味地禁止动物实验。应当在既满足人类需要，又减少动物痛苦之间寻找平衡点。动物实验和动物福利可以相互监督，相互促进。按照有关学者的意见，在动物实验中，应坚决避免没有科学目的的实验；同时对实验动物的痛苦减少到最低限度；那些一次性的实验动物，在实验结束后，应当迅速采取相应措施，给其“安乐死”。“3R”原则被许多人当作是折中点，让科学家与动物福利运动人士，在人类健康和动物福利之间获得妥协。瑞典从1979年开始，规定从事动物实验者，必须先交一份研究计划给伦理委员会审查。目的是审核动物实验计划，主要审核可能会造成动物疼痛或痛苦的实验。新的动物保护法规定，假如有其他替代方法能获致一样的研究结果，或者当该实验不符合“公共利益”的原则时，动物伦理委员会应当拒绝这些研究计划的申请。

四、野生动物保护的拯救与控制相结合原则

野生动物系非人工驯养的、生存于自然状态下的各种哺乳动物、鸟类、爬行动物、两栖动物、鱼类、软体动物以及其他动物等。[1] 野生动物除了与驯养动物有类似的福利要求外，由于其非驯养性以及与其他动物相比在保护生物多样性中扮演着更为重要的角色，因此保护野生动物的法律制度还应增加“拯救与控制相结合”的原则。

针对那些珍贵的、稀有的、濒临灭绝的野生动物，主要是拯救；而对于那些有害于农业、林业及卫生、保健事业的野生动物，主要采取控制的措施。虽然这类动物对人类生活有害，但我们不可以一味灭绝。生态系统中各种生物相互平衡、相互制约，灭绝任何一种生物，都会引起生态失衡。而对其他的野生动物以保护为主，数量较多、经济价值较高的还应合理利用。目前，国际上已将对野生动物资源的保护和利用，特别是对珍贵、稀有动物的保护，视为衡量一个国家经济、文化和科学、文明发达水平的重要标志之一。英国就主要从拯救珍贵稀有野生动物的原则和保护有益野生动物的原则出发，制定了有关野生动物保护的法律法规。

对于野生动物，满足其需要和解除其痛苦，人类任重而道远。拯救与控制相结合，不滥捕乱杀野生动物、不随意破坏动物赖以生存的自然环境是人类保护野生动物的最根本任务，也是野生动物保护法律制度的基本原则。

---

〔1〕 陆承平：《动物保护概论》，高等教育出版社1999年版，第237～241页。

第四节　动物保护法的适用和意义

一、动物保护法的适用

法的适用是法律法规运用于现实生活的过程，动物保护法的适用就是动物保护法运用于现实生活，从而调整动物保护法律关系的动态过程。动物保护法的适用效果与其适用效力密切相关。动物保护法的适用效力，即动物保护法的适用范围，是指动物保护法在什么时间、什么地点、对哪些人有效。根据我国法律适用范围的一般规定，可以将动物保护法的适用范围概括为适时范围、适地范围、适人范围、适事范围。

（一）动物保护法的适时范围

动物保护法的适时范围，即动物保护法的时间效力范围，是指动物保护法具有约束力的时间范围，包括生效时间、失效时间以及是否具有溯及力。

1. 动物保护法的生效时间。即法律在何时开始生效。一般有三种形式：

（1）立即生效。即自颁布之日起生效。这种形式在动物保护法中比较少见。但在经过修改后颁布实施的综合性动物保护法、某些动物保护行政法规、规章中则有采取这种生效形式的。这是由于其基本内容民众都较为熟悉，或实际生活急需。如2004年8月28日的《中华人民共和国野生动物保护法》和1997年10月17日的《水生动植物自然保护区管理办法》。

（2）公布之日起一定期限后才生效。这种做法是为了给法律的实施提供相应的准备时间，包括思想、业务和组织等方面的准备。这是动物保护法律法规最普遍的一种生效形式。如2006年4月12日通过的《中华人民共和国濒危野生动植物进出口管理条例》，自2006年9月1日起施行、《国家级自然保护区监督检查办法》于2006年10月18日通过，自2006年12月1日起施行。

（3）公布一段时间的试行再正式生效。这是因为有些法律还不尽完善，需要试行或暂行一段时间进行总结、修订、补充和完善，然后制定颁布正式的法律。在试行或暂行期间，其仍具有完全的法律效力。但试行期间不宜过长，更不宜以“原则通过”的形式公布，以免发生歧义，影响法律的稳定性。如2002年2月22日的《鸟类环志管理办法（试行）》，1979年2月23日，第五届全国人大常委会“原则通过”的《森林法（试行）》，就属于这种生效形式。

2. 动物保护法的失效时间。即法律何时终止效力。一般也有三种形式：

（1）新法明确规定了旧法的失效。例如《中华人民共和国进出境动植物检疫法》第五十条规定：“本法自一九九二年四月一日起施行。一九八二年六月四日国务院发布的《中华人民共和国进出口动植物检疫条例》同时废止。”

(2)规定与新法相抵触的原法律规定失效。如1982年8月23日公布施行的《海洋环境保护法》第46条规定:“现行有关海洋环境保护的规定,凡与本法相抵触的,均以本法为准。”

(3)随着新法的施行原有同类法律自行失效。例如2008年1月1日开始实施的《中华人民共和国动物防疫法》,是由中华人民共和国第十届全国人民代表大会常务委员会第二十九次会议于2007年8月30日修订通过的。在该法和公布该法的命令中,均没有规定在新法公布实施之时,原同样内容的法律[1]相应地失效。但是,根据惯例,应认为原《动物防疫法》中与新法的规定相抵触的部分自行失效。

上述三种失效形式中,前两种是属于“明示废止”的情况,即由新法明文废止旧法的情况,是“以法废法”的做法,为当今世界各国所普遍采用。后一种是“默示废止”的情况,即不是法律明文规定废止与之相抵触的旧法,而是在实践中认定旧法与新法相抵触,依照“新法优于旧法”的原则确认旧法失效。从有利于法律的稳定性与连续性考虑,今后,立法部门宜多采用“明示废止”的失效形式较为妥当。执法部门和司法部门,则应以严肃的态度对待法律的存废。凡在新法生效之前,不得随便终止原有法律的效力,即使在新法实施之后,除了新法中明确规定与该法相抵触的法律规定无效外,凡不与新法相抵触的内容,或者未经明示废止的,均不得任意终止其效力,而是必须遵守执行。

3.动物保护法的溯及力。指动物保护法对其生效之前的行为和事件是否适用或者是否具有约束力。如果能够适用和具有约束力,就有溯及力或称为溯及既往;反之,则无溯及力或不能溯及既往。不溯及既往原则为各国法律普遍遵循,是近代以来重要的法治原则。其合理性在于,人们只能依据现行的法律规定安排和规范自己的行为,而不可能预见到自己的行为是否符合尚未生效甚至尚未制定的法律的要求。如果动辄溯及既往,就会使人们失去安全感,妨碍权利和自由,也不利于社会稳定。因此,除非特别情况,现代国家法律都不会溯及既往。不溯及既往原则既包括立法上的,也包括司法、执法上的不溯及既往。一般而言,新法不溯及既往的案件,对新法生效之前的案件不适用;既往的未决案件仍依旧法裁判。我国动物保护法一般也是实行不溯及既往原则。

(二)动物保护法的适地范围

动物保护法的适地范围是指动物保护法的空间效力,是法律具有约束力的空间范围。每个国家都是依照主权、领土完整和法制统一的原则,确定各种法律、法规的空间效力范围的。

根据法律、法规制定机关的不同及其规定的内容的不同,我国动物保护相关法律的空间效力可以分以下几种情况:

---

〔1〕 指1998年1月开始施行的《动物防疫法》。

(1)在全国范围内有效的动物保护法律。全国人大及其常委会制定的动物保护法律,国务院制定的动物保护方面的行政法规,以及国务院各部、委(局)制定的动物保护规章,除其自身有特殊规定的外,在我国全部领域内有效,全部领域包括我国的全部领土、领水和领空。

(2)在局部范围内有效。这包括两种情况:一是国家机关制定的法律其本身明确规定了特定的生效范围,如《野生动物保护法》对整个野生动物保护和管理领域有效;二是地方国家机关制定的规范性文件,地方性法规、自治条例和单行条例、规章,在其管辖的行政区域内具有法律效力。如,《陕西省秦岭生态环境保护条例》只在陕西省境内有效。

(3)域外效力。随着对外贸易和国际交往的增多,有些法律不但在我国领域内有效,而且还可以有域外效力,以保障发生在域外但对域内造成影响的情况。例如,《海洋环境保护法》中关于破坏环境资源保护罪的规定就属于具有域外效力的法律。国外的动物保护法也有类似的规定,且一般都以同有关国家缔结的国际条约为基础,才得以顺利贯彻实施。

我国参加的国际动物保护条约,与国内动物保护法具有同等效力,但国际动物保护条约有不同规定时,适用国际动物保护条约的规定。我国有一部分动物保护法律对此进行了明文规定。

(三)动物保护法的适人范围

这是指动物保护法对人的效力,即动物保护法对什么人(包括自然人、法人和其他组织)具有约束力。由于所属国籍和所处空间的差异,法律规范对人们的效力的规定也不尽相同。这种效力分为两个基本方面:一是法律对于本国领域内的本国人、外国人(包括无国籍人)的效力问题,二是对本国领域外的本国人、外国人的效力问题。对此,不同国家有着不尽相同的态度。大体上可以归为三种基本情况:(1)属人主义,即本国法律对所有的本国人都具有法律约束力,不论其是否身处本国领域内;相反,本国法律对于身处本国领域内的外国人则不具有法律约束力;(2)属地主义,即本国法律的效力及于本国范围内的一切人,包括本国人和外国人,但如果本国人不在本国领域范围内,则本国法律对他们也没有约束力;(3)保护主义,即以保护本国利益为原则,不论本国人还是外国人,只要侵害了本国利益,都应适用本国法律。近代以来,各国在确定法律对人的效力时,从维护国家主权的考虑出发,一般都主张以属地主义为基础、以属人主义和保护主义为补充的综合性原则。我国动物保护法也采取了这种综合性原则,对于身处我国领域内的全体中国公民,我国动物保护法都具有约束力,对于身处国外的我国公民,我国动物保护法原则上具有约束力。对于在我国领域内的外国人,除法律特别规定外,我国动物保护法也具有约束力。

(四)动物保护法的适事范围

动物保护法对在中华人民共和国境内从事野生动物保护以及驯养动物的繁殖、开发、利用活动的所有人都发生效力。这里提及的人,包括自然人、法人,自然人包括外国人和无国籍人。公民个人和法人依法享有动物保护法赋予的管理、开发、利用等权利,同时必须依法履行动物保护法规定的相关义务,其违反动物保护法的作为或不作为,都应受到相应的法律制裁。事实上,我国的动物保护法并没有一部针对所有动物予以保护的综合性法律,而是分别就野生动物和各类驯养动物及对它们的保护、管理、运输、屠宰、养殖、实验等具体行为进行的规范。那么,这些动物保护法律法规也就依其调整对象和规范的事务发生效力。

二、动物保护法的意义

动物保护立法包括开发、利用、保护、改善和管理动物的各种法律规范或法律渊源。从1822年英国最早的反虐待动物法律《马丁法令》起,经过一百多年的探索,西方动物保护法律实践经历了一个权益主体范围不断扩大、内容逐渐完善、最终形成一个完整的动物保护法体系的历程。目前,已有100多个国家出台了有关防(禁)止虐待动物、保护动物福利的法律。其中德国于2002年将动物权利写入宪法,明确提出"动物不是物",成为"人与动物关系史上划时代的大事件"。[1] 国际社会还签署了一些防(禁)止虐待动物、保护动物福利的国际条约。这类动物保护法律,对各国的经济、贸易、环保、文化、信仰、宗教、道德和法制等领域产生了广泛的影响和作用,已经成为法制建设中的一项重要内容。

(一)动物保护法促进人的福利

现实生活中,有人认为,人的福利尚且顾不过来,还谈什么动物福利?这其实是对动物福利的误解,也是缺乏远见的认识。因为动物保护法对动物福利的规定,限制的只是不文明、不合理的虐待动物的行为,并没有妨碍人的基本福利。何况,人的福利和动物福利是并行的两个方面,不是先解决了人的福利,才能谈及动物福利。英国早在200多年前就将动物福利纳入法制轨道,200多年前的英国,其社会生产力发展水平并不在今天的中国之上,英国也并不是解决了全社会人民福利问题之后才来反观动物福利,并且,英国维护动物福利的立法实践告诉我们,动物福利解决好了,将会促进对人的福利的建设与维护。许多人从动物福利立法得到了切实的利益,整个国家和社会也会从动物福利立法获得了长远的、可持续的利益,包括诸如:因动物(包括伴侣动物)健康成长和动物产业繁荣所带来的利益;因环境保护事业和动物福利产业的发展所带来的利益;等等。

近几年的社会现实,也让我们看到了,人的福利和动物福利是密不可分的。如

---

〔1〕 莽萍:《绿色生活手记》,中国政法大学出版社2005年版,第378页。

果动物的生存状况恶劣,也必然会伤害到人。比如SARS、禽流感,都证明了人和动物之间唇亡齿寒的关系。在现实生活中,由于受经济利益的驱动,人们在动物饲养、运输和屠宰等环节上根本不关心动物福利,最终,给我们自身的健康带来了不良影响。

为了追求规模效应、节省养殖空间,动物养殖的集约化程度越来越高,其形式就是把鸡、鸭、牛、羊、猪等格式化地围在空间非常狭小的笼子、箱子、栏圈里,这种做法严重影响了畜禽的健康成长。此外,现代动物养殖场为了牟利,常常会给动物喂很多化学饲料,注射大量抗生素、激素、荷尔蒙、镇定剂以催生催长,而这些药物对人体同样是有害的。

在运输过程中,为了减少运输费用,把动物硬挤在车厢里或者其他运送工具中。有的在运输途中不喂食物,不给水,使得动物在运送过程中体质下降,免疫力降低,容易感染上各种疾病,滋生大量细菌。

我们的屠宰流程是让动物排着队走进宰杀场,看着自己的同伴惨叫、流血以及被分割。事实上,动物在极度的恐慌和痛苦的情况下,肾上腺素会大量分泌从而形成毒素。当动物死亡后,它们身上所有排泄功能和解毒功能都停止了,所以这些毒素就完全残留在动物的血液与肌肉里,对食用者是相当有害的。

人体的健康发育,除了需要大量的植物性食品外,还要一定数量的动物性食品,关注动物福利是提高肉品质量的前提。因此,从某种意义上讲,善待动物就是善待我们自己。

(二)动物保护立法促进社会文明的发展

动物保护立法,还体现了动物对于人类的精神价值。禁止残酷对待动物,表面上仅是与动物的福利有关,其实也与人的德行培养和社会文明进步有关,善待动物能够给人们带来情感、道德和人文精神上的满足。达尔文就认为:关心动物是一个人真正有教养的标志;一个社会的文明程度越高,其道德关怀的范围就越宽广。提倡维护动物福利和善待动物,正是创造一个和谐、文明的社会的需要。[1]

中国传统文化中,儒家的"仁人爱物"、"好生而恶杀"、将"恻隐之心"作为人性"四端之一"的思想等,正是把超越狭隘的人类中心主义,追求并臻于非人类中心主义的"天人合一"境界视为人们道德成熟的标志。道家的师法自然,主而不宰,为而不持,功成而不居,"类无贵贱"的温和的生物平等主义思想,要求人们懂得自然的"无为"本性和运行规律,懂得人与自然万物和谐相处的道理,行为和欲望必须有合理的限度,知道适可而止,以及佛家思想的"好生之德",等等。这些都反映出动物保护思想在我国传统文化中虽然是一种隐而不显的思想,但却有着深厚的基础。

---

〔1〕 蔡守秋:"论动物福利法的基本理念",载《山东科技大学学报》(社会科学版)2006年第1期。

今天,“在道德上我们对待动物的态度至少可以说是处于一种精神分裂的状态。一方面,我们都认为对动物施以不必要的痛苦在道德上是错的;另一方面,我们又施加给动物很多痛苦……甚至说不上有任何必要”。[1] 若果真如此,那么人道的法律不仅可以惩治犯罪,还可以引导人们的行为及价值取向。

美国的 Suzanne Conboy – Hill 博士在一篇论文中谈道,那些折磨、用暴力伤害或忽略动物的人很可能会如此对待自己的伴侣、孩子或年长的父母。许多臭名昭著、尽人皆知的折磨或杀害过他人的人在其幼年时期都曾因取乐为目的而折磨或杀害过动物。有些人想通过虐待动物来解脱自己的压力——这样的人现在很多。但残害动物以后,其实并不能得到解脱,快感只是一时的;相反,这样的行为会进一步造成心灵的扭曲,会产生一种虐待动物的依赖性。因此,保护动物的同时也是在拯救人类的心灵。人类如果不能做到平等地关爱生灵,人类自己也永远无法得到心灵的真正健康。

人的善恶和性情会受到后天教育和环境的影响。对动物福利的漠视和肆意虐待势必会造成人类心灵的麻木,而这又会直接影响到人与人之间的关系和相互对待的方式。道德的影响是潜移默化的,必须在生活中的一点一滴中给予足够而全面的教化和影响。当我们以极不文明的方式对待与我们一样具有悲喜感受的动物时,文明仅仅是一个遥远的目标。禁止虐杀动物是文明社会的共识,即使立法并不能保证在这个时代就解决全部人与动物的关系问题,但是,这样的法律将促使人们反省对待动物的方式,去考虑妥善解决动物遭受虐待的现实问题。

此外,在动物保护法出台之前,道德是调整人与动物之间关系的最重要的基础,但是毕竟道德的定义和范畴并不明确,认识不同的人对此的轻重衡量也会相异,而一旦法律有了明确而具体的规定,就会使人们的道德理念重新定位甚至重构。

(三)动物保护立法促进国际贸易发展

在当今强调人与自然和谐共处的时代,许多国家强调以合理保护和利用动物为目的的动物福利法治,除了出于伦理道德建设及公共卫生与环境保护的需要外,促进本国的动物国际贸易或者加强本国的动物产业保护也是一个非常重要的原因。

对于动物保护法中的动物福利问题,在畜牧业界有这样的反对声音:如果动物的福利提高,会导致行业成本增大,进而降低畜牧业的生产效益。实际上,人们花费一定的人力、物力、则力和时间去维护动物福利是值得的、必要的、正当的、有益的,并且因保护动物福利而获得的利益也是实在的或无价的。畜牧业恰恰是应该

---

[1] [美] G. L. 弗兰西恩著:《动物权利导论》,张守东、刘耳译,中国政法大学出版社 2005 年版,第 35 页。

在充分遵循动物福利的情况下进行的。动物福利的提高固然使投入增加,但同时也增加了产品的产量与质量。有机养殖的价格要比一般常规产品的价格高出30%~200%,从长远来看,不仅可以获得较高的经济利益,而且有利于促进养殖业的可持续发展,取得更大的效益。这也正是近年来欧盟、美国等发达国家和地区的有机畜牧业发展得相当迅速的重要原因。

同时,动物福利立法也可以让我们获得看得见的、可计量的现实利益。目前,越来越多的发达国家已经开始运用动物福利条款对国际贸易施加影响。动物福利的贸易壁垒作用已经显现,在不远的将来,动物福利一定会作为一项继"价格保护"、"技术壁垒"之后的"绿色壁垒"或"道德壁垒",极大地影响我国动物及其产品的贸易。[1] 一些不符合动物福利标准的方式饲养、运输和屠宰的牲畜产品被他们拒于国门之外。中国是一个畜牧生产大国,2001年正式加入WTO以来,在出口的动物产品中遭国外退货或销毁的事件时有发生,原因之一就在于动物福利立法缺失导致执行标准严重不足。

无论赞成动物福利与否,动物福利事实上已经成为了很多人购物的标准。在动物福利法已经在大多数国家颁布的今天,虐待和残酷地杀死动物,实际上是自绝财路、将自己的产品推到市场之外。目前我国存在的非理性的消费观念、不规范的屠宰方式、不安全的饲料成分确实损害了我国农畜动物的福利,容易授人口实,需要我们反思。振奋人心的是,农场动物福利在中国已经透出了实践的曙光。2007年12月16日,"中国人道屠宰计划启动仪式"在河南举行,河南省成为中国首个人道屠宰试点省份,另外,由商务部畜禽屠宰管理办公室、北京安华动物产品安全研究所、江苏雨润食品产业集团有限公司、双汇集团负责起草,经中华人民共和国国家质量监督检验检疫总局和中国国家标准化委员会于2008年12月15日发布的《生猪人道屠宰技术规范》(GB/T22569—2008)于2009年2月1日起实施。[2] 这是我国近期在动物福利方面取得的重要进展。甚至在海南、安徽等地,有关动物福利层面的地方性动物保护法规已经开始了其酝酿阶段。

(四)动物保护立法促进科学技术的发展和科研成果转化

在国外,动物保护者认为,人类有义务保护处于劣势的实验动物,虽然实验动物不是权利主体,人类依然有将道德原则延伸到动物身上的必要。目前,在美国几乎所有的医学院里,学生都有权利拒绝做动物实验。纽约大学、密西根大学、华盛顿大学、马利兰大学等著名大学的医学院已经完全禁止使用动物实验。因为医学教材目前已能提供人工制造的表皮、韧带、肌肉组织、血管等,医疗实习亦可借助电

---

〔1〕 常纪文:《动物福利法——中国与欧盟之比较》,中国环境科学出版社2006年版,第17~23页。

〔2〕 参见 http://www.mispig.com/news/html/?5.html。

脑科技来完成。即使在某些项目中取缔动物实验是不现实的,也应该致力于研究良好的替代方式来减轻或避免动物所受的折磨。

我国动物福利还没有进入立法的程序的现实已经让科学界感受到了一定的压力。比如,那些涉及动物实验的科研论文要想拿到国际刊物上发表,就必须出示由"动物伦理委员会"提供的证明,证明该研究符合动物福利的伦理准则。

2004年12月5日,北京市人大常委会第17次会议通过了《北京市实验动物管理条例》(以下简称《条例》),规定对动物实验必须进行伦理审查,从事实验动物工作的单位应当配备科技人员,由实验动物管理机构负责实验动物工作中涉及实验动物项目的管理,并对动物实验进行伦理审查。2008年,北京大学获得了国际实验动物标准组织——国际实验动物评估和认可委员会完全认证,成为中国大陆首批通过此项认证的综合性大学。这说明我国实验动物福利正日益趋向国际化规范。现在,中国各个科研机构都开始设立动物伦理委员会,定期审查该机构的实验动物福利情况,也正是为了应对因为我国没有动物福利立法而带给科研的压力。

(五)动物保护立法是保护生物多样性、实现可持续发展和构建和谐社会的需要

保护生物多样性就要求人们维护和恢复物种内部、物种之间以及生态系统的多样性平衡。虽然物种灭绝本是自然演化进程的一部分,但是由于人类的贪婪大大超过了生物资源的再生能力,极大地加快物种的灭绝速度。这不仅仅是一种生态悲剧,而且对社会、经济的发展也有着不可估量的负面影响。经过自然选择而存在的生物物种、基因和生态系统的多样性,是自然赋予人类最宝贵的资源和财富。世界经济有40%直接依赖于生物资源,而且生物资源越丰富,重大医学发现的几率就越大,人类在应付诸如气候变化等挑战时也就有更大的回旋余地。[1] 重视对动物福利的维护,有利于从动物物种的自然发展层面,保护生物多样性的实现。

同时,通过法律规范创造人与动物之间的和谐关系,标志着人类文明的发展。人的一切行为的目的都是为了追求最大的效益,包括政治、经济、社会和生态效益等。只有和谐的人与人的关系、和谐的人与自然的关系才能提供最大的效益。当前,构建社会主义和谐社会已成为我国的主旋律,胡锦涛总书记指出"我们所要建立的社会主义和谐社会,应该是民主法治、公平正义、诚信友爱、充满活力、安定有序、人与自然和谐相处的社会"。[2] 历史已经告诉我们,人类对大自然的倒行逆施从未逃脱过大自然的惩罚。人类社会要发展,就必须与自然和谐相处。在人与自

〔1〕 黄锡生、关慧:"环境伦理观与生物多样性法律保护的相关问题",载《广东社会科学》2004年第6期。

〔2〕 新华网北京2005年2月19日电,胡锦涛总书记在中共中央举办的省部级主要领导干部提高构建社会主义和谐社会能力专题研讨班上的讲话。

然的关系中，把对人的道德关切逐渐扩及到非人类的生命形式，首先是那些具有较强感知能力的动物，这是我们文明程度提升的一个标记，和谐的本意也就是要消除残酷行为和暴戾之气。我们能够想象一个充满残酷暴戾气息——即使是在人与动物之间——的和谐社会吗？而用行政和法律的方式来确认和保障这一改变，显然是社会文明的进步。当然，和谐社会不可能只靠法律来实现。但是法律可以通过定义和惩戒违法行为，来限制和减少各种严重破坏和谐的因素。而且，这样的法律本身也是一个符号，它表明一个社会对残酷行为的不姑息态度，对国民道德的提高具有莫大引导作用。用法律来保障人与动物和谐相处，是构建和谐社会的一个重要内容。

法律作为政治上层建筑，体现着统治阶级的利益和愿望，而法治建设的终极理想则是作为实现人类自我完善、自我发展的一种方式和手段，它注定必须以关怀人类自己为目标归宿。动物保护法的深层意义即在于体现人类关怀自己生存、发展的价值取向。今天我们立法保护动物福利，明天动物给予我们福利，这并不是乌托邦式的梦想。

立法保护动物不仅是观念问题，更是人与自然的矛盾积累到现阶段的必然产物。仅仅将动物福利纳入法律法规，还远远不够，还要确保很好地执行，还要在动物法制的每一个环节传达“保护动物就是保护我们自己”的理念。人类只有真正懂得了立法保护动物不只是在在法律条文中展示我们的爱心和仁慈，而是切切实实地在关怀我们自己，并且是从人类自身的生存和发展利益为最终目的来不断地健全和完善动物立法，才能从根本上为推动动物福祉和人类社会和谐迈出坚实的脚步。

第五节　动物保护法的立法模式

动物保护法的立法模式也是与动物保护法的具体适用密切相关的问题，它直接影响着动物保护法的规范内容和实施效果。不同的国家采取的立法模式亦不尽相同，具体采用何种模式，需要考虑本国的动物保护实际、法律传统、动物保护理念以及经济社会发展水平等多方面的因素。

立法模式以不同的标准考察，其含义是不同的。从立法者身份的角度，可以分为行政立法模式、学者立法模式和执法立法模式。从法的结构考察，立法模式是指一部法的内容安排。从法的表现形式考察，可以分为单一立法和分散立法。本书所谓的立法模式是以法的表现形式作为依据。

动物保护法通常有两种立法模式：一种是动物保护法涉及多方面法律条文，并分散在各个法律体系中，不单独以动物保护法命名。像欧洲议会的《关于保护用于实验和其他科学目的的脊椎动物的决定》、我国香港特别行政区的《防止残酷对待动物条例》等。另一种是专门的、独立的法律,命名为《动物福利法》,像欧盟、美国、加拿大和澳大利亚等国家的动物保护(福利)法。一般而言,世界各国动物保护的立法,都针对不同种类的动物,制定不同的福利标准。

从我国实际出发,动物保护立法应当采用何种立法模式尚待商榷。如果制定一部涵盖野生动物和驯养动物的《动物保护法》,[1]由于野生动物与驯养动物保护的指导思想、原则、保护的方式和具体措施还存在较大的差异,并且,现实中,两类动物保护的行政主管部门也不同,难以平衡不同的要求及利益。较为适当的模式是以野生动物和驯养动物为两大类,分别立法。在此基础上,通过横向和纵向的相关立法予以完善。我国已经制定了《野生动物保护法》,对于驯养动物,是制定《动物保护法》,[2]还是制定《动物福利法》尚待进一步论证。

---

[1] 目前,由中国社会科学院法学研究所常纪文教授主持起草的《中华人民共和国动物保护法》(专家建议稿)是一部综合性的法律,它既规定了立法目的、基本原则、管理体制、基本政策;同时也包括了分类管理,像野生动物、农场动物、实验动物、伴侣动物等;还包含动物运输、动物屠宰以及法律责任、国际合作等。

[2] 此处所谓的《动物保护法》所指的动物仅指驯养动物,这种名称已经有先例,如台湾的"动物保护法"中的动物是指犬、猫及其他人为饲养或管领之脊椎动物,包括农场动物、实验动物、伴侣动物及其他动物。1911年韩国农业部制定了《动物保护法》,其适用的动物范围包括:"牛、马、猪、狗、猫、兔、鸡、鸭、山羊、绵羊、鹿、狐狸、水貂及农渔业部指定的其他动物。"

第四章　动物保护法的历史溯源

第一节　中国古代的动物保护立法

从几千年的历史来看，人与动物的关系基本上表现为征服者与被征服者、利用者与被利用者。当然，因信仰、宗教等原因而被神化的动物除外（如印度的牛等）。在征服利用动物的过程中，对被征服、利用的动物的保护，特别是通过法律手段进行的保护，其实古已有之。

对动物法进行立法溯源，学界大多认为：有关动物的法律案件的最早记载是在古代希腊。类似于从动物福利和动物利益出发的动物保护之法律制定，源于19世纪的英国。

其实，人类历史上最早的有关动物保护的法令和动物保护的思想，应该是中国。中国古代政治家普遍把爱护动物，保护环境作为其政治理论的基点。从夏商周开始，经春秋战国，到秦汉，一直延续到明清，中国古代的动物保护法制思想有着深刻和丰富的论述，到现在仍然具有现实的借鉴意义。

据《逸周书·大聚篇》记载：早在公元前21世纪，大禹就曾经发布禁令："春三月，山林不登斧，以成草木之长。夏三月，川泽不入网，以成鱼鳖之长。"意思是说春季的三个月，正是草木发育繁衍的季节，刀斧不应带入山林；夏季的三个月，正是鱼鳖繁殖成长的季节，不准下网到河里面去抓捕鱼和鳖。这应该是人类历史上最早保护动物的法令，也是现代意义上的"禁渔期"最早的文字记载。那个时候距离现在有4000多年，人口也不多，动物数量应该也是非常庞大的，但当时的古人就想到需要合理保护这些动物，有计划地猎捕。实际上，这是我们古人原始的对动物进行保护来达到永续利用思想的一种表现。后来的荀子继续发扬了这种主张，他说："大天而思之，孰与物畜而制之！从天而颂之，孰与制天命而用之！"是说与其尊崇自然而敬慕它，不如蓄养万物来控制它；与其顺从自然而赞颂它，不如掌握自然规律来利用它。因为他认为保护自然是管理者的使命，处理得好，则"万物皆得其宜，六畜皆得其长，群生皆得其命"。

公元前11世纪，距今3000多年前，农业生产更加发达，生产和生活资料更加富足。于是有了西周王朝的《伐崇令》。该法令保护动物种类更加宽泛,规定:"毋坏屋、毋填井、毋伐树木、毋动六畜,有不如令者死无赦。""六畜"有两种含义,一种就是指牛、马、羊、猪、狗、鸡等比较常见的家畜,即已驯化的动物,还有一种意思是泛指所有的禽兽,即所有的野生动物。"勿动六畜"就是不要伤害它们,如果违反禁令将面临最严厉的惩处。这应该是人类历史上为保护野生动物而确立的最严厉处罚了。记载周朝典章制度的《周礼》中,还记有很多管理生物资源的官吏:管理水生物的"渔人"、管理兽类的"兽人"、管理鸟类的"罗氏"、管理鱼鳖、互物(蚌蛤之类)的鳖人,还有管理狩猎和动物保护的"囿人"等。

春秋战国时期,人们已经认识到人要与动物共存,对待动物的态度和行为要仁慈,否则会被人视为道德品行不好的人。如《礼记·月令》中的记载,有讲到在夏历时的孟春正月,命令祭祀山林川泽,牺牲不得用牝。不许捣毁鸟巢,不许杀幼虫、未出生的和已出生的兽、刚学飞的小鸟。[1] 从后代有关记载来看,月令虽然是以礼的形式出现,但是也具有一定的强制力,在古人看来违礼和违法差异不大。公元前3世纪儒家的思想家荀况在其《王制》中有"草木荣华滋硕之时,则斧金不入山林,不夭其生,不绝其长也;鼋鼍鱼鳖鳅鳝孕别之时,罔罟毒药不入泽,不夭其生,不绝其长也;春耕、夏 耘、秋收、冬藏,四者不失时,故五谷不绝,而百姓有余食也;污池渊沼川泽,谨其时禁,故鱼鳖优多,而百姓有余用也;斩伐养长不失其时,故山林不童,而百姓有余材也"之说。《吕氏春秋》中总结历史经验提出:"竭泽而渔,岂不获得,而年无鱼。"《商君书·画策》中亦记载了商鞅护生的具体措施:不要猎取幼兽,不要偷取鸟蛋,不要给官吏敬献珍品,死了也不要用棺椁。

在秦代,对动物保护的规定日趋增多和严格。《秦简·仓律》明确规定:官吏应向农户征收饲料,并将所征数量及时上报中央。要严防成畜的死亡。《秦简·厩苑律》规定:牛的死亡率不得超过33%;违反者,官吏要受到相应的处罚。还规定:每年2月,不准上山砍林伐木,不准堵塞水道;不到夏季,不得烧草积肥,不准采取发芽植物,捉取幼兽、幼鸟等。禁令至7月才解除。汉朝在对待动物的态度上基本延续了秦朝的法律制度,均已认识到人类向自然无限索取与自然资源再生能力有限的矛盾,并开始尝试以法律手段来进行调节。

在汉唐时期的法律中,有不少保护动物的规定。如西汉宣帝元康三年(公元前63年)夏六月,曾下过一道诏书:"令三辅毋得以春夏摘巢探卵,弹射飞鸟,具为令。"南朝宋明帝秦始三年(公元467年),明令禁止不按季节捕鸟的做法。北齐后主天统五年,(公元569年)发布命令,禁止用网捕猎鹰、鹞和观赏鸟类。再如:唐高祖武德元年(公元618年)发布命令,禁献奇珍异兽;唐元宗先天元年,诰禁人屠

---

〔1〕 任俊华、刘晓华:《环境伦理的文化阐释——中国古代生态智慧探考》,湖南师范大学出版社2004年版,第32页。

杀犬鸡;据《宋大诏令集》记载,宋太祖建隆两年(公元961年)二月下令禁采捕诏,规定春天二月一切捕捉鸟兽鱼虫的工具皆不得带出城外,不得伤害兽胎鸟卵,不得采捕虫鱼,弹射飞鸟,以次永为定式。宋真宗景德三年(公元1006年)诏牛羊司,畜有孳乳者放牧勿杀。此外,在民生状态中,隋唐时期的素食者、禁肉者的队伍迅速猛增,而且禁杀、放生的节日也非常多。

自宋朝以后,我国多次出现被游牧民族统治的时期。游牧民族是在马背上长大的民族,他们与马的感情十分深厚,因此在养马护马上可称得上是呵护备至:在马的饲料加工上,有“食有三刍”之说,即将马的饲料分为三等,不同的情况喂不同的饲料。马食用的草必须经过细铡、去节、去土的工序。对马的饮水主张“饮有三时”。同时还要马劳逸适度,不使之久立、久奔,更不能使之整日奔波不息。[1] 狩猎虽然是游牧民族生活中不可缺少的部分,但是其也没有随意捕杀,而是懂得要爱惜动物。在具体狩猎方面的严格规定有:主张按季节渔猎,狩猎时要明辨雌雄,禁猎待产尤其值得一提的是元代,元世祖至元三年冬严杀牛马之禁,至元十二年颁布的法令明确规定,野兔、驼鹿、狍子、瞪羚和其他动物在交配和产犊期间,禁止人们去干扰和捕猎它们,违法者将受到严惩。禁猎孕子野兽及屠牛马的规定,使当时的动物数种大幅增加,促进了农牧业的发展。13世纪初始,成吉思汗又制定了《大扎撒法》,该法包含了若干与环境保护有关的条款,其中对动物关照的规定非常细致。譬如,该法律规定,任何人将牛奶或牛奶制品洒在地上,或者往躺在地上的动物身上小便将被处以刑罚。该法还严格规定了哪些动物物种可以捕猎以及何时可以捕猎,任何违规行为将受到惩罚,等等。可见,元代对动物保护的规定更为具体、仁慈和体恤,甚至体现了现代动物保护法的动物福利思想。

除了显性的保护动物的典章律令外,我国古代还有许多保留至今的乡规民约。如福建周宁县有个浦源村,一条长不过500米、宽不过5米的小溪,竟有各色鲤鱼六七千尾。成群追逐,与人共嬉,成为远近闻名的一景——鲤鱼溪。之所以会出现如此景观,是因为相传七百多年前的宋末元初,有个家族为避刀兵之灾,逃难并定居于此。他们为了保护和清洁水源,就在溪水中放养了一些鲤鱼,并约定了要严格保护。谁要违约,便罚其请一台戏给全村人看,或者罚办酒席请全村人吃。因此鲤鱼被世代保护下来,形成了现在民办的鲤鱼自然保护区。另外,陕西黄陵的万株柏树能够流传下来,据碑文记载,主要得益于历代皇帝差人补植,委派专人巡守,并明文颁布法令,凡在林中执弓打鸟者,必“捉拿到官,痛行断罪”。[2] 无论其当时的

---

〔1〕 任俊华、刘晓华:《环境伦理的文化阐释——中国古代生态智慧探考》,湖南师范大学出版社2004年版,第44页。

〔2〕 唐锡阳:“中国传统的绿色文化”,载[印]维韦卡·梅农、[日]坂元正吉编:《天、地与我——亚洲自然保护伦理》,张卫族、马天杰等译,中国政法大学出版社2005年版,第49~50页。

政治动机如何,但客观上形成了保护鸟类、保护植物和自然的结果。并最终产生的长远而积极的效果是古人所未曾预料的。

第二节　古代欧洲国家的法律有关动物的规定和案件记载[1]

有关古代欧洲国家的动物保护法律规定和案件的著述及资料是相当匮乏的,在已出版的中文书籍中,曹菡艾教授的《动物非物——动物法在西方》在此方面的著述是最详尽和全面的。本部分内容主要摘编整理自此书。

一、古希腊和古罗马有关动物的法律规定

古希腊哲学家柏拉图在《共和国与法律》一书中描述了古希腊的法律如何审判被指控"杀人"的动物的。当动物杀了人,执法者及被害人的家族成员和亲属应对此案予以起诉;案发地点的公共土地监管人必须对此类案件进行判决,并将犯罪者遣送至境外。另据学者海德考证,古希腊是古代文明中唯一进行这类案件审理的。据记载哲学家毕达哥拉斯甚至提出杀死动物同属犯谋杀罪。这就等于承认了动物的法律主体地位,但此认识在古希腊并非为主流法律思想。古希腊法律仍将动物视为人的财产或财物,这一法律理念和实践一直延续至今。

古罗马法规定,动物仍属于私人财产,可以占有、买卖或以其他方式转让,等同于人的其他财产。动物的买卖必须遵循法定程序和依照法律规定的方式进行。例如,获得或转让动物需要起草固定格式的法律文书,需要有证人在场,要按一定付费标准支付费用,甚至需要有法官在场转让过户方能生效。

二、中世纪欧洲国家对动物审判的案件记载

中世纪欧洲,有法律规定,当有些动物出现某类法定行为时需承担相应的法律责任。这类案件大多发生在13世纪至20世纪初。在埃文斯(E. P. Evans,1831~1917)1906年出版的《对动物的刑事起诉和死刑惩罚》一书中记载,中世纪的动物审判通常有两类:一类是由教会法庭审理的,主要是动物的行为危害了社会公共利益,例如涉及破坏庄稼等。另一类是由普通法庭法官审理的,主要是动物给人造成身体伤害或死亡。两类审判的基本原则相同。而在15世纪的瑞士,还有教会和普

---

〔1〕 曹菡艾:《动物非物——动物法在西方》,法律出版社2007年版,第85~91页。

通法庭相结合的动物审判方式的出现。

对动物审判的程序亦非常严肃和规范。在审理动物犯罪的案件时，法庭会为作为被告的动物指定辩护律师。律师亦会按照法律程序取证，向法庭提供各类证据和证人，尽力为被告辩护。也可能会在败诉时，提起上诉，由此可能会引发改判或维持原判。

关于动物犯罪的形式包括在教堂里发出声音、杀人、损坏财产等，处罚方式包括流放、驱逐出教堂和开除教籍，最重的是死刑。在开庭审判这些被指控犯罪的动物前，有些动物还会被监禁，等待出庭。例如，1408 年，一头猪被指控犯有杀人罪。在出庭前，这头猪和被指控犯有杀人罪的人犯一同监禁在监狱里。1386 年，在法国诺曼底的法莱斯发生了一件著名的动物审判案例，据记载，当时全城的男女老少聚集在城中心的广场上，围观一次公开处决“动物杀人犯”的场景。而这个杀人犯竟然是一头猪，它犯下了杀死一名婴儿的罪行。

另一著名的案例，发生在 15—16 世纪的法国，夏森尼（Bartholomew Chassenée）律师作为老鼠的代理人出庭。当时，一些老鼠被告上了教会法庭，罪名是吞噬、破坏当地的大麦庄稼。当地的主教对此类案件具有管辖权，并指派夏森尼担任老鼠的辩护律师。鉴于老鼠在当地臭名昭著，夏森尼律师不得不绞尽脑汁，动用百般法律技巧，希望能找到法律漏洞以便让他的客户老鼠逃之夭夭，或者至少让法官手下留情，减免判罪处罚。他出庭辩护说，被告分散在大片土地上，居住在各个不同的村镇上，仅用一份传票来通告犯罪嫌疑者是远远不够的，无法通告所有老鼠。法官认为他说的不无道理，因此确认需要再次在老鼠居住的各乡村镇落发出通缉。很长时间就这样花费掉了，拖延了开庭审理的时间。等到最后终于开庭了，夏森尼律师在法庭上辩护说老鼠无法出庭，原因是老鼠出庭需要长途奔波，旅程实为艰险，这主要是老鼠的死敌——猫，无时无刻不在密切窥视老鼠的行踪，随时会同老鼠展开生死之战。因此，夏森尼说，如果一个人被指控犯罪出庭而无法安全到庭，这个人就可以行使上诉权，拒绝服从执行这一传票。最终，此案因法律程序原因而宣布老鼠无罪。

1906 年发生在瑞士的一个审判动物的案例，将一条狗判处死刑，据说是欧洲此类动物案件的最后一例。

无论中世纪欧洲国家对动物起诉的原因何在，今天与此不同的是，将动物作为诉讼主体推上法庭的事例实属罕见。而这一问题也已逐渐成为当今学界关注的热点，那么动物是否具有法律主体地位、是否具有诉讼主体资格，是值得我们探讨和研究的。

第三节 近现代西方国家动物保护法立法概况

一、西方国家驯养动物立法出台的背景

（一）理论基础

17世纪晚期的欧洲，人们开始质疑以人为中心的认识和做法。伴随着动物学研究的进步，科学家开始以动物的身体结构为标准对动物予以分类。科学实验证明：动物亦有自己的自治性，有其特有的性格和情感，甚至可以表达感情和对事物进行判断。从18世纪起，人们开始接受人类不是宇宙中心的思想。这时，英国人对已经实施多年的宰杀动物的方式，特别是其中一些不人道的残忍做法表示愤怒。这种情绪和认识从英国开始并蔓延到整个欧洲，直接影响了当时人们对动物的态度，开始谴责宰杀动物的行为，既然动物有感情，屠杀有感情的生命就是野蛮的、不人道的。

（二）经济基础

物质生活水平的提高也会影响到动物保护意识的转变。18世纪60年代开始，英国工业革命爆发，其经济迅猛发展，社会取得了巨大进步。英国中产阶层以上的居民不断增加的同时，其影响力也在不断加大，人们的道德意识日益提升，道德关怀的对象开始扩展到人以外的其他生物，生活在人类身边的驯养动物首当其冲地成为了被考虑的对象。那时候的英国街道上，经常有牛马拉的车从农村到城市，有的牛马不堪重负，农夫便残忍地鞭打，有时牛马被鞭打致残致死，状况惨不忍睹。人们逐渐开始反思自己的行为，对动物开始产生怜悯、慈悲和同情，18世纪下半期和19世纪的英国，开始出现要求改变对驯养动物的态度和减少虐待动物行为的呼声，人们开始意识到动物具有同人类似的感知，是具有生命的生灵，动物能感觉到痛苦和快乐。尽管具有这种思想的人当时属于少数，但这奠定了近代动物福利思想和法律的基础。

（三）社会基础

英国是动物福利立法的先驱，由于人们对动物福利的关注，要求改善驯养动物的生活条件和福利，同时也基于政府和上层社会希望能改进普通百姓的道德行为，减少犯罪和改善社会秩序，19世纪初的英国开始针对驯养动物的保护进行立法。最初的动物福利法律规范主要是用来规制底层社会所喜好的斗牛、斗鸡等残酷体育项目。上层社会的有关维护动物福利的呼声以及“防止虐待动物协会”的成立引导形成了保护动物福利的社会力量。

二、近现代西方国家动物保护立法的发展

西方最早有关动物的成文法条是1635年爱尔兰议会通过的一项禁止法令，禁止从活羊身上拔羊毛，禁止拽马尾巴驱使马匹进行耕作等。1641年在美国麻省殖民地，一名叫沃德(Nathanial Ward)的人据说是最早提出制定具体保护动物福利法律的。沃德是英国剑桥大学毕业的律师，移民美国，曾提出了一个有关自由的法案，其中提出了“不得对通常用于人使用的动物施加任何暴力或残酷行为”的条文，被认为是西方最早的动物保护条文之一。[1]

较为系统的动物福利立法的努力是在英国，其在西方的立法实践可分成两个发展阶段：

(一) 反虐待动物立法时期

整个19世纪以及20世纪初期的动物保护法都弥漫着反对虐待动物的色彩。1800年，英国第一次提出了禁止斗牛的法律草案，然而没有得到议会批准，但其仍为人类自立法上关注动物福利的开端。之后，英国人又于1802年、1809年分别提请议会审议有关动物保护的草案，均未通过。直到1809年5月15日，厄斯金爵士在议会上发言支持动物保护提案，上议院才予以通过，但仍因下议院的否决而没能生效。

英国第一部生效的动物保护法是1822年6月22日生效实施的《马丁法》(Martin's Act—An Act to Prevent the Cruel and Improper Treatment of Cattle《防止残酷和不良对待牲畜法》)，它也是人类历史上保护动物福利的首部法律规范。在此之前，人道主义者马丁议员于1821年提出了禁止虐待马匹的议案，但被大多数人视为愚蠢行为而未能通过。1822年马丁再次将该议案提出，最终获得了通过。在《马丁法》中规定，殴打、虐待或不良对待任何诸如马、驴、牛、羊等牲畜的行为均为违法行为，违法者将被罚款或监禁。而此前的法律规定是，所谓虐待动物必须是“恶意对待动物的主人而不是动物本身”，但“《马丁法案》使虐待动物本身成为一种犯罪”。[2] 在动物保护法律制度史上开创了先河。

1849年《防止虐待动物法》规定：任何人如果对动物进行殴打、不良对待、过分使用、虐待或酷刑折磨，或者致使或指使上述行为发生，均属犯罪行为，均将受到罚款；执法当局从此有权对此类行为进行指控起诉。这部法律还包括了要人道、适当对待被屠杀的牲畜的规定。

1876年的《防止动物虐待法》规定：在活体动物身上进行任何旨在导致痛苦的试验，均属非法，除非试验的目的是为了加深生理知识以及拯救、延长生命或减免

---

〔1〕 曹菡艾：《动物非物——动物法在西方》，法律出版社2007年版，第103页。

〔2〕《简明不列颠百科全书》(第6卷)，中国大百科全书出版社1985年版，第307页。

痛苦。该法还限制某些动物实验。1911 年,英国议会通过了著名的《动物保护法》(Protection of Animals Act)。该法规定:残暴殴打、踢打、虐待、过度策骑、过度驱赶、过度负重、折磨、激怒或惊吓任何动物,均属犯罪行为;任何肆意残暴或者不合理的行为以及不作为,导致动物不必要的痛苦,均属犯罪行为;任何导致或促使此类虐待动物行为的人要负法律责任;动物所有人,如果未能对其动物施加合理的关照和监督而未能防止对动物的虐待行为,将被视为允许虐待行为,因此要负法律责任。该法还规定,一旦动物所有人被判定犯有虐待动物罪,法庭有权保护受害的动物,措施包括以下几种:如果动物继续生存将忍受痛苦,法庭可以命令灭杀动物;如果法庭有证据显示,动物所有人将继续虐待动物,法庭可以命令没收动物,另行处理;凡是被判定虐待动物的人,将被判处罚款或监禁。自 1911 年以来,该法经过多次修改。[1]

综上所述,英国于 1822 年通过《马丁法令》,此后,在历次的增补法案及修正案中不断扩大保护动物的范围,扩展动物的权利,完善动物的福利,并专门制定了一系列专项法律,如《鸟类保护法》、《宠物法》、《野生动植物及乡村法》、《动物园动物保护法》、《实验动物保护法》、《家畜运输法案》、《斗鸡法》、《动物麻醉保护法》、《动物遗弃法案》、《动物寄宿法案》、《兽医法》以及《动物园许可证法》等,对动物进行全面、有效的保护。

在第一次世界大战爆发之前,英国已经建立了一套相当复杂、范围广泛的动物福利法和相应的法律架构。根据这些法律,家养动物、圈养哺乳动物、鸟、爬行动物和鱼等动物均得到了一定法律保护,在法律限定范围内,免受人类虐待和暴行。违法者将受到法律制裁。法律规定人不仅对动物有不虐待和不施加痛苦的责任,人对动物还有关怀、喂养、保护免受痛苦的义务,人对动物的不作为也会受到法律的惩罚。这些法律涉及动物的身体和心理福利两方面。

英国社会近代对动物、动物福利以及动物法律态度的演变,是一个非常有趣的法律和社会历史演变的实例,对理解和研究当代动物福利和动物法律至关重要。这些法律规则深刻地影响着英国国民善待动物的态度,也对其他国家的动物保护立法起到了重要的借鉴作用。

随英国之后,1850 年,法国通过了反对虐待动物的《格拉蒙法案》。与英国不同,法国是先成立了动物保护协会,后有立法。此后,先有民间组织和行动,再有政治实践和立法的模式遂成为欧美国家制定防止虐待动物立法的一般过程。1866 年,在亨利·贝弗的努力下美国通过了《禁止残酷对待动物法案》;1900 年,美国通过了禁止在各州之间贩运被非法猎杀的野生鸟类的《勒西法案》。其他欧洲国家如德国、奥地利、比利时、荷兰等也在 19 世纪中期相继制定了反虐待动物的法律。

---

〔1〕 曹菡艾:《动物非物——动物法在西方》,法律出版社 2007 年版,第 104 ~ 108 页。

这一时期,动物保护立法主要是从动物的基本生存问题出发,通过立法解决虐待动物问题。

(二)动物福利立法时期

“二战”以后,西方国家又根据社会变化和需求,陆续制定了内容由单纯防止虐待到改善动物的生存环境、减少痛苦等基本福利甚至保护动物的精神福利方面的动物保护法和相应的管理法规。瑞士于1978年颁布《瑞士联邦动物福利法》,于1997年又在原有动物保护法律的基础上制定了强制执行的《牲畜权利法》;1987年德国制定了《动物保护法》,到了1998年又专门颁布了《动物福利法案》。[1] 美国在1966年制定的《动物福利法》至1990年已进行了5次修订,并于1999年修改为《动物和动物产品法》。目前美国所有的州都有保护动物的法律,有些州的立法甚至将虐待动物的行为上升为犯罪,并通过刑法加以规制。如美国密歇根州刑法就专设了“动物”一章,针对虐待动物、进行残酷治疗、遗弃、不提供适当照料等行为,明确规定了当事人的刑事责任。2001年2月14口,美国科罗拉多州推出了《威斯蒂法》,把虐待动物由原来的“不良行为”上升到“重罪”。如此,动物保护法上升到了一个新的高度——“动物福利”开始走上国际法制的舞台。

2002年,德国用宪法保障了动物作为生命存在的权利。澳大利亚、加拿大等国家也颁布了自己的动物福利法。亚洲的新加坡、菲律宾、日本、韩国等国以及我国的香港、台湾地区也纷纷仿效西方国家制定了各自的动物福利法。这一过程中,动物福利法的保护对象由早期的一部分动物逐渐扩大到所有受人类影响的动物,立法范围也由英国扩展至整个欧洲、北美甚至亚非拉美地区。迄今为止,全球已有100多个国家出台了有关保护动物的法案。

20世纪后期,除了国内法之外,还出现了国际性的动物保护公约,这些公约对各缔约国也有相当大的约束作用。联合国及相关组织先后出台了许多保护动物福利的公约。如《保护农畜欧洲公约》、《保护屠宰动物欧洲公约》、《生物多样性公约》、《濒危野生动植物物种国际贸易公约》、《关于特别是作为水禽栖息地的国际重要湿地公约》、《保护世界文化和自然遗产公约》、《联合国海洋法公约》、《1972年防止倾倒废物及其他物质污染海洋公约1989年修正案》、《南极公约》、《关于环境保护的南极条约议定书》、《国际捕鲸公约》、《养护大西洋金枪鱼国际公约》等。1982年10月28日联合国通过的第371号决议《世界自然宪章》在“序言”中明确指出:深信“每种生命形式都是独特的,无论对于人类的价值如何,都应得到尊重;为了给予其他有机体这样的承认,人类必须接受行为道德的约束”。WTO规则中也写入了动物福利的条款。今天,世界各国就对动物的保护和尽一切可能保留生物的多样性已达成共识。一些国际组织例如欧盟,不仅有专门保护动物福利的法

[1] 刘文君:“世界各国的动物福利立法”,载《动物保健》2006年第2期。

令法规，欧盟委员会食品安全署还专门设有负责动物福利的部门。早在1974年，欧盟便制定了宰杀动物的法规，要求在宰杀活猪、活羊和活牛之前，先用电棒将其击晕，让动物在无知觉的情况下走向生命终点。同时1991年的《关于运输途中保护动物的理事会指令》、1998年的《关于保护农畜动物的理事会指令》里也针对动物福利进行了规定。并且根据从2006年1月开始在欧洲实施的食品法规定，猪应享受的福利有：禁止在铁隔栏里关养怀孕的母猪；必须给母猪高纤维的食物以满足它饥饿感和咀嚼的需要，甚至还要给它提供稻草蘑菇等满足其探测周围环境的需要等；新出生的小猪28天不允许断奶，阉割公猪要采取止痛措施；宰杀时必须隔离，不被其他猪看到等。其他国家的猪肉也必须符合这些条款才能进入欧洲市场。除国内法以外，还出现了一系列国际性动物保护公约。比如1976年通过的《保护农畜欧洲公约》，1979年《保护屠宰用动物欧洲公约》，等等。各缔约国的国内法也要与国际公约相匹配，这在一定程度上促进了这些国家的动物保护立法的发展。2005年，世界动物健康组织（OIE）的169个成员国全体投票一致赞同将动物福利规定补充到“国际陆地动物健康法规”中。

同时，许多国家对于动物，尤其是伴侣动物的管理也从动物保护法律实施的过程中积累了丰富的经验，对于实验动物和农场动物的利用和管理都形成了系统而有效的规则。可以发现，西方的动物保护和管理体制已经形成了相对来说较为成功的经验，动物在这些国家的地位正在不断得到改善。尽管各国的立法模式不同，但核心相似，都是要防止动物受到不必要的痛苦。可见动物的生命价值已逐渐被法律所承认。动物保护立法发展的历程，体现了人类道德视野和道德关怀的扩展。

第二编　世界动物保护立法现状概述

第一章　部分国家和地区动物保护立法概述

对动物的保护的手段和措施是多样的，包括行政、经济、教育、立法以及科学技术。而法律作为社会控制的一种重要手段，是有效保护动物不可或缺的手段和措施。

目前，在全球范围内，许多国家已经通过立法来保护动物，但是，由于各国（地区）由于历史、文化传统、经济水平以及政治体制的不同，保护动物的范围、立法体例和执法机制差别很大。各国对于动物保护立法的体例差异很大，就成文法而言，国家层面一般包括：宪法的规定（并不是所有国家都有成文的宪法），如印度的宪法规定了防止动物的痛苦是印度人民道义上的义务；动物保护基本法，此类法主要规定了动物保护的一般原则和措施，是宪法指导思想的进一步具体化；单行法，是指针对特定动物保护的法律；部门法规。一些国家在国家立法的基础上，还有诸多地方立法，对本行政区域动物保护予以特别的规定。

目前，关于动物保护的立法，从整体上看，大多数国家从野生动物保护和动物福利两方面分别予以立法。

有关野生动物的立法，如日本的《关于鸟兽保护和狩猎法规》；苏联的《动物保护与利用法》（1980）；联邦德国的《狩猎法》（1952）；英国的《鸟类保护法案》（1954、1967）、《獾法案》（1973）和《海豹法案》（1970）；蒙古的《狩猎法》（1972）；泰国的《野生动物保存保护法》（1960）和《国家公园法》；罗马尼亚的《狩猎法》（1976）；中国的《野生动物保护法》（1988），以及美国的《鸟类迁徙保护法》和澳大利亚的《国家公园和野生动物法》等。

有关动物福利的立法，如英国的《动物保护法》（1911 年）；德国的《动物福利法》（1974 年）；韩国的《动物保护法》（1991 年）；以色列的《动物福利（动物保护）法》和《动物福利（动物实验）法》（1994 年）；台湾地区的“动物保护法”（1999 年）；香港地区的《防止残酷对待动物条例》及《防治残酷对待动物规例》（1990 年）；新西兰的《动物福利法》（1999 年）；菲律宾的《动物福利法》（1998 年）；印度的《防止虐待动物法》（1960 年）等。

本章以大洲为基础进行划分，概括阐述目前国际上若干国家的动物保护立法。

第一节 欧洲地区动物保护立法

一、英国[1]

英国是西方动物福利保护立法的先行者。其动物保护立法是从动物福利保护为开端,随着动物福利立法的发展,才开始对野生动物的保护进行立法。

如前所述,英国在反对虐待动物和动物福利方面的立法主要有:1822 年 6 月 22 日正式生效的《马丁法》(Martin's Act - An Act to Prevent the Cruel and Improper Treatment of Cattle 又称《防止残酷和不良对待牲畜法》)。1849 年的《防止虐待动物法》,1876 年的《防止动物虐待法》。1911 年的《动物保护法》(Protection of Animals Act)等。

在《动物保护法》颁布之后,英国还颁布了若干与动物保护有关的法案。1951 年的《宠物法案》、1952 年的《斗鸡法案》、1954 年的《鸟类保护法》、1966 年的《兽医法案》、1968 年的《农业法》、1995 年的《动物福利法(屠宰和杀害)》。2005 年英国议会又提出了一个新的《动物福利法》(Animal Welfare Act)草案,替代原有的《动物保护法》,该法于 2006 年年底通过,并于 2007 年 4 月 6 日正式生效。这是 1911 年之后,英国最重要的一部综合性的动物福利法,具有非常重要的意义。该法在总结之前英国动物保护经验和教训的基础上,将 20 余部关于农业动物和非农业动物的法律、法规进行了统一,并吸纳了一些现代化的理念和意识。[2]

该法规定了防止伤害动物、促进动物福利、同动物有关的各类活动的注册和许可证制度、与动物福利相关的行为准则等。规定了哪些行为属于犯罪行为,特别列举了给动物造成不必要的痛苦、残害动物等犯罪行为的具体表现形式。同时,通过对动物主人和负责照管动物的人的法律责任的赋予,来促进动物福利的维护。

英国的野生动物保护法主要包括:1975 年的《野生动植物保护法》、1979 年的《濒临绝种生物(进出口)保护法》、1981 年的《野生动植物及乡村法案》和 1996 年的《野生哺乳动物保护法》等。《野生动植物及乡村法案》被认为是英国野生动物保护的基本法,该法主要保护野生动物和野生植物。有关野生动物保护的具体措施包括:设立保护区域、规定打猎季节以及禁止某些猎捕方法;规定猎捕野生动物的许可证制度;对于违反该法的行为,规定了罚款和五年内不得申请许可证的处罚措施。《野生哺乳动物保护法》的目的是防止对野生哺乳动物的虐待行为,该法明

---

〔1〕 本部分有关驯养动物的内容摘编整理自曹菡艾:《动物非物——动物法在西方》,法律出版社 2007 年版,第 103 ~ 108 页。

〔2〕 曹菡艾:《动物非物——动物法在西方》,法律出版社 2007 年版,第 203 ~ 205 页。

确规定禁止蓄意致残、踢、打、割、刺、烧、用石头投掷、挤压、淹、拉或者窒息任何野生哺乳动物。违反该法，可处5级以下的罚款或6个月以下的监禁。

目前，英国已经形成比较完备的动物保护法律体系，就整体而言，对动物福利的保护比较突出。这些法律涉及动物的身体和心理健康、身体和心理福利两方面。在野生动物保护方面，主要是通过立法禁止捕获和杀害野生动物的行为，规定了保护区、禁猎期、禁猎区以及许可证等措施。

二、德国

德国2002年修订的《联邦自然保护法》，旨在更有效地保护物种和生物圈。有关野生动物保护规定了野生生物生境保护、物种保护等方面，还对防止外来物种入侵作了规定。1993年的《狩猎法》规定狩猎者必须获取狩猎许可证。

1974年德国公布了首部《动物福利法》，之后经过数次修正，现行的是2001年4月11日修正后的《动物福利法》。在该法第1条就明确提出其立法目的是"旨在保护动物之生命，维护其福利"。该法共分13章22个大条款，其中很详细地对饲养动物、动物的灭杀、动物手术、动物实验、动物繁殖及动物买卖、动物的进口、运输和饲养以及相应的法律责任作出了规定。《犬只饲养法》规定对于每只狗休息、运动的空间、犬舍的建筑材料、规格、温度、湿度、光线等均有严格规定。

德国《动物福利法》在第1条就明确提出其立法目的是"旨在保护动物之生命，维护其福利"。在第二章动物饲养的规定中，《动物福利法》授权食品、农业和渔业联邦部（以下简称联邦部）可以颁布法令将第2条中关于动物饲养的要求进一步细化，并在第3条中详细的规定了11种予以禁止的行为，其中包括给动物强行喂食和给动物饲喂导致动物痛苦或伤害的食物。

在第三章关于动物的宰杀中，对不同类型的动物进行了不同的规定，如"脊椎动物只允许在麻痹状态，或者在特定情况允许时以避免其痛苦的方式宰杀"，"屠宰脊椎动物只有在放血前将其击晕后方可实施"。而在规范杀鱼和屠宰其他冷血动物方面则授权联邦部颁布法令具体作出规定。

第四章中规定的是动物的手术，其中规定了"禁止不使用麻醉即对脊椎动物施行伴有痛苦的手术"，例外情况只能为两种：其一，假如在对人类进行类似手术时无须麻醉，或一般情况下该手术带来的痛苦要小于麻醉对动物产生的危害；其二，假如根据兽医判断表示在该种情况下不能实行麻醉。该章中还规定了"禁止对脊椎动物实施全部或部分截肢或者切除或毁坏其全部或部分器官或组织"。

第五章动物实验中规定了动物实验只有在"预防、发现或治疗疾病、痛苦、身体缺陷或身体不适，或发现、影响人或动物的心理状况或机制；发现环境危害；检测物质或产品对人或动物的健康的无虑性等基础研究"才允许进行实验。而要对脊椎动物进行实验则有更加严格的要求，如必须取得有关当局的授权，提供一系列的符合第五章规定的书面证明，要求实验负责人具有必要的技能，实验机构负责人必须指定一个以上的动物福利工作人员等。

第六章是用于教学，进修或培训的动物手术与治疗；第七章是用于原料，产品或有机物的生产提取，保存或繁殖的动物手术与治疗。这两章的内容规定得非常详细和具体，概括来说，对于实验动物的来源（必须是专门饲养用于实验的），实验和手术的实施者（必须是专业人员），实验和手术的方式（相当一部分的实验和手术都要求麻痹）和实验的目的都是有着严格限制和要求的，倘若未达标准就进行实验和手术，就是违法。

第八章是培育、饲养和买卖动物；第九章是转运、经营和饲养的禁止性规定。这两章规定，培育、饲养和买卖动物必须经过主管部门的授权和颁发许可证，并且，只有当培育、饲养和买卖人具有专门的动物知识时，主管部门才可以下发许可证；如果培育新的品种，会给动物带来身体器官的损害或其他痛苦，这种培育是被禁止的；没有监护人的同意，不允许将脊椎动物出售或者交给未满16周岁的少年；如果有违这些规定，将被取消资格证，禁止再饲养、出售和展示动物。

在第十一章关于实施的规定中，联邦财政部及其指定的海关有权参与对动物进出口的监督，而具体的法规则由各州法律所规定的主管部门负责实施，各州法律所规定的主管部门各设立一个或多个委员会协助主管部门决定对动物实验的许可。

第十三章规定的是法律责任，其中对于“无合理原因杀死脊椎动物；对脊椎动物施以带来显著痛苦的粗暴行为、带来长期或反复的显著痛苦的行为”将被判处三年以下的监禁或罚款，另外对于前十二章各条的违反后果也都作出了相应的规定，而关于罚款的数额，大致视情节分为两种尺度，一种为二万五千欧元以下，一种为五万欧元以下。中国目前的法律还没有任何一项罚款或罚金能达到这个数额。[1]

动物收容所在德国的动物保护法上没有具体的定义，其具体的定义规定在德国联邦消费者保护、营养与农业部与2000年2月公布的《为执行动物保护法的一般行政规定》第12.2.1.1.条中：“动物收容所或其他类似机构是指：持续地存在并且主要以收留及照顾流浪动物（Fundtier）或受托代为处理的动物（Abgabetier）为其任务的机构”。“暂时性或持续的对于第三人的动物进行安置的营利性机构则属于动物保护法第十一条第一项第三款规定的对象。”由这一规定可以看出，德国动物保护法所指称的动物收容所是指非营利性的，以照顾及收留流浪动物与受托照料的动物为目的的机构。一般的动物收容所虽然也会收取一些费用（例如有些动物收容所会在医疗动物后收取一些费用），但是其目的主要仍是基于动物保护

---

〔1〕 参见 http://blog.cctv.com/html/05/1082405-736301.html。

的目的，对动物进行照顾及安置，而不在于藉此营利。另外，它与所谓的动物旅馆(Tiershotel)不同之处在于，其目的不是在当主人(Tierhalter)有需要时，暂时性地保管其所饲养的动物，于约定时间交由主人领回，而是在于照顾并安置未经主人同意而不为主人占有的流浪动物，或之后不会再回归主人所有的动物。

在德国的动物收容所基本上都是私人经营，并未见过公立的动物收容所。也就是说，它们不是地方自治团体或邦政府的一个机构。它们的设立都是由私人发起，绝大多数的动物收容所都是由当地的动物保护组织来经营管理。这些动物收容所与当地的地方自治团体及邦政府之间，也会出现公办民营及行政委托的关系。有些地方自治团体会与当地的动物保护组织签订契约，将其动物保护的业务委托给当地的动物保护组织代办，并提供经费给动物保护组织的动物收容所。另外，许多州政府也会委托它们代办一些行政事项，特别是收容与安置流浪动物与受虐动物。由于这本来就是动物收容所的主要业务范围，基于效率上的考量，为了避免政府机关的重复投资，降低行政成本，州政府往往将其基于动物保护的国家目标而必须进行的这些行政任务，委托给动物收容所代办，而支付给动物收容所收容这些动物所需的费用。

这些动物收容所在法律上要受到德国动物保护法律规范的限制。依据《动物福利法》第 11 条第 1 项，其设立时须经过主管机关许可。其饲养动物时，必须要依照动物保护法第 1 条规定的基本原则，与第 2 条对饲养动物应遵守的准则的限制。另外，有些州的主管动物收容所的机关也会发布规制动物收容所的行政命令。最后，由于经营这些动物收容所的各地动物保护组织往往都会加入德国动物保护协会，因而德国动物保护协会于 1995 年所公布的《动物收容所规则》虽然不是国家的行政命令，但是作为一种法人团体的章程，对加入这个协会的动物收容所仍有其拘束力。

目前德国动物收容所的主要工作内容包括：对流浪动物或受托代为处理的动物的收容、安置、照顾以及中介寻找新的饲养主人(Vermittelung)；对受虐动物或未能依照动物保护规定来饲养的动物之安置与保护；对野生动物的暂时收容；动物保护观念的推广；经营相关动物保护的业务，如动物旅馆、犬类训练学校、提供动物医疗服务及动物公墓，等等。动物收容所会用通过这些活动收取的费用来补贴其经营所需要的成本。由于动物收容所的主要任务仍是对流浪动物的收容与保护，所以德国动物保护协会的《动物收容所规则》第 6 条规定，必须在不能妨碍到对流浪动物的收容之前提下，才能进行动物旅馆的经营。而动物旅馆在收容动物时，也必须先进行对其是否有寄生虫或传染病的检测，防止影响到所内原先收容的动物健康。另外，依据《动物保护法》第 16a 条第 2 项第 2 款以及德国动物保护协会之《动物收容所规则》第 7 条的规定，动物收容所可以在动物罹患不治之症，并且其继续生存只会带来动物的痛苦时，例外的允许其让动物安乐死。这必须只能由兽医来进行,并采取让动物无痛苦的方式。

德国动物收容所作为一个重要的动物保护机制,必须服从于动物保护法律规范的基本原则,也就是要尽可能地照顾动物的福祉,避免造成动物的伤害。这表现在动物收容所必须符合动物保护法第2条规定的动物收容的基本原则上。为促使动物收容所能符合这个基本原则,相关法律规范也规定了许多事先许可及事后监督的要求,也详尽规定了动物收容所在收容与饲养动物时所应注意的各项要件。而另一方面,德国政府为了能够更有效地实现动物保护的国家目标,也与动物收容所合作,基于动物收容所原先的工作(收容并照料流浪动物与受虐动物),将这方面的任务委托给动物收容所进行,如此一来,一方面政府不必另行投资收容动物所需的空间与设备,避免了行政上的浪费;另一方面,由政府来提供这方面业务的成本,也减轻了动物收容所的财务压力,让动物收容所能收容更多的动物,并进而进行更多其他与动物保护相关的工作,这可以说是一种双赢的方式,非常具有借鉴意义。

综合来看,德国动物保护法充分的体现了动物保护在德国的受重视程度,也体现了德国人严谨的思维和完备的法律体系。

三、欧盟

自二十世纪七十年代,欧盟便开始进行动物保护立法,并藉此推动动物福利的发展。欧盟的动物保护法律制度对其成员国有直接的法律效力。因此,欧盟各成员国在欧盟的动物保护公约的约束下,不断完善着本国的动物保护立法,并推动了整个欧洲的动物保护立法的进程。

欧盟的动物保护法律渊源主要是欧盟动物保护议定书、欧盟各国签订的有关动物福利和保护的公约以及欧盟发布实施的各类条例、法令、决定、建议等规范性文件。其中,欧盟参加的公约的影响力较大,其主要与欧洲动物公约有关。欧洲公约的签署国不局限于欧盟,而是面对所有欧洲国家。例如,《宠物保护欧洲公约》缔约国包括瑞士。欧盟批准并签署了欧洲6个动物福利公约中除《宠物保护公约》之外的5个,并将公约整体接受纳入欧盟法律中。例如,《农畜动物保护欧洲公约》被当时的欧洲共同体理事会在1978年6月19日通过的78/923/EEC号决定采纳接受,并将该公约在欧共体整体适用。除此之外,欧盟还根据此公约制定了其他具体法规,例如,1998年7月20日,理事会颁布了98/58/EC法令,主要是为了保护用于农场目的的动物,提出用于生产食品、羊毛、兽皮、兽毛的动物和其他用于农场目的(包括鱼、爬行动物和两栖动物)动物的保护普通规则。这些规则是基于《有关用于农场目的的动物保护的欧洲公约》制定的,适用于所有欧盟国家。

1991年,欧盟各国统一发布《动物保护宣言》,呼吁欧洲议会、欧洲理事会和成员国,在起草和实施共同体的农业、运输、国内市场和研究的一般政策时,共同体和成员国应充分重视动物福利需求。虽然该宣言没有法律效力，但在道义上仍具有积极的影响和意义。1999年5月1日，欧盟各国通过的《动物保护和动物福利附加议定书》生效，作为《欧盟条约》的一部分附加于其后。它标志着欧盟在动物保护立法方面又迈进了一步。该议定规定：各协约国，鉴于希望确保作为有感知生灵（sentient beings）的动物的福利得到更好的保护和尊重，同意在起草和实施共同体的农业、运输、国内市场和研究一般政策时，共同体和成员国应充分重视动物的福利需求。

2006年1月23日，欧盟委员会公布了一份名为《欧盟2006年至2010年动物福利行动计划》COM（2006）13（Action Plan on Animal Welfare 2006－2010）。该行动计划是针对欧盟条约的有关动物保护和动物福利附加议定书的基本原则而提出的。根据该行动计划，在2006至2010年的五年间，欧盟要制定出旨在确保欧盟和世界各地的动物的福利和对动物进行保护的措施。该行动计划描述了这些措施的内容，其目标是进一步明确欧盟的有关立法并在有阙如的领域予以补充和完善。欧盟希望在动物福利领域实现的目标主要包括：1. 对动物福利更加明确地确定欧盟的行动；2. 继续提倡推广动物福利领域的高水准；3. 提供更好的资源协调；4. 支持推广采用替代动物实验的方法；5. 确保欧盟有关动物福利的所有政策有连贯性和协调性；6. 该行动计划确认以下五个方面互相关联的行动领域以实现以上目标；7. 更新动物福利最低标准；8. 提倡对动物试验进行研究使用替代方法；9. 引入动物福利指标；10. 确保专业人士和公众对动物福利有更好的认识；11. 支持动物保护的国际倡议行动。

2006年11月24日，欧盟、欧洲理事会和世界动物卫生组织通过了一项题为“欧洲动物福利：成就和未来前景”的联合声明，各方表示将致力于在动物福利领域的进一步合作，这些合作将主要集中在制定和执行动物福利法律和福利标准、培训兽医专业和准专业人员、提高公众对动物福利社会价值的意识，以及在动物福利科学和兽医科学方面的重要联系。

目前，欧盟参加的主要动物公约和议定书有《欧盟条约》、《动物国际运输保护欧洲公约》（European Convention for the Protection of Animals During International Transport）、《农畜动物保护欧洲公约》以及其修订议定书（European Convention for the Protection of Animals Kept for Farming Purposes）、《用于屠宰的动物保护欧洲公约》以及其修订议定书（European Convention for the Protection of Animals for Slaughter）、《用于试验和其他目的的脊椎动物保护欧洲公约》以及其修订议定书（European Convention for the Protection of Vertebrate Animals Used for Experimental and Other Scientific Purposes）、《欧洲野生生物和自然生境保护公约》（Convention on the Conservation of European Wildlife and Natural Habitats）、《动物保护和动物福利附加议定书》等。欧盟委员会及欧洲理事会还根据上述公约及议定书制定了其

他具体法规,例如,《关于签署农畜动物保护欧洲公约的理事会决定》(78/923/EEC)、《关于保护农畜动物的理事会指令》(98/58/EC)、《关于屠宰和宰杀时保护动物的理事会指令》(93/119/EC)、《关于保护野生鸟类的理事会指令》(79/409/EEC)、《关于保护自然生境和野生动植物的理事会指令》(92/43/EEC)等。[1]

对于欧盟没有签署的《宠物保护欧洲公约》,已于1987年开始开放供欧洲各国签署批准,1992年生效。目前,缔约国包括奥地利、比利时、丹麦、芬兰、德国、希腊、葡萄牙、瑞典和瑞士等国。欧盟未签署的主要原因可能是欧盟制定有关动物法规一定要同欧盟宗旨有直接关系,而宠物同农业和贸易之间没有直接关系,故欧盟只有少量的关于宠物运输的规定。

除了以上这些公约和协定之外,欧盟在动物保护方面的法律法规还包括欧盟的各类与动物保护相关的法令,此类法令对各成员国均有法律约束力。成员国要按照法令的宗旨制定本国的国内法,通过具体实施措施的规范,来实现欧盟法令的总体指导原则。若欧盟成员国不遵守或不按照欧盟的法令来制定和实施相关法规或制定的法律、法规与欧盟的法令相违背,未能履行其欧盟法律义务,将会受到处罚,包括支付赔偿等经济方面的制裁。欧洲法院在这一方面起着重要的裁决作用,确保欧盟成员国和欧盟机构履行欧盟条约和法规。

当然,欧盟各国仍保留了其独立立法的权利,这些立法主要包括动物福利保护的基本法律、综合性法律和其他法律对动物福利保护的附带规定等。通常情况下,其自行制定的有关动物保护的内国法不能与欧盟法律相抵触。但欧盟各成员国对动物福利和动物保护标准的规制可以高于欧盟所规定的最低限度。实践中,欧盟的法令也的确对其各成员国动物保护法的发展起到了一定的推动作用。如葡萄牙的动物福利法,虽仍属于初级发展阶段,葡萄牙亦存在着诸如残忍的斗牛活动等暴力对待动物的传统,但在欧盟法规的促进带动下,葡萄牙的动物福利立法近年来有了很大进步。目前欧盟动物福利法规以及欧洲各项动物福利公约,包括在动物屠宰、运输、宠物、野生动物、实验动物领域的法规,均在葡萄牙生效实施。

目前看来,欧盟现行的动物福利法律法规,数量繁多,所涉猎的范围宽泛,尝试深广,制度设置亦较为缜密,并在法律上对动物福利正式予以了认可和规范,将动物福利提升到了一个新的法律高度,这是两个多世纪以来欧洲各国为动物福利做出的法律和人道努力的一个新的起点和巨大成就。在实际的运行过程中,欧盟仍在不断地改进和发展自己的动物保护法律制度,与此同时,其对欧洲各国乃至全球在动物保护和动物福利方面的立法及实施所产生的重要影响和借鉴作用亦是毋庸置疑的。欧盟动物福利法律文件的价值理念可以归结为:在促进欧洲共同体的一体化和发展、建立与完善欧洲共同体的内部市场、促进区域内部贸易与对区域以外

---

[1] 曹菡艾:《动物非物——动物法在西方》,法律出版社2007年版,第263~264页。

国家的贸易的基础上，协调欧盟法律之间和欧盟法律与各欧盟国家内立法之间及各欧盟成员国之间立法的关系，包括动物福利的法规，协调统一动物福利与贸易、社会、科技发展及传统文化保护的关系，防止贸易扭曲，提高动物福利保护知识和意识，保护动物的内涵价值（包括动物的生命）和动物福利。[1] 同时，透过历年来欧洲法院的一些法律解释中，可以感知到，在欧盟，确保动物福利的实际履行尚会受到一些限制。究其原因，主要有：其一，欧盟的立法宗旨主要是确保和发展经济、农业和贸易等方面的利益，而不是对动物福利的维护。那么，一旦欧盟的农业、经济等政策、法规与动物保护及动物福利发生冲突时，动物保护和动物福利就需退后，要优先考虑前者。其二，维护动物福利不是欧盟基本法律的原则之一，并且对动物福利的关照仅限于农业、运输、国内市场和研究四个领域，也就是说欧盟机构没有推广和制定普遍动物福利法的立法权。其三，全方位考虑动物福利的同时还需考量和受限于各成员国立法、行政规定、惯例以及宗教、文化传统。[2] 这是欧盟动物福利法的局限性，也可以说是以人为本、以经济发展为优先考虑的立法理念的体现。

四、欧洲其他国家的动物保护立法

俄罗斯在1995年通过的《联邦特保自然区法》规定了“为保护珍稀独特的自然资源、自然风光、动植物世界及其物种，研究生态环境中的各类自然过程，监测生态环境的变化，并对全体人民进行生态教育，特制定本法，以便调节特保自然区的管理、保护和使用等方面的各种关系”。2002年的《联邦环境保护法》规定了“环境保护对象是：土地、地下资源、土壤；地表水和地下水；森林和其他植物、动物和其他生物体及其遗传基因；大气、大气臭氧层和地球周围的宇宙空间”。俄罗斯《民法典》第231条规定动物是物权的客体，并不意味着有权利的人能随心所欲地支配和役使动物，而应受到合理限制。第137条规定：“在行使权利时，不允许以违背人道原则的态度残酷地对待动物。在动物受害赔偿的问题上，要注重动物的生命价值，不能单纯地以动物的市场价值来界定赔偿标准。”

丹麦1991年的《动物福利法》与德国《动物福利法》的做法类似，该法指出，本法是为了确保动物免受疼痛、痛苦、焦急、永久伤害和严重的忧伤。

葡萄牙1995年的《保护动物法》第一章“保护的总原则”列举了以下四个保护原则。一是禁止所有的造成不必要的死亡、虐待、持续的痛苦或剧烈伤害等非法残暴对待动物的行为。二是动物患病、受伤或者处于危险的边沿，应该得到尽可能的帮助。三是禁止要求动物做力不能及的事情；禁止用带结的鞭子和大于5毫米的

---

〔1〕 曹菡艾：《动物非物——动物法在西方》，法律出版社2007年版，第314页。

〔2〕 同上注，第262页。

马刺或者其他可能对领头动物身体造成孔形伤害的工具，马术、斗牛和其他法律所许可的情况除外；如果不是出于诊治、使之康复或者使之立即而又有尊严地死亡的目的，禁止从他人家庭、商业、工业或者其他场所获得或者处置处于人类保护和照顾的体弱、生病、衰败或者年老的动物；禁止有意抛弃处于他人家庭、商业、工业或者其他场所获得人类保护和照顾的动物；除非经过证实的科学实验需要，禁止把动物利用于导致其相当疼痛、痛苦的教学、训练、拍电影、展览、广告或者其他类似的活动；除非出于打猎的实践需要，禁止让动物从事特别困难的训练或者使动物参与到和其他动物对抗的实验或者娱乐之中。四是濒危动物物种应该得到符合其生态系统规律的保护。可以看出，这四个总的原则是基本原则和具体调整规则结合的产物。[1]

瑞典于1997年制定了强制执行的《牲畜权利法》。这部旨在改善动物福利的法律规定，不能用过于拥挤和窄小的笼舍养鸡，在夏季必须把牛放出去吃草，猪要有稻草铺地以便休息。这些规定都是针对机械化饲养动物导致的严重贬损动物生命的情况而设立的。2002年修订的《动物福利法》第2部分（关于动物管理和对待的基本规定）虽然没有用专门的条款来归纳动物福利保护的基本原则，但该部分利用8条的篇幅阐述了对待动物的基本态度，如该法第2条第1款规定："动物必须被善待，并且能够得到保护，避免不必要的痛苦和疾病。"第3条第1款规定："动物应该得到充足的食物、水和充分的照顾。"第4条是关于动物的栖息场所条件的问题，第5条是关于动物的过度劳作问题，第6条是关于动物行动自由的限制问题，第7条和第8条是分别关于动物买卖和运输的基本规定，第9条是关于生病和受伤动物的救治或者人道扑杀问题。可以看出，它们充分地体现了"没有正当的理由，任何人不得引起动物疼痛、痛苦或者忧伤"的基本原则。[2]

此外，还有匈牙利的《自然保护法》（1996年）、爱尔兰的《野生动物保护法》（1976年）、克罗地亚的《动物福利法》（1999年）、波兰的《动物保护法》（1998年）、法国的《动物福利法》等。

第二节　美洲地区动物保护立法

一、美国

美国是一个联邦制国家，对于立法权，宪法只对联邦的权力和组织机构作出了规定，对州权或州的机构很少涉及。美国宪法列举的联邦权力较窄，主要限于两个

---

〔1〕 http://bbs.66wz.com/viewthread.php? tid=483400.

〔2〕 "各国动物保护法纵览"，载 http://bbs.goumin.com/thread-231241-1-1.html，2009.3.9。

方面,一是为维护共同体的存在所必需的权力;二是为维护基本的经济生活统一性所必需的权力。管理社会事务的基本权力都不在联邦的列举权力之列。宪法列举的联邦权力并不绝对排除州的权力,对未禁止州行使而性质又不属于联邦专有的权力,州仍然享有相应的立法权。但根据美国联邦法律最高条款,联邦一旦就这些领域的事项制定法律之后,州法中与联邦法律相抵触的部分无效;联邦也可以通过立法完全排除州对某些事项的管理。

在动物保护方面,野生动物保护立法主要在联邦层面,驯养动物保护立法主要在州层面。目前,联邦和州分别颁布了数量众多的有关动物保护的法律、法规。美国是英美法系国家,还有许多与动物保护有关的判例。

美国联邦有关野生动物保护的法律法规主要包括:《海洋哺乳动物保护法》(Marine Mammal Protection Act),该法禁止在美国海域捕抓海洋哺乳动物,禁止美国公民在公海上捕抓海洋哺乳动物、禁止向美国进口海洋哺乳动物和海洋哺乳动物产品;《濒危物种法》(Endangerde Specids Act),该法保护和恢复受威胁的动物和植物物种以及其生态系统,并规定根据法律和国际公约制订同野生动植物有关的许可证制度;《猩猩(大猿)保护法》(Great Ape Conservation Act),该法规定建立起猩猩保护基金,协助保护猩猩类动物;《鲸保护法》(Whaling Convention Act),该法禁止违反《国际捕鲸管制公约》而捕鲸和销售鲸产品;《野鸟保护法》(Wild Bird Conservation Act),该法提倡稀有鸟保护,协助那些拥有稀有鸟类的国家的野鸟保护和管理,并限制美国的稀有鸟类进口;《禁止捕获鲨鱼翅法》(Shark Finning Prohibition Acr),该法禁止割下鲨鱼翅包括尾巴然后将鲨鱼弃入大海,并要求政府有关部门同其他国家谈判商谈签订禁止割鲨鱼翅的双边和多边协议。

有关野生动物的法律法规还有《候鸟保护法》(Migratory Bird Conservation Act)、《犀牛和老虎保护法》(Rhinoceros and Tiger Conservation Act)、《国际海豚保护法》(International Dolphin Conservation·Act)、《海龟保护法》(Marine Turtle Conservation Act)、《鱼和野生动物保护法》(Fish and Wildlife Conservation Act)、《非洲大象保护法》(African Elephant Conservation Act)、《亚洲大象保护法》(Asian Elephant Conservation Act)、《秃鹰和金鹰保护法》(Bald and Golden Eagle Protection Act)、《大西洋金枪鱼保护法》(Atlantic Tunas Convention Act)等。

美国在濒危动物保护领域是世界上法律制度和司法判例最为先进发达的国家,从1958年《鱼类和野生生物协调法》开始,陆续制定了1969年的《国家环境政策法》;1972年的《珍贵稀有生物品种保护条例》和《海洋哺乳动物保护法》;1973年的《濒危物种法》;1976年的《国家森林管理法》和《渔业保护和管理法》;1978年的《公有草地改良法》;1980年的《渔业和野生生物保护法》及1994年修订的《海洋哺乳动物保护法案》等。

美国的动物福利法始于19世纪,美国受英国动物福利思想以及立法行动的影响，主要是各州通过立法保护动物福利。19 世纪上半叶，美国的一些州制定了禁止虐待动物的法规。这些法律有一些共同特点，可以概括如下：第一，禁止虐待动物法规的立法动机和意图是为了保护动物的所有人和所有人的财产权利，反映了动物在法律上属于物的基本法律理念；第二，此类法规的出发点主要是人的利益，不是为了直接保护动物，不是为了防止给动物造成痛苦；第三，此类法规所适用的动物种类有限，大多具体规定仅适用于牛马等有经济价值的工作牲畜；第四，此类法规所适用的动物往往是归人所有的农业牲畜，而不包括没有主人的动物、有主人的宠物或野生动物。[1]

1867 年，纽约议会通过的《防止虐待动物法》，该法对于不人道对待动物的行为，分别做出相应的轻罪的规定。该法对其他州防止虐待动物的立法起到借鉴和推动作用，也影响了美国以后的动物福利立法的发展。

目前，有关动物福利的立法。在联邦层面的法律包括：《二十八小时法》（The Twenty - Eight Hour Law of1877）、《屠宰动物人道方法法》）（Humane Methods of Slaughter Act）和《动物福利法》（Animal Welfare Act）、《禁止描绘虐待动物法》（Depictions of Animal Cruelty）、《猫狗保护法》（Dog and Cat Protection Act）、《宠物疏散撤离和标准法》（Pets Evacuation and Standards Act）等。其中《动物福利法》在 1966 年签署成为法律。它的初衷是管理实验室里动物的照料与使用，它成为美国唯一一部管理动物在试验、展示、运输与贩卖时应如何对待的联邦法律。

在州层面，美国所有州均已制定禁止虐待动物的法律，为动物提供了必要的法律保护。防止虐待动物法规主要包括了保护伴侣动物、禁止对动物蓄意施加痛苦、杀害动物和进行动物角斗的行为。

在美国，2005 年 6 月 24 日，夏威夷州的议会大厦里，州长林格尔签署了一个宠物可以继承主人财产的法令。目前，美国已有 20 个州有宠物可以继承遗产的规定。2008 年 6 月 11 日，美国通过增加动物商业运输最低年龄的要求修订动物福利法的规定，目前仅对狗和猫有此项要求。对动物商业运输规定最低年龄要求及对不符合最低年龄要求的动物运输作出规定，有助于确保善待动物。

二、加拿大

加拿大是英联邦国家之一，其政治制度为君主立宪、采用民主议会制的联邦国家。英国女王伊丽莎白二世是加拿大的国家元首。加拿大的立法受英国立法的影响较大，因而在动物保护以及动物福利方面的立法也比较完备，包括联邦和省的立法。

加拿大的动物保护立法较早，主要的联邦法律有：1973 年的《野生生物法》

---

[1]　曹菡艾：《动物非物——动物法在西方》，法律出版社 2007 年版，第 318 页。

(Canada Wildlife Act),规定在联邦所属的土地上设立保护区、避难所,用以防止干扰野生生物的栖息地和猎捕野生动物。1988 年的《环境保护法》(Canadian Environmental Protection Act,CEPA),CEPA 是几个有关的环境标准,保护和惩罚违法行为法案的联合体。它主要是对污染的监管。1999 年加拿大修订了环境法,其中就包含了与动物福利有关的内容。1990 年的《动物健康法》(Health of Animals Act),该法主要控制可能影响动物,或者可以通过动物传染到人的疾病和有毒物质,同时,还有关动物保护。1990 年的《野生生物保护政策》(Wildlife Policy for Canada),这项立法是以新的方式看待养护一个重要步骤,强调维护和恢复生物多样性和生态过程,而不是更常见的零打碎敲的养护办法。1994 年的《候鸟公约法》(Migratory Birds Convention Act,MBCA),该法阻止商业化的候鸟狩猎和贩运,并允许联邦政府在重要的鸟类地区建立候鸟庇护所,保护它们免受栖息地破坏和过度猎捕。1995 年的《生物多样性战略》(Canadian Biodiversity Strategy),该战略是指导加拿大开展对《生物多样性公约》承诺。它制定了一个计划包括:(1)保护生物多样性和促进资源的可持续利用;(2)改进对生态系统的理解和管理;(3)制定激励措施和立法,以支持生物多样性的养护;(4)有关需要保护生物多样性的教育。1996 年的《野生动植物保护与管理国际和省际贸易法案》(Wild Animal and Plant Protection and Regulation of International and Interprovincial Trade Act),该法对非法野生动物和植物的贸易,实施更严格的控制,禁止濒危物种的商业贸易。本法规定加拿大对《濒危物种贸易公约》原则的承诺。1997 年的《海洋法》《Oceans Act》,有关生物保护方面,该法规定渔业和海洋部长可以制定和执行措施,以支持可持续发展和管理海洋资源。此外,部长可建立海洋保护区和实施海洋环境质量的指导方针。2000 年的《濒危物种法》(Species at Risk Act),该法不仅直接保护濒危物种,还保护其栖息地。2009 年 1 月生效的《动物健康法》(Animal Health Act),对动物的疾病的报告和审查、检疫、疾病控制区、检查以及信息披露等做出规定,并且,对动物保健计划、生物安全措施、社区牧场、占有进口动物等做了一般规定。

另外,加拿大刑法典中规定了伤害或危害家畜生命罪以及虐待动物罪,用最严厉的惩罚手段来保证动物福利制度的施行。

在省一级的动物保护及福利立法中,基本上各省在刑法中作出规定。大多数省(除魁北克、西北地区及努纳武特地区)都有专门的动物保护立法。如艾伯塔省的《动物保护法》以帮助被虐待的动物,并追究过失业主的责任。该法对遇难动物作出了具体界定:被剥夺了适当的住房,通风,空间,食物,水或兽医护理或对致损的热或冷的合理保护;受伤,生病的,疼痛或痛苦;虐待和遭受不必要的困难,剥夺或忽视。另一主要内容是照顾动物的义务,拥有或照顾动物任何人必须确保该动物有足够的食物和水;动物受伤或生病时,提供充分的照顾;对于致损的热或冷,提供合理的保护；提供的动物充分的庇护所、通风和空间。

大不列颠哥伦比亚省的《野生生物保护法》的目的是：为防止物种灭绝；根据可获得的最佳科学信息，包括从社会获得的知识和原住民传统知识，认定濒危物种；保护濒危物种及其栖息地，并为恢复濒危物种提供帮助；促进管理活动，以协助保护和恢复濒危物种。具体规定了物种分类的机构和分类规则、保护和恢复濒危物种、禁止破坏栖息地、恢复战略、特别关注物种的管理计划以及许可等管理措施。[1]

三、美洲其他国家

巴西的《联邦反虐待动物法令》（Brazil Federal Decree on Anti - Cruelty），该法令对动物特别是对为人们工作的动物提供保护措施，涉及反对虐待动物，当动物生病时给予治疗等方面。该法令规定下列内容为违反本法令的行为：1. 把动物放在不卫生或影响动物呼吸、自由移动和休息的地方；或者使动物不能通风、采光的地方；2. 过度驭使动物，或在动物身体不适的时候使其工作；或者引起动物痛苦的行为，如殴打、伤害、损害动物某些器官和组织；3. 在动物生病、受到伤害或伤残时，未给予任何可能的求助，包括请兽医；4. 为消费屠宰动物时，没有让其快速死亡，使其遭受不必要的长时间的痛苦；5. 在动物预产期还让其工作；6. 让动物徒步10公里以上却不让休息，或者让动物连续工作6小时以上，不给水和食物；7. 伤害或使动物致残；8. 利用体罚训练动物；9. 诱使动物间相互打斗。还规定对上述违反本法令的行为，政府以及非政府组织有权予以起诉。[2]

牙买加的《虐待动物法》（1904年）（Cruelty to Animals Act）规定任何人实施残酷打击、虐待、使饥饿、过度驱使、过度负载、折磨或者其他虐待动物的行为为违法；使用动物承担不适合的工作为违法；由于疏忽导致动物受伤害或者痛苦的行为违法；任何人运输、放置动物的方式以及位置造成动物不必要的痛苦的行为为违法；宰杀任何动物，故意漫不经心地，或因疏忽而造成不必要的痛苦的行为为违法；使用两岁半以下的动物进行拉驮、耕地的行为为违法等。[3]

---

〔1〕 加拿大有关动物保护立法，摘译自 http://www. afac. ab. ca/lawsregs. htm。

〔2〕 摘译自 Brazil Federal Decree on Anti - Cruelty。http://www. animallaw. info/nonus/administrative/adbrfeddec_24_645. htm。

〔3〕 摘译自 http://www. sc. gov. jm/LOJ/Cruety%20To%20Animals/cruelty_to_animals_act. htm。

第三节　亚洲地区动物保护立法

一、韩国

韩国的动物保护立法始于二十世纪初，涵盖了野生动物与驯养动物的保护，现在已经形成比较完备的体系。

目前，就有关野生动物保护的法律主要有：1987 年修订后的《宪法》第 35 条规定：为了使所有的国民享有生活在健康和爽快的环境的权利，国家和国民应努力保护环境。还委任法律规定关于环境权的内容和行使办法。1990 年制定《环境政策基本法》，提出了国家环境保护政策的基本理念和方向，规定了有关环境的基本政策。1991 年制定的《自然环境保护法》。该法是关于自然环境及自然资源保护的综合性法规。保护多样性的自然生态系统和保护濒危物种，维持由国民享受的健康和爽快的自然环境，其规定了各种制度。1993 年以前，韩国一直是濒危灭绝动物的主要消费国之一，1993 年以后，韩国加入了《濒危野生动植物种国际贸易公约》，并在其《野生动物保护法》（2004 年）中增加了强有力的动物保护条款。但是该法的执行力度也同样存在问题，秘密的熊胆场和非法捕杀鲸鱼、海豚和海豹的行为依然很猖獗。

关于动物保护的单行法有：1980 年的《自然公园法》、1999 年的《湿地保护法》、1999 年的《关于鸟兽保护及狩猎的法律》、1980 年的《山林法》等。[1]

有关动物福利的立法及发展历程如下：

1911 年韩国农业部制定了《动物保护法》，其适用的动物范围包括："牛、马、猪、狗、猫、兔、鸡、鸭、山羊、绵羊、鹿、狐狸、水貂及农渔业部指定的其他动物。"这是韩国首部动物福利法，它的制定源于对狗的保护。在 1975 年韩国的《家畜生产和卫生法》中，狗被归于家畜肉类动物，而在 1978 年，韩国申请举办 1988 年奥运会时，为了避免在食狗肉方面遭到西方动物福利组织的攻击，虽有喜食狗肉的传统，韩国也不得不修改了《家畜生产和卫生法》，将狗排除在"家畜肉类动物"之外。但是这部法律仅仅在奥运会前实施了很短的时间，奥运之后没有再实施过。所以，1988 年奥运会结束后，韩国仍有很多人在食用狗肉。在这种情况下，韩国农业部于 1991 年制定了《动物保护法》，这在韩国是首次。

1991 年《动物保护法》内容较少，全文共 12 条，与德国的动物福利法比起来，只占其 1/10 左右的篇幅，尽管如此，韩国的这部《动物保护法》对于韩国的动物保

〔1〕 法律名称及规定摘译自 http://www.koreananimals.org/animalprotectionlaw.htm。

护仍然具有非常重要的意义。它主要涉及了适当照顾、喂养和管理动物,防止虐待动物以及被遗弃动物的管理和动物屠宰方式、动物手术及实验等方面的内容。该法的第1条即阐明了立法目的:“在于通过阻止虐待动物以充分保护和管理动物,并培养韩国人民关心动物的生命和安全及尊重动物生命的精神。”1991年《动物保护法》第4条鼓励公共或民间组织开展动物保护运动。第6条则是关于禁止虐待动物的规定,特别是,该条在“任何人不得以残忍或者令人厌恶的方式杀害动物”、“不得对动物施加不必要的痛苦和伤害”前都加上了“没有适当、合理的理由”,那么是否是有了适当、合理的理由就可以以残忍的方式杀害动物了呢?第7条是关于被遗弃动物的管理,遗弃动物的管理由当地行政部门负责,管理的费用由动物所有人负担,找不到动物所有人时,行政部门则有权拥有该遗弃动物也可将其赠给爱护动物的人、动物福利组织、动物园或科学研究中心。第8条中关于动物屠宰方式的规定为:“须有适当合理的原因方可屠宰动物,并且应尽最大可能地使用无痛屠宰方法。”第10条规定的是动物实验内容,其中除了强调利用动物做实验应尽最大可能采用不会给实验动物带来痛苦的方法外,还提到了动物的“安乐死”,前提是该动物“将持续遭受痛苦或不能存活”。第11条规定了豁免条款,其中包括用于医药和其他工业目的而屠宰动物、狩猎以及为人类消费目的而屠宰动物等,这些条款都不适用于该动物保护法,这显然大大降低了韩国《动物保护法》的作用。第12条中,规定了虐待动物的人将处以二十万韩元以下的罚款或拘留,结合韩国的经济水平,很显然这个处罚力度显得有些低,容易产生过罚不当的问题,影响动物保护责任的落实。

然而,韩国政府并没有认真地执行该法,而农业部也在准备修改该法,希望能将某些猫和狗归为伴侣动物,将另一些归为消费动物。从实践来看,韩国仍然有数千家餐馆经营与狗肉有关的食品,狗肉业非常的兴旺。韩国政府已经由于韩国公民和世界各地人民的持续抗议导致自身形象越来越趋于负面。农业部提议新增加的第二条第三款要求保护和管理“宠物”。按照韩国农业部的定义,“宠物”仅包括了作为伴侣之目的而饲养的并对人类和其他动物产生情感依赖的狗和猫。这样的规定也就意味着,如果狗是以消费为目的在狗场饲养的,那么狗场主可以以他认为的适合的任何方式来对待狗。农业部提议的新的第六条第一款规定:“禁止在公共场所和街道当众杀害动物。”[1]

2002年,韩国动物保护协会提起诉讼,要求韩国政府实施《食品卫生法》。同时发现,韩国的卫生福利部在1994年秘密地删除了该法中将狗肉作为令人生厌的食品的部分。韩国动物保护协会要求把源自猫或狗的食物恢复为《食品卫生法》

---

〔1〕 莽萍、徐雪莉编:《为动物立法——东亚动物福利法律汇编》,中国政法大学出版社2005年版,第41~42页。

条款下的“令人生厌的食物”，并且要求恢复并严格执行该法。

正是对以上问题的诸多疑问，2007 年韩国修订通过了《动物保护法修正案》，其中新增了很多规范宠物所有者和管理者行为的内容。近年来，随着国民收入的增长和单身独居人士的增加，韩国饲养宠物的人数激增。据韩国消费者保护院统计，韩国大约有 280 万个家庭拥有宠物，每六个家庭中就有一户，其中饲养宠物狗已达 400 多万只。为规范宠物所有者和管理者的行为，同时保护动物的基本权益，目前新的《动物保护法修正案》做出了多处具体规范。

首先，规定了宠物所有者的责任。根据《动物保护法修正案》，作为保护动物的综合对策，韩国将引入宠物繁殖业者、营销业者和所有者登记制。修正案规定，宠物销售业者必须具备一定的设施条件，并向当地行政部门登记，销售者必须向购买者提供预防接种证明书、健康诊断证明和饲养管理方法说明书，禁止贩卖未满规定年龄的幼小动物。宠物相关设施和机构的从业人员，每年应接受一次传染病预防和饲养管理教育。

因 40% 左右的韩国人从亲友处通过寄赠方式获得宠物，该修正案规定，宠物的所有者必须在拥有宠物之后 30 日内到有关部门登记，提供个人信息和宠物的相关信息。具体包括所有者住所、姓名和联系方式，以及宠物的种类、特征和年龄等。宠物所有者交纳手续费后，即获得登记证和标识牌。违反上述登记制度者，将被处以 30 万韩元的罚款。

韩国将市场、百货商场等公共场所，幼儿园、小学等儿童活动地区划定为禁止宠物出入区域。地方政府也有权根据实际情况出台条例，划定禁止出入区域。如带狗和猫等宠物外出时，宠物必须佩戴口嚼、口罩和绳索等防护工具；管理者必须随身携带排便方便袋，随时清理排泄物。如果违反上述诸项，最高将被处以 50 万韩元的罚款。

其次，规定了管理者的责任。据统计，首尔市每天大约有 1500 只动物流落街头，年均高达 2 万只。但韩国全国目前只有 119 处动物收容保护设施，而政府部门设立运营的只有 6 处，其他绝大多数隶属于动物保护团体。对于流浪动物，目前韩国的一般做法是，收容保护并张贴公告一个月，其间未能找到主人的动物，除了赠送给动物园、动物爱好者、动物保护团体和学术团体外，其余皆被实施安乐死。修正案新增规定，拥有 50 万人口以上的地区，必须设立遗弃动物保护所。禁止捕捉、买卖、杀害遗弃动物。为防止遗弃动物被领养后再遭遗弃，还设定了领养者的资格标准：年龄要在 20 岁以上，并持有家人同意书。

为减少虐待动物的现象，韩国把“赛狗”和“斗狗”视为“虐待行为”，处罚标准由 20 万韩元以下罚金，上调到 6 个月以下拘役或 200 万韩元以下罚款。

最后，韩国的《家畜传染病预防法》规定，政府支持传染病预防接种费用。但随着宠物数量的增加，狂犬病、狗蛔虫病等人兽共患的传染性疾病由动物传染给人的担忧日益强烈。特别是遗弃动物无法定期预防接种,它们与野生动物接触后很容易传染人兽共患的疾病。另外,关于宠物尸体处理问题,《废弃物管理法》规定,动物医院的动物尸体为"感染性废物"由专门机构焚烧处理;而一般家庭中饲养的宠物死后,尸体为生活废物,必须放于垃圾袋中与生活废物分离处理,由垃圾填埋场埋葬或焚烧;如果饲养者愿意,也可在公共墓地的指定场所埋葬或在火葬场火葬。

由此,我们可以看出韩国对宠物饲养予以了的综合对策的规定:其一,实行宠物繁殖业者、营销业者和所有者登记制,销售业者必须向当地行政部门登记,销售者必须向购买者提供预防接种证明书、健康诊断证明和饲养管理方法说明书,所有者必须在拥有宠物之后30日内到有关部门登记;其二,地方政府有权根据实际情况出台条例,划定禁止宠物出入区域; 其三,拥有50万人口以上的地区,必须设立遗弃动物保护所,禁止捕捉、买卖、杀害遗弃动物,领养遗弃动物者年龄要在20岁以上,并持有家人同意书;最后,政府支持动物传染病预防接种费用,动物尸体为"感染性废物",须由专门机构焚烧处理。[1]

二、日本

日本有关野生动物保护的法律主要有:《野生动物保护和狩猎法》、《自然公园法》和《濒危野生生物保护法》。

1918年颁布的《狩猎法》源于控制狩猎,后经过多次修订,在1967年做了重大修订并更名为《野生动物保护和狩猎法》。在1999年再次修订时,野生动物保护区规划进行了系统介绍。该法的宗旨是保护鸟类和哺乳动物,增加鸟类和哺乳动物的数量,并通过实施野生动物保护项目和狩猎控制。该法还指定在哪些领域禁止狩猎,规范狩猎期、收获率和狩猎方法。

1931年日本颁布了《国立公园法》,在此基础上,1957年颁布了《自然公园法》。该法目的是"保护区域的优美,以有助于日本公民的健康、娱乐和文化教育"。在立法框架下管理自然公园,通过强调设立公园的标准,突出其重点在于保护优美的景色和娱乐价值。风景秀丽的地区是作为候选的标准。该法主要是从促进旅游经济发展的角度考虑自然保护。

1992年的《濒危野生生物保护法》,这项法律主要有两个目的:按照《濒危物种国际贸易公约》,规范野生动植物贸易和通过栖息地保护的方式保护濒危物种。[2]

其他有关野生动物保护的法律还有《水产资源保护法》(1951年)、《沿岸渔业

---

〔1〕 参见上海法制信息网,2006年11月23日。

〔2〕 See Cath Knightt, University Of Canterbury, Conservation In Japan, With Particular Reference to the Asiatic Black Bear, *New Zealand Journal of Asian Studies* 9, 1 (June, 2007): pp. 62 – 79.

振兴法》(1963 年)、《海洋水产资源开发促进法》(1971 年)和《沿岸渔场整顿开发法》(1974 年)等。

在日本,第二次世界大战后由于经济状况的原因,人们对于动物的保护的状况并没有太多的注意,反而因为经济的原因将许多家养的动物遗弃到野外,造成了很多的环境问题。促成日本《动物保护管理相关法》的制定,其实是来自国外的压力。

在日本的《动物保护管理相关法》实施 26 年之后,日本人民对于动物尤其是那些家庭的宠物,如狗和猫,已经不再只是视为宠物,而是将他们视为家庭的一分子,人与动物的关系得到了进一步的发展。虽然当时的立法是源于国外的压力,但是《动物保护管理相关法》立法之后在日本内部还是在一定程度上提高了民众对于动物的关注程度,在新闻报道中也会时常见到虐待动物的报道出现。越来越多的日本人对于动物的保护和爱护的观念有了很大的提高,爱护和保护动物的活动较之以前更为活跃。另外在原来的《动物保护管理相关法》中,对于“虐待”一词并没有明确的说法,所以在执行过程中有很多的争议,因此许多赞成动物保护的媒体积极呼吁对《动物保护管理相关法》进行修改。此次修改的建议完全是来自于对民众自身的反省和动物保护意识的提高。许多动物保护团体呼吁,《动物保护管理相关法》并不足以应对时常发生虐待或遗弃宠物的事件,希望当局可以采取更有效的对策,于是更加促进了修改《动物保护管理相关法》的进程。新法于 1999 年 12 月修改通过,并于 2000 年 12 月正式实施。

此次修改的主要内容有:首先,法律名称及基本原则的修改。将原来的《动物保护管理相关法》改名为《动物爱护管理相关法》。在旧法的第二条基本原则的规定中,加入了“动物是有生命之物”以及“持续思考人与动物之间的共生关系”。其次,强化了对于动物所有者或者占有者的责任。动物的所有者或是占有者,必须尽到一个作为生命物体的所有者的义务,对待动物需要有正确的饲养和管理的观念,确保动物的健康和安全,同时,也需要防止动物对于人类生命、健康、财产或其他方面的侵害和妨碍。因此对于饲养的主人有了两个新的义务:对于自已所饲养的宠物的传染病,主人必须有正确的认识,并且应该采取恰当处置动物的措施。违反者,依照该法第十五条,“饲主如果没有遵守改善的命令,将会受到 20 万日元以下的处罚”。第三,加强了地方行政机关的任务与权限。此次修改中,不仅加强了动物主人的责任,对于地方行政机关的责任和权限也进行了强化。例如,第十二条规定,地方行政机关在接收猫和狗等宠物的时候,为了彻底执行对猫和狗的繁殖的限制,对于相关人员可以进行必要的指导和协助;第七条规定,地方的公共团体为防止动物对人类的生活造成不便,必须依据各地方的条例就饲养动物或管理的事项,对饲主进行指导或采取必要的措施;第二十五条第二项和第二十九条第三项规定,各地方政府,对于因饲主养育多头宠物而对周围的环境造成损害时,对该行为予以劝告并限定期限采取必要措施改进。如果饲主不听劝告，地方政府认为有必要之时可以下达改善的命令，违反命令者处以二十万日元以下的处罚。第十五条第三项规定，此劝告和改善的命令可以要求村长进行必要的协助。第十六条规定，法律规定的危险动物，可以通过获得许可证的方式限制饲养，必要时地方公共团体的成员可以进入饲养所进行检查。第四，规定了动物贩卖者的说明义务。动物贩卖者对购买动物者有说明情况的义务，主要包括了动物的饲养方式和管理的方法等，让购买者有一个明确的概念。第五，对于动物伤害罪、虐待罪和遗弃罪的范围予以了扩大及加重了罪责。在新法中，将原来的动物虐待罪区分为“杀伤”及“不给水、不给食物的虐待”加上旧法的动物遗弃罪的部分。受保护的动物的范围，有原先的哺乳类和鸟类加入了爬行类，并且对伤害、遗弃、虐待动物的处罚由原来的三万元以下的罚金，提高到一年以下有期徒刑或一百万以下的罚金。此外，还规定了动物爱护职员、动物爱护推广员、动物爱护协会的设立。依照新法的规定，地方公共团体依照其所制定的条例，行使新法第十三条第一项“进入检查”、第十六条“进入调查”及其他动物爱护管理事物时，需设置动物爱护职员。动物爱护职员是地方公共团体的职员，由具有适当养育和管理动物的专门的知识的人员担任。此类人员是替政府行使职权，所以可以行使公权力。但是爱护动物推广员是属于民间的职位，不能行使公权力。以爱护动物为宗旨，公益法人、兽医团体及其他爱护动物与适当饲养观念普及的团体，就爱护动物推广员的任选以及相关事物的支持为在地方团体可以达成一致，在以上团体的基础上成立动物爱护协会。此类规定可以促进日本民间动物团体的团结，并致力于解决各种动物的问题，并使地方的民间团体日后取得与政府机关合作解决动物问题的机会。

新的法律较之于旧法，在很大的程度上有了改善，但是，该法在内容上还是只涉及了动物照看、看管猫狗、保护动物、动物保护协会等几个方面，日本的动物保护的立法水平还是偏低的，与他发达的经济状况是不相符的，因此经常有国际舆论对这种状况表示不满。特别是日本的捕鲸规模最大，使其成了众矢之的。每到捕鲸季节，环保组织就举行各种抗议活动，甚至与日本的捕鲸船发生过流血冲突。面对国际社会的反对，日本不仅毫不理会，反而憋足了劲儿要和世界对抗。可以说，日本的关于动物保护的法律仍然是以其自身的利益为出发点来进行的，与其利益相悖的还是不会作为它考虑的内容，这与西方国家相比存在很大的差异。

日本在动保护问题上做得比较好的一点是，在大部分都道府县中几乎都已经设立了“动物爱护中心”，它设置的最终目标是希望能够实现收容动物的零安乐死。“动物爱护中心”的日常业务主要是收容行政机关基于承接义务所接收的动物，举办各种可以宣传和普及正确饲养动物的观念，以及设置动物礼仪教室改善动物的习性，以减少宠物的饲养者将来弃养的可能性。并且定期举办认养活动，并通过网路随时更新收容动物的相关资讯。

由于在各个中心经常推出关于促进爱护动物观念的活动，并且与当地学校进行合作，让小学生从小就可以认知到保护动物的重要性。因此它对当地居民爱护动物观念的建立具有非常重要的作用。在动物保护工作中，有关爱护动物观念的推广是政府与民间团体合作最成功的部分。

近期，还有一些民间团体提议，由于民间资源有限，经费紧张，建议政府以动物爱护中心为基地给那些被收容的宠物实施绝育手术。

三、印度

印度是亚洲南部的联邦制国家，依据联邦宪法，其联邦和各邦都有相应的立法权，本部分主要介绍其联邦立法现状。

关于野生动物保护。印度于 1972 年颁布《野生生物保护法》[The Indian Wildlife (Protection) Act]，该法经过 1993 年和 2002 年修订。该法是野生动物保护的主要法律，该法保护野生动物，鸟类和植物，所保护的野生动物包括两栖类，鸟类，哺乳动物和爬行动物和其幼体，对于鸟类和爬行动物还包括其蛋。具体规定了野生生物保护的管理体系，规则禁止猎捕野生动物，在某些情况下取得许可证方可以猎捕，设立禁猎区、国家公园和禁区，禁止野生动物及其制品的贸易等方面。

与该法关联的规则有：1983 年的《野生生物（保护）许可规则》[The Wildlife (Protection) Licensing (Additional Matters for Consideration) Rules]、1995 年的《野生生物保护规则》[The Wildlife (Protection) Rules]、2003 年的《国家野生生物委员会规则》[The National Board for Wild Life Rules]、2003 年的《野生生物存量宣布的规则》(The Declaration of Wild Life Stock Rules)等。

2002 年的《生物多样性法》(Biological Diversity Act)，立法目的包括"保护生物多样性，可持续利用其组成部分和公平和公正地分享利用生物资源所产生的惠益"。

关于动物福利有关的法律和规则：印度于 1960 年颁布《防止虐待动物法》(The Prevention of Cruelty to Animals Act)(1982 年修订)，该法是动物福利的主要法律，其目的是防止造成动物不必要的疼痛或痛苦。该法具体规则了动物福利委员会的设立和职责，虐待动物的一般规则，以及实验动物和表演动物的福利保护等方面。

与该法有关的规则有：1965 年的《防止虐待拉驮动物规则》(The Prevention of Cruelty to Draught and Pack Animals Rules)(1968 年修订)、1965 年的《防止虐待动物规则(兽医执照)》[The Prevention of Cruelty to Animals (Licensing of Farriers) Rules]、1972 年的《防止虐待(捕获动物)规则》[The Prevention of Cruelty (Capture of Animals) Rules]、1973 年的《表演动物规则》(The Performing Animals Rules)、1978 年的《防止虐待动物(使用罚款)规则》[The Prevention of Cruelty to Animals

(Application of Fines) Rules]、1978 年的《动物运输规则》(The Transport of Animals Rules)(2001 年修订)、1978 年的《防止虐待动物(养牛场所登记)规则》[The Prevention of Cruelty to Animals (Registration of Cattle Premises) Rules]、1998 年的《实验动物(控制和监督)(修订)规则》[The Experiments on Animals (controls and Supervision) (Amendment) Rules]、1998 年的《繁殖和实验动物(控制和监督)规则》[The Breeding of and Experiments on Animals (Control and Supervision) Rules](2001、2005、2006 年修订)、2001 年的《防止虐待动物(步行运输动物)的规则》[The Prevention of Cruelty to Animals (Transport of Animals on Foot) Rules]、2001 年的《防止虐待动物(屠宰场所)规则》[The Prevention of Cruelty to Animals (Slaughter House) Rules]、2001 年的《防止虐待动物(建立和规范防止虐待动物团体)规则》[The Prevention of Cruelty to Animals (Establishment and Regulation of Societies for Prevention of Cruelty to Animals) Rules]、2001 年的《表演动物(登记)规则》[The Performing Animals (Registration) Rules]、2001 年的《动物生育控制(犬)的规则》[The Animal Birth Control (Dogs) Rules]等。[1]

四、新加坡

新加坡有关动物保护的法律主要有:《兽鸟法》(Animals and Birds Act)、《濒危物种(进出口)法》[Endangered Species (Import and Export) Act]、《渔业法》(Fisheries Act)、《健康肉类、鱼类法》(Wholesome Meat and Fish Act)、《野生兽鸟法》(Wild Animals and Birds Act)以及与之相关的命令等。

1965 年颁布的《兽鸟法》,后经 1970、1985、2002 年三次修订。该法的目的是:防止动物,禽鸟或鱼的疾病在新加坡范围内引入和传播;为控制动物,禽鸟或鱼类的输入、输出以及在新加坡范围内流动;防止虐待动物、禽鸟或鱼类;为动物、禽鸟或鱼类一般福利和改善提供措施。

该法附属的规则和指令包括:2007 年的《兽鸟(狗牌照及管制)规则》[Animals and Birds (Dog Licensing and Control) Rules 2007]、《兽鸟(鸽)规则》[Animals and Birds (Pigeons) Rules]、《兽鸟(犯罪构成)规则》[Animals and Birds (Composition of Offences) Rules]、《兽鸟(观赏鱼)规则》[Animals and Birds (Ornamental Fish) Rules]、2009 年的《兽鸟(费用)规则》[Animals and Birds (Fees) Rules 2009]、《兽鸟(兽医中心)规则》[Animals and Birds (Veterinary Centres) Rules]、2009 年的《兽鸟(进口)令》[Animals and Birds (Importation) Order 2009]、《指定地方进行登记和签发及续领狗牌照》(Designated Places For the Registration of Dogs and For the Issue And Renewal of Licences)、《兽鸟(疾病)通知》[Animals and Birds (Disease)

---

〔1〕 法律名称和规定摘译自 http://www.envfor.nic.in/legis/legis.html。

Notification]、《兽鸟（宠物店展览）规则》[Animals and Birds (Pet Shop and Exhibition) Rules]、《兽鸟（农场执照发放）规则》[Animals and Birds (Licensing of Farms) Rules]、《兽鸟（照顾和使用为科学目的的动物）规则》[Animals and Birds (Care and Use of Animals for Scientific Purposes) Rules]、2005 年的《兽鸟（禁止活家禽在乌敏岛）规则》[Animals and Birds (Prohibition of Live Poultry on Pulau Ubin) Rules 2005]、2006 年的《兽鸟（防止非商业家禽禽流感病）规则》[Animals and Birds (Prevention of Avian Disease in Non – Commercial Poultry) Rules 2006]等。

2006 年颁布的《濒危物种（进出口）法》，于 2008 年修订。该法是为了在新加坡实施《国际濒危野生动植物种贸易公约》，主要措施是通过控制进口、出口和从海上引进的某些动物和植物及其部分。附属规定包括：2006 年的《濒危物种（进出口）（费用）规则》[Endangered Species (Import and Export) (Fees) Rules 2006]、《濒危物种（进出口）（禁止销售）的通知》[Endangered Species (Import and Export) (Prohibition of Sale) Notification]、《濒危物种（进出口）（豁免第4（1））令》[Endangered Species (Import and Export) (Exemption from Section 4(1)) Order 2006]，2008 年的《濒危物种（进出口）（犯罪构成）规则》[Endangered Species (Import and Export) (Composition of Offences) Rules 2008]。

1969 年颁布的《渔业法》，于 1970、1985、2002 年修订。该法目的是保护和养护渔业；为控制捕捞、控制鱼类的市场销售和分销、捕鱼港口和海港的使用和控制规定措施；对适合新加坡捕鱼业的一般福利和改善提供措施。其附属规定包括：《渔业（渔船）规则》[Fisheries (Fishing Vessels) Rules]、《渔业（食人鱼）规则》[Fisheries (Piranha) Rules]、《渔业（渔港）规则》[Fisheries (Fishing Harbour) Rules]、《渔业（渔具）规则》[Fisheries (Fishing Gear) Rules]、《渔业（鱼类养殖场）规则》[Fisheries (Fish Culture Farms) Rules]、《渔业（犯罪构成）规则》[Fisheries (Composition of Offences) Rules]、《豁免第 14（1）（f）的渔业（渔港）规则》[Exemption from Rule 14(1)(f) of Fisheries (Fishing Harbour) Rules]。

1999 年颁布的《健康肉类、鱼类法》(Wholesome Meat and Fish Act)，于 2000 年修订。该法规范动物的屠宰和肉类产品和鱼类产品的加工、包装、检验、进口、配送、销售、转运和出口。

其附属规则包括：《卫生肉类和鱼类（费用）规则》[Wholesome Meat and Fish (Fees) Rules 2006]、《卫生肉类和鱼类（进口、出口和转运）规则》[Wholesome Meat and Fish (Import, Export and Transhipment) Rules]、《有益健康的肉类和鱼类（处理设施和冷藏库）规则》[Wholesome Meat and Fish (Processing Establishments And Cold Stores) Rules]、《卫生肉类和鱼类（屠宰场所）规则》[Wholesome Meat and Fish (Slaughter – Houses) Rules]、《卫生肉类和鱼类（肉类产品运输）规则》

[Wholesome Meat and Fish (Transportation Of Meat Products) Rules]、《卫生肉类和鱼类(批发市场)规则》[Wholesome Meat and Fish (Wholesale Market) Rules]。

1965年颁布的《野生兽鸟法》,于2000年修订。该法是保护野生动物和鸟类的主要法律。该法具体规定了禁猎期、驯养许可证以及刑罚。其附属规定包括:《野生兽鸟(禁猎区)令》[Wild Animals and Birds (Bird Sanctuaries) Order]、《野生动物(执照)令》[Wild Animals (Licensing) Order]、《野生兽鸟(犯罪构成)令》[Wild Animals and Birds (Composition of Offences) Order 2005]。[1]

五、以色列

以色列位于亚洲西部,是议会制国家,没有宪法,只有议会法、总统法和政府法等基本法。议会是以色列最高权力机构,拥有立法权,负责制订和修改国家法律。

以色列的法律系统很独特,既不是普通法系也不是大陆法系国家。但总的来说由于历史的原因,以色列的法律还是受英国普通法的影响比较深刻。

1977年,以色列通过了《刑法典》禁止虐待动物,但没有其他相应的执法和处罚的条款。1994年,以色列议会通过了《动物福利(动物保护)法》和《动物福利(动物实验)法》,这是两个旨在专门保护动物福利的法律规范。

《动物保护法》是以色列最主要的动物福利法律规范,主要是用来规范人们如何对待动物的。该法适用于所有的脊椎动物,但有三大例外:第一,该法不适用于人类食用的动物的屠宰;第二,该法不适用于由于控制动物数量和动物传染疾病而由兽医杀死动物的行为;第三,该法也不适用于动物实验。对于动物实验的部分由《动物实验法》具体管辖。《动物保护法》适用于农业动物和其他动物,但具体的实施和执行情况不十分清楚。《动物实验法》规范在以色列用动物作试验,但不禁止利用动物作研究试验。[2]

以色列可能是世界上唯一为保护软体动物进行立法的国家。60年代,该国只对少数海洋腹足动物实行保护,直到70年代,人们开始采集骨螺才引发了法律的变化:所有软体动物,不管死活,都是受法律保护的。以色列政府不仅禁止人们在边界处采集,而且将私人收藏和进口交易视为犯罪。尽管新法的出台原则上是保护海洋软体动物,但由于它保护的是所有软体生物,也就包括了陆地和淡水中的软体动物,甚至包括农业害虫以及人体和牲畜体内的寄生虫。[3]

---

〔1〕 法律名称和规定摘译自 http://www.ava.gov.sg/Legislation/ListOfLegislation/。

〔2〕 曹菡艾:《动物非物——动物法在西方》,法律出版社2007年版,第224页。

〔3〕 Henk. K. Mienis:"以色列软体动物保护法阻碍了业余收集者和科学研究机构的合作",载 http://www.wwfchina.org/csis/iucn/20/020.htm。

六、中国台湾

台湾地区野生动物种类繁多,已经记录的包括哺乳类约60种、两栖类约30种、爬行类约90种、鸟类约450种、淡水鱼类约150种、昆虫类约17600种。野生动物保护已经受到重视,目前,台湾地区有关野生动物保护的法律主要有:

1989年制定的"野生动物保育法",该法经两次修订,现行法于2002年实施。该法的目的是"为保育野生动物,维护物种多样性,与自然生态之平衡"。具体规定了野生动物分类、野生动物之保育、野生动物之输出入、野生动物之管理以及罚则。

2002年修订的《渔业法》,该法的目的是"为保育、合理利用水产资源,提高渔业生产力,促进渔业健全发展,辅导娱乐渔业,维持渔业秩序,改进渔民生活",通过许可、禁渔区、禁止捕鱼的方式以及设立繁殖保育区等措施保护水产资源。

我国台湾地区为尊重动物生命及保护动物,于1999年11月4日制定了"动物保护法",2008年进行了修改。包括了动物的一般保护、动物的科学应用、宠物的管理等方面。这是部综合性动物保护法律,具有全新的视野和明晰完善的规定。台湾地区的动物保护业务在行政监督方面由"农委会"畜牧处负责动物保护业务。农委会依据"动物保护法",陆续发布了八项法规:"'动物保护法'实施细则"、"农委会保护委员会设置办法"、"农委会实验动物伦理委员会设置办法"、"宠物登记管理及营利性宠物繁殖买卖或寄养者管理收费标准"、"宠物业管理办法"、"动物实验管理小组设置办法"等。先后公布了六项行政规定:"指定犬应登记"、"指定禁止饲养、输入、输出之动物"、"修正具攻击性宠物及其出入公共场所该采取之防护措施"、"修正都是土地变更作项目辅导畜牧事业设施计划审查作业要点"、"动物科学应用机构查核辅导要点"及"人道作业捕犬规范"等。

我国台湾地区2008年修改后的"动物保护法",内容更加的完善和具体。并且从实用的角度看,台湾地区"动物保护法"中的"动物"概念更易实行。其"动物"是指"犬、猫及其他人为饲养或管领之脊椎动物,包括经济动物、实验动物、宠物及其他动物",并分别具体规定了各类动物的定义。而非脊椎动物则不在规范之列。在我们看来,这或许更适合作为法律规定保护的动物对象。这也是它值得借鉴的地方之一,因为它与中国内地的整体状况和认知水平较相适应。

我国台湾地区的"动物保护法"分为总则、动物的一般保护、动物科学之应用、动物的管理、宠物繁殖买卖寄养业者管理、行政监督、罚则和附则共七章。其立法目的是为了尊重动物生命及保护动物。该法规定的动物主管机关为行政院农业委员会、直辖市政府和县(市)政府。

另外,在我国台湾地区,1997年9月4日台北市政府出台了"台北市畜犬管理办法",规定了畜犬管理的权责,较为具体。主要有:1. 畜犬登记、身体检查、狂犬病预防注射等事项，由台北市家畜卫生检验所办理；2. 弃犬处理由检验所办理或由市政府建设局委托依法登记之民间团体办理；3. 畜犬污染的取缔、清理事项，由市政府环境保护局办理；4. 弃犬捕捉由环保局办理或由环保局委托依法登记之民间团体办理；5. 畜犬伤人或妨害安宁、安全、被虐待、宰杀、贩卖屠体之取缔事项，由市政府警察局办理；6. 畜犬发生狂犬病时，由检验所知会市政府卫生局办理。这些法律规定对我国内地的伴侣动物之立法也有相当的借鉴意义。[1]

七、中国香港

我国香港地区的动物福利立法起步较早，20 世纪 30 年代，香港就有了法律公告禁止残酷虐待动物，并有针对动物和禽鸟的公共卫生规例。随后，又公布动物饲养规例、猫狗条例和野生动物保护条例等。1999 年还颁布了新的防止残酷对待动物的法律公告，增加了修订条款。这些成文法规形成了完整的管理之网。我国香港地区的动物保护立法在东亚地区是相当先进的。1990 年制定的《防止残酷对待动物条例》及《防治残酷对待动物规例》对有关残酷对待动物的罚则、逮捕、检取、进入和搜查的权力、裁判官的命令等做出规定。在《规例》中特别对牲畜牛只的进出口等做出细致的要求。此外，香港 1973 年制定的《公共卫生（动物）（寄养所）规例》及《公共卫生（动物及禽鸟）（展览）规例》中特别规定了基本围封物的标准，署长批给牌照的权力，罪行及罚则。香港作为一个商业经济发达的地区，其先进的动物保护法律体系一方面有利于培养民众的人文精神，另一方面也促进了商业的健康发展，同时也树立了香港良好的国际形象。

我国香港地区的《防止残酷对待动物条例》中对动物的适用范围包括："任何哺乳动物、雀鸟、爬虫、两栖动物、鱼类或任何其他脊椎动物或无脊椎动物，不论属野生或者驯养者。"可见此条例所指称的动物几乎涵盖了所有的动物类别，范围非常广。

条例规定任何人有以下残酷对待动物的行为，一经简易程序定罪，可处罚款 10 万元及监禁 1 年。

我国香港地区另一部比较重要的动物保护法律规范是《防止残酷对待动物规例》。它对动物保护做了一般性的规定。[2]

八、亚洲其他国家

菲律宾 1998 年出台的《动物福利法》的主旨是，为了"通过督导及管制一切作

---

〔1〕 本部分法律法规摘自 http://law. intopet. com/9785. shtml。

〔2〕 本部分法律法规摘自 http://law. intopet. com/Search. asp? ModuleName = Article&Field = MY_LawApply&keyword = 香港特别行政区。

为商业对象或家庭宠物之目的繁殖、保留、养护、治疗或训练动物之场所,以保护及促进菲律宾所有动物的福利”,此外还有1998年的《渔业法》。马来西亚1972年的《野生生物保护法》(Wildlife Protection Act),规定了马来西亚的野生生物的保护、保育和管理,1985年的《渔业法》(Fisheries Act);缅甸1990年的《海洋渔业法》以及《动物健康和发展法》(Animal Health and Development Law),《动物健康和发展法》的目的是开展动物健康和发展、促进畜牧业发展、防止和控制爆发性动物传染病、检查进口的动物和动物产品以及动物饲料、保护动物不受虐待;泰国1960年的《野生动物保护法》(The Wild Animals Reservation and Protection Act)和《渔业法》;老挝1999年的《环境法》第十五条规定了各类生物的保护,1986年的《动物紧急保护法》,规定哺乳类、灵长类、飞禽类和两栖类爬行动物及其产品一律禁止出口。严厉打击和制裁乱捕滥杀和走私出口稀有珍贵动物的违法分子。对违反保护法的人,轻则罚款、没收枪械猎具;情节严重者,追究刑事责任;越南1995年的《生物多样性行动计划》(Biodiversity Action Plan, Decision Approving (PM Decision No. 845/TTg, 1995))。[1]

第四节 大洋洲地区动物保护立法

一、澳大利亚

澳大利亚属于联邦制国家,澳大利亚全国分为6个州和两个领地。州和领地的立法权有很大分别,州在某些领域可以自行立法,而联邦不能干预。领地也可以自行立法,但领地的立法权来源于联邦政府的授权,领地所订立的法律,联邦政府如有不满就可以废止。

在野生动物保护领域,澳大利亚联邦政府、州政府和领地均具有立法管辖权。在联邦层面有关野生动物保护法主要包括:《环境保护和多样性保护法》(Environment Protection and Biodiversity Conservation Act)、《南极海洋生物资源保护法》(Antarctic Marine Living Resources Conservation Act)、《南极条约(环境保护法)》[Antarctic Treaty(Environment Protection) Act]、《大堡礁海洋公园法》(Great Barrier Reef Marine Park Act)、《野生动物保护(进出口管理)法》[Wildlife Protection (Regulation of Export and Import) Act]、《植物、动物保证法》(Flora and Fauna Guarantee Act)等,其中《环境保护和生物多样性保护法》最为重要。自该法2000年生效以来,取代了原有的《国家公园和野生动物保护法》、《鲸保护法》、《濒

---

〔1〕 本部分法律名称和规定摘译自 http://www.animallaw.info 和 http://www.ll.georgetown.edu/guides/InternationalAnimalLaw.cfm。

危物种保护法》、《世界遗产财产保护法》。

《环境保护和多样性保护法》是澳大利亚以保育为核心的管控野生动植物进出口的法律基础和依据，也是澳大利亚履行其《濒危野生动植物种国际贸易公约》缔约国义务的主要机制，是澳大利亚在环境和野生动植物保护方面最重要的法律。

其他相关法律包括：《检疫隔离法》（Quanrantine Act）、《进口食品控制法》（the Imported Food Control Act）、《出口管制法》（the Export Control Act）、《澳大利亚肉和畜牧业法》（Australian Meat and Livestock Industry Act）等。

对濒危物种的保护，大多数州和领地都有立法，以保护在其范围内濒危物种在其物理边界。主要州和领地的相关法律濒危物种有：澳大利亚首府领地 1980 年的《自然保护法》（Nature Conservation Act）；新南威尔士州 1995 年的《濒危物种保护法》（Threatened Species Conservation Act）；昆士兰州 1992 年的《自然保护法》（Nature Conservation Act）；塔斯马尼亚州 1995 年的《濒危物种保护法》（Threatened Species Protection Act）；维多利亚州 1988 年的《动植物保证法》（Flora and Fauna Guarantee Act）；南澳大利亚州 1972 年的《州公园和野生动物法》（National Parks and Wildlife Act）和北领地的《领地公园及野生动物保护法》（Territory Parks & Wildlife Conservation Act）。

澳大利亚的每个州和领地均有防止残酷对待动物的法律规范，现行法律包括：澳大利亚首府领地的《动物福利法》[Animal Welfare Act 1992（Act）]、北领地的《动物福利法》[Animal Welfare Act 1999（NT）]、新南威尔士州的《防止残酷对待动物法》[Prevention of Cruelty to Animals Act 1979（NSW）]、昆士兰州的《动物关照和保护法》[Animal Care&Protection Act 2001（QLD）]、南澳的《防止残酷对待动物法》[Prevention of Cruelty to Animals Act 1985（SA）]、塔斯马尼亚州的《动物福利法》[Animal Welfare Act 1993（TAS）]、维多利亚州的《防止残酷对待动物》[Prevention of Cruelty to Animals Act 1986（VIC）]、西澳的《动物福利法》[Animal Welfare Act 2002（WA）]。[1]

各州的动物福利和防止虐待动物的法规尽管结构和具体条款的规定有很大的差异，但是宗旨大致相似，都是为了防止对动物实施残酷行为和改善动物福利。

二、新西兰

新西兰 1883 年的《动物保护法》规定，任何虐待动物的人，一旦罪名成立，都会被罚重款。小则 20 英镑（等于现在 1000 英镑），重则 100 英镑（相当于现在的 5000 英镑）。1999 年新西兰又补充规定了新的动物保护法，称为《动物福利法》。该法对动物已扩大到包括能够感觉疼痛的所有动物，包括哺乳动物，鸟类，爬行动

---

〔1〕 曹菡艾：《动物非物——动物法在西方》，法律出版社 2007 年版，第 211～224 页。

物,两栖动物,鱼类,螃蟹,龙虾,鱿鱼,章鱼。

该法的主要内容包括:照顾动物的义务,达到动物福利的五大自由;动物手术的规定;动物产品出口的规定;有关动物的研究、教学和试验的规定;对野生动物,限制用于捕获和用于其他目的的陷阱和设备类型,并规定捕获活的动物(例如,在病虫害防治)应被人道宰杀。

动物保护相关法律还有:1952 年的《国家公园法》(National Park Act)(被废止)、1953 年的《野生动物保护法》、1971 年的《海洋保存法》(Marine Reserves Act)、1980 年的《国家公园法》、1987 年的《保护区法(Conservation Act)》、1996 年的《渔业法》等。

第五节　非洲地区动物保护立法

非洲许多国家都有有关动物保护的立法,如南非的《动物保护法》和《生物多样性法》(2004 年)、马拉维的《国家公园和野生生物法》、肯尼亚的《野生动物(保护和管理) 法》、坦桑尼亚的《野生动物保护法》、津巴布韦的《公园和野生动物法》、赞比亚的《防止虐待动物法》、乌干达的《动物(防止虐待)法》(Animals (Prevention of Cruelty) Act)、尼日利亚的《濒危物种法》(Endangered Species (Control of International and Traffic) Act (1985))(1985 年)和《海洋渔业法令》(Sea Fisheries Decree (1992))等。由于资料所限,仅就南非和马拉维的立法予以简述。

一、南非

南非 1962 年的《动物保护法》(Animals Protection Act 1962),其目的是完善相关动物保护立法、防止虐待动物。规定下列对动物的行为属违法行为:虐待动物的相关行为;限制动物自由、通风、采光等行为;造成动物饮食不足的行为;使动物受伤害或生病的行为;未给予动物良好的生存环境、医疗等,使动物患病或受伤害;运输条件差,导致动物受到不必要的伤害和患病;让猎狗等驯养动物攻击野生动物或被野生动物攻击或用饵料使动物相互攻击;让驯养的鸟类攻击野生动物或野生鸟类或被他们攻击;让患病或受伤的动物继续工作;设套诱捕或伤害动物、野生动物和鸟类;没有保证每天一次的检查和清理诱捕装置等;未经相关部门和人员许可,出售诱捕装置;在搬运、运输过程中对距离长短、冷暖、日晒雨淋、饮食未尽合理义务;无正当理由给食动物药物。

南非《工作动物保护法》(1935 年)(Performing Animals Protection Act),立法目的是控制对驯养动物进行展览和训练,以及利用家狗进行护卫工作。该法规定展出和训练家养动物以及用狗进行护卫工作须取得相应的许可证;让动物表演节目、对动物进行运输、交易须取得地方官员的许可,并同时提供相关文件;有关政府官员进入相关动物场所检查、询问的权利;阻碍执法处罚措施。[1]

二、马拉维

马拉维的《国家公园和野生生物法》(Brazil Federal Decree on Anti - Cruelty)(1992年)。其立法目的是保护选择的野生生物社区;保护珍稀、濒危和地方特有的野生动植物;保持物种的平衡和多样性;控制危险的脊椎动物物种;控制进出口和转口的野生动物物种和标本;执行有关的国际条约、协定。[2]

〔1〕 摘译自 http://www.rattyrascals.co.za/animalprotectionact.html。

〔2〕 摘译自 http://www.internationalwildlifelaw.org/legislat.shtml。

第二章　有关动物保护的国际条约

1972 年的《斯德哥尔摩宣言》第四条原则指出“人类负有特殊的责任保护和妥善管理由于各种不利的因素而现在受到严重危害的野生生物后嗣及其产地。因此,在计划发展经济时必须注意保护自然界,其中包括野生生物”。动物保护已经是全球共同关注的问题,尤其是濒危动物和分布跨越国境的动物的保护,更是国际社会关注的焦点,需要各国共同努力,通过缔结条约进行保护是有效的方式。条约是指国际法主体之间按照国际法所缔结的确定其相互间权利和义务关系的书面协议。

20 世纪以来,生物多样性保护的国际法不断增加,开始关注于特定物种的保护。随着生物多样性的锐减以及国际社会对生物多样性认识的不断深入,签订了越来越多的有关生物多样性保护的国际条约,保护的重点通常是特定物种及其栖息地。

为梳理清楚现行的条约脉络,本章依照全球性条约、区域性条约以及特定动物保护的条约分别阐述。

第一节　有关动物保护的全球性条约

目前,国际有关动物保护的全球性条约主要有:1973 年的《濒危野生动植物物种国际贸易公约》(the Convention on International Trade in Endangered Species of Wild Fauna and Flora, CITES)、1992 年的《生物多样性公约》(Convention on Biological Diversity)、《国际重要湿地特别是水禽栖息地公约》(The Convention on Wetlands of International Importance Especially as Waterfowl Habitat)又称《拉姆萨尔公约》等。

一、《濒危野生动植物物种国际贸易公约》[1]

从广义上讲,濒危物种(endangered species)泛指珍贵、濒危或稀有的野生动植

---

〔1〕 公约详见 http://www.zhb.gov.cn/inte/gjgy/200312/t20031205_88290.htm。

物;从野生动植物管理学角度讲,濒危物种是指《濒危野生动植物物种国际贸易公约》(Convention on International Trade in Endangered Species of Wild Fauna and Flora,CITES,1973年3月3日签订于华盛顿)附录所列物种及国家和地方重点保护的野生动植物。濒危物种可以分为绝对性和相对性两种。绝对性是指濒危物种在相当长的一个时期内野生种群数量较少,存在灭绝危险。相对性是指某些濒危物种的野生种群绝对数量并不太少,但相对于同一类别的其他物种来说却很少;或者某些濒危物种,在另外一些国家或地区可能并不被认为是濒危物种。[1]

1972年6月在瑞典首都斯德哥尔摩召开的联合国人类与环境大会全面讨论了环境问题,特别是濒危野生动植物保护问题,提议由各国签署一项旨在保护濒危野生动植物种的国际贸易公约,这标志着联合国开始全面介入世界环境与发展事务,被誉为是世界环境史上的一座里程碑。

1973年3月3日,有21个国家的全权代表受命在华盛顿签署了《濒危野生动植物种国际贸易公约》,又称《华盛顿公约》。1975年7月1日,该公约正式生效。截至2004年10月,有166个主权国家加入。中国于1981年正式加入公约。该公约在保护野生动植物资源方面取得的成就及享有的权威和影响举世公认,已成为当今世界上最具影响力、最有成效的环境保护公约之一。

该公约的宗旨是通过各缔约国政府间采取有效措施,加强贸易控制来切实保护濒危野生动植物种,确保野生动植物种的持续利用不会因国际贸易而受到影响。

该公约将其管辖的物种分为三类,分别列入三个附录中,并采取不同的管理办法。该公约第二条基本原则规定"(一)附录一应包括所有受到和可能受到贸易的影响而有灭绝危险的物种。这些物种的标本的贸易必须加以特别严格的管理,以防止进一步危害其生存,并且只有在特殊的情况下才能允许进行贸易。(二)附录二应包括:1. 所有那些目前虽未濒临灭绝,但如对其贸易不严加管理,以防止不利其生存的利用,就可能变成有灭绝危险的物种; 2. 为了使本款第1项中指明的某些物种标本的贸易能得到有效的控制,而必须加以管理的其他物种。(三)附录三应包括任一成员国认为属其管辖范围内,应进行管理以防止或限制开发利用而需要其他成员国合作控制贸易的物种。(四)除遵守本公约各项规定外,各成员国均不应允许就附录一、附录二、附录三所列物种标本进行贸易。"

该公约要求各国对野生动植物进出口活动,实行许可证/允许证明书制度,建立有效的双向控制机制。公约对三个附录所列物种的进口、出口和再出口分别规定需要事先获得并交验相关许可证或证明书。这种机制使历史文化传统、社会发展水平、政治经济利益不尽相同的国家都能接受并予以积极支持和合作,特别是能使消费国主动协助分布国防止其野生动植物的偷猎或非法贸易活动。

---

〔1〕 参见 http://baike.baidu.com/view/266524.htm。

该公约规定了成员国执行公约的措施，公约第八条第一款规定“成员国应采取相应措施执行本公约的规定，并禁止违反本公约规定的标本贸易，包括下列各项措施：1. 处罚对此类标本的贸易，或者没收它们，或两种办法兼用；2. 规定对此类标本进行没收或退还出口国”。

该公约要求成员国为公约的执行设立管理机构和科学机构，公约第九条第一款规定“各成员国应为本公约指定：1. 有资格代表该成员国发给许可证或证明书的一个或若干个管理机构；2. 一个或若干个科学机构”。

该公约对于动物福利也予以考虑，公约第七条第七款规定“任何国家的管理机构可不按照第三条、第四条和第五条的各项规定，允许用作巡回动物园、马戏团、动物展览、植物展览或其他巡回展览的标本，在没有许可证或证明书的情况下运送，但必须做到以下各点：1. 出口者或进口者向管理机构登记有关该标本的全部详细情况；2. 这些标本系属于本条第（二）款或第（五）款所规定的范围；3. 管理机构已经确认，所有活的标本会得到妥善运输和照管，尽量减少伤亡、损害健康或少遭虐待”。

2007 年 6 月 3 日，《濒危野生动植物种国际贸易公约》第十四届缔约国大会在荷兰海牙召开。会议涉及的政策性议题有 70 多个，涉及战略计划、公约完善、国家立法、敏感物种管理等方面。

二、《生物多样性公约》[1]

生物多样性是指地球上的生物所有形式、层次和联合体中生命的多样化。简单地说，生物多样性是生物和它们组成的系统的总体多样性和变异性。生物多样性包括三个层次：基因多样性、物种多样性和生态系统多样性。生物多样性是地球生命经过几十亿年发展进化的结果，是人类赖以生存和持续发展的物质基础。

《联合国生物多样性公约》是 1992 年联合国环境与发展大会《21 世纪议程》框架下的三大重要国际环境公约之一，于 1992 年 6 月在里约热内卢通过，并于 1993 年 12 月生效，目前已有 188 个缔约国。公约的核心目标是保护世界生物物种的多样性，促进生物多样性组成部分的可持续性利用并以公平合理的方式共享遗传资源的商业利益。

公约最高权力机构是公约缔约国大会，其日常工作由联合国环境规划署领导下的并对缔约国大会负责的公约秘书处负责。该秘书处位于加拿大蒙特利尔。公约秘书处由七个部门组成，其主要职能如下：

1. 执行秘书办公室：负责秘书处的总体事务，整合部门工作并保障完成缔约国大会的要求。

---

〔1〕 公约详见 http://www.china.com.cn/chinese/huanjing/247535.htm。

2. 社会、经济和法律事务部:为缔约国、基金管理人和合作组织提供解决社会、经济和法律事宜。

3. 科学技术事务部:为缔约国、基金管理人和合作组织可持续性利用并以公平合理的方式共享遗传资源提供支持。

4. 物种安全事务部:在国际准则框架下协调各国行为以保障实现主要目标,即保护物种多样性和人类健康免受物种变化所带来的影响。

5. 执行和技术支持部:对秘书处组织协调大会事项和与各缔约国合作提供技术支持。

6. 外联部:负责外联及宣传等事务。

7. 资源及会务部:主要负责财务管理、人力资源管理并为大会和卡塔赫纳生物安全议定书会务服务。

公约的目标是"按照本公约有关条款从事保护生物多样性、持续利用其组成部分以及公平合理分享由利用遗传资源而产生的惠益;实施手段包括遗传资源的适当取得及有关技术的适当转让,但需顾及对这些资源和技术的一切权利,以及提供适当资金。"

公约规定多项关于保护和持续利用生物资源和生物多样性的措施。其第六条的规定了为保护和持续利用生物多样性制定国家战略、计划或方案。第七条规定了查明与监测对保护和持续利用生物多样性至关重要的生物多样性组成部分,以及对保护和持续利用生物多样性产生或可能产生重大不利影响的过程和活动种类。第八条规定了建立保护区系统或需要采取特殊措施以保护生物多样性地区进行就地保护。第九条规定了移地保护最好在生物多样性组成部分的原产国采取措施移地保护这些组成部分。第十条关于生物多样性组成部分的持续利用,规定了采取有关利用生物资源的措施,以避免或尽量减少对生物多样性的不利影响;保护并鼓励那些按照传统文化惯例而且符合保护或持续利用要求的生物资源习惯使用方式。第十条鼓励每一缔约国应尽可能并酌情采取对保护和持续利用生物多样性组成部分起鼓励作用的经济和社会措施。第十二条规定在查明、保护和持续利用生物多样性及其组成部分的措施方面建立和维持科技教育和培训方案。第十三条规定促进和鼓励对保护生物多样性的重要性及所需要的措施的理解,并通过大众传播工具进行宣传和将这些题目列入教育大纲,酌情与其他国家和国际组织合作制定关于保护和持续利用生物多样性的教育和公众意识方案。第十四条规定了对可能对生物多样性产生严重不利影响的拟议项目进行环境影响评估。还规定了信息交流以及技术和科学合作。

随着生物技术产品的产业化水平不断提高,生物技术的安全问题也引起国际社会和各国政府的广泛关注,并成为国家之间环境保护合作的热门议题。导致了《卡塔赫纳生物安全议定书》的产生。该议定书于 2000 年 1 月 29 日达成谈判文本，于2003年9月11日生效。《卡塔赫纳生物安全议定书》是在《生物多样性公约》下，为保护生物多样性和人体健康而控制和管理"生物技术改性活生物体"越境转移的国际法律文件。

议定书的目标是遵循《关于环境与发展的里约宣言》原则15所确立的预先防范原则，努力确保在凭借现代生物技术获得的、可能对生物多样性的保护和可持续使用产生不利影响的改性生物体的安全转移、处理和使用，尤其是越境转移方面采取充分的保护措施，并考虑到对人类健康所构成的威胁。

议定书还规定了"事先知情同意"程序和风险评估要求以及有关生物安全信息与资料的交流等内容。

三、《国际重要湿地特别是水禽栖息地公约》[1]

地球上有三大生态系统，即森林、海洋、湿地。湿地复杂多样的植物群落，为野生动物尤其是一些珍稀或濒危野生动物提供了良好的栖息地，是鸟类、两栖类动物的繁殖、栖息、迁徙、越冬的场所。

《国际重要湿地特别是水禽栖息地公约》(The Convention on Wetlands of International Importance Especially as Waterfowl Habitat)又称《拉姆萨尔公约》，于1971年2月2日在伊朗的拉姆萨尔(Ramsar)诞生，并于1975年12月21日开始生效，经1982年3月12日议定书修正。

该公约的宗旨是："现在和将来，阻止对湿地的不断侵占和湿地的丧失"。公约中所指的湿地包括沼泽、湿原、泥炭地和各种天然或人工的水域，其中海洋水域规定为低潮水深不超过6m的海域。

公约提出，地球湿地及生物资源的保护，需要世界各国的共同行动才能够得到保证。规定：各缔约国在指定列入名录的湿地时或行使变更名录中与其领土内湿地有关的记录时，应考虑其对水禽迁徙种群的养护、管理和合理利用的国际责任；缔约国应制定并实施其计划以促进已列入名录的湿地的养护并尽可能地促进其境内湿地的合理利用；如其境内的及列入名录的任何湿地的生态特征由于技术发展、污染和其他类干扰而已经改变，正在改变或将可能改变，各缔约国应尽早相互通报；缔约国应设置湿地自然保护区，无论该湿地是否已列入名录，以促进湿地和水禽的养护并应对其进行充分的监护；缔约国应就履行本公约的义务相互协商；

该公约的秘书处设在国际自然与自然资源保护联盟(IUCN)，并在世界各大洲设有分支机构，很多国家还成立了相应的专门常设机构来履行公约，并定期举行成员国国际会议。

---

〔1〕 公约详见 http://www.china.com.cn/chinese/MATERIAL/267692.htm。

四、《保护野生动物迁徙物种公约》[1]

动物迁徙是一种自然现象,也是全球性现象,是指动物定期地从一个地方迁移到另一个地方。迁移动物容易受到人类一些活动的威胁,需要通过国际合作予以保护,《保护野生动物迁徙物种公约》正是国际共同努力的结果。

《保护野生动物迁徙物种公约》(The Convention on the Conservation of Migratory Species of Wild Animals),简称《波恩公约》,于1979年6月23日在联邦德国波恩签署,并于1983年11月1日开始生效。

该公约的"迁徙物种"是指野生动物任何物种或其次级分类的全部种群或该种群在地理上彼此独立的任何部分,它们中相当大的部分周期性地可预见地穿越一个或多个国家管辖的边界。

该公约的基本原则:缔约方承认保护迁徙物种的重要性和范围国在任何可能的和适当的时候为此目的而协议采取行动,特别关注保护状况不利的迁徙物种,为保护这些物种和它们的栖息地单独或合作采取适当的和必要的步骤的重要性;缔约方承认采取行动避免任何迁徙物种变成濒危物种的必要性;应促进、支持与迁徙物种有关的研究,并为此进行合作。

《波恩公约》保护的迁徙物种是指周期性或可能会穿越一国或几国的野生动物,分为两个附录。"附录Ⅰ"中列入的是在全部或部分分布范围内有灭绝危险的濒危迁徙种,分布迁徙区域国家有义务对其严格加强保护;"附录Ⅱ"列入的是需要国际间开展合作进行保护和管理的迁徙物种,不一定是受危种。该公约在签署的最初有28个国家,但得到本国批准的并不多。至1996年5月,已有成员49个。但中国、美国、加拿大、俄罗斯、日本等国至今尚未加入。公约的受托国为德国,并设有专门的秘书处和定期召开成员国大会。

《波恩公约》收入到"附录Ⅰ"的物种有40多种,包括15种兽类、20种鸟类、4种爬行类和1种淡水鱼类。列入的种类不是一成不变的,受危的因素除了生境丧失,还包括妨碍物种迁徙的各种人类活动和障碍物,也包括外来物种等潜在危险。按公约的规定,成员国不得捕捉"附录Ⅰ"的迁徙物种,包括狩猎、捕捞、捕获、干扰、蓄意杀害或类似的活动。公约对"附录Ⅱ"物种并不要求成员国承担保护义务,但敦促成员国对其进行合作和进一步签订有关协议,并提出了指导性原则。

五、《南极海洋生物资源养护公约》[2]

海洋是生命的摇篮。从第一个有生命力细胞诞生至今,仍有20多万种生物生

---

〔1〕 公约详见 http://www.ljepb.gov.cn/zcfg/gy/gy3.htm。

〔2〕 公约详见 http://jpkc.znufe.edu.cn/2007/fxy/gjgf/info/info_40.html。

活在海洋中,其中海洋植物约10万种,海洋动物约16万种。从低等植物到高等植物,植食动物到肉食动物,加上海洋微生物,构成了一个特殊的海洋生态系统,蕴藏着巨大的生物资源。这些资源是社会生产、生活原料的重要供给部分之一,对其持续的利用是国际共同发展的要求。

《南极海洋生物资源养护公约》(Convention on the Conservation of Antarctic Marine Living Resources,CCAMLR)是南极条约体系中的一项重要公约。公约于1980年5月20日签署,1982年4月7日生效,现有34个缔约国,委员会秘书处设在澳大利亚塔斯马尼亚州首府霍巴特。

公约共33条和1个附件,宗旨是保护和合理利用南极海洋生物资源,防止过度捕捞对生态系统造成的损害,加强对南极海洋生态系统的科学研究及有关国际合作。公约适用于南纬60度以南和该纬度与南极幅合带之间区域的南极海洋生物资源。公约框架下的南极海洋生物资源养护委员会负责制定南极海洋生物资源的养护措施和有关制度,在公约适用区域从事海洋生物资源调查或捕捞活动的缔约方可申请成为委员会成员国。

六、《国际捕鲸规定公约》[1]

鲸生活在海洋中,是一种哺乳动物,体型是世界上存在的动物中最大的,在世界各海洋均有分布。鲸类由于经济价值很大,自古以来就是人类捕杀的对象,但过去由于捕猎的手段落后,猎取量较小,尚不足以影响鲸的数量。从18世纪以来,人们改用舰船和火炮猎捕鲸类,杀伤力大大增强,使得鲸的数量锐减,很多种类濒临灭绝。1972年联合国人类环境大会作出决议,呼吁禁止10年商业捕鲸。但关于鲸保护仍然存在争议。

《国际捕鲸规定公约》(International Convention for the Regulation of Whaling,以下简称《捕鲸公约》)是国际上比较重要的动物保护公约之一,于1948年11月10日开始生效。

《捕鲸公约》的宗旨有两个:一是保护地球的鲸鱼,防止人类的过捕;二是合理利用现有的鲸鱼资源。

公约设立设立国际捕鲸委员会,国际捕鲸委员会1946年12月2日根据《国际捕鲸公约》在华盛顿成立,其宗旨和任务是:调查鲸的数量;制定捕捞和保护太平洋鲸藏量的措施如确定鲸的保护品种和非保护品种、开放期和禁捕期、开放水域和禁捕水域、捕捞时间和工具等;对捕鲸业进行严格的国际监督。

---

〔1〕 公约详见 http://baike. baidu. com/view/997228. htm。

七、《关于保护世界文化和自然遗产公约》[1]

1972 年 11 月 16 日,联合国教科文组织大会第 17 届会议在巴黎通过了《保护世界文化和自然遗产公约》(Convention Concerning the Protection of the World Cultural and Natural Heritage)。公约主要规定了文化遗产和自然遗产的定义,文化和自然遗产的国家保护和国际保护措施等条款。公约规定了各缔约国可自行确定本国领土内的文化和自然遗产,并向世界遗产委员会递交其遗产清单,由世界遗产大会审核和批准。凡是被列入世界文化和自然遗产的地点,都由其所在国家依法严格予以保护。

公约规定自然遗产为:"从审美和科学角度看具有突出的普遍价值的由物质和生物结构或这类结构群组成的自然面貌";"从科学或保护角度看具有突出的普遍价值的地质和自然地理结构以及明确划为受威胁的动物和植物生境区";"从科学、保护或自然美角度看具有突出的普遍价值的自然景观或明确划分的自然区域"。

公约规定,缔约国均承认,"本国领土内的文化和自然遗产的确定、保护、保存、展出和遗传后代,主要是有关国家的责任。该国将为此竭尽全力,最大限度地利用本国资源,必要时利用所能获得的国际援助和合作,特别是财政、艺术、科学及技术方面的援助和合作"。公约还明确规定,缔约国在充分尊重"文化和自然遗产的所在国的主权,并不使国家立法规定的财产权受到损害的同时,承认这类遗产是世界遗产的一部分,因此,整个国际社会有责任合作予以保护"。

第二节 有关动物保护的区域性条约

保护动物的国际条约,除全球性公约以外,在亚洲、欧洲、美洲、大洋洲和非洲地区,还有一些区域性的有关动物保护的条约,主要的形式是双边条约和多边条约。本节按区域予以阐述。

一、亚洲

亚洲区域性动物保护条约不多,主要有东盟国家签订的《自然和自然资源保护协定》(1985 年)、《中日保护候鸟及栖息环境协定》(1981)和《中蒙关于保护自然环境的协定》(1990 年)等。

---

[1] 公约详见 http://www.china.com.cn/chinese/zhuanti/worldheritage/370659.htm。

《自然和自然资源保护协定》[1]于1985年签订。其基本原则规定“签约各国在其国内法框架内，承诺采用单独的，或者必要和适当的联合行动，以维持基本的生态过程和生命支持系统，保护生物多样性，在科学原则指导下保证自然资源在其他区域内的可持续利用性；为达到这一目标，各国应发展各自的自然保护策略，并与本区域自然保护策略框架相一致”。协定要求缔约国通过发展计划、保护物种和生态系统、生态过程的保护、环境规划措施、国家支持措施、国际合作、国际支持措施保护和管理自然资源。

《中日保护候鸟及栖息环境协定》于1981年3月3日在北京签订，同年6月8日起生效，为期15年，但期满前一年如果没有一方通知另一方终止协定，则继续有效。《协定》由序言、6条正文和附表组成。《协定》指出：鉴于很多鸟类是迁移于两国之间并季节性栖息于两国的候鸟，愿在保护和管理候鸟及其栖息环境方面进行合作。《协定》对协定中所指的候鸟下了定义，并在附表中具体列出了要保护的227种候鸟。《协定》规定：除各自国家法律规定的特殊情况外，禁止猎捕候鸟和拣取其鸟蛋，并由各自国家的法律规定候鸟的猎期；两国政府鼓励交换有关研究候鸟的资料、制定共同研究计划、鼓励保护候鸟特别是可能灭绝的候鸟；为保护和管理候鸟及其栖息环境，根据各自国家的法规设立保护区。

《中蒙关于保护自然环境的协定》签订于1990年5月6日。关于野生动物保护，该协定第2条规定制定和实施关于保护、研究、繁殖以及合理利用接壤地区黄羊与其他野生动植物的措施，双方在接壤地区合作建立自然保护区和禁猎区，并互相协调、组织在这些地区进行调查研究和试验工作。第3条规定的合作措施包括：视需要和可能，考虑建立联合研究试验中心、实验室和专家组的问题；互相交换有关自然环境保护和监测方面的出版书刊、技术文献、图纸和信息；举办有关自然环境保护和监测方面的学术会议；互相交换学者与专家，考察自然环境保护和监测问题的规划与活动，并进行专题科技协作。

《中印环境合作协定》签订于1993年9月7日。关于野生动物保护，该协定第三条关于合作应特别优先的领域规定：全球环境问题，包括生物多样性保护，全球气候变化及臭氧层保护；野生生物保护，特别是防止濒危物种的贸易。第四条规定的合作方式包括：一、科学家、学者、专家以及环境管理人员互访；二、本协定第三条所列各个领域内的信息交换；三、对双方共同感兴趣的题目进行合作研究，在合作

---

〔1〕 协定详见 http://books.google.cn/books? id = YoIQZfBEJDkC&pg = PA334&lpg = PA334&dq = %E8%87%AA%E7%84%B6%E5%92%8C%E8%87%AA%E7%84%B6%E8%B5%84%E6%BA%90%E4%BF%9D%E6%8A%A4%E5%8D%8F%E5%AE%9A&source = bl&ots = 3g - oaxLTX1&sig = O0d_jzahRIwBh - i3dSP_iTbqc2I&hl = zh - CN&ei = hqBZSoOLBpDy6gOZ2OmVCw&sa = X&oi = book_result&ct = result&resnum = 1。

研究中,双方将根据相互同意的条件,交换和互相提供用于测试、评价及其他目的的样品、试剂、材料、数据、仪器和部件等;四、联合组织专题讨论会、研讨会、讲座和培训班;五、相互同意的其他合作方式,包括为形成和实施所确定领域内的具体合作项目而签订议定书。

《中俄环境保护合作协定》签订于1994年5月27日。关于野生动物保护,该协定第二条合作领域规定了海洋环境保护,特别是西北太平洋的保护;自然生态环境及生物多样性保护,包括边界地区的共同自然保护区的建设和管理。第三条规定的合作方式包括:(一)交换有关环境保护的研究、技术、产业、政策及法律法规等方面的信息和资料;(二)科学家、技术人员以及其他专家的交流;(三)共同举办由科学家、技术人员和其他专家参加的有关环境保护的研讨会、专题讨论会及其他活动;(四)实施双方商定的合作计划,包括开展综合研究;(五)双方同意的其他方式。

二、欧洲

欧洲关于动物保护的多边以及双边条约比较多,主要的有以下几项:

1979年的《欧洲野生生物和自然生境保护公约》(Convention on the Conservation of European Wildlife and Natural Habitats),签订于伯尔尼。该公约的目的是"保护野生动植物和它们的自然栖息地,尤其是那些需要一些国家共同行动的物种和栖息地的保护,并促进这种合作"。要求缔约国应采取必要的措施,保持野生动植物种群在与生态,科学和文化的需要相一致水平上。要求缔约方应加强保护野生生物及其生境,特别是要重视濒危的和脆弱的物种的国家政策。[1]

1982年6月在布鲁塞尔签署的《荷比卢自然养护和风景保护公约》(Benelux Convention on Nature Conservation and Landscape Protection)(简称《荷比卢公约》)在保护文化与自然遗产方面也具有重要的意义。该公约要求缔约的三国协调其有关边界地区自然保护的政策与法律,使该地区的自然资源得到更好的保护。[2]

1987年的《欧洲保护宠物公约》(European Convention for the Protection of Pet Animals)是有关动物福利的一项区域性公约。该公约的动物福利基本原则是"任何人不得引发宠物不必要的痛苦或折磨,任何人不得虐待宠物"。并规定了饲养、育种、购买者年龄限制的要求,对交易、商业育种及养育、动物庇护所规定了要求,对广告、娱乐、展览、比赛及相关事件提出要求,对外科手术、宰杀做出规定,对迷途的规定了附加措施,还规定了参与者保护鼓励信息与教育计划发展。

此外,有关动物保护的多边条约还有:1973年的《波罗的海及其海岸带渔业和

---

〔1〕 摘译自 http://www.coe.int/t/dg4/cultureheritage/conventions/Bern/default_en.asp。

〔2〕 参考王曦编著:《国际环境法》(第二版),法律出版社2005年版,第232页。

生物资源保护公约》、1982 年的《北大西洋鲑鱼保护公约》、1990 年的《瓦登海海豹保护协定》、1991 年的《保护阿尔卑斯山公约》和《欧共体关于保护自然生境和野生动植物令》、1992 年的《保护波罗的海和北海小海鲸协定》、1995 年的《关于地中海特别保护区和生物多样性保护议定书》等。

三、美洲

在美洲有关动物保护的条约主要有:《西半球自然保护和野生生物保存公约》和《大加勒比地区海洋环境开发和保护公约》的《关于特别保护区和受特别保护的野生生物的议定书》。

《西半球自然保护和野生生物保存公约》签订于 1940 年,其宗旨是"以足够数量和足够大的区域在其自然生境保护和保存所有物种及其当地动植物种类的代表,包括候鸟,以免它们由于人类控制和任何媒介二灭绝"。该公约要求缔约国建立国家公园、国家保护区、自然名胜区和荒野保护区保护野生生物的生境。

《关于特别保护区和受特别保护的野生生物的议定书》签订于 1990 年,其宗旨是建立大加勒比地区沿海和海洋保护区,保护该地区的濒危野生生物。[1]

四、南太平洋地区

《南太平洋自然养护公约》签订于 1976 年,要求缔约国设立保护区以保护自然生态系统、特殊地质构造等具有审美、历史、文化或科学价值的自然组成部分。该公约规定不得任意缩小国家公园面积,国家公园内的资源不得供商业利用,禁止在国家公园内狩猎和采集。

《南太平洋地区自然资源和环境保护公约》签订于 1986 年。该公约的宗旨是保护和管理该地区的自然资源和环境。

五、非洲

《养护自然和自然资源非洲公约》签订于 1968 年,该公约的宗旨是从经济、营养、教育、文化和美学的观点出发,为了当代和未来人类的幸福,鼓励个别和共同行动,以养护、利用和发展土壤、水和动植物。该公约有关动物保护的规定包括:对狩猎和捕鱼活动规定了许可证制度,禁止用毒药、炸药和自动武器狩猎。

《关于东非区域的保护区和野生动植物的 1985 年议定书》附属于《关于保护、管理和开发东非区域海洋和沿海环境公约》。该议定书以 4 个附件对野生动物予以分类保护。

---

〔1〕 参考王曦编著:《国际环境法》(第二版),法律出版社 2005 年版,第 230 页。

第三节 鸟类、哺乳动物及鱼类保护条约

一、保护鸟类的主要条约

保护鸟类的主要条约有1950年的《鸟类保护国际公约》(International Convention for the Protection of Birds)、1970年的《比荷卢鸟类狩猎与保护公约》(Benelux Convention on the Hunting and Protection of Birds)、1979年的《欧洲经济共同体野鸟保护指令》(Council Directive 79/409/EEC of 2 April 1979 on the conservation of wild birds)。

《鸟类保护国际公约》的目的是在野生状态下保护鸟类。该公约规定保护一切处于生育季节的鸟类和飞往生育地点的鸟类,保护濒危鸟类。规定除例外情况,禁止采集鸟蛋和幼鸟。禁止用陷阱、罗网、毒饵捕鸟。还要求缔约国采取措施,防止因水污染、电线、杀虫剂和毒药伤害鸟类。

《比荷卢鸟类狩猎与保护公约》的目的是协调缔约的三国有关野鸟狩猎和保护法规。该公约统一三国的禁猎期、审批狩猎的程序和方法、猎物分类、以及狩猎的武器、弹药和方法。

《欧洲经济共同体野鸟保护指令》对欧共体成员国领土上的所有野生鸟类及其蛋、巢和栖息地的保护做出全面规定。

其他的有关动物保护的双边条约还有:《美墨候鸟及猎兽保护公约》(1936,美国和墨西哥)。《美日候鸟、濒危灭绝鸟及生境保护公约》(1972,美国和日本)、《苏日候鸟及受灭绝威胁鸟保护与保护方法公约》(1973,苏联和日本)、《澳日候鸟、濒临灭绝鸟及生境保护协议》(1974,澳大利亚和日本)、《美苏候鸟及生境保护公约》(1976,美国和苏联)等。

二、关于哺乳动物保护的条约

关于哺乳动物保护的专门条约有1957年的《保护北太平洋海豹临时公约》(the North Pacific Sealing Convention)、1972年的《保护南极海豹公约》(the Convention for the Conservation of Antarctic Seals)、1973年的《保护北极熊协定》(Agreement on Conservation of Polar Bears)、1979年的《保护和管理骆马公约》(Convention for the Conservation and Management of the Vicuna)、1992年的《关于保护波罗的海和北海小鲸协议》(Agreement on the Conservation of Small Cetaceans of the Baltic and North Seas)、1996年的《地中海和黑海鲸类保护协定》(Agreement on the Conservation of Cetaceans of the Black Sea and the Mediterranean Sea)等。

三、关于鱼类保护的条约

关于鱼类保护的条约有 1930 年的《保护、养护和扩展弗雷泽河红鳟鲑鱼渔业公约》、1949 年的《西北大西洋渔业国际公约》[1]（International Convention for the Northwest Atlantic Fisheries）、1952 年的《北太平洋公海捕鱼国际公约》（the International Commission for the Northwest Atlantic Fisheries）[2]、1958 年的《公海生物资源捕捞及养护公约》（Convention on Fishing and Conservation of Living Resources of the High Seas）、1969 年的《养护东南大西洋生物资源公约》（The Convention on the Conservation and Management of Fisheries Resources in the South East Atlantic Ocean）、1984 年的《几内亚湾区域渔业开发公约》等。

---

〔1〕 该公约被 1979 年 1 月 1 日生效的"Convention on Future Multilateral Cooperation in the Northwest Atlantic Fisheries"所替代。

〔2〕 该公约被 1979 年 1 月 1 日生效的"Convention on Future Multilateral Cooperation in the Northwest Atlantic Fisheries"所替代。

第三章　野生动物保护的法律规定

地球上动物种类达150万种，这些动物已在大自然中生活了亿万年。但是随着历史的变迁和人类活动的影响，使很多野生动物种类不断地在地球上消失灭绝。特别是近代，野生动物灭绝的种类愈来愈多，消失的速度也愈来愈快。到了21世纪，世界几乎每年消失一种动物。特别是大型的兽类和鸟类，有很多种已经面临灭绝的危险。据联合国保护组织统计，人类的活动使物种灭绝的速度加快了1000倍，现今物种灭绝速度接近恐龙大灭绝时代。预计到2050年，将有37%的物种消失。[1]

野生动物保护是基于人类对环境的需要，首要的任务是野生动物生存对人类的功能满足的维持和增进，所以既要考虑物种的保护，又要考虑物种种群的保护。通过法律对野生动物进行保护，就是规范人们的与动物有关的行为，以达到对野生动物物种和种群的适当保护。所谓适当保护，是指所保护的野生动物的数量保持在满足人们需要的范围内。

目前，关于野生动物保护的立法，一般关注于其生境的保护、对猎捕的管理、濒危动物保护、野生动物人工养殖和外来动物入侵的防止。

第一节　野生动物生境的保护的规定

生境（habitat）一词是由美国Grinnell（1917）首先提出，其定义是生物出现的环境空间范围，一般指生物居住的地方，或是生物生活的生态地理环境。生境又称栖息地。野生动物总是以特定的方式生活于某一生境之中，同时动物的各种行为、种群动态及群落结构都与其生境分不开。野生动物的灭绝与其生境的破坏有着密切的关系，保护野生动物的生境，是对其生存和生存供给保护的重要方面，同时也是从生态系统的角度实施野生动物保护的方法。野生动物生存的空间是立体的和开放的，从生态系统的角度出发，不仅是其栖息地充分范围的保护，还需要对其所在

〔1〕“揭秘灭绝野生动物墓地”，载南方网2007年12月18日。

生态系统外部环境的保护，以保证动物所需的物质和能量的充分输入。

关于野生动物生境的保护，传统立法保护的方式是建立保护区域，禁止或者控制狩猎行为。世界各国对保护地区的立法普遍采用保护区、国家公园、自然公园、森林公园、庇护所、禁猎区等形式予以保护。

《生物多样性公约》第八条规定了就地保护，要求“每一缔约国应尽可能并酌情：(a)建立保护区系统或需要采取特殊措施以保护生物多样性地区；(b)于必要时，制定准则据以选定、建立和管理保护区或需要采取特殊措施以保护生物多样性地区；(c)管制或管理保护区内外对保护生物多样性至关重要的生物资源，以确保这些资源得到保护和持续利用；(d)促进保护生态系统、自然生境和维护自然环境中有生存力的种群；(e)在保护区域的邻接地区促进无害环境的持续发展，以谋增进这些地区“的保护”。第九条关于移地保护，规定“采取措施以恢复和复原受威胁物种并在适当情况下将这些物种重新引进其自然生境中”。

《关于特别是作为水禽栖息地的国际重要湿地公约》(湿地公约)规定“缔约国应设置湿地自然保护区，无论该湿地是否已列入名录，以促进湿地和水禽的养护并应对其进行充分的监护；缔约国因其紧急的国家利益需对已列入名录的湿地撤销或缩小其范围时，应尽可能地补偿湿地资源的任何丧失，特别是应为水禽及保护原栖息地适当部分而在同一地区或在其他地方设立另外的自然保护区”。

《保护世界文化和自然遗产公约》对“自然遗产”定义的两方面就是“从审美或科学角度看具有突出的普遍价值的由物质和生物结构或这类结构群组成的自然面貌；从科学或保护角度看具有突出的普遍价值的地质和自然地理结构以及明确划为受威胁的动物和植物生境区”。

《欧洲野生动物和自然生境保护公约》公约第4条规定，各成员国应当采取适当的和必要的立法和行政措施，确保野生动物栖息地的保护，防止栖息地范围的减少；采取措施保护对于迁徙物种非常重要的位于迁徙途径附近的地区，如越冬地、停留地、觅食地、繁殖地和换毛地。

德国《联邦自然保护法》第二十c条关于对特定生态的保护规定“会导致下述生态环境被破坏，或造成其他重大或持续损害的措施必须被禁止：(1)沼泽、泥沼、芦草、富有荒茅芦草的潮湿草地、水源区、近似自然和未被破坏的小溪河流段、静止水域的正在变成陆地的区域；(2)开阔的内陆沙丘、开阔的卵石区、矮树林及杜松荒野区、棕毛草地区、干燥草地区、森林及干热地带的灌木丛林区；(3)沼泽森林区；(4)悬崖陡峭海岸区，海沙墙区，以及海岸区的沙丘，盐地以及滩涂地；(5)开阔的岩石区，高山草地区以及高山区域的峡谷雪区及伏松丛林区。”

俄罗斯在1995年通过的《联邦特保自然区法》规定了“为保护珍稀独特的自然资源、自然风光、动植物世界及其物种，研究生态环境中的各类自然过程，监测生态环境的变化，并对全体人民进行生态教育，特制定本法，以便调节特保自然区的管理、保护和使用等方面的各种关系。”

加拿大1973年的《野生生物法》(Canada Wildlife Act),规定在联邦所属的土地上设立保护区、避难所,用以防止干扰野生生物的栖息地和猎捕野生动物。

台湾地区“渔业法”规定“为保育水产资源,主管机关得指定设置水产动植物繁殖保育区”。《野生动物保育法》第十条规定“地方主管机关得就野生动物重要栖息环境有特别保护必要者,划定为野生动物保护区,拟订保育计划并执行之;必要时,并得委托其他机关或团体执行。”第十六条规定“保育类野生动物,除本法或其他法令另有规定外,不得骚扰、虐待、猎捕、宰杀、买卖、陈列、展示、持有、输入、输出或饲养、繁殖。保育类野生动物产制品,除本法或其他法令另有规定外,不得买卖、陈列、展示、持有、输入、输出或加工”。

印度于1972年颁布《野生生物保护法》规定设立禁猎区、国家公园和禁区对野生动物进行保护。

第二节　野生动物猎捕的禁止和限制规定

野生动物对人类的生活具有十分重要的作用,在经济、游乐、观赏、文化、美学、科学、生态方面具有很高的价值。猎捕动物是人类发展过程中获取生活资料和经济利益的一项重要活动。近两个世纪以来,由于人们过度的猎捕,导致野生动物物种和种群锐减,尤其对于具有很高经济价值的野生动物的猎捕,是全球范围内普遍存在的问题。

据阿尔巴尼亚《世纪报》2005年6月22日报道,在阿尔巴尼亚这个最大的野生动物保护区内,曾经有许多马鹿、野猪、山鸡和熊等野生动物。由于非法狩猎者的乱捕滥杀,现在已经很难寻觅到它们的踪迹。2008年,一个特大非法收购、运输、出售珍贵、濒危野生动物案件由郑州市金水区法院审理后作出一审判决,涉案13人分别受刑。该案涉及广西、云南、河南等8个省(市、自治区),在一年多的时间里,此13人收购、运输、出售熊掌一吨多,穿山甲半吨多,以及娃娃鱼、巨蜥等野生珍稀国家保护动物价值350余万元。而这些大量的野生动物的终端市场,都是各大酒店、酒楼。[1] 来自宁夏森林公安局的数据显示,2008年至2009年3月,宁夏全区共发生破坏森林及野生动植物资源刑事案件近30起,其中特大刑事案件8起、重大刑事案件5起。同期间内,宁夏森林公安收缴被盗猎的野生动物2000多

---

〔1〕 李向华:“1年多贩卖珍贵濒危野生动物价值350万13人受审”,载人民网2008年12月4日。

头(只);而近六年来,宁夏境内有上万头(只)野生动物惨遭毒手。[1]

目前,对于野生动物猎捕的规定,从国际条约、国内法和地区立法考察,整体规定了几个方面:其一,禁止猎捕的野生动物,通常更重视濒危、珍贵的野生动物;其二,禁猎区,这一方面主要通过生境保护予以明确;其三,禁猎期,主要关注对野生动物幼体和繁殖季节,是保持种群持续利用的重要措施;其四,禁止猎捕使用的工具、方法,可以限制被猎捕的动物数量急剧减少;其五,猎捕许可证制度,猎捕法律保护的野生动物,必须事先获取猎捕许可证,对猎捕的动物、数量以及猎捕方式做出限制。另外,还有对违反法律行为的制裁措施,如行政责任和刑事责任。

《国际捕鲸公约》规定委员会得依据通过关于鲸类资源的保护和利用规则,就以下各点得随时修改附件的规定:1. 受保护的和不受保护的鲸的种类;2. 解禁期和禁渔期;3. 解禁水域和禁渔水域(包括保护区的指定);4. 各种鲸的准捕大小的限制;5. 捕鲸的时期、方法和强度(包括一个渔期内鲸的最大产量);6. 所使用渔具、仪器和设备的类型和规格说明书;7. 测定方法;8. 捕鲸报告及其他统计方面和生物学方面的记录。

《保护野生动物迁徙物种公约》要求作为列入附录一中的濒危迁徙物种范围国的缔约国将禁止猎取属于该物种的动物。

《南极海洋生物资源养护公约》第五条第二款规定"非《南极条约》缔约国的本公约缔约方,同意他们在《南极条约》地区的活动将适当遵守《南极动植物养护议定措施》和《南极条约》协商国为履行其保护南极环境免受人类各种有害干扰的职责而建议的其他措施。"第九条要求委员会应根据本条第五款的规定,以现有的最佳科学论证为依据,制定、通过和修订养护措施。具体的措施包括:确定区域或次区域中种群的可捕量;确定受保护的种类;确定可捕捞种类的大小、年龄并在适当时确定性别;确定捕捞季节和禁捕季节;为科学研究或养护目的确定捕捞和禁捕地区、区域或次区域,包括用于保护和科学研究的特别区域;为避免在任何区域或次区域出现不适当的集中捕捞,规定使用的捕捞努力量和捕捞方式,包括渔具;采取委员会认为实现本公约目的所必要的其他养护措施,包括关于捕捞和相关活动对海洋生态系统中被捕捞种群以外的其他成分的影响的措施。

《欧洲野生动物和自然生境保护公约》规定了,对于附件2所列举的野生动物,禁止任何形式的故意捕捉和杀害,禁止对动物繁殖和休息地进行破坏和毁坏,禁止故意干扰野生动物,禁止故意毁坏或者拿走动物的蛋或者拥有这些蛋,禁止拥有和在国内买卖野生动物及其组成部分与产品。对于附件3所列举的野生动物,应当维持该物种的数量,避免使其处于濒危境地,具体措施包括禁猎期、利用禁止

---

[1] "宁夏六年上万野生动物遭猎杀 暴利驱使盗猎猖獗",载中国发展门户网,www.chinagate.com.cn,2009年3月26日。

以及捕捉和杀害方法的禁止。

《中日保护候鸟及栖息环境协定》规定除各自国家法律规定的特殊情况外,禁止猎捕候鸟和拣取其鸟蛋,并由各自国家的法律规定候鸟的猎期。

《鸟类保护国际公约》规定除例外情况,禁止采集鸟蛋和幼鸟。禁止用陷阱、罗网、毒饵捕鸟。还要求缔约国采取措施,防止因水污染、电线、杀虫剂和毒药伤害鸟类。

美国的《海洋哺乳动物保护法》(Marine Mammal Protection Act),禁止在美国海域捕抓海洋哺乳动物,禁止美国公民在公海上捕抓海洋哺乳动物。

德国《联邦自然保护法》规定故意骚扰野生动物或无正当理由抓捕、伤害或杀害野生动物的行为必须被禁止。还规定联邦环境、自然保护及核反应堆安全部得到授权,只要是出于种类保护的需要,经与联邦粮食、农林部共同协商,并征得联邦参议院的同意后,通过法令限制或禁止下列行为:用于大量和任意屠杀、制服、捕捉或消灭野生动植物的特定机械、工具或设备的生产、进出口、交易或使用;可导致野生动植物的群体消失或其他重大损害的行为或方法。对特别保护动植物种类的保护规定"1. 下述行为属禁止之列:(1)追踪、抓捕,伤害,杀害特别保护种类的野生动物、或使其发展形态、巢穴、孵卵、栖息地或掩护地从自然状态中分离、损坏或破坏的;(2)对特别保护的野生植物或其部分或其发展形态进行剪除、摘取、折断、挖掘、损坏或毁灭;(3)通过搜索、摄影、录像或类似行为对濒临灭绝的野生动物的巢穴、孵卵、栖息地或掩护地进行破坏;(4)通过搜索、摄影、录像或类似行为对濒临灭绝的野生植物的生长地进行破坏。2. 此外,对于特别保护的动植物的下述行为亦属被禁止之列:(1)占有、取得、对其实施事实上的暴力或加工处理的(占有禁止);(2)出售、囤积以待出售、供给、运输或做商业上的展示(销售禁止),倘若欧共体第3626/82号法令第六条第一款或第二款的规定中尚无内容相似的禁止销售规定;(3)为达到第二款之外的其他目的而进行交易、运输或展示(其他交易禁止)。"

俄罗斯《联邦环境保护法》第六十条稀有的和濒临灭绝的植物、动物及其他生物体的保护第一款规定"为了对稀有的和濒临灭绝的植物、动物及其他生物体进行保护和登记,编辑俄罗斯联邦红皮书和俄罗斯联邦各主体红皮书。对列入红皮书的植物、动物及其他生物体种类,完全排除经济利用。为了保留稀有的和濒临灭绝的植物、动物及其他生物体,其遗传基因应当保存在低温的遗传基因库中和人造的栖息环境中。禁止能使这些植物、动物及其他生物体的数量减少和栖息环境恶化的活动"。

日本《环境基本法》规定国家应当采取必要的控制措施,防止发生由于采捕、损伤及其他行为,损害需要保护的野生生物、地形、地质或温泉源及其他自然物的行为;《自然环境保全法》规定在原生态自然环境保全区内捕获动物或收集它们的卵。

新加坡《国家公园法》规定除了委员会内履行职责的职员或代理人，任何人不得在未经委员会批准的情况下在任一国家公园、自然保护区或绿色地带毁坏或占领任何动物的巢穴或喂养、杀害、伤害、抓捕或干扰任何动物。或者，散布、设置或使用任何罗网、陷阱、圈套或其他工具捕捉、破坏或伤害任何动物。

台湾地区“渔业法”第6条规定“凡欲在公共水域及与公共水域相连之非公共水域经营渔业者，应经主管机关核准并取得渔业证照后，始得为之”。第37条规定“有左列各款情形之一者，主管机关得对各特定渔业之渔船总船数、总吨数、作业海域、经营期间及其他事项，予以限制：一、水产资源之保育。二、渔业结构之调整。”第48条规定“采捕水产动植物，不得以左列方法为之：一、使用毒物。二、使用炸药或其他爆裂物。三、使用电气或其他麻醉物。四、‘国际’渔业协议或‘对外’渔业合作条件之限制”。

台湾地区“野生动物保育法”第十九条规定“猎捕野生动物，不得以下列方法为之：一、使用炸药或其他爆裂物。二、使用毒物。三、使用电气、麻醉物或麻痹之方法。四、架设网具。五、使用猎枪以外之其他种类枪械。六、使用陷阱、兽铗或特殊猎捕工具。七、其他经主管机关公告禁止之方法。未经许可擅自设置网具、陷阱、兽铗或其他猎具，主管机关得径予拆除并销毁之。土地所有人、使用人或管理人不得规避、拒绝或妨碍”。

香港的《野生动物保护条例》第4条规定禁止狩猎受保护野生动物，任何人除按照特别许可证行事外，不得狩猎或故意干扰任何受保护野生动物。第7条规定禁止以某些方法狩猎：(1)任何人除按照特别许可证行事外，不得利用以下方法狩猎任何野生动物——(a)活生作诱饵用的动物或发出预先录下的声音；(b)任何陷阱；(c)任何枪械；或(d)任何狩猎器具(署长为施行本条而藉宪报公告批准的狩猎器具除外)。(2)任何人除按照特别许可证行事外，不得管有任何狩猎器具(署长为施行本条而藉宪报公告批准的狩猎器具除外)，亦不得制造陷阱作狩猎任何野生动物之用。

第三节　濒危野生动物保护的规定

濒危动物是指面临灭绝的动物，该动物物种种群数量已降至濒临绝灭的临界程度。濒危动物对人存在利用、审美等价值，也对生态系统的维持起着一定的作用。尽管某些动物的绝灭是自然进程的必然结果，但是由于近代人类的活动加速了动物物种绝灭的速度，所以，可以通过约束人们的行为，保持和延缓某些动物物种绝灭是可能和可行的措施。

濒危动物是相对而言的，取决于其种群数量的多少，并且其种群数量是变化的，确定濒危动物是复杂的工作。目前，世界记录濒危物种的名录是《世界自然保护同盟濒危物种红色名录》，该名录于1963年开始编制，是全球动植物物种保护现状最全面的名录。是世界自然保护同盟根据严格准则去评估数以千计物种及亚种的绝种风险所编制而成的。准则是根据物种及地区厘定，旨在向公众及决策者反映保育工作的迫切性，并协助国际社会避免物种灭绝。该名录不断还更新。根据数目下降速度、物种总数、地理分布、群族分散程度等准则分类，物种被分类入9个级别：绝灭（EX，Extinct）、野外绝灭（EW，Extinct in the Wild）、极危（CR，Critically Endangered）、濒危（EN，Endangered）、易危（VU，Vulnerable）、近危（NT，Near Threatened）、无危（LC，Least Concern）、数据缺乏（DD，Data Deficient）、未评估（NE，Not Evaluated）。

濒危野生动物是国际和各国野生动物保护立法重点的保护对象。各国通常的方式是立法中对野生动物进行分级保护，濒危野生动物一般是被列入一级，予以重点保护。采用禁猎和禁止干扰其生境是有效的措施，同时，考虑到濒危野生动物通常是因为其特有的经济价值而被大量的猎捕，导致其数量锐减，有效的阻断其经济利益链，也是对其保护的主要手段和措施。另外，采取人工养殖的方式也是濒危动物物种保护的有效措施。

美国的《濒危物种法》规定：应用同一标准，将美国和外国濒危物种列入目录；在将一种重要的物种列入濒危物种目录的同时，需指定其重要栖息地。在确定重要栖息地的边界时，要求考虑对经济及其他方面的影响；在“濒危野生动植物种国际贸易公约”（CITES）上列出的植物及所有无脊椎动物应予以保护；要求所有联邦机构执行濒危和受威胁物种的保护计划，并禁止联邦机构授权和资助实行任何对列入目录种的不利的行动，或破坏及改变其“重要栖息地”；没有特别许可，禁止进出口或州间销售濒危或受威胁物种，捕获、杀死、伤害、虐待、追捕，或将其从野外移走是不合法的。拥有、销售或运输任何非法捕获的濒危物种也是不合法的。美国政府规定，由内政部鱼和野生动物局，商业部国家海洋渔业局（以下简称管理部门）共同负责对濒危物种法的实行与管理。前者负责陆地、淡水的种及迁移鸟类，后者负责海洋环境中的种和在江河产卵的海鱼。另外，农业部的动植物卫生检验局负责列入目录中的陆地植物的进出口。

澳大利亚在1999年通过了《环境与生物多样性保护法》（简称EPBC法）。根据该法，澳大利亚联邦政府（由环境与遗产部负责）、州及领地政府、非政府机构、慈善机构以及社区团体共同工作，对本国原产的动植物种进行保护。主要规定包括：对受威胁的物种和生态群体进行鉴定并列入目录、把受威胁的生态群体分为三类、制定恢复计划、鉴定主要的受威胁过程并列入目录、制定消除威胁计划生态保护与有关受威胁物种及生态群落的计划。

香港的《动植物（濒危物种保护）条例》旨在限制某些动植物及该等动植物任

何部分的进口、出口与管有。对进出口、管有列明物种、受管制药物及高度濒危物种要求须取得许可证,无许可证可构成犯罪。

《濒危野生动植物种国际贸易公约》(濒危物种贸易公约),把濒危动物列入三个附录。在基本原则部分规定"(一)附录一应包括所有受到和可能受到贸易的影响而有灭绝危险的物种。这些物种的标本的贸易必须加以特别严格的管理,以防止进一步危害其生存,并且只有在特殊的情况下才能允许进行贸易。(二)附录二应包括:1. 所有那些目前虽未濒临灭绝,但如对其贸易不严加管理,以防止不利其生存的利用,就可能变成有灭绝危险的物种; 2. 为了使本款第 1 项中指明的某些物种标本的贸易能得到有效控制,而必须加以管理的其他物种。(三)附录三应包括任一成员国认为属其管辖范围内,应进行管理以防止或限制开发利用,而需要其他成员国合作控制贸易的物种。(四)除遵守本公约各项规定外,各成员国均不应允许就附录一、附录二、附录三所列物种标本进行贸易"。

关于贸易禁止与限制。要求"附录一所列物种的任何标本的出口,应事先获得并交验出口许可证"、"附录一所列物种的任何标本的进口,均应事先获得并交验进口许可证和出口许可证,或再出口证明书"、"附录一所列物种的任何标本的再出口,均应事先获得并交验再出口证明书"、"从海上引进附录一所列物种的任何标本,应事先获得引进国管理机构发给的证明书"、"附录二所列物种的任何标本的出口,应事先获得并交验出口许可证"、"附录二所列物种的任何标本的进口,应事先交验出口许可证或再出口证明书"、"附录二所列物种的任何标本的再出口,应事先获得并交验再出口证明书"、"从海上引进附录二所列物种的任何标本,应事先从引进国的管理机构获得发给的证明书"、"附录三所列物种的任何标本,从将该物种列入附录三的任何国家出口时,应事先获得并交验出口许可证"、"除本条第(四)款涉及的情况外,附录三所列物种任何标本的进口,应事先交验原产地证明书。如该出口国已将该物种列入附录三,则应交验该国所发给的出口许可证"、"如系再出口,则再出口国的管理机构签发有关该标本曾在该国加工或正在进行再出口的证明书"。

第四节　野生动物人工养殖规定

保护野生动物物种,恢复其种群数量,尽管通过建立保护区、禁止或限制猎捕可以取得很好的效果,但是,这些措施仅仅是通过人不干预野生动物的生存过程,还无法消除一些野生动物物种受到来自自然界的侵害,无法保证种群的维持和发展可以满足人们的要求。对野生动物的人工养殖,是保护动物物种以及其种群数量的一项措施,但是还存在很大的争议。

但是人工养殖往往与利用相联系，涉及多方面的利益，如环境利益、经济利益等，必然存在利益的优先选择和冲突。管理不适当，可能导致对野生动物更大的危害。

最近一项由野生动物保护协会和越南森林保护部共同进行的研究表明，东南亚的野生动物商业养殖场造成了野生动物资源枯竭，同时助长了非法交易。报告称，这些养殖场繁殖饲养了包括稀有蛇类、乌龟、鳄鱼和猴子等野生动物，供食用或制成商品。野生动物保护协会猎捕与野生动物贸易项目负责人伊莉莎白·班奈特称，“这些商业化的野生动物养殖场不仅没有协助保护，实际上反而对野生动物族群构成了威胁。报告分析显示，显然这些野生动物养殖场对野生动物造成的负面冲击远大于正面影响”。报告的作者建议应禁止养殖场饲养国家级保护与全球性濒临灭种的动物，惩罚触犯野生动物保护法的养殖场主，并要求养殖场主提供养殖场内动物来源的文件证明。[1]

关于野生动物养殖，国际惯例是确定可人工养殖的野生动物名录。

目前，国际上对野生动物人工养殖的具体规定不多，个别国家和地区在动物保护法中作了规定。

瑞士《动物保护法》第六章规定了野生动物的饲养，规定：专门饲养野生动物必须取得所在州的授权；如果个人饲养属于必须以特别方式饲养和对待的野生动物，必须申请所在州的授权。经征询州，联邦委员会将决定这一规定适用于那些物种。

奥地利2004年修订的《联邦动物保护法》第二十六条规定，动物园拥有野生动物，也必须以不对该物种的保护和生物多样性维持产生大的影响为前提。第二十七条规定，杂技团不得拥有栖息于野外的野生动物。

台湾“野生动物保育法”对野生动物养殖规定的比较详细，该法第四章对野生动物的管理做出规定。

关于饲养和繁殖的登记制度，具体规定：于中央主管机关指定公告前，饲养或繁殖保育类及有害生态环境、人畜安全之虞之原非我国原生种野生动物或持有中央主管机关指定公告之保育类野生动物产制品，其所有人或占有人应填具资料卡，于规定期限内，报请当地直辖市、县（市）主管机关登记备查；变更时，亦同。于中央主管机关指定公告后，因核准输入、转让或其他合法方式取得前项所列之野生动物或产制品者，所有人或占有人应于规定期限内，持证明文件向直辖市、县（市）主管机关登记备查；变更时，亦同。依前二项之规定办理者，始得继续饲养或持有，非基于教育或学术研究目的，并经主管机关同意，不得再行繁殖。本法修正公布施行

---

〔1〕“研究抨击亚洲野生动物养殖场”，载 http://www.chinadialogue.net/blog/show/single/ch/3046 - Study - assails - Asian - wildlife - farms，2009年5月29日。

前已饲养或繁殖之第一项所列之野生动物，主管机关应于本法修正公布施行之日起三年内辅导业者停止饲养及转业，并得视情况予以收购。

关于饲养野生动物之释放，规定野生动物经饲养者，非经主管机关之同意，不得释放。前项野生动物之物种，由中央主管机关公告之。关于主管机关之查核，规定主管机关对于保育类或具有危险性野生动物之饲养或繁殖，得派员查核，所有人或占有人不得规避、拒绝或妨碍。

关于饲养繁殖野生动物之场所及设备，规定饲养或繁殖保育类或具有危险性之野生动物，应具备适当场所及设备，并注意安全及卫生；其场所、设备标准及饲养管理办法，由中央主管机关定之。

关于保育类野生动物等之买卖、陈列、展示之禁止，规定保育类野生动物、濒临绝种及珍贵稀有野生动物产制品，非经主管机关之同意，不得买卖或在公共场所陈列、展示。前项保育类野生动物、濒临绝种及珍贵稀有野生动物产制品之种类，由中央主管机关公告之。

关于饲养繁殖买卖加工进出口野生动物之营业许可，规定以营利为目的，经营野生动物之饲养、繁殖、买卖、加工、进口或出口者，应先向直辖市、县（市）主管机关申请许可，并依法领得营业执照，方得为之。野生动物之饲养、繁殖、管理办法，由中央主管机关定之。

还规定了稀有野生动物逸失之报请处理、稀有野生动物死亡之报备和保育类野生动物尸体之价购。

第五节　外来物种入侵防治的规定

外来物种入侵是指有害植物、动物和微生物从其原生地，传播到另一个环境定居、繁殖和扩散，最终明显地影响和改变迁居地的生态环境，严重影响迁居地的生物多样性保护与农业可持续发展，甚至对生态系统造成不可逆转的破坏。外来物种入侵是一个全球性问题。2009 年 5 月 22 日是“生物多样性国际日”，国际日的主题是：注意生物多样性和经济发展面临的一个尚未得到充分重视的威胁——外来物种入侵。研究表明，外来物种入侵每年在全球造成的经济损失高达 1.4 万亿美元。[1] 2001—2003 年，原国家环保总局组织开展了全国外来入侵物种调查。调查发现，全国共有 283 种外来入侵物种，每年对经济和环境造成的损失约 1200 亿元，而现在损失已高达 2000 亿元。世界自然保护联盟公布的全球 100 种最具威胁

---

〔1〕“外来物种入侵每年损失 10 万亿联合国呼吁防控”，载 http://news.sina.com.cn/c/2009-05-29/230915703399s.shtml，2009 年 5 月 29 日。

的外来入侵物种中，我国就有50种。[1]

目前，从立法角度，通常预防和控制外来物种入侵的方法包括：入侵渠道的控制、引进物种的风险评估、入侵物种的监测、入侵物种的控制和消灭等。

《里约环境与发展宣言》原则十五提出“为了保护环境，各国应根据它们的能力广泛采取预防性措施。凡有可能造成严重的或不可挽回的损害的地方，不能把缺乏充分的科学肯定性作为推迟采取防止环境退化的费用低廉的措施的理由”。

《生物多样性公约》规定“防止引进、控制或消除那些威胁到生态系统、生境或物种的外来物种”、“对于为移地保护目的从自然生境中收集生物资源实施管制和管理，以避免威胁到生态系统和当地的物种种群”。

《卡塔赫纳生物安全议定书》的目标是“依循《关于环境与发展的里约宣言》原则15所订立的预先防范办法，协助确保在安全转移、处理和使用凭借现代生物技术获得的、可能对生物多样性的保护和可持续使用产生不利影响的改性活生物体领域内采取充分的保护措施，同时顾及对人类健康所构成的风险并特别侧重越境转移问题”。其使用范围为“适用于可能对生物多样性的保护和可持续使用产生不利影响的所有改性活生物体的越境转移、过境、处理和使用，同时亦顾及对人类健康构成的风险”。

关于外来物种入侵防范的措施，该议定书规定“在亦顾及对人类健康构成的风险的情况下，即使由于在改性活生物体对进口缔约方的生物多样性的保护和可持续使用所产生的潜在不利影响的程度方面未掌握充分的相关科学资料和知识，因而缺乏科学定论，亦不应妨碍该缔约方酌情就以上第3款所指的改性活生物体的进口问题作出决定，以避免或尽最大限度减少此类潜在的不利影响”，还规定了无意中造成的越境转移和应急措施。要求“每一缔约方应在其国内采取适当措施，防止和酌情惩处违反其履行本议定书的国内措施的改性活生物体越境转移。”

《关于对生态系统、生境或物种构成威胁的外来物种的预防、引进和减轻其影响问题的指导原则》规定的指导原则包括：预先防范方法；三阶段分级处理方法，即消灭引进的生物体、遏制和长期控制措施；生态系统方法；国家的作用，即各国应认识到在其管辖或控制范围内各种活动作为外来入侵物种的潜在来源而对其他国家可能构成的风险，并应采取适当的单独和合作行动以尽可能减少这种风险；研究和监测；教育和提高公众意识。

其规定的预防的指导原则包括：边界控制和检疫措施；信息交流；合作，包括能力建设；有意引进，要求有关有意引进的决定应立足于预先防范方法；意外引进，需要查明造成意外引进的常见途径，并应作出尽可能减少这种引进的适当规定。

---

〔1〕 马玉忠：“我国遭受超过283种外来物种入侵 每年损失2千亿”，载中国经济周刊，2009年6月1日。

其减轻影响的指导原则包括：减轻影响、根除和遏制。减轻影响，一旦发现某一外来入侵物种已经本地化，各国应单独或共同采取适当措施，例如消灭、遏制和控制，以减轻有害影响。消灭、遏制或控制技术对人、环境和农业应是无害的，并在道德上能够得到受外来入侵物种影响的地区的利益攸关者的接受。应在发生侵入后尽早在防范性做法的基础上采取减轻措施。[1]

《保护野生动物迁徙物种公约》要求列人附录一中的迁徙物种生境国家的缔约国将努力：预防、消除、补偿严重妨碍或阻止该物种迁徙的各种活动或障碍的负面影响，或将其减少到最低限度；在可行和适当的范围内，预防、减少或控制正在危及或有可能进一步危及该物种的各种因素，包括严格控制外来物种的引进，或控制或消除已经弓 I 进的外来物种。

美国在 1996 年便颁布了《国家入侵物种法》，1999 年又签发了第 13112 号《美国国家入侵种管理规划》，[2]责成美国农业部牵头统一管理外来入侵物种，并组建了由总统挂职的国家外来入侵物种委员会。主要规定包括：

其一，防御措施，建立一个全面监督系统，以测定首次特意引进的外来物种的情况，并向各方面专家咨询。具体包括：对监督系统和其他管理措施进行修订定调整，以加强对特意引入美国的物种进行实际公平的评估，并向各方面向专家机构咨询；确定入侵种扩散流动的途径，根据其对生态和经济的影响定级，并建立减少入侵种扩散流动的机制；采取措施切断无意引入入侵种的重要途径；确定无意引入频率较高的入侵种，并采取有效措施减少可能；通过美国国际援助计划，并鼓励其他国家和国家组织一起对特意和偶然引入的外来入侵种进行评估。

其二，早期监测和快速反应，提高探测和确定引入的入侵种的能力。具体包括：国家与地方联合制订一项计划，对早期入侵进行快速反应；就早期入侵快速反应并为其提供永久资金问题向立法部门提出建议，并向各州咨询。

其三，控制与管理，一旦入侵种长期生存下长起来，就是通过控制采取最有效的方法阻止其传播扩散或减轻其影响程度。具体包括：土地管理机构将寻求其他资源极大增强控制和管理的能力；建议立法部门划出适当联邦资金用于管理入侵种；采取卫生和排除手段阻止入侵种的扩散；为各地区各生态系统区内的入侵种控制计划提出优先级轻重缓急；提出建议，促使生物控制部门进行保证环境不受破坏的发展、测试、评估、转移和监控；建议用除草剂，杀虫剂控制入侵种；阻止水生物种在水路上的扩散；加强与其他国家交流控制和管理入侵种方面的信息和技术能力，促进使用有效的环境方面的方法。

---

〔1〕 联合国生物多样性公约秘书处：《关于对生态系统、生境或物种构成威胁的外来物种的预防、引进和减轻其影响问题的指导原则》，2002 年。

〔2〕 全文见 http://www. invasivespecies. gov/lawus/execorder. shtml。

其四,恢复受侵袭的生态系统中的本地物种及其居住条件。具体包括:为恢复活动进行地缓慢、效果不明显的地区提出建议,进行指导,提供控制方法;为需恢复的地区提供繁殖本土物种的种质资源源头;通过税收等方法刺激土地所有者参与恢复计划;规定在海外恢复计划中使用外来物种的标准。

其五,国际合作。具体包括:加强美国参与国际论坛制定可行的行动准则的机会;为美国代表提供策略和资料,鼓励和帮助所有国家发展入侵种的合作性政策和计划;简述北美入侵种策略;在发展美国贸易协定时要考虑到入侵种问题;为制定决策的国际会议和地区性及全球性计划提供资金和技术支持。

其六,信息管理,对美国境内出现的入侵种进行地区界定;实施联邦部门间的备忘录,建立入侵种评估和监控网络。

其七,教育和公共意识。台湾地区"野生动物保育法"规定"申请首次输入非台湾地区原产之野生动物物种者,应检附有关资料,并提出对国内动植物影响评估报告,经中央主管机关核准后,始得输入。所在地直辖市、县(市)主管机关,对前项输入之野生动物,应定期进行调查追踪;于发现该野生动物足以影响国内动植物栖息环境之虞时,应责令所有人或占有人限期提预防或补救方案,监督其实施,并报请中央主管机关处理"。

第四章　动物福利保护的法律规定

动物福利理念的提出已有20多年历史。早在1976年,就有人将饲养于农场的动物的福利定义为“动物与它的环境协调一致的精神和生理完全健康的状态”。之后,英国“畜禽福利协会”提出,畜禽应享有5项权利:不应受饥渴;不应生活在不舒适环境下;不能遭受疼痛、损伤和疾病;不能受惊吓和精神打击;不能被剥夺自然生活习性。1990年,台湾学者提出,动物福利可以简述为:“善待活着的动物,减少死亡的痛苦。”[1]

从动物福利立法实践考察,禁止虐待动物是动物福利的基本要求之一,各国在有关动物保护立法中,通常做了明确规定。其次是具体规定有关动物养殖、运输、实验、屠宰、治疗和手术、免疫和防疫、收容以及其他相关活动对动物福利保护的要求。具体来说,各国在动物养殖、运输、实验、屠宰、治疗和手术、免疫和防疫、收容以及其他相关活动的法律实践问题上主要有两个层面:直接规定动物养殖、运输、屠宰等活动的“福利标准”;间接规定动物养殖、运输、屠宰等活动的许可认证、卫生标准等。

第一节　有关禁止虐待动物的规定

虐待动物是指使动物承受无法忍受的痛苦的行为。人们对于“承受无法忍受的痛苦”这个概念的定义有所不同。有的人认为,只有在虐待动物以获取各人的欢乐的情况下才算是虐待动物,而别的人则认为出于其他原因(比如获取肉或皮毛)也可以出现虐待动物的情况。大多数人认为虐待动物至少是令人憎恶的,许多人认为虐待动物是不道德的。大多数国家的立法中有禁止虐待动物的规定,但是具体内容有所差异。

---

〔1〕 参见 http://tieba.baidu.com/f?kz=144160004。

一、欧洲

(一)英国

1849 年,英国通过的《防止虐待动物法》规定了虐待动物的犯罪行为。该法规定,任何人如果对动物进行殴打、不良对等、过分使用、虐待或酷刑折磨,或者致使或指使上述行为发生,均属犯罪行为,均将受到罚款。1876 年英国议会通过了《防止动物虐待法》。其中规定,在活体动物身上进行任何旨在导致痛苦的试验,均属非法,除非试验的目的是加深生理知识、拯救、延长生命或减痛苦。1911 年,英国议会通过了著名的《动物保护法》(Protection of Animals Act)。该法律规定,残暴殴打、踢打、虐待、过度策骑、过度驱赶、过度负重、折磨、激怒或惊吓任何动物,均属犯罪行为;任何肆意残暴或者不合理的行为以及不作为,导致动物不必要的痛苦,均属犯罪行为;任何导致或促使此类虐待动物行为的人要负法律责任。

《动物保护法修正案》1927 年(第 27 章)规定:任何人如果

(a)残忍地鞭笞、踢打、虐待、超重驾驭和驱赶、折磨、激怒或恐吓任何动物,或者促使、导致或者动物的所有人允许其动物被如此使用,或者不负责或不合理地采取或未采取任何行为,或者导致该等作为或不作为发生,导致动物遭受任何不必要的痛苦,或者动物的所有人允许导致该等不必要的痛苦;或者

(b)以会给动物造成不必要痛苦的方式或姿势运输、促使或导致运输、或者动物的所有人允许以该等方式或姿势运输动物;或者

(c)促使、导致或协助任何动物进行袭击,或者为攻击或诱惑任何动物之目的的或者部分为此目的而看管、使用、管理或协助管理任何场所或地方,或者允许任何场所或地方为该等目的而使用或管理,或者为允许任何人进入该等场所或地方而接受或导致任何人接受金钱;或者

(d)故意、无合理理由地给任何动物服用或导致服用有毒或有害的药品或物品,或者动物的所有人允许发生前述行为,或者故意、无正当理由地导致该等药品或物品被动物服用;或者

(e)致使、导致或者动物的所有人允许任何动物接受非合理谨慎和非人道的手术。

则该等人员的行为构成本法规定的虐待罪,该等人员应经简易判决被处不超过 25 英镑的罚款,或者单处或并处不超过 6 个月的监禁(附带体力劳动或不附带体力劳动)。

(二)德国

德国 2001 年修订的《动物福利法》第 1 条(原则)就明确规定:“没有正当的理由,任何人不得引起动物疼痛、痛苦或者忧伤。”

为防止虐待动物规定下列行为予以禁止:

1. 要求动物进行明显超出其体力或能力的工作(紧急情况下除外)。

a. 要求在接受手术或治疗后体力状况下降的动物进行其体力状况不允许的工作;

b. 在训练、体育竞赛或类似活动中,对动物采取会给其造成痛苦或伤害并影响其行为的手段以及在体育竞赛或类似活动中给动物服用兴奋剂。

2. 买卖家庭饲养的、圈养的或以其他方式受人类照看的下列动物,即非经承受巨大痛苦否则不能存活的生病的、衰竭的和年老的动物。买卖该类动物用于立即无痛处死除外。前句规定不适用于将生病的动物直接出售给按照第8条已获得授权的个人或组织,并且如果该动物是脊椎动物,前句规定也不适用于第9条第2(7)款第2句中关于对该动物进行实验的豁免。

3. 丢弃或遗弃家庭饲养的、圈养的或以其他方式受人类照看的动物,以便摆脱它或逃避动物饲养人或照看人的责任。

4. 将以圈养方式饲喂或长大并且尚未能够自己觅食的动物放置到野生环境或有多种动物栖息并且气候条件不适宜的栖息地;狩猎和自然保护法律保持一致。

5. 使动物接受导致其遭受剧烈痛苦或伤害的训练。

6. 为拍摄电影、展览、广告或类似活动使用动物,使其遭受痛苦或伤害。

7. 利用另一只活物训练或测试动物的体能。

8. 用一只动物袭击另一只动物,但运动狩猎规定除外。

训练或制服动物,以使其产生下列结果的攻击行为:

a)导致动物遭受痛苦或伤害;

b)导致动物在与其同种动物接触中遭受痛苦或本可避免的伤害;

c)只有在特定条件下被饲养,而这种条件致使动物遭受痛苦或本可避免的伤害。

9. 给动物强行喂食,但为健康理由除外。

10. 给动物饲喂导致动物痛苦或伤害的食物。

11. 使用带电装置严重限制动物的行为,尤其是它的活动,或者强迫动物移动,致使它遭受巨大的痛苦或伤害,除非联邦法律或土地法授权这么做。

二、美国

美国1867年,纽约议会通过《防止虐待动物法》。该法主要内容如下。第1条规定,如果一个人过度驾驭、过度负重、折磨、摧残、剥夺必要的食物,或不必要或残酷殴打,或不必要残害或杀死任何活的动物,或导致或促使以上行为,应被判犯有轻罪。第3条规定,如果一个人圈押任何动物或者导致任何动物被圈押,应给该动物在圈押地点提供足够好的、有营养的食物和水。如果没能做到,一旦定罪,将被判犯有轻罪。第5条规定,如果一个人用残酷或非人道的方式,用车辆或其他工具运送或导致运送任何动物，将被判犯有轻罪。第7条规定，如果一个人在任何公共场所遗弃任何伤残、患病、年老体弱或有残疾的动物让其死亡，应被判犯有轻罪。第8条规定，美国防止虐待动物协会的代理可以有权逮捕违法者并将其送上法庭。[1]

美国《动物福利法》主要规定了对实验动物的人道照顾、对待和运输。美国农业部的《动物福利法规》通过具体的养护设施规定保障猫、犬、兔子、非人灵长动物、天竺鼠以及其他哺乳类温血动物的福利。

美国大多数州，虐待动物的行为被定为轻罪，但有23个州的法律规定了至少一种形式的虐待行为为重罪。

三、亚洲国家和地区

（一）韩国1991年的《动物保护法》第6条则是关于禁止虐待动物的规定没有适当、合理的理由，任何人不得以残忍或者令人厌恶的方式杀害动物，不得对动物施加不必要的痛苦和伤害。

（二）《香港防止残酷对待动物条例》规定任何人：

（a）如残酷地打、踢、恶待等、过度策骑、过度驱赶任何动物或残酷地使任何动物负荷过重或残酷地将其折磨、激怒或惊吓，或导致或促致任何动物被如此使用，或身为任何动物的拥有人而准许该动物被如此使用，或因胡乱或不合理地作出或不作出某种作为而导致任何动物受到任何不必要的痛苦；或

（b）如任何被禁闭或被关禁或正由一处地方运送往另一处地方的动物，但疏于对该动物提供充足的食物和清水；或

（c）如输送或运载任何动物，或导致或促致任何动物被输送或运载，或身为任何动物的拥有人而准许该动物被输送或运载，而所采用的方式或盛放动物的位置，或盛载动物的箱、篓或篮的构造或过小体积，令该动物承受不必要的痛楚或痛苦；或

（d）如将任何动物装上船只或铁路货卡，或将任何动物自船只或铁路货卡卸在另一船只或铁路货卡、码头、岸或月台，而所采用的方式或使用的器具令该动物承受不必要或原可避免的痛苦；或

（e）如导致、促致或协助进行动物打斗或动物挑惹，或经营、使用、管理、作出作为以管理或协助管理任何处所或地方作为或部分作为动物打斗或动物挑惹用途，或准许任何处所或地方如此经营、管理或使用，或因任何人获准进入该等处所或地方而接受金钱或导致或促致任何人因此而接受金钱；或

（f）如在任何动物因疾病、衰弱、受伤、疼痛或其他原因而不适宜被使用于某种

---

〔1〕 曹菡艾：《动物非物——动物法在西方》，法律出版社2007年版，第321页。

工作或劳动时,仍将其如此使用,或导致或促致其被如此使用,或身为其拥有人而准许其被如此使用;或

(g)将任何动物带进香港或驱赶、运载、运送或移走,或据有或畜养任何动物,或明知而容受任何动物拓其控制下或在其处所内被据有或被畜养,而所采用的方式可能导致该动物受到不必要或原可避免的痛苦。

一经循简易程序定罪,可处罚款 $5000 及监禁 6 个月。

《防止残酷对待动物规例》还规定:除猪篓以外的任何篮、篓及笼,其大小须足以容许其内的每头动物朝各个方向自由活动;鸟笼须装有可滑动或可移走的底盘,而底盘的构造须足以防止任何一个笼内雀鸟的粪便掉落在另一个笼内的雀鸟上;鸟笼内栖息的布置,须使较高栖枝上的雀鸟的粪便不致掉落在较低栖枝上的雀鸟上,而每个笼内的栖枝,须足够使该笼内所有雀鸟均可觅得栖歇位置;所有被关禁的动物均须获提供足够遮盖,以免受日晒或雨淋;载有动物的篮、篓及笼须保持清洁并有适当通风;所有禁闭动物的处所,均须保持清洁并有适当照明、通风、排水及良好维修;所有动物均须经常获供应充足的洁净清水;所有残废或染病的动物均须独立禁闭;任何运载或畜养任何动物的篮、篓及笼,其构造须足以防止任何该等动物受伤。

(三)台湾地区的"动物保护法"第 6 条规定任何人不得无故骚扰、虐待或伤害他人饲养之动物。

(四)印度 1960 年的《防止虐待动物法》第 3 条规定每个照顾或有看护动物的人应采取一切合理措施,以确保福利等动物,并防止造成此种动物不必要的疼痛或痛苦。在其第三章 11 条具体规定了如踢、拷打、过度役使、使受伤、给动物喂有害药物等行为为虐待行为,行为人应受到制裁。

四、南非

南非《动物保护法》规定下列对动物的行为属违法行为:虐待动物的相关行为;限制动物自由、通风、采光等行为;造成动物饮食不足的行为;使动物受伤害或生病行为;未给予动物良好的生存环境、医疗等,使动物患病或受伤害;运输条件不够导致动物受到不必要的伤害和患病;让猎狗等训养动物攻击野生动物或被野生动物攻击或用饵料使动物相互攻击;让训养的鸟类攻击野生动物或野生鸟类或被他们攻击;让患病或受伤的动物继续工作;设套诱捕或伤害动物、野生动物和鸟类;没有保证每天一次的检查和清理诱捕装置等;未经相关部门和人员许可,出售诱捕装置;在搬运、运输过程中对距离长短、冷暖、日晒雨淋、饮食未尽合理义务;无正当理由给食动物药。如果虐待动物被法院认定违法,将受到相应惩处。

第二节 有关养殖的规定

动物养殖,是满足人们对动物肉、蛋、毛皮的需要以及其他需要的生产活动。目前,世界上有关动物福利方面的呼声越来越强烈,很多国家都开始关注动物在养殖条件及在生产过程中所受到的待遇。提倡人类合理、人道地利用动物,尽量保证那些服务于人类的动物所应享有的最基本的权利,使动物在整个生长期中受到合理的"人道"待遇,包括居住环境、饲料的质量标准以及在屠宰时的人道操作等都要达到一定的标准。许多国家和地区已经通过立法对农场动物福利保障予以规定。

一、英国

英国2000年的《农场动物福利法规》关于农场动物的养殖福利保障做了较为详细的规定。在总的规定部分规定:所有者和饲养人要求采取负责任的措施,以确保这些动物的福利得以保证,确保这些动物不会受到任何不必要的痛苦折磨和伤害,并且要求饲养条件要考虑到动物的物种、发育程度、适应能力和生理要求。在第一部分,动物饲养条件通则中规定:动物应该被数量充足、具有相关知识并且有适当能力的专业人员饲养;要求饲养员至少每天去看动物一次,以确保它们处于良好的状态;对似乎是生病的动物应当及时照料;对于动物的自由运动,要考虑到与其物种和现状相适应的设施,确保不受伤害;给动物提供符合其年龄和种群以及满足其营养需要的饮食;所有饲养动物应当获得进食间隙休息的权利,至少得到每天一次的外科兽医检查。在第二部分,对于饲养在层架是鸡笼的蛋鸡规定了笼子面积、高度等的具体要求。在第三部分,对牛栏和猪圈规定了具体要求。并且对猪的饲养,规定:所有猪每天至少被喂一次,每天应该被提供新鲜的饮用水。

二、欧盟

在欧盟的动物福利法规中,适用于所有农场动物的主要有:《农畜动物保护欧洲公约》(the European Convention for the protection of animals kept for farming purposes);《关于签署农畜动物保护欧洲公约的理事会决定》78/923/EEC(Council Decision 78/923/EEC of 19 June 1978 concerning the conclusion of the European Convention for the protection of animals kept for farming purposes);《关于保护农畜动物的理事会法令》98/58/EC(Council Directive 98/58/EC of 20July 1998 concerning the protection of animals kept for farming purposes);《关于用于农业目的动物圈养空间检查最低要求的委员会决定》2000/50/EC(Commission Decision of

17 December 1999 concerning minimum requirements for the inspection of holdings on which animals are kept for farming purposes)。

欧盟参加的《农畜动物保护欧洲条约》适用于保护用于生产食品、皮毛的动物以及其他用于农场目的的动物,特别是保护密集型(集约式)饲养的农畜动物,涉及对这些动物的拥有、饲养和提供居住场所等方面。其目的是为了保护农畜动物不因居住条件、食物和喂养方式等出现问题而产生不必要的痛苦和伤害。为此,批准加入条约的国家就应该按照该条约规定的具体要求实施,包括对农场空间和环境、饲料、动物健康、密集型饲养系统的技术配备设施安装的检查。为了更好地使此公约得到贯彻实施,该公约下还建立了一个常务委员会,监督缔约国对公约的执行情况并起草和采纳有关建议。1992 年,《农畜动物保护欧洲公约修订附加议定书》开放签署。该附加议定书将原公约实施范围予以了拓展,适用于农畜业的更多领域,特别是在生物技术的运用和在农场上屠杀动物方面。同时,这一议定书对原公约的修改还考虑到了农畜业近年来的新发展、新变化。

具体而言,《农畜动物保护欧洲公约》的总则共有 7 条。其中第 3 条至第 7 条是基于对动物行为和心理需要的考虑,应如何维护动物福利的具体要求。包括:"在考虑动物种类、发育程度、适应程度和驯化程度因素的前提下,按照已确立的经验和科学知识,必须给予动物以适合其心理和行为需求的居住场所、食物、水和关照"。"在考虑到动物物种特征并按照已确立的经验和科学知识的前提下,动物活动自由,不得受到限制以致给动物造成不必要痛苦或伤害。此外,当动物被连续持久束缚和禁闭的情况下,按照已确立的经验和科学知识,必须给予动物符合其心理和行为需要的适当空间"。"动物居住地点的光照、温度、湿度、空气流通、通风和其他环境条件,包括气体浓度、噪声强度,在符合按照已确定的经验和科学知识的情况下,应适合动物心理和行为需要"。"给动物提供的食物和液体的方式不得给动物造成不必要痛苦或伤害,给动物提供的食物和液体不得含有任何可能给动物造成不必要痛苦或伤害的物质。""必须彻底查看动物健康情况和状态,检查间隔时间应适当,以便避免动物遭受不必要痛苦。对于现代密集型养殖的动物,必须每天至少查看一次。此外,用于现代密集型养殖的动物系统的技术设施,应每天至少彻底查看一次。如果发现任何缺陷,应在最少延迟的情况下立即修缮。如果不能立即修复,必须立即采取所有必要临时措施保证动物福利"等。[1]

欧盟在 1998 年 7 月 20 日颁布了《关于保护农畜动物的理事会法令》98/58/EC。该法令旨在保护用于农业目的的动物福利,属于欧盟动物保护的普通规定。其明确规范了国际通识的动物福利的五项自由,并要求欧盟各成员国必须根据农业动物的需要提供相应的居住和饲养条件。此外,该法令的附件中规定了动物饲

---

〔1〕　曹菡艾:《动物非物——动物法在西方》,法律出版社 2007 年版,第 268 ~ 269 页。

养人员的条件、监察、记录、动物的居住设施和相关器械标准、动物饮食、繁殖的规定等。例如,法令附件第 8 条至第 11 条规定是对动物居住场所标准的规定,用于建设动物居住场所的材料,特别用于动物身体接触到的建设牲畜围栏的材料,不得对动物有害,而且必须是能够被彻底清洗和消毒的。动物居住场所的装置不得有可能伤害动物的锋利边角或突出部分。动物居住场所的空气流通、灰尘程度、温度、相对空气湿度、气体浓度和照明条件不得对动物身体有害。不得让动物永久性或长期住在黑暗中。如果使用人工照明,必须适当停止使用人工照明以便让动物有适当休息时间。如果自然光线不够,无法满足动物生理和心理需要,必须提供适当人工照明等。同时,该法令还规定动物福利的监管机构为在欧盟内部贸易中对特定动物及其产品进行兽医或畜牧学检查的机构。该机构在例行检查之后,应将检查结果报告给被检查国,并向欧盟理事会提交书面报告。[1]

除了上述对所有农场动物均适用的普通规定外,欧盟还针对不同类别的动物进行了专门立法,特别是对小牛、猪和蛋鸡这三类动物予以了特别规定,主要缘由就是因为在现实中,这三类动物的饲养和居住条件是出现问题最多,也是与动物福利标准差距最大的,亟须予以规范和保护。考量现行的欧盟法律法规,我们会发现,到目前为止,欧盟在一定程度上已经禁止再采用单独木箱圈养小牛、束缚禁闭圈养母猪和箱式铁笼喂养蛋鸡的饲养方式,以期更好地实现这三类动物的康乐、维护其福利需要。

具体而言:适用于小牛福利的欧盟法规包括:《关于保护小牛的最低标准的理事会法令》91/629/EEC(Council Directive 91/629/EEC of 19 November 1991 laying down minimum standards for the protection of calves);《关于保护小牛的最低标准的理事会法令的修改法令》97/2/EC(Council Directive 97/2/EC of 20January 1997 amending Directive 91/629/EEC laying down minimum standards for the protection of calves);《关于保护小牛的最低标准的理事会法令附件的修改委员会决定》97/182/EC(Commission Decision 97/182/EC of 24 February 1997 amending the Annex to Directive 91/629/EEC laying down minimum standards for the protection of calves)。主要是确立小牛饲养的最低福利标准和具体要求,包括饲养和育肥小牛保护的最低标准、不同年龄和体重小牛的居住、喂养、检查、设施等具体标准、有关报告和检查制度、进口小牛的福利标准等。例如规定,从 2007 年 1 月 1 日起,禁止 8 周以上的小牛被关在单独的围栏里生活,除非兽医认为小牛的行为或健康需要将其单独关养以便获得治疗。至于成群饲养的小牛,对于体重在 150 公斤以下的小牛,每只小牛至少要有 1.5 平方米的自由空间。对于体重在 150 公斤以上 200 公斤以下的小牛,每只小牛只要有 1.7 平方米的自由空间。对于体重在 200 公斤

---

〔1〕 曹菡艾:《动物非物——动物法在西方》,法律出版社 2007 年版,第 269 ~ 272 页。

以上的小牛,每只小牛至少要有1.8平方米的自由空间等。

适用于猪福利的欧盟法规包括:《关于保护猪的最低标准的理事会法令》91/630/EEC(Council Directive 91/630/EEC of 19 November 1991 laying down minimum standards for the protection of pigs);《关于保护猪的最低标准的理事会法令修改的理事会法令》2001/88/EC(Council Directive 2001/88/EC of 23 October 2001 amending Directive 91/630/EEC laying down minimum standards for the protection of pigs);《关于保护猪的最低标准的理事会法令修改的委员会法令》2001/93/EC(Commission Directive 2001/93/EC of 9 November 2001 amending Directive 91/630/EEC laying down minimum standards for the protection of pigs)。根据上述规定,"猪"被具体分为:猪(pig)、公猪(boar)、小母猪(gilt)、大母猪(sow)、下崽的大母猪(farrowing sow)、怀孕大母猪(dry pregnant sow)、小猪(piglet)、断奶的幼猪(weaner)、养殖猪(rearing pig)。该法令和以上修正法令,为欧盟的猪福利保护订立了最低标准,特别是在以下方面:1.从2013年起禁止将怀孕的母猪单独囚禁圈养在铁栏中;2.从2006年起禁止束缚猪;3.改善猪居住场所的地面质量;4.增加母猪的活动空间;5.给猪提供稻草;6.进一步培训负责管理和照顾猪的人员。其中,有关母猪被囚禁式关养在铁制猪栏中圈养,一些欧洲国家已经在此之前禁止使用,例如,英国从1999年起就开始禁止使用这种圈养方式,瑞典、荷兰等国也以禁止使用这种残酷的饲养繁殖方法。对于向欧盟国家进口的猪,相关法令规定,来自欧盟以外国家的猪进口,必须具有出口国有关机构签发的证明,说明其出口的猪的福利标准和饲养待遇标准至少等同欧盟猪福利标准。法令还规定引入对饲养人员的培训和对动物福利知识的提高,并要求在2008年1月1日,对猪饲养的诸方面获得欧盟的动物福利健康科学委员会提交的报告,对猪饲养、群养密度和方法、需要空间等需要,获得科学咨询意见。此外,具体法令还规定了饲养猪的普通条件和各类不同猪进行饲养的具体要求。

适用于蛋鸡饲养的欧盟法规包括:《关于箱式铁笼饲养蛋鸡保护的最低标准的理事会法令》88/166/EEC(Council Directive 88/166/EEC of 7 March 1998 laying down minimum standards for the protection of laying hens kept in battery cages);《关于箱式铁笼饲养蛋鸡保护的最低标准的理事法令》1999/74/EC(Council Directive 1999/74/EC of 19 July 1999 laying down minimum standards for the protection of laying hens);《关于饲养蛋鸡场所注册的委员会法令》2002/4/EC(Commission Directive 2002/4/EC of 30 January 2002 on the registration of establishments keeping laying hens coverde by Council Directive 1999/74/EC)。

现行最重要的法令是《关于箱式铁笼饲养蛋鸡保护的最低标准的理事会法令》1999/74/EC。该法令将蛋鸡饲养分成三类系统:1.丰容改良的鸡笼的饲养方式(enriched cages)——在鸡笼中,每只鸡至少必须有750平方厘米的面积;2.非丰容改良的鸡笼的饲养方式(non - enriched cages)——在箱式铁笼鸡笼中,每只鸡至少必须有550平方厘米的面积,但从2012年起,全面禁止使用这种鸡笼;3. 不用箱式铁笼鸡笼的替代饲养系统(non - eage systems)——使用鸡巢饲养,第7只鸡就必须有一个鸡巢,有适当的栖木和摩擦脚爪的磨棒和土浴材料,而且饲养密度,每平方米的可用面积,不得饲养9只以上的蛋鸡。此法令还制定了蛋鸡保护的最低标准(适用于产蛋的成年鸡,但不适用于饲养350只蛋鸡以下的饲养场所,也不适用于蛋鸡繁殖场所)以及使用丰容改良的鸡笼饲养方式的具体标准和要求。在此我们需要关注到的是,即使是改良鸡笼的空间和设施还是极大的限制了鸡的活动,使得母鸡无法表达自然行为或进行任何锻炼,并导致挫败感、出现反常行为以及肢体退化。因此,瑞士等一些欧洲国家已经通过立法禁止了使用包括改良鸡笼的所有箱式铁笼鸡笼饲养鸡。从2012年起,德国也将禁止使用箱式铁笼。[1]

欧盟其他关于农场动物的主要法律包括禁止终生将牛养殖在狭窄的菜牛栏里,这种方法主要用于公奶牛。专家认为将牛养在不能转身的窄栏里有害其健康和福利。该法令于2007年1月生效。另一个重要法令是禁止将蛋鸡养在狭窄的鸡笼里,将于2012年生效。

此外,欧盟在共同农业政策中也进行了相关动物福利的规定, 如在农业生产中通过给予补贴的形式,鼓励农民减少农药、兽药、化肥等的使用量;在畜禽饲养上对用水的水质提出了具体要求, 以防止水体污染对食品安全的潜在影响;在兽药方面, 预防和治疗畜禽疾病而大量投入的抗生素、磺胺类等化学药物, 往往使药物残留于动物组织中, 伴随而来的是对公众健康和环境的潜在危害。为此, 欧盟在90/2377/EEC、92/675/EEC等指令中, 具体规定了畜产品中兽药的最高残留限量。同时, 欧盟还致力于废除和禁止抗生素,禁止将抗生素作为促进增长的活性剂。欧盟还要求,畜禽饲养场地、容器、设备、运输工具等要进行清洁和适当的消毒处理;要正确使用兽药产品、饲料和饲料添加剂; 要正确处理畜禽尸体、废物和垃圾, 对患病的畜禽进行隔离处理。[2]

欧盟的动物福利法规在动物养殖方面之规定,相当一部分是针对当代工业化的、密集型畜牧业生产提出的。此类近似流水生产线式的动物饲养方式,将动物视同为普通工业产品,采用低成本的、高效率、规模化的手段,利用动物一切可能利用的部分,制成动物制品,推向消费市场。然而,当这样的工业化饲养方法在很大程度上取代了小规模农场饲养的传统方式时,也大大限制了动物的自由天性,使其更加远离了自然。令人遗憾的是,美国等一些西方国家,仍未出台相应的法律法规对此种工业化的动物饲养方式予以限制,涉及动物饲养的福利需要的规定亦非常少,

---

〔1〕 曹菡艾:《动物非物——动物法在西方》,法律出版社2007年版,第271~282页。

〔2〕 同上注,第267~282页。

有些国家基本是阙如的。在这一方面欧盟的法规先行了一步。毋庸置疑,密集型的动物饲养方式本来就是缺乏人道、违背动物自然天性的做法,甚至在一定程度上是对动物的残酷虐待。即便是法律规定了最低标准,也只不过是减轻虐待动物的程度,因此,最彻底的保护办法是全面禁止和取缔此类饲养方式。法律理想、法律规范和法律运行的实践之间往往都会存在一定的张力,欧盟及其他国家的动物福利法也面临着这样的窘迫。最显性的表现就是现实中的一些在农业或其他方面对待动物的方式非常残酷,但是合法的。这之间的不协调性如何解决已经成为摆在欧盟和许多经济发达国家面前的一个亟待解决的问题。而发展中国家还需要克服的另外一个问题就是,在追求经济高速发展的过程中,密集型的农畜牧生产方式以其高效率、高效益的优势吸引着发展中国家对其的吸纳,也正是因为这个优势,经济发达的西方国家亦不顾此种方式的不人道特质不断地将其推介给发展中国家,而此后会引发的动物福利、动物保护乃至贸易、人类自身生存状况等方面问题的出现恰恰被有意或无意地忽略了,对此无论是经济发达国家还是发展中国家都应引起重视,并考虑相应的解决路径和措施。

三、美国

《动物福利法》作为美国联邦层面的有关动物养殖福利的法律,但不适用于伴侣动物和在农场喂养用于食用的动物。美国农业部依据该法,制定了更为具体的关于动物饲养的规定。这些规定称为农业部《动物福利条例》(Animal Welfare Regulations)。《动物福利条例》还规定兔子、非人灵长动物、天竺鼠以及其他哺乳类温血动物的饲养设施的要求。尽管这些动物种类不同,具体要求存在差异,规定的结构却是相似的。本部分仅介绍关于犬、猫福利管理的设施规定。

《动物福利条例》[1]关于犬、猫福利管理,对设施规定:犬、猫的畜舍设施必须事先设计好并建造完成,使建筑物建构坚固。设施必须保持好的维修,且必须保护动物免予伤害,安全地容纳动物,以及限制其他动物的进入;畜舍设施中用来储存动物食物或垫料的区域必须避免堆积垃圾、废弃物、废物、杂草和其他抛弃物。在畜舍设施内饲养动物的区域必须保持整洁且避免设施、家具和储存物品的堆积,但是可以包含清洁此区域的必需使用品,及畜养操作和研究工作所需要的装置及设备,非属于研究设施与联邦研究的房舍设施应与其他设施做物理上的分隔。若畜舍设施与其他设施位于同一栋建筑物上,则必须做物理上的分隔,以防止似犬、臭鼬(skunks)、浣熊(raccoons)体型的动物进入;畜舍设施表面——包括屋舍、洞穴和其他设施中家具类的装置或物体——其建构的方式及使用的材料必须是当损坏或弄脏时容易清洗和卫生消毒,或移除、或汰换。任何会与犬、猫接触的表面必须避

〔1〕 摘编自 http://www.lab127.com/showtopic-14741.html。

免过多的铁锈,避免任何会伤害动物的锯齿状的边缘或尖端;所有表面必须定期地保持维护;会与犬、猫接触的坚硬面,必须每天做污点清洁。畜舍设施必须有可靠的电力,其足够供应加热、冷却、通风、照明,和完成依本章节条例之其他畜养必要条件。畜舍设施必须提供足够的饮水,以符合犬、猫饮水需求、清洁和完成其他畜养必要条件。供应的食物与垫料必须以免于掠夺糟蹋、污染及有害动物之侵扰的方式储存。供应物品所储存的位置必须远离地板及墙壁,以便于清理供应物品储存位置的底部与周围区域。食物必须依据条件冷藏或冷冻,以可预防污染或不降低营养价值的方式储存。已开封的食物与垫料必须存放防漏且附有坚固密合盖子的容器内,以避免掠夺糟蹋及污染。仅马上要使用之食物与垫料才能置于动物区。对于犬、猫有毒但为正常畜养操作所需物质则不应该存放在食物储存区和食物准备区,但是可以放在有动物区域的小橱柜里。畜舍设施的操作员必须定期收集、移除及丢弃动物与食物废料、垫料、碎物、垃圾、水、废物及其他液体与废物,如此可减少污染及疾病风险。畜舍设施必须设有废物处理设施及排水系统的建造与操作,如此动物的废物与水能迅速移除,而使动物保持干燥。废物处理及排水系统必须减少有害鸟类及有害动物的侵扰、害虫、气味及疾病风险。所有的排水设施必须适当建造、安装与维持;若用密闭排水系统,此系统必须装置存水弯(水封),可防止气体的逆流与污水的溢流到地板;若此设施有污水池、沉淀池或其他排水及动物废物处理类似系统,此系统位置必须远离畜舍设施的动物区,如此可避免气味、疾病、害虫、有害动物及有害鸟类的侵扰。在动物区的长期水坑,必须擦拭干燥或排除,使动物保持干燥。置于有动物设施、食物储存区与食物准备区的垃圾捅,必须随时防漏且盖上坚固密合的盖子。动物尸体、动物残肢与动物排泄物绝对不能置放在食物储存区、食物准备区、食物冷冻库、食物冷藏库与动物区。必须提供动物管理员冲洗设备,例如:清洗间、木盆、洗涤槽或淋浴设备,且必须让动物管理员容易进入。

四、澳大利亚

澳大利亚有一套国家动物福利标准实践准则(Model Codes of Practice for the Welfare of Animals),为各类不同用途的动物的保护提供了具体指南。这套动物福利实践准则规定了不同种类的动物养殖的福利具体要求。

有关养殖方面的福利保护。《牛福利实践准则》的主要规定了:牛的基本福利需要、密集饲养牛的标准、人工饲养小牛的标准、饲养牛的基本设施要求、管理要求,饲养要求、牛的健康、牛的饲料和饮水要求等章节。

牛的基本福利需要一章规定,牛的基本需要必须得到满足,不论使用何种饲养方式,都必须:给牛提供适当质量和数量的食物、水和空气,保持牛的健康;让牛能够同其他牛有群体接触;给牛足够的空间,让牛能够站立、趴下、转身、舔毛、伸腿和展示正常行为;在可能的情况下避免牛被其他动物伤害猎取;让牛免受伤病的痛苦,如果有伤病,要提供适当医疗;给牛适当保护,免受恶劣天气和自然灾害的袭击和影响;让牛免受不必要和不合理的疼痛、痛苦和伤害。此外,质量保证系统中应该包含对于牛的福利的考虑。喂养和处理牛的人员应有专门技能可以胜任工作,尽量避免在喂养和处理牛的过程中给牛带来紧张和创伤。一旦牛出现伤病,必须及时处理求医。在密集饲养牛的情况下,要特别重视对牛的营养和环境的适当管理。实践准则还详细规定了有关饮食、健康等方面的标准,例如,让牛能获得适当质量和数量的饮食,不能给牛喂用含有某些有害物质的食物,不能让牛待在充满尘土或者有毒气体的空气中等,避免对牛的健康产生长期不利的后果。

目前澳大利亚的动物养殖方面福利的实践准则主要包括:《牛福利实践准则》、《猪福利实践准则》、《羊福利实践准则》、《家禽福利实践准则》、《饲养的水牛福利实践准则》、《密集饲养的兔福利实践准则》、《骆驼福利实践准则》、《饲养的鹿福利实践准则》、《山羊福利实践准则》、《饲养的鸸鹋福利实践准则》、《饲养的鸵鸟福利实践准则》、《澳大利亚用于科学目的的动物关照和使用实践准则》。

尽管这些实践准则虽然不具有法律约束力,是指导性准则,但其中一些准则已被一些州在其动物福利法规中采纳使用或者规定为强制性的条款。[1]

五、德国

德国于1974年公布了首部《动物福利法》,其后历经数次修改,现行的是2001年4月11日修正后的《动物福利法》。该法共分13章22个大条款,其中很详细的对饲养动物、动物的灭杀、动物手术、动物实验、动物繁殖及动物买卖、动物的进口、运输和饲养以及相应的法律责任作出了规定。在第二章动物饲养的规定中,《动物福利法》授权食品、农业和渔业联邦部(以下简称联邦部)可以颁布法令将第2条中关于动物饲养的要求进一步细化,并在第3条中详细的规定了11种予以禁止的行为,其中包括给动物强行喂食和给动物饲喂导致动物痛苦或伤害的食物。第八章是培育、饲养和买卖动物;第九章是转运、经营和饲养的禁止性规定。这两章对饲料的生产、使用,药品的使用做出严格规定,而且由官方公共兽医部门实施管理和监督,培育、饲养和买卖动物必须经过主管部门的授权和颁发许可证,并且,只有当培育、饲养和买卖人具有专门的动物知识时,主管部门才可以下发许可证;如果培育新的品种,会给动物带来身体器官的损害或其他痛苦,这种培育是被禁止的;没有监护人的同意,不允许将脊椎动物出售或者交给未满16周岁的少年;如果有违这些规定,将被取消资格证,禁止再饲养、出售和展示动物。法律明确规定只有兽医才有权分发兽药,兽药分为处方药和非处方药。对于疫苗和有些口服兽药

---

〔1〕 曹菡艾:《动物非物——动物法在西方》,法律出版社2007年版,第220~224页。

的使用必须获得官方兽医主管部门的批准。饲料厂在饲料中添加兽药也必须得到兽医主管部门的批准。[1]

第三节 有关运输的规定

动物贸易发展迅速,动物的运输也日趋频繁,无论是农场动物还是工作动物,还是实验动物都极大可能面临被运输的情况。如果运输过程中,运输措施不当,将会造成动物的伤害或死亡,这显然不符合动物福利的要求。为此,许多国家和地区对动物运输过程通过立法,规定了具体的措施要求。

一、英国

英国有关农场动物运输的规定主要有《动物运输法案》(1997 年制定,1999 年修订)规定所有农场动物的运输者必须持有合格证书,实行家畜的休息制度,统一了动物的运输标准。英国还贯彻实施的 95/29 号命令。

除贯彻欧盟的统一动物运输一般标准,英国还规定:农场动物的出口运输超过 8 个小时的,必须拟订详细的计划和路线;农场动物在经过 8 个小时的运输后,应当休息 24 小时;运输工具应当符合基本标准——足够的空间、合理的载重、新鲜的空气以及装卸不会引起动物的额外痛苦。

其中伪造或签发虚假执照的,可以处 400 英镑或 2 个月的监禁;对于运输标准违反规定情节严重的,构成犯罪,应承担法律责任,行为人运输超过 10 只动物的,可处以每只 400 英镑或 500 英镑的罚款。[2]

二、欧盟

欧盟有关动物运输的法规数量较大,规定亦非常具体。主要包括:《国际运输动物保护欧洲公约》(European Convention for the protection of animals during transport);《关于签署国际运输动物保护欧洲公约的理事会决定》(9761/04)(Council Decision 9761/04 of 21 June 2004 on the signing of the European Convention for the protection of animals during international transport);《关于在运输动物保护的理事会法令》91/628/EEC (Council Directive 91/628/EEC on the protection of animals during transport and amending Directives 90/425/EEC and 91/

---

〔1〕 详见:http://www.animallaw.info/nonus/statutes/stdeawa1998.htm。

〔2〕 摘编自宋伟:《善待生灵——英国动物福利法律制度概要》,中国科技大学出版社 2001 年版,第 51 ~52 页。

496/EEC）;《关于运输动物保护、修改理事会法令 91/628/EEC 的理事会法令》95/29/EC（Council Directive 95/29/EC amending Directive 90/628/EEC concerning the protection of animals during transport）;《关于分段运输的共同体标准和修订 91/628/EEC 法令附件中提及的路线计划的理事会条例》1255/97（Council Regulation No. 1255/97 concerning Community criteria for staging points and amending the route plan referrde to in the Annex to Directive 91/628/EEC）;《关于牲畜运输超过 8 小时的公路运输车的动物福利保护补充标准的理事会条例》411/98（Council Regulation No. 411/98 on additional animal protection standards applicable to road vehicles used for the carriage of livestock on journeys exceeding eigth hours）;《关于非商业运输宠物动物健康要求的理事会条例》998/2003（Council Regulation（EC）No. 998/2003 of the European Parliament and of the Council of 26 May 2003 on the animal health requirements applicable to the noncommercial movement of pet animals and amending Council Directive 92/65/EEC）;《关于运输过程和相关运作的动物保护理事会条例》1/2005（Council Regulation（EC）No. 1/2005 of 22 December 2004 on the protection of animals during transport and related operations and amending Directives 64/432/EEC and 93/119/EC and Regulation（EC）No. 1255/97）。

近年来,随着立法理念和社会的发展变化,欧盟对有关动物运输方面的福利规定进行了较大幅度的修改。这些新的规定要求确认所有参与动物运输的各方资格,并规范了各方的责任,加强了监督,对长途运输和使用的运输车辆作了更为严格的规定。2004 年 12 月 22 日发布的理事会条例 1/2005,具体规定了在欧盟国家之间为经济活动而对活体脊椎动物进行运输的标准。该条例的目的是为了减少动物在道路和海上行程中所受的伤害和痛苦,确保这些动物在运输过程中能获得满足其需要的适当条件。该条例在已有法规的基础上,进一步要求明确涉及运输的各方资格和责任,加大对授权和检查等方面的执法力度,包括自 2007 年起,使用诸如卫星导航系统等新的、更有效的监控工具对运输车辆进行检查等。同时对运输车辆的配备、运输过程中的喂食、喂水及可以运输的动物年龄、运输动物的人员资格、装卸动物的程序等都做了更加严格具体的规定。

在欧盟现行的有关动物运输的法律规定中,《动物国际运输保护欧洲条约》和《关于运输过程和相关运作的动物保护理事会条例》1/2005 发挥着较为重要的作用。下面对这两个法律规定做以简要介绍。

（一）《动物国际运输保护欧洲条约》的主要内容

欧盟在 2004 年 6 月 21 日批准加入了《关于签署国际运输动物保护欧洲公约的理事会决定》,使该公约成为了欧盟法律的一部分。

《国际运输动物保护欧洲公约》汲取了过去 30 多年里,动物福利方面的经验和科学研究结果。制定了适用于所有动物物种的基本原则,同时也提出了技术性规范标准。并且指出,各缔约国可以采取比动物国际运输更严格的动物保护措施。

该公约的适用对象是所有脊椎动物的国际运输,而不适用于有人陪同的单个动物的运输,也不适用于非商业目的的、有主人陪同的宠物的运输。在动物运输过程中,必须使用保证动物福利包括动物健康的运输方式;在尽可能的情况下,不得拖延运输时间,以推迟动物到达目的地的时间;在交通控制点,必须优先考虑让装有动物的运输车通过;只有当完全出于考虑动物福利或控制疾病的情况下才能拘留动物;如果拘留动物,必须对照管的动物给适当的安排;如果必要,必须下卸动物和提供住宿。

公约规定了对动物运输者的授权:各方必须确保用于商业目的的动物运输者按规定注册,以便当局能在违反公约条款的情况下迅速确定其身份,同时确保运输者有合法的国际运输动物的授权。只有根据该公约规定的适当训练的人员才能获得运输动物的授权执照。如果运输者屡次或严重违反该公约条款,有关当局必须吊销或终止授权执照。

对运输工具的建造、维护和运作标准,公约规定:必须避免给动物造成伤害或痛苦,要确保运输中动物的安全。运输工具的设计和建造必须给动物提供适当的空间,让动物能自然站立,并有足够充分的空气流通。必须能给动物提供一定质量和数量的适合动物的空气,特别是那些全部关起来的运输工具中。运输工具和运载器具必须结实,避免动物逃跑、掉出,还要防滑,为动物提供适当保护避免恶劣气候条件,还需要能够让检查人员进行检查,并能够给动物喂水和食物等。运输动物的箱柜必须清晰标明活体动物在内。运输工具还必须能够很容易清扫和消毒。

同时,在准备运输前,必须给动物做准备,让动物熟悉将要吃的食物和运输车上喂食、喂水的方式。在运输时,必须给动物提供水、食物和适当的休息。为了减少运输的紧张压力,必须足够重视某些动物的特别需求,例如,野生动物在出发前,要让他们熟悉运输的方式。必须尽量避免将不曾在一起喂养生活或互相不熟悉的动物装在一起运输。在装卸动物时,必须确保不给动物造成伤害或痛苦。将动物载上运输工具时,必须有足够的空间,包括地面空间和高度,同时动物之间有一定距离。必须尽量确保在出发地点将动物装载上运输工具之后尽快出发,在到达目的地时,必须将动物尽快下卸,必须给动物提供适当的饮水,如果需要的话,还必须提供食物,并有适当的休息。

关于运输的设备和程序的规定有:装卸动物必须使用适当设计和建造的下载桥、坡道、过道。所有此类装卸设施必须适用这些用途,必须稳定,得到维修并处于良好状态中。动物走过的走道的表面必须防滑,倾斜度必须尽量很小。运输工具的内部,在装卸动物时,必须有照明,以便让动物看见它们走在哪里,要根据不同的动物种类来确定具体要求。装载动物的运输工具必须彻底清洗,如果必要,还必须消毒。如果有货物同动物同车运输,必须确保货物摆放得好,不会给动物造成伤害、痛苦或紧张。如果是将动物装在运输箱里，然后将运输箱层层堆放在一起，必须采取措施避免上一层运输箱里动物的粪便不会掉淌到下一层动物的身上。有关搬运，必须平稳、小心谨慎搬运动物，以便尽量减少动物的焦虑不安，并防止动物承受可避免的疼痛、紧张和伤害。在装卸时，必须避免噪音、干扰和使用过度的力量。不得击触动物，不得对动物身体敏感部位施加压力。将动物混合在一起运输时，如果可能出现伤害，必须将这些动物分离开来，特别是如果动物属于不同物种，或者互相有敌意，或者动物的年龄或大小相差很大，或者是有成年未阉割的雄性动物。或者有被束缚和没有被束缚的动物混合在一起。但这一条不适用于在一起饲养长大的、互相熟悉的同种动物，或者动物妈妈还有幼小动物，将他们分离将造成痛苦的情形，等等。

第 17 条至第 25 条是对运输过程中对动物的关照之规定，与前述动物运送的相关规定类似，在这里不再赘述。此外，公约的第 26 条至第 30 条是有关铁路运输、公路运输、水上运输、空中运输工具来运输动物的具体规定。

（二）《关于运输过程和相关运作的动物保护理事会条例》的主要内容

《关于运输过程和相关运作的动物保护理事会条例》1/2005，适用于在欧盟国家领域内的活体脊椎动物的运输，包括进入和离开欧盟海关所进行的海关检查。该条例规定，不得使用任何可能给动物造成伤害或过度痛苦的方式运输动物或者倒置运输动物。此外，必须事先做好所有必要安排以便最大程度缩短行程并在行程中满足动物的需求。必须确保动物身体健康适合旅行，必须确保运输工具的设计、建造、维护和运作能避免给动物造成伤害和痛苦并确保动物的安全。装卸动物设备的设计、建造、维护和运作适当，确保避免给动物造成伤害和痛苦，并保证动物的安全。装卸动物的人员必须受过专门训练或胜任这一工作，并在装卸动物时，不得使用暴力或其他可能给动物造成不必要的惊恐、伤害和痛苦的方法。运输动物必须不拖延地运往目的地。动物的福利条件要定期检查并适当维护。运输动物时，必须依照动物的大小和行程情况，给动物提供适当、足够的地面和高度空间。必须给动物在适当的间隔时间里提供食物、饮水以及休息，数量和质量均需要取决于动物的物种和大小。运输动物的人必须在其运输工具上携带相关文件，说明动物的来源、所有人、出发地点、出发日期和时间、目的地、行程的长短。在有关当局要求下，运输人必须将这一文件提供给有关当局。运输动物的人必须持有有关当局颁发的授权许可证明方能运输动物，而且必须按照本法规的具体规定运输动物。此外，运输牛、猪、马、羊等动物的长途公路运输，运输工具必须配备导航系统。从 2009 年 1 月 1 日起，所有公路运输工具都必须配备导航系统。运输人必须将导航系统的记录保留至少 3 年。对于长途公路运输动物，运输工具必须事先得到检查和批准，否则不得运输。对于海上运输动物，如果从欧盟国家的港口出发旅行行程超过 10 海里，运输饲养的马、牛、羊、猪的海上运输工具必须事先得到检查和批准，否则不得运输。运输工具也必须得到有关当局的检查和批准方能使用。

此外,条例还规定了欧盟各国负责检查运输动物福利的政府部门、负责检查运输动物福利的人员和运输动物的人员的培训、运输工具的批准证书、对装卸动物的检查、边境和出境口岸检查动物运输等内容。

1/2005号欧盟理事会条例还有6个附件条款。其内容与《国际运输动物保护欧洲公约》一致,也有一些补充措施。例如:对进行运输的动物的健康要求的补充规定主要有:只有动物身体健康适合所要进行的旅行方能运输动物。所有动物的运输均必须在能保证不给动物造成伤害和不必要的痛苦的条件下才能进行。不得运输受伤的动物或者当时有身体虚弱或其他生理症状的动物,这些动物不得被视为适合运输,特别是在以下情形下,除非有例外,不得运输动物:1. 当动物无法在不承受疼痛的情况下独立行动时,或者在没有辅助下无法行走时;2. 动物有严重的开裂的伤口或身体组织有露出体外的伤口;3. 孕期已超过90%以上的怀孕雌性动物;或在1个星期前刚生产的动物妈妈;4. 新生哺乳动物,其肚脐尚未痊愈;5. 不到3个星期的猪,不到1个星期的羊,不到10天的牛,除非运输行程在100公里以下;6. 不到8个星期的狗和猫,除非有动物妈妈陪同旅行。

关于动物海上运输工具的补充规定有,规定运输动物的船只必须结实坚固,必须有通风设施,同时还规定了换空气的具体技术指标。还必须提供新鲜饮水系统,有适当的排水和足够的照明设施。对于行程超过24小时的海上运输,运输船只必须在出发地点载有足够的动物饮食和铺垫材料完成整个旅行,计算方式是动物必须每天提供以下最低标准的饮食,必须将整个旅程计算在内,同时另加额外3天或对以上数量另加25%。

动物种类	饲料（动物体重的百分比）	浓缩食品（动物体重的百分比）	清水（每只动物）单位:立升
牛和马	2	1.6	45
羊	2	1.8	4
猪	—	3	10

有关运输工具的空间的补充规定有,包括各类动物——马、牛、羊、猪和家禽,在公路运输、空中运输和海上运输中,必须提供的空间的具体规定,这些标准按照动物的不同种类、年龄大小、体重,具体提出了空间的大小标准。例如,铁路和公路运输猪,所有猪必须至少有能够自然躺下和站立的空间。运载猪的空间密度不得超过235kg/m^2。同时,由于猪的种类、大小和身体状况不同,也就意味着以上最低空间面积需要按具体情况增加,同时根据当时天气条件和行程时间等因素的考虑,

还可能需要增加20%的空间。[1]

此外，欧盟专门针对宠物的运输制定了《关于非商业运输宠物动物健康要求的理事会条例》998/2003，于2004年7月3日开始生效。适用于猫、狗、白鼬等宠物在欧盟国家之间或从第三国进入欧盟国家的运输，规定了宠物运输要求和运输时宠物的健康标准。

其实早在2002年3月1日，欧盟动物卫生及福利科学委员会在“运输中的动物福利”报告中已经提出了针对马、猪、牛等动物的保护措施应得到采用，同时欧洲食品安全局也对所有其他需要经常运输的动物提出了建议，包括：家禽、平胸鸟类（如鸵鸟）、鹿和驯鹿、野兔、鱼、狗、猫、啮齿动物、灵长类动物以及外来的和野生动物。动物卫生与福利专家小组提出的保护措施建议应充分考虑到上述报告提出的大多数动物及特殊动物种类运输的一般性原则和特殊性规定。

三、美国

美国有关动物运输福利保护的法律法规有《二十八小时法》，该法适用于食用的农业动物的运输，该法规定：使用铁路运输和普通运输等工具的所有人、租赁方、信托方，从美国的一州运输动物到另一州，不得连续二十八小时将动物关在运输车或者运输工具中而不让下车饮食和休息，并要求用人道方法让动物上下车。

另外，美国农业部的《动物福利条例》（Animal Welfare Regulations）第三部分针对动物运输设定了标准，包括：猫、犬的人道管理、照顾、对待和运输标准（Standards for the Humane Handling，Care，Treatment，and Transportation of Dogs and Cats）；大颊鼠和天竺鼠的人道管理、照顾、对待和运输标准（Standards for the Hunane Handling，Care，Treatment，and Transportation of Guinea Pigs and Hamsters）；兔子的人道管理、照顾、对待和运输标准（Standards for the Humane Handling，Care，Treatment，and Transportation of Rabbits）；非人类灵长类动物的人道管理、照顾、对待和运输标准（Standards for the Humane Handling，Care，Treatment，and Transportation of Nonhuman Primates）；海洋哺乳动物的人道管理、照顾、对待和运输标准（Standards for the Humane Handling，Care，Treatment，and Transportation of Marine Mammals）；除了犬、猫、兔子、大颊鼠、天竺鼠、非人类灵长类动物及海洋哺乳动物之外的温血动物的人道管理、照顾、对待和运输标准（Standards for all other warm blooded animals）。

美国农业部《动物福利法案（犬、猫）》有关运输犬、猫规定：当需要保护犬、猫免受极端的温度及提供动物的健康与福利时，犬、猫的移动式或旅行式畜舍设施必须能够有效率地加温或降温。移动式或旅行式畜舍设施之周遭温度不应低于50

---

〔1〕 曹菡艾：《动物非物——动物法在西方》，法律出版社2007年版，第286~300页。

华氏度(10℃),特别是对不适低温的犬猫、在无压力及不舒适的情况下也不能忍受低温的品种(例如:短毛的品种)以及生病、年老、年幼、虚弱的犬猫,除非得到专业兽医师之允许。当温度低于50华氏度(10℃)时必须提供干垫料、硬的睡垫或其他维持动物体温的方式。在犬、猫所处之地,设施周遭的温度不可以连续四小时低于45华氏度(7.2℃)或高于85华氏度(29.5℃);犬、猫的移动式或旅行式畜舍设施必须有效率地随时通风,必须由窗户、门、排气孔、风扇或空调设备来提供通风。当周遭温度到达或高于85华氏度(29.5℃)时,必须提供辅助的通风设备,如:风扇、吹风机或空调设备;犬、猫的移动式或旅行式畜舍设施必须被充分地照明,足以允许适当的清洁与检查设施,及观察犬、猫。动物区必须提供定期每日的日照循环,不论是自然的或是人工的光线。

美国农业部《动物福利法案(兔子)》有关运输兔子规定:运送者及中途经手者不应接受由任何经销商、研究机构、展览者、拍卖者或其他人或美国政府、州政府或地方政府的运输部门或代理机构或媒介提供在运输动物的主要交通工具预定起程前交易超过四小时所运送的任何活兔子,但是,动物运输至目的地有特殊重要计划,则任何经销商、研究机构、展览者、拍卖者或其他人或美国政府、州政府或地方政府的运输部门或代理机构或媒介可互相达成协议延长接受时间但不超过六小时;运送者及中途经手者应在任何活兔子到达最终装运设备的动物收容区后,至少每六小时一次试图通知委托者。每次试图通知及最终通知委托者的时间、日期及方法以及通知委托者的人员姓名应记录在由运送者或中途经手者所保留的运输证明文件之附本以及伴随动物运送之运输证明文件之复本上。

美国农业部《动物福利法案(非人灵长类)》有关运输非人灵长类动物规定:移动式或旅行式畜台设施,当需要保护非人类之灵长类免受极端的温度及提供动物的健康与福利时,移动式或旅行式畜舍设施必须能够有效率地加温或降温。在非人类之灵长类所处之地,设施周遭的温度不可以连续四小时低于45华氏度(7.2℃)或高于85华氏度(29.5℃);移动式或旅行式畜舍设施必须有效率地随时通风,必须由窗户、门、排气孔、风扇或空调设备来提供通风。当在旅行式畜舍设施内周遭温度到达或高于85华氏度(29.5℃)时,必须提供辅助的通风设备;移动式或旅行式畜舍设施必须被充分地照明,足以允许盲舍的例行检查与清洁,及观察非人类之灵长类。动物区必须提供定期每日的日照循环,不论是自然的或是人工的光线。光线必须均一地普遍照到动物畜舍设施,有效地提供照明以帮助维持良好的管理操作、适当地清洁、适当地动物检查与动物的福利;当大众在场时,必须随时在移动式或旅行式畜舍设施与大众间有一个障壁去制止大众与非人类之灵长类身体的接触。[1]

---

〔1〕 摘自 http://www.lab127.com/showtopic-14741.html。

四、中国港台地区

香港《防止残酷对待动物条例》[1]规定：如掌管任何被禁闭或被关禁或正由一处地方运送往另一处地方的动物，但疏于对该动物提供充足的食物和清水；如输送或运载任何动物，或导致或促致任何动物被输送或运载，或身为任何动物的拥有人而准许该动物被输送或运载，而所采用的方式或盛放动物的位置，或盛载动物的箱、篓或篮的构造或过小体积，令该动物承受不必要的痛楚或痛苦；如将任何动物装上船只或铁路货卡，或将任何动物自船只或铁路货卡卸在另一船只或铁路货卡、码头、岸或站台，而所采用的方式或使用的器具令该动物承受不必要或原可避免的痛苦；如导致、促致或协助进行动物打或动物挑惹，或经营、使用、管理、作出作为以管理或协助管理任何处所或地方作为或部分作为动物打或动物挑惹用途，或准许任何处所或地方被如此经营、管理或使用，或因任何人获准进入该等处所或地方而接受金钱或导致或促致任何人因此而接受金钱；如在任何动物因疾病、衰弱、受伤、疼痛或其他原因而不适宜被使用于某种工作或劳动时，仍将其如此使用，或导致或促致其被如此使用，或身为其拥有人而准许其被如此使用；将任何动物带进香港或驱赶、运载、运送或移走，或据有或畜养任何动物，或明知而容受任何动物在其控制下或在其处所内被据有或被畜养，而所采用的方式可能导致该动物受到不必要或原可避免的痛苦等，这些行为都是被禁止的。

我国香港地区另一部比较重要的动物保护法律规范是《防止残酷对待动物规例》[2]。它对动物保护做了一般性的规定。除猪篓以外的任何篮、篓及笼，其大小须足以容许其内的每头动物朝各个方向自由活动；鸟笼须装有可滑动或可移走的底盘，而底盘的构造须足以防止任何一个笼内雀鸟的粪便掉落在另一个笼内的雀鸟上；鸟笼内栖枝的布置，须使较高栖枝上的雀鸟的粪便不致掉落在较低栖枝上的雀鸟上，而每个笼内的栖枝，须足够使该笼内所有雀鸟均可觅得栖歇位置。所有被关禁的动物均须获提供足够遮盖，以免受日晒或雨淋。载有动物的篮、篓及笼须保持清洁并有适当通风。所有禁闭动物的处所，均须保持清洁并有适当照明、通风、排水及良好维修。所有动物均须经常获供应充足的洁净清水。所有残废或染病的动物均须独立禁闭。任何运载或畜养任何动物的篮、篓或笼，其构造须足以防止任何该等动物受伤等。

对禽畜、牛只等的进口和出口的主要规定有：每艘离开香港任何港口并运载10头以上牛只出口的船只，其船长、船东或代理人须为该船只所运载的所有牛只，提供足供预定航程之用的合适食物和清水，并且在航程平均为期不足3天的情况

---

〔1〕 详见 http://law.intopet.com/12927.shtml。

〔2〕 摘编自 http://www.chinabaike.com/law/got/xg/1376577.html。

下,另须为每头牛只提供1天的额外配给量;或在航程平均为期超逾3天的情况下,另须为每头牛只提供2天的额外配给量。他亦须安排令该船只所运载的所有牛只,由上船直至最后离船的期间内,每24小时获提供分量充足的食物和水,并须携同高级兽医官认为照管船上牛只所需数目的人,而如此携同的人在航程中不得被遣派担任其他职责。船只上所运载的牛只,不得藉拴鼻方式系缚,但所有该等牛只,均须以绳束缚,绳的长度须足以让牛只躺下,而其强度则须足以承受牛只的重量。每艘运载10头以上牛只的船只,均须设有稳固的脚踏,以供船上牛只之用,并须装上挡风板或其他为该等牛只而设可抵御日晒雨淋及海浪的保护物,亦须装上数目足够的围栏。围栏不得以竹建造,且不得容纳牛只超逾4头(不足6个月大的小牛2头作1头计算)。围栏须作布置,使牛只可横向而立,并须建筑坚固以及稳固地拴系,以抵受恶劣天气。围栏须每天最少洁净一次。任何船只不得获准在同一时间运载200头以上牛只出口。任何船只所输送的每头动物,均须获分配不少于3平方米的甲板空间。同时须有脚踏提供以防滑倒,且该等动物须横向而立,并须以绳系缚而非藉拴鼻方式束缚。但就2岁以下的牛只而言,每2头该等牛只所获分配的甲板空间须为3平方米。在任何船只上运载的绵羊及山羊,均须置放于建造坚固的围栏内,每个围栏不得容纳羊只超逾40头,而每头羊只须获给予空间0.7平方米。在任何船只上的每个围栏内不得置放猪只超逾40头。每头猪只须获给予空间0.7平方米,而每头活重在40公斤以下的猪只2头作1头计算,至于每头活重在20公斤以下的猪只则3头作1头计算。当以篓子运载时,每头猪只须获编配一个独立篓子。每个该等篓子,体积须足够宽大,以使猪只得以舒适地装载其内,而所设篓孔须足够细小,以防猪只受伤。篓子须分行排列,如叠放时,只可有2层或2排。篓子如非单行排列,则只可排成2行。排列篓子,须使所有单行猪只的头均朝同一方向,而所有双行猪只的头均朝外。在每一行猪只的头所朝方向的旁边或两旁,须留有阔450毫米的通道,以容许喂饲食物和水。在篓子不作叠放的一行,该行的所有篓子须稳固地拴系在一起。在篓子作叠放的一行,该行须设有坚固的只柱式直立柱杆,该等柱杆可属可拆除式,但高度不得低于上层或上排的顶部,并须稳固地栓系于甲板上,且支承该行或该叠篓子。上述的双柱式柱杆,须固定设于该叠篓子的首尾两端,以及该等篓子首尾两端之间距离不超逾5个篓子的位置。每双支承一叠篓子的柱杆,均须稳固地栓系在一起。如将猪只输送渡过海港,则须采用大型平底船。任何人违反上述规定,可处不超过第五级罚款。而就持续的罪行而言,则可就罪行持续期间的每一天,另处罚款200元。

我国台湾地区的"动物保护法"规定不得于运输、拍卖、系留等过程中,使用暴力、不当电击等方式驱赶动物,或以刀具等具伤害性方式标记。

五、澳大利亚

《动物关照和保护法》规定，在没有适当准备，包括没有适当食物、休息、掩蔽处或饮水的情况下，禁闭或运输动物；或者在动物有病不适和禁闭或运输的时候禁闭或运输动物；或者用不利于动物福利的方式来禁闭或运输动物；或者用不适合的运载箱或运输工具来禁闭或运输动物。

另外，澳大利亚还制定了许多有关动物运输的准则，指导动物运输中对动物福利的保证。这些准则包括：《陆地运输的牛福利实践准则》、《陆地运输的马福利实践准则》、《陆地运输的猪福利实践准则》、《陆地运输的家禽福利实践准则》、《海上运输的牲畜福利实践准则》、《空中运输的牲畜福利实践准则》、《铁路运输的牲畜福利实践准则》、《路运输的牲畜福利实践准则》等。[1]

第四节　有关实验动物的规定

实验动物还没有统一准确的概念，通常指用于科学研究、生物学测试、药品及生物制品原材料的动物。这种动物是在特定条件下，经过严格定向培育而成，具有稳定的生物学特性，明确的遗传和微生物背景。实验动物具有对实验处理敏感性强、个体差异小、反应一致、重复性好的特点。很多情况下，实验动物的含义不仅指上述定义中的实验动物，而是泛指实验用动物。动物实验是医学科学研究和教学工作中必不可少的重要手段，通过动物实验，可以观察、分析、研究和解决医学中的许多问题，如学习医学知识，探索人类疾病的发病机制，寻求疾病的治疗方法，评价药物的疗效和安全性等。医学动物实验的方法是多种多样的，如动物的选择、分组、编号、抓取、固定、麻醉、手术、给药、采血、取尿、急救、处死等，各个医学学科的动物实验几乎都要涉及这些基本的实验操作方法。这些方法无疑将对实验动物带来不必要的痛苦、伤害甚至死亡。实验动物福利日益被人们所重视，许多国家和地区已经通过立法予以保障。

一、英国

英国有关实验动物福利的立法，主要有《动物（科学方案）法》（1986 年），目的是通过建立一个控制利用动物进行实验的机制，来规范实验和其他科学方案中使用动物的行为，以减轻实验动物的痛苦。规定了一个三级控制的执照颁发系统，要

---

〔1〕 曹菡艾：《动物非物——动物法在西方》，法律出版社 2007 年版，第 222 页。

求实验基地首先必须申请并且获得执照,设立的实验方案应获得批准,进行试验的个人必须拥有执照;规定设立了监督机构主管执照颁发事宜;规定了除经批准而且该动物已被完全麻醉或适合于一系列实验外,禁止对已进行过实验的动物再进一步实验;规定了实验动物食宿照料的最低标准;实验动物(老鼠、田鼠、仓鼠、兔、狗、猫、欧洲鹦鹉和灵长类动物)必须从合法的基地获得。并且,规定了无证人员进行实验、不遵守饲养条件和不提供动物规则的行为,均构成犯罪,应当承担相应的法律责任。

英国《动物保护法案》(麻醉)(1954 年)规定:如果给动物做的任何手术没有使用麻醉剂来消除手术中的疼痛,这次手术将被认为不合法和不人道的手术,主要负责人将应承担相应的法律的责任;此条款适用于任何没有使用防止动物组织过敏或防止影响动物骨骼设备的手术或使用空心针进行注射或抽血手术。

反对所有能够给动物造成疼痛、痛苦或苦痛的实验或程序,不论什么时候使用动物,都必须尽一切可能避免给动物造成痛苦。

英国皇家反虐待动物协会(RSPCA)法规规定:反对动物试验,包括不必要的重复,科学价值不大,或已有不用活体动物的替代方法的动物实验;反对在非必须性物质检验中使用动物,如化妆品,某些家用产品和食品添加剂;在实验申请许可之前,需要对所有新的实验和实验草案进行全面的伦理审查;应该任命一个或几个人全面负责在一个科学程序完成中的动物的日常管理,必须任命一个兽医外科医生监控这些动物的健康和福利状况;反对使用从野外捕获得任何动物来做实验研究;反对使用黑猩猩来做实验研究。

英国还于 1997 年制定了《实验动物专利法》,规定动物试验获得专利权的标准和条件。同时,作为欧盟的成员国,也在欧盟《关于实验和其他科学目的使用脊椎动物的保护协定》(1985 年 5 月通过,1986 年 10 月 1 日实施)的调整范围之内。[1]

二、德国

德国《动物福利法》对动物实验做出详细的规定。

该法第 7 条规定"动物实验"指为实验目的在动物身上进行的可能导致其遭受痛苦或伤害,或者就动物基因进行的可能导致其基因改变或导致其遭受痛苦或伤害的任何手术或处理。

规定动物实验的条件要求:预防、诊断或治疗人或动物存在的疾病、痛苦、身体缺陷或其他反常情况,或者探究人或动物的生理状况或功能,或者对人或动物的生

[1] 宋伟:《善待生灵——英国动物福利法律制度概要》,中国科技大学出版社 2001 年版,第59 ~ 61 页。

理状况或功能施加影响;探究环境危害;对物质或产品进行测试,以确保它们对人或动物的健康是安全的或者它们对防止害虫是有效的;基础研究。特别规定在脊椎动物身上的实验只有在实验动物遭受的痛苦或伤害就实验目的而言在道德上是合理的情况下才能实施;禁止为开发或测试武器、弹药或相关设备之目的在动物身上做实验;原则上禁止为开发烟草产品、洗涤剂和化装品之目的在动物身上做实验。[1]

第8条规定希望在脊椎动物身上进行实验的任何人必须从有关当局获得对拟计划实验的授权,授权通知应载明实验负责人或其代表的姓名,授权适用于一个固定期限[2]。

第9条规定只有具备必要的专业知识的人士方能在动物身上进行实验。此外,只有完成兽医医学、医学或自然科学的大学学习的人士以及能够证明因职业资格而具备必要的专业知识的人士方能对脊椎动物进行实验。并规定对所有动物实验应做记录[3]。

三、欧盟

欧盟适用于实验动物的保护法规主要有:欧盟为缔约方的、欧洲理事会主持制定的《用于试验和其他目的的脊椎动物保护欧洲公约》、《关于签署用于试验和其他目的的脊椎动物保护欧洲公约的理事会决定》1999/575/EC。两者的目的均在于减少动物实验和用于试验的动物的数量。此外,欧盟所制定的有关实验动物的重要法规还有《关于用于试验和其他科学用途的动物保护各成员国法律、条例和行政办法的统一理事会法令》86/609/EEC 以及《关于欧盟成员国化妆品法律统一、修改 76/768/EEC 理事会法令的欧洲议会和理事会法令》2003/15/EC,规定欧盟从 2004 年开始禁止进行化妆品成品的动物试验,对于重复剂量毒性试验、生殖毒性试验和毒物代谢动力学的试验,尚无替代方法,以上试验的禁令将延至 2013 年生效。

四、中国台湾

台湾的“动物保护法”对实验动物的保护主要规定了:使用动物进行科学应用,应尽量避免使用活体动物,有使用之必要时,应以最少数目为之,并以使动物产生最少痛苦及伤害之方式为之。进行动物科学应用之机构,应设置实验动物照护及使用委员会或小组,以督导该机构进行实验动物之科学应用。科学应用后,应立

---

〔1〕 德国《动物福利法》第7条。

〔2〕 同上注,第8条。

〔3〕 同上注,第9条。

即检视实验动物之状况，如其已失去部分肢体器官或仍持续承受痛苦，而足以影响其生存质量者，应立即以产生最少痛苦之方式宰杀之。实验动物经科学应用后，除有科学应用上之需要，应待其完全恢复生理功能后，始得再进行科学应用。高级中等以下学校不得进行主管教育行政机关所定课程纲要以外，足以使动物受伤害或死亡的教学训练。

第五节　有关屠宰的规定

通常人们要通过屠宰动物而获取所需的肉、毛皮以及其他部分，也会因为其他原因通过屠宰剥夺动物的生命。从动物福利的角度考虑，应当在整个屠宰过程采取相应措施，以减少动物不必要的痛苦。目前，一些国家和地区已经通过立法做出规定。

一、英国

涉及动物屠宰的法律主要有《屠宰场法》(1974 年)和《动物福利法(屠宰)》(1995 年制定，1999 年、2000 年、2001 年和 2003 年分别修订)，规定农场动物的屠宰人员必须领取执照；屠宰房应保证动物的基本安全，其结构、设备和工具不会引起动物的刺激、痛苦及伤害；屠宰场应远离动物，实施单独屠宰等；任何参与屠宰和杀害动物的人，都不应当引起本可以避免的对动物的刺激和痛苦或让动物忍受本可以避免的刺激和痛苦；除法律规定拥有专门知识和技巧并按法律人道的、高效的执行人以外，任何人不得参与屠宰和杀害动物；政府在各个屠宰场都设有专职卫生检查员，牲畜在宰杀前必须经卫生检查员查验，确保是健康牲畜。此外，还要对屠宰和加工全过程进行严格监督。在确认符合卫生标准后，才会在宰杀的牲畜胴体上加盖“检验合格”的印章，否则不得进入市场。对于违反上述规定，构成犯罪的，应承担相应的法律责任。阻碍执法人员执法的，处 2 级以下罚款；未经培训而私自屠宰的，可处 3 级以下罚款；提供虚假信息者，可处 5 级以下罚款；对其他犯罪行为，可处 5 级以下罚款或 3 个月以下监禁。[1]

二、欧盟

欧盟的有关动物屠宰方面的法律规定，最主要的是其参加的《屠宰动物保护欧洲公约》和《关于屠宰和宰杀时保护动物的理事会法令》93/119/EC。前者主要

---

〔1〕 详见 http://www.opsi.gov.uk/acts/acts2006/ukpga_20060045_en_1。

规定了动物屠宰的具体要求，后者提出设立小动物屠宰福利保护标准，为《屠宰动物保护欧洲公约》未提及的动物进行了相关福利的规范。例如，《公约》中规定："不得使动物在屠宰前和屠宰期间遭受任何刺激，疼痛。要求屠宰前必须致晕"；"在屠宰前，如果必要，应束缚动物，并使用适当的方式将动物击昏"；"在因为宗教原因屠宰牛时，必须用机械方式束缚牛，以避免给动物造成一切可避免的疼痛、痛苦、激动、伤害或撞伤"；"不得使用任何导致可避免的痛苦的束缚方式。不得将动物的后腿系起来或吊起来。不得在击昏前将他们吊起来。可以将鸡和兔子吊起来，但在吊起来之后必须马上击昏"；"在屠宰前必须将动物击昏之后才能屠宰。击昏方式一定要让动物失去知觉，然后才能屠宰，避免他们承受任何可以避免的痛苦。禁止使用刀刺、锤打或斧砍的方式屠宰动物。对于单蹄动物、反刍动物和猪，只能采取以下击昏方式：机械方式——利用机械器具击中或穿刺动物的大脑导致动物失去知觉；电击；气体麻醉"；"缔约国必须确保屠宰动物的专业人员必须具备适当的束缚、击昏和屠宰动物的技能"等。

《关于屠宰和宰杀时保护动物的理事会法令》93/119/EC 的适用范围，包括以生产肉类、皮、毛或其他产品目的而饲养或拥有的动物的运送、入栏、束缚、击昏、屠宰和宰杀，也适用于为控制疾病而宰杀动物的方式。但不适用于受监管的科学实验、文化体育事业对动物的宰杀和某些野外狩猎活动。该法规定，在运送、入栏、束缚、击昏、屠宰和宰杀过程中，必须避免动物经历可避免的兴奋、疼痛和痛苦。屠宰场的建设及其设施、设备和运做，均必须避免动物经历可避免的兴奋、疼痛和痛苦。此外，还规定设备、束缚和其他设施的建造、设计和使用必须能够实现快速有效的击昏和宰杀。在该领域工作的工作人员必须具有必要的知识和技术以便依照本法令规定人道和有效地履行这方面的工作任务。此外，还规定了有关疾病控制屠杀动物的问题和动物的入栏、束缚、击昏、放血等方面的具体要求。[1]

三、美国

美国《人道屠宰法》（Humane Methods of Slaughter Act）1960 年通过生效。该法规范宰杀牲畜的行为，旨在避免给动物带来不必要的痛苦并提倡改进屠宰方法。该法对因宗教原因按照宗教仪式屠宰动物不予以规范。该法不适用于禽类的宰杀，仅适用于由联邦机构检查的屠宰场。规定必须在屠宰前以人道的方式对待牲畜、在屠宰时人道屠宰牲畜，以避免给动物带来不必要的痛苦。[2]

美国《人道屠宰法》规定：牛、马、羊、骡子、猪和其他牲畜等，在被链缚、悬吊、扔掷和切割等之前，都必须先经由单次重击、枪杀、电击或施以化学药物或其他快

〔1〕 曹菡艾：《动物非物——动物法在西方》，法律出版社 2007 年版，第 282～286 页。

〔2〕 同上注，第 326 页。

速而有效的方法,让它们失去痛觉;禁止拖曳尚有意识之残障家畜和其他无法移动之动物;电流的使用应有效产生外科麻痹,也就是说使动物处于无法感觉疼痛的状态;在家畜遭到捆绑、举起、丢掷、抛投、切割前,应先将其击昏或致死;动物应以能快速并有效地产生麻醉之电流电击,并应将动物之激动和不安减到最低;动物被击昏之后在捆绑、刺穿和放血的过程中应继续保持麻痹状态;操作电击设备的人员必须要很熟练、专心一致,并确知自己的职责;所有用于控制或电击之设施,都必须经常维修以保持良好状态。此外,所有指示仪器、工具和测量设备无论在工作或其余时间都应随时供系统检查人员检测;每一只动物皆应被施以足够之电流,以确保动物在放血的过程中已呈现麻醉状态。为使动物接受到足够电量以产生瞬间知觉丧失,应使用适当之时间测量、伏特数以及电流控制设备。电流应按规定使用,以避免产生出血或组织变化。[1]

1978 年,修订后的美国《联邦肉品检查条例》规定:为了杜绝不人道的屠宰方式,联邦肉品检查员有权驳回检查申请,直到业者改善任何残酷的屠宰方式为止。肉品工业的收益,靠的就是把动物送上生产线的速度,因此,借着控制这条生产线,足以有效遏止业者的残酷行为。该增修法案也同时禁止进口以非人道方式宰杀的任何肉品。美国农业部人员负责检查国外工厂,以确保肉品的卫生标准;1978 年起,检查项目增加了"人道屠宰"这项标准。

四、中国台湾

台湾地区有关动物屠宰的法律依据主要有"动物保护法"和"畜牧法"。

"动物保护法"第 13 条规定:宰杀动物时,应以使动物产生最少痛苦之人道方式为之。且除主管机关公告之情况外,不得于公共场所或公众得出入之场所宰杀动物。第 30 条规定:违反第十三条第一项第一款规定,于公共场所或公众得出入之场所宰杀动物者。及违反第十三条第二项,未依"中央"主管机关所定宰杀方式宰杀动物者。处新台币一万元以上五万元以下罚款。

"畜牧法"第 30 条规定:屠宰场屠宰家畜、家禽时,应符合屠宰作业规范;其作业规范,由中央主管机关定之。第 34 条规定:屠宰场经检查违反依第三十条第三项所定屠宰作业规范之规定者。处新台币三万元以上十五万元以下罚款。

并且,根据"畜牧法"第 30 条第 2 款制定的"屠宰场设置标准"第 7 条规定:屠宰场应有使家畜、家禽于放血作业前,可快速失去知觉之电击器、撞击器或二氧化碳昏厥设备,或其他合乎人道屠宰之昏厥设备。

根据"畜牧法"第 30 条第 3 款制定的"屠宰作业规范"第 13 条规定,家畜禽屠

---

〔1〕 本部分美国人屠宰法律规定中文翻译摘自台湾动物社会研究会网站,http://www.east.org.tw/that_content.php? id=164。

宰之一般作业应符合下列规定:系留场之家畜禽排泄物应洗净或适当处理;系留栏及走道应保持清洁,减少任何可能造成动物疼痛或伤害的突出或尖锐物品及其他不必要之障碍,并应装设运输走道及赶畜斜坡专用地板,以供家畜自然站立。走道设计应避免尖角,或与动物行进方向相反、干扰其前进行为之设施,并应避免过度拥挤,以利驱赶动物。在系留栏中,应提供动物饮水。需在系留栏过夜之动物,应有充足之空间以供动物躺下;家畜屠宰前应尽量避免使用电击棒驱赶,使用交流电之电击棒应将电压减低至五十伏特以下;对家畜禽屠宰前不得使用锋利、尖锐或其他经屠宰卫生检查兽医师认定为可能造成动物受伤或不必要痛苦之器物来驱赶,以减低对动物之扰动与不安;昏厥设备之周边区域应保持洁净;家畜禽及其屠体不得灌水;家畜禽尚未经人道方式昏厥前不得捆绑、抛投、丢掷、切割及放血。放血及放血后之屠宰作业应离地施行。

第六节 动物医疗和手术的规定

动物患疾病或者受伤,应当给予相应的治疗,有的情况下,需要对动物进行外科手术治疗。现实中,还存在为改变动物外观而进行的外科手术,允许或者禁止这种手术,不同国家的法律规定不同。综观世界各国的动物保护立法,大多国家明确规定了对患病动物应给予治疗、对动物进行手术时避免带来不必要的痛苦。

《欧洲保护宠物公约》第十条外科手术规定:禁止以改变宠物外观为目的的或具有其他非治疗目的的外科手术;非治疗目的的外科手术,只有在兽医从医学原理或特定动物的利益出发认为此非治疗性的过程是必要的或者避免繁殖的情况下才可以实施;将会或可能会引起动物剧烈疼痛的手术应在动物被麻醉的情况下由兽医施行,或在兽医监督下施行,不需要麻醉的手术应由合法人员施行。非治疗目的的外科手术包括裁尾巴、剪耳朵、清音化、拔指甲和尖牙。1995 年3 月10 日欧洲理事会通过的《关于宠物动物外科手术的决议》规定,为了增强公约第 10 条的实施效果,各成员国应当让法官、饲养者和兽医知道,“切断”性的手术是不应当被执行的,应当鼓励饲养协会按照本公约第 10 条的要求改进饲养标准,应当考虑逐步停止那些已经遭受整形手术的狗的展览和买卖。该决议还列举了 74 种应该得到保留的“自然”尾巴,罗列了裁尾巴的害处。

1995 年的葡萄牙《保护动物法》第 1 条规定:“动物患病、受伤或者处于危险的边沿,应该得到尽可能的帮助。”[1]

---

[1] 常纪文:《动物福利法》,中国环境科学出版社 2006 年版,第 85 页。

挪威《动物福利法案》第七条规定:会给动物带来痛苦的外科手术和内科治疗手段只有兽医才有资格实施,如果这些治疗手段会造成动物极大的肉体痛苦,除非因为医学上的原因,那么兽医在治疗前应该对动物进行全身麻醉或者局部麻醉。非兽医不准对动物进行阉割或者绝育手术,不准对未满一个月的小猪进行这类手术,并且所有这类手术都必须在麻醉状态下进行。第十三条规定除了政府部门的规定以及兽医在一些特殊需要的情况下,禁止阉割狗和家禽、在猪鼻子上穿圈、挖掉动物的角、剪短或是烧掉家禽的蝝子、剪掉家禽的冠、剪掉狗的声带。

瑞典《动物福利法案》第9条规定:"除非动物在疾病或者伤害非常严重必须被立即杀死的情况下,一只生病或者受伤的动物应该得到毫不延迟的必要照顾。"[1]第十条至第十二条对动物外科手术做了规定。主要规定:动物除在兽医必要治疗的情况下,不应被应用外科治疗或者给予注射治疗;兽医应在外科治疗过程或对动物注射前预定。《动物福利法规》第25条规定该国内动物的阉割和牛、山羊的去角即使不作为兽医治疗的必要方式也应被允许,牛、山羊应在麻醉情况下由兽医或者兽医指定的合适人选进行去角手术。

德国《动物福利法》第四章对动物实施手术做了具体规定。主要规定:未经对脊椎动物进行麻醉,不得对其实施导致痛苦的手术。对于温血动物及两栖动物,麻醉应由兽医进行;[2]禁止对脊椎动物实施全部或部分截肢或者切除或毁坏其全部或部分器官或组织。[3] 该法第6章为教育、培训和进一步培训之目的进行手术和治疗规定,只有在下列情况下方能为教育、培训和进一步培训之目的实施导致动物痛苦或伤害的手术或治疗:(1)在大学、其他科研机构或医院;或者(2)为医学或科学附属职业之目的作为职业培训或进一步培训课程的一部分。上述手术或治疗只有在没有其他办法(例如通过放映)达到相同目的之情况下方能实施。如果有关当局提出要求,实验者必须提供为什么不能以任何其他方式达到手术或治疗目的的理由。[4]

台湾"动物保护法"第十一条规定,饲主对于受伤或罹病之动物,应给予必要之医疗;动物之医疗及手术,应基于动物健康或管理上需要,由兽医师施行;但因紧急状况或基于科学应用之目的或其他经"中央"主管机关公告之情形者,不在此限。

---

〔1〕 常纪文:《动物福利法》,中国环境科学出版社2006年版,第86页。

〔2〕 德国《动物福利法》第5条。

〔3〕 同上注,第6条。

〔4〕 同上注,第10条。

第七节　动物免疫与防疫的规定

驯养动物与人们的日常生活接触密切，人畜共患病时有发生。长期存在的动物炭疽、结核病、布鲁氏菌病、沙门氏菌病、狂犬病、流行性乙型脑炎等，直接或间接来源于动物。近年来，国际上又发现艾博拉病、疯牛病、莱姆病。现代社会人与动物之间距离的不断缩小，使动物疫病向人间扩展的可能性增加。人畜共患病不仅给养殖业及相关产业造成巨大经济损失，而且直接威胁人类健康，打乱正常的社会生活秩序，引发严重的社会问题。

动物疫病防控的技术路线要点是：第一，要进行免疫；第二，要进行疫情监测，监测中未见异常的通过检疫后进入交易市场或屠宰加工，监测中发现动物疫情或疑似疫情的，进行疫情报告；第三，由各级疫病预防控制中心、国家参考实验室和区域性实验室进行诊断，根据诊断结果划定疫点、疫区和受威胁区；第四，对疫区进行强制封锁，并按有关规定实施强制扑杀、无害化处理和消毒，同时通过流行病学调查追溯疫源，并加强效果监测；第五，在一个潜伏期后经验收合格解除封锁，逐步恢复生产和交易。[1]

动物免疫与防疫已经成为国际社会广泛关注的问题，许多国家通过立法规范动物防疫工作。

在欧盟国家，给伴侣动物打预防针是强制的。

美国纽约的《农业和市场法律统一法案》第69章25－B条款遗弃动物中规定：有意贩卖或提议贩卖、使用、暴露任何已知有马鼻疽或其他危害到人类生活或健康的传染性疾病的马或其他动物，或过去生病复原的，或引起或允许上述动物被贩卖、被出价购买、被使用、被暴露，或过去生病复发的，或拒绝剥夺患上述疾病的动物生命的人，将被认为犯下轻罪，处以1000美元以下罚款，或者不超过1年的监禁，或同时处以罚款和监禁。

日本《防止狂犬病法案》规定伴侣犬在出生91天之后，每年必须进行登记以及注射防疫针。应当带爱犬到兽医院注射疫苗，并且取得狂犬疫苗注射的证明。

“台北市畜犬管理法”规定畜犬所有人或管理人应依本法规定，携带畜犬至检验所或其指定处所办理畜犬登记或狂犬病预防注射，并由市政府核发登记证明书或识别牌；畜犬之狂犬病预防注射，得配合畜犬登记一并办理之，必要时，得洽请市政府立案之开业家畜医院或兽医教学医院协办；畜犬所有人或管理人，应于登记证

---

〔1〕《全国动物防疫体系建设规划》（2004—2008），2006年11月。

明书所载狂犬病预防注射有效期满前十日内,携带畜犬再接受预防注射。

台湾"畜牧法"第九条规定畜牧场应置兽医师或有特约兽医师,负责畜牧场之畜禽卫生管理,遇有家畜、家禽发病率达百分之十以上时,兽医师应于二十四小时内报告当地主管机关;第十条规定主管机关得会同有关机关检查畜牧场或饲养户之规模、畜牧设施、疾病防疫措施及有关记录。畜牧场或饲养户无正当理由不得规避、妨害或拒绝。检查人员执行任务时,应出示身分证明文件;第十七条第二款规定种畜禽及种源经前项检查或检验,发现有法定传染病或遗传性疾病者,不得供繁殖用。第十八条规定种畜禽、种源有遗传性疾病经主管机关认定有害人体健康之虞者,应由"中央"主管机关指定单位执行扑杀销毁,并酌予所有人补偿;其补偿金额由"中央"主管机关邀集有关机关、畜牧团体代表、专家及学者评定之。

台湾"台湾传染病防治法(2002 年修订)"第二十一条规定对于各种媒介传染病之饮食物品、动物或病死动物尸体,应切实禁止贩卖、赠与、弃置,并予以扑杀、焚毁、掩埋或参考世界卫生组织之处理原则而为其他必要之处置。

台湾"动物传染病防治条例"规定了家畜病死之报告,动物所有人或管理人,于其动物因罹患或疑患动物传染病或病因不明而死亡时,应向动物防疫机关报告;如在运输中,应由运输业者,向最初停止地之动物防疫机关报告。

香港《防止残酷对待动物规例》第I部 一般规定中规定所有残废或染病的动物均须独立禁闭。

韩国《家畜传染病预防法》规定,政府支援传染病预防接种费用。但随着宠物数量的增加,狂犬病、狗蛔虫病等人兽共患的传染性疾病由动物传染给人的担忧日益强烈。特别是遗弃动物无法定期预防接种,它们与野生动物接触后很容易传染人兽共患的疾病。

第八节 动物收容的规定

对动物的救助是动物福利保障的重要部分,设立疾病、危难与无主动物收容站是一项主要的措施。尤其对于宠物福利保护,有着更重要的意义。

1906 年英国的《狗法》就要求警察和其他负有职责的人给收容的流浪狗提供充足的食物和水。

瑞典 2002 年修订的《动物福利法》规定,宠物动物遭受莫名其妙的痛苦并且采取任何措施均无济于事,不知道宠物动物的主人是谁或者宠物动物的主人难以找到,或者拥有者不能遵守监管机关下达的保护动物福利决定,严重忽视监管,忽视动物的照料,虐待动物,犯下《刑事法典》第 16 条和第 13 条有关残酷对待动物的罪行,或者多次违反与动物福利有关的条款,以及在其他绝对必要的情况下,县行政部、专门的监管机构或者警察机构应该收容和管理动物。如果救助的措施不是由县行政部采取，机构应立即通知县行政部，由县行政部来决定进一步的措施。宠物动物一旦被有关机构看管，除非得到许可，其主人或者拥有者不能接近它们。宠物动物被看管后，它的命运无非是三个，即由警察机构出售、转让或者杀死。如果出售或者转让均不可能，县行政委员会可以决定由警察机构处死宠物动物。救助的费用应当由宠物动物的主人支付，如果宠物动物已经被出售的，出售的钱可以折抵部分救助的费用；如果主人找不到或者不知道宠物动物的主人时，这笔救助的钱应当由公共资金支付。如果动物患有异常严重的疾病或者被异常严重地伤害，兽医、警察可以立即杀死该动物；在紧急的情况下，一般的人也可以行使该项权利。动物处死之后，执行者应当立即通知动物的主人或者拥有者，如果通知不可能，警察机构应当公告。[1]

韩国《动物保护法修正案》规定，拥有50万人口以上的地区，必须设立遗弃动物保护所。

台湾"动物保护法"第十四条规定"直辖市、县(市)主管机关应依据直辖市、县(市)之人口、游荡犬猫数量，于各该直辖市、县(市)规划设置动物收容处所，或委托民间机构、团体设置动物收容处所或指定场所，收容及处理下列动物：一、由直辖市或县(市)政府、其他机构及民众捕捉之游荡动物。二、饲主不拟继续饲养之动物。三、主管机关依本法留置或没入之动物。四、危难中动物。"中央"主管机关应编列经费补助直辖市、县(市)主管机关设置动物收容处所。其设置组织准则，由"中央"主管机关定之。直辖市、县(市)主管机关得订定奖励办法，辅导并协助民间机构、团体设置动物收容处所。动物收容处所或直辖市、县(市)主管机关指定之场所提供服务时，得收取费用；其收费标准，由直辖市、县(市)主管机关定之"。

德国有关动物收容的规定比较详细。该国的动物收容所由公益团体设立，能得到政府资助。德国的相关法律对动物收容所的具体规制主要有：

1. 设立许可的要件规定。在德国，动物收容所依据《动物保护法》第11条第1项第2款的规定，必须先申请主管机关的许可后才能成立。依据该条的规定，申请人在申请许可时，必须提供文件说明其所要收容的动物种类、对收容行为负责的人员以及收容的空间及设施。根据该条第二项的规定，主管机关必须审查申请人所提供的文件，并只有在确定申请人可以信赖，具有必要的知识，并且其提供给动物的空间与设施符合动物保护法第二条所规定的基本原则时，才能许可设立动物收容所。在经许可设立后，各州的动物保护主管机关及德国动物保护协会都有权监督这些动物收容所是否能继续遵守这些要件。

---

〔1〕常纪文：《动物福利法——中国与欧盟之比较》，中国环境科学出版社2006年版，第93～94页。

2. 收容动物的环境与方式。对收容动物的环境要依照《动物保护法》第 2 条所规定的基本原则,特别要让动物有符合其种类所需要的活动空间。并保持其清洁,预防动物之间疾病的传染。例如依据《动物保护——狗类保护规则》的规定,要个别养育狗时,必须使每只狗有与其大小相适应的居住空间;其次,要让动物的生活空间有充分的阳光及新鲜空气。而且不同的动物要分别收容在不同的空间。

另外,动物收容所也要按照所收容的动物种类给予合适的饲养方式。例如在饲养狗时,要注意到狗爱好群居的天性,要成群的饲养,同时要每天定期让其出外散步,与社会进行接触,也不能任意分开母狗与小狗(《动物保护——狗类保护规则》第 2 条)。依据德国动物保护协会的《动物收容所规则》第 III 条第 2 项的规定,动物收容所必须优先用成群饲养的方式来饲养狗,只有在不能有效的控制成群的饲养方式时,才能例外的将每只狗隔离开来。提供饲料的种类与多寡也必须能符合动物的需求。

3. 人事规范。德国动物保护法第 2 条第 3 项规定收容及照顾动物者都必须有照顾及饲养动物所必要的知识,依据《为执行动物保护法的一般行政规定》第12.2.2.2条的规定,这表示负责的人员必须或者拥有为国家承认的相关专业的学位,或者从事过相关职业或具有长期的负责照顾动物的丰富经验,从而被认为具有照顾特定动物的相关知识。根据兽医官员的判断,主管机关可以要求其中没有国家所承认的学位,只有因为职业或经验而具有照顾动物所需知识的人员接受相关知识的进一步教育(《为执行动物保护法的一般行政规定》第 12.2.2.3 条)。依据德国动物保护协会的《动物收容所规则》第 II.1 条第 2 项的规定,动物收容所必须提供所属工作人员进修与照顾动物相关知识的机会,特别是关于动物行为与动物卫生方面的知识。

动物收容所的人员除了主持的所长 及其他行政人员外,一般分成下列三类:兽医、动物照顾员(Tierpfleger/ Tierpflegerin)和义工(ehrenamtliche Tierpfleger)。在德国,基于爱好动物而加入动物收容所工作的义工一直是动物收容所很重要的人力来源 。由于动物收容所财务上的问题,长期以来它们一直必须依赖义工的协助,才能顺利的营运下去 。如前所述,政府或动物收容所都会对这些义工进行在职训练,让他们能通晓必要的相关知识。动物收容所收容与照顾动物的空间原则上只有动物收容所的工作人员可以进入,而也只有动物收容所的工作人员才能给动物喂食。这都是为避免其他人任意进入或喂养动物,反而造成对动物健康的损害(《动物收容所规则》第 III.2 条)。

第九节　动物的训练、竞技、展览和表演的规定

科学的训练不仅有利于动物的身心健康，还有利于增进人类与宠物动物之间的感情，反之，如果宠物动物的表演才能和天赋被人类过分甚至变态地利用或者发挥，那就会影响宠物动物的身心健康。[1] 因此许多公约和国家法都规定了宠物动物的科学训练和宠物动物有条件地参与广告、娱乐、竞技等表演活动的条款。

《欧洲保护宠物公约》第 7 条规定："任何宠物动物都不得以对其健康和福利有害的方式被训练，尤其是以强迫宠物动物超过自然能力、力气或者借助能导致动物伤害或者不必要疼痛、痛苦或者忧伤的人工帮助方式。"[2]第 9 条设立的宠物动物广告、娱乐、竞技或者其他类似表演活动的开展条件为：其一，创造适当的符合该公约第 2 条第 2 款规定的宠物动物拥有条件；其二，不使宠物动物的健康和福利存在风险；其三，在竞技中或者其他任何时候，不得给宠物动物吃足以增加或者减少宠物动物自然表现性状的并且给宠物动物的健康和福利带来风险的物质，具有类似效果的处理活动或者设施也不要采取或者施加。

德国 2001 年修订的《动物福利法》总第三条中规定禁止：对动物在训练，竞赛或类似活动中，施以伴有显著的痛苦，致病或损伤和影响其能力的措施，以及对其在竞赛或类似活动中使用兴奋剂；对于动物有巨大痛苦，致病及损伤的教育及训练；伴有痛苦，致病或损伤的对动物的摄影，展出，广告或参加的类似活动；用一种动物在另一种动物身上进行严酷的训练或试验；以侵略性的行为来教育或训练动物，此种行为包括：a）致使其本身痛苦，疾病或损伤或，b）致使其本身或其同伴当他们以其种类固有的自然方式接触时遭受痛苦或本可避免的疾病与损伤，c）导致它必须在使其痛苦或本可避免的疾病与损伤的条件下饲养。[3]

2002 年修订的瑞典《动物福利法》第 8 条规定，禁止训练动物养成好斗的习气；第 17 条规定，在可能导致伤害的情况下，动物的拥有者或者照料者不得把动物训练为体育竞赛（如斗狗、斗鸡）动物或者把动物用于体育竞赛活动；第 18 条规定，把动物运用于其他的体育竞技项目（如赛跑）时，不得给动物服用改变动物性情的物质。第 33 条规定，任何一场动物竞技比赛，均应当有国家农业部任命的兽医参加，在比赛之前，兽医应当仔细地检查赛场，如果发现可能伤害参赛动物福利

---

〔1〕 常纪文：《动物福利法——中国与欧盟之比较》，中国环境科学出版社 2006 年版，第 84 页。

〔2〕 常纪文：《动物福利法——中国与欧盟之比较》，中国环境科学出版社 2006 年版，第 84 页。

〔3〕 摘译自 Germany Animal Welfare Act, http://www. animallaw. info/nonus/statutes/stdeawa1998. htm。

的情况,可以要求取消比赛。兽医的出场费用由组织比赛的单位承担。第35条和第36条规定,宠物猫和狗不得巡回在动物园展出(但可以在规定的马戏团、动物表演场、动物花园、动物公园等场所展出)。[1]

台湾"动物保护法"第十条规定对动物不得有下列之行为:一、以直接、间接赌博、娱乐、营业、宣传或其他不当目的,进行动物之间或人与动物间之搏斗。二、以直接、间接赌博为目的,利用动物进行竞技行为。三、其他有害社会善良风俗之行为。第二十三条规定直辖市、县(市)主管机关应置动物保护检查员,并得甄选义务动物保护员,协助动物保护检查工作;动物保护检查员得出入动物比赛、宰杀、繁殖、买卖、寄养、训练、动物科学应用等场所,稽查、取缔违反本法规定之有关事项;对于前项稽查、取缔不得规避、拒绝或妨碍;动物保护检查员于执行职务时,应出示身分证明文件。必要时,得请警察人员协助。

---

[1] 常纪文:《动物福利法——中国与欧盟之比较》,中国环境科学出版社2006年版,第85页。

第三编　中国动物保护立法及其实践

第一章　中国动物保护思想溯源

生态问题已经成为制约我国经济与社会发展的重要因素，引起人们的普遍关注。反观中国历史，深入挖掘和梳理传统的动物保护思想，对于进一步提高人们热爱生命、珍视动物的道德自觉意识，拯救已遭破坏的生态环境，具有非常重要的现实意义。

原始社会，风霜雪雨、电闪雷鸣、洪水台风、狼虫虎豹等自然物及自然力量都因人类无法掌握而存在于人类社会的对立面，它们也的确曾极大地威胁着人类的生存。但是原始人无法将自己的生存独立于自然之外，由于长期与某些动物、植物或其他生物发生着联系，尤其是看到了一些动物的威猛强大和所具有的特殊禀赋，于是人类便将自己的主观感情投射到了它们身上，萌发了对它们的认同和崇拜，认为自己的氏族与这些事物有着灵魂的或力量的联系，这就产生了人类历史上最初的意识形态——图腾崇拜。而动物就是原始人最初的图腾崇拜的对象。在《史记·五帝本纪》记载着："炎帝欲侵陵诸侯，诸侯咸归轩辕。轩辕乃修德振兵……教熊、罴、貔、貅、虎，以与炎帝战于阪泉之野。三战，然后得其志。"这里所说的轩辕，指的就是黄帝，黄帝振兵所教的不是真正的动物，而是以熊、罴、貔、貅、虎为图腾的氏族。西安半坡遗址出土的陶器上也有图腾的图案。随着生产力水平的提高，人类开始客观地认识动物，开始以动物征服者的姿态出现。随后，在中国古代文明发展过程中，人类逐渐认识到自己只是自然万物的守护者，人类的行为不应只考虑自身的利益，还应关照动物的生存，让人与天地万物的生命都获得充分的发展。这些思想在中国古代的儒家、道家、佛教文化中都有不同程度的体现。

第一节　中国儒家文化中有关动物保护的思想

在中国五千年灿烂的文明中，儒家文化是中国文化的根基。儒家是一个同情动物的学派，在其博大精深的思想体系中，蕴涵着丰富的动物生态伦理思想。儒家思想强调"仁人爱物"，儒家思想代表人孔子认为统治者不仅要施"仁政"，还要把仁的思想贯彻到社会生活各个领域，"好生而恶杀"，对动物也要有仁爱之心；孟子更是将“恻隐之心”作为人性“四端之一”，根据“人皆有不忍人之心”的性善论，用“仁者以其所爱，及其所不爱”的逻辑推出“君子之于物也，爱之而弗仁；于民也，仁之而弗亲。亲亲而仁民，仁民而爱物”，[1]来论证道德系统是由“爱物”的生态道德和“亲亲”、“仁民”的人际道德构成。综观整个儒家精神，虽然儒学主要关心的是人，但是它在肯定人道本于天道，“赞天地之化育”的同时，又肯定人为万物之灵，可以“制天命而用之”，主张尽人事以与天地参。在此基础上，儒家提出了丰富的合理开发利用和保护自然环境的思想，在这些思想中蕴涵着中国传统的环境道德观念。儒家是把超越狭隘的人类中心主义，追求并臻于非人类中心主义的“天人合一”境界视为人们道德成熟的标志。具体来说，儒家文化的爱护动物思想主要的内涵有：

一、兼爱万物，尊重自然

儒家认为“仁者以天地万物为一体”，一荣俱荣，一损俱损，因此，尊重自然就是尊重人自己，爱惜其他事物的生命，也是爱惜人自身的生命。孔子将对待动物与对待人等同起来，认为人应同情动物、善待动物，否则就是不人道，所谓“启蛰不杀则顺人道，万长不折则恕仁也”。[2]他的“钓而不网，弋不射宿”就体现了他的弃恶价值取向。荀子认为“万物各得其和以生，各得其养以成”，主张对自然万物施以“仁”。董仲舒则更明确地主张把儒家的“仁”从“爱人”向爱物扩展。“质于爱民，以下至鸟兽昆虫莫不爱。不爱，奚足谓仁?”即是说仅仅爱民还不足以称之为仁，只有将爱民扩大到爱鸟兽昆虫等生物，才算做到了仁。这里的仁不仅包含了人际道德，还包含着动物生态伦理思想。而苏轼的“钩簾归乳燕，穴纸出痴蝇。为鼠常留饭，怜蛾不点灯”；陆游的“拍蚊违杀戒，引水动机心”，则更为淋漓尽致地展现了儒家对弱小生命的怜悯与关切。宋儒张载认为仁爱就是爱人、爱物。人是天地万物中的一员，同万物具有共同的本性，所以不能偏私自己。他提出了“民吾同胞，物吾与也”的命题，意思是说人和物都是天地所生，在天地面前人与人都是同胞兄弟，人与物都是同伴朋友。爱心兼爱，成不独成。要真正地爱人，就必然要爱物。从拟人化的亲缘视角看待人与万物的关系，深含了善待万物之意。儒家这种“生生”、“利物”、“爱万物”的思想，是基于自身需要的，爱物是要人们爱惜自己周围的一切事物。而“爱物”的终极原因是使人生活得更幸福，爱物就是爱人类自己。

此外，在儒家文化中，对人与动物、动物与动物的关爱程度是有区别的。据《论语·乡党》记载：“厩焚，子退朝，曰：‘伤人乎？’不问马。”马厩被烧，孔子只问人

---

〔1〕 焦循：《孟子正义》，中华书局1987年版，第34页。

〔2〕 孔子：《孔子家语·弟子行》，中华书局1980年版，第41页。

而不问马,从此可看出对人的关怀是第一位的。齐宣王以羊换牛来祭神,在一定程度上也表明了对动物仁爱程度的差别。[1] 对此,王阳明解释得非常清楚:“禽兽与草木同是爱的,把草木去养禽兽,又忍得;人与禽兽同是爱的,宰禽兽以养亲,与供祭祀,燕宾客,心又忍得。至亲与路人同是爱的,如箪食豆羹,得则生,不得则死,不能两全,宁救至亲,不救路人,心又忍得。这是道理合该如此。乃至吾身与至亲,更不得分别彼此厚薄。盖以仁民爱物,皆从此出。”[2] 按照动物与人类进化的亲缘关系,对不同动物施以不同程度的同情心,是儒家动物生态伦理思想的一大特色。

二、以时禁发,以时养发

儒家依据对生物与环境之间关系的认识,从利国富民,保证人类生产和生活资源的持续性出发,要求人们在利用自然资源时,要顺应生物的繁育生长规律,“以时禁发”,去开发利用自然资源。春秋时期的管仲提出了“以时禁发”的原则。“山林虽近,草木虽美,宫室必有度,禁发必有时。”要求人们在开发利用自然资源时,要有恰当的固定的时限,要按照规定的时节进行。孟子也提出“不违农时,谷不可胜食也;数罟不入洿池,鱼鳖不可胜食也。斧斤以时入林,材不可胜用也”。在他看来,“爱物”就是尊重自然外物的生长规律,爱惜、保护、帮助促进其生长和发育。鱼、鳖、鸡、狗等动物的繁殖、生长都有一定的时节和规律,所以,植桑养蚕、畜养鸡狗、下网捕鱼必须尊重和顺从规律。只有这样才能“衣帛食肉”,百姓“不饥不寒”,“养生丧死无憾”。如果无视自然外物的生长繁殖规律,“违其时”、“夺其时”,又放纵物欲,取之无度,用之无节,将会导致自然资源的枯竭,最终的受害者将是人类自己。

三、取用有节,物尽其用

儒家注重经世治国,他们所倡导的“礼义”政治是一种有节制的政治,要求统治者要节制自己的行为,克制自己贪得无厌的欲望,把节约人、财、物上升到国策的高度。儒家提出“政在节财”的主张,主要是从政治和经济的角度来考虑问题的,但它客观上具有自然保护的意义,因为,节财就包括要节制利用自然资源,节制利用自然资源就会避免对自然的掠夺和浪费。

孔子主张“不时不食”,善待动物,反对竭泽而渔、覆巢毁卵的行为。他说:“刳胎杀夭则麒麟不至郊,竭泽涸渔则蛟龙不合阴阳,覆巢毁卵则凤凰不翔。何则?君子讳伤其类也。夫鸟兽之于不义尚知辟之,而况乎丘哉!”(《史记·孔子世家》)可见,孔子已经明白要维护生态平衡,不可过量捕杀动物。孔子还提出“断一树,杀

---

〔1〕 李学勤:《孟子注疏》,北京大学出版社 1999 年版,第 314 页。
〔2〕 朱熹:《朱子语类》,中华书局 1986 年版,第 108 页。

一兽,不以其时,非孝也”,内含“取物不尽”的生态道德和可持续发展思想。荀子继承并发展了孔孟的生态伦理思想,在《王制》篇提出了取之有时、用之有度的生态保护思想:“草木荣华滋硕之时,则斧斤不入山林,不夭其生,不绝其长也;鼋鼍鱼鳖鳅鳣孕别之时,网罟毒药不入泽,不夭其生,不绝其长也……污池渊沼川泽,谨其时禁,故鱼鳖优多,而百姓有余用也;斩伐养长不失其时,故山林不童,而百姓有余材也。”在他看来,君主应善于协调生物群落的关系,使各种生物和谐发展,动物得以兴旺繁衍,其他生物得以生存,所谓“君者,善群也。群道则万物皆得其宜,六畜皆得其长,群生皆得其命”。[1]

在儒家文化的爱护动物的思想中,同情同类的道德心理是其情理基础。孔子把人的道德态度当成人的内心感情的自然流露,甚至认为动物也存在与人相似的道德情感,并且可以引发人类的良知。曾子所言“鸟之将死,其鸣也哀;人之将死,其言也善”以及“君子讳伤其类”的记载都表明,有灵性的动物尚且对同类的不幸遭遇具有同情之心,人类则更应该自觉地禁止伤害动物,主动地保护动物。孟子认为,人固有一种爱护生命的恻隐之心,动物临死前的颤抖和哀鸣,足以震撼人的心灵,引起人对于动物生命的同情,所谓“君子之于禽兽也,见其生,不忍见其死;闻其声,不忍食其肉”。荀子也认为:“凡生天地之间者,有血气之属必有知,有知之属莫不爱其类。今夫大鸟兽则失亡其群匹,越月逾时,则必反铅,过故乡,则必徘徊焉,鸣号焉,踯躅焉,然后能去之也。小者是燕爵犹有啁噍之顷焉,然后能去之。”[2]儒家这种以鸟兽昆虫具有与人类一样的同情同类的道德心理,对中国古代珍爱动物、保护动物的行为产生了深远的影响。

综上我们可以看出,在中国以儒家思想为核心的传统文化中,是体现出了珍爱动物,保护动物福利的思想的。在儒家经典《易》经中就有一句名言,即“天行健,君子以自强不息;地势坤,君子以厚德载物”。意谓:天(即自然)的运动刚强劲健,相应于此,君子应刚毅坚卓,愤发图强;大地的气势厚实和顺,君子应增厚美德,容载万物。即“自强不息,厚德载物”。“厚德载物”明确指出作为君子必须具备的一个优秀品质,即对万物怀有仁爱之心。这里的万物当然主要指有生命、有知觉的各种动物。这种思想是先民在长期实践中,在俯仰思索间所得出的极为伟大的思想。若真正以这种思想来指导实践,不但有利于世间万物的生存与发展,有利于自然与社会的和谐,而且也非常有利于人自身的完善与发展。可惜,这一神圣思想后来被孔子庸俗化和狭隘化。孔子把君子所爱的范围加以限制,只从政治伦理的现实角度认为“仁者爱人”,而忽略了从更高的哲学角度提出爱其他有生命的动物。其

---

〔1〕 田海舰:“试析儒家生态伦理思想及其现代意义”,载《湖北大学学报》(哲学社会科学版)2006 年第 9 期。

〔2〕 “荀子”,载 http://books.google.cn/books? id = h2CG202jvCYC&printsec = frontcover。

实，爱人与爱各种生命是相辅相成、互相促进、缺一不可的。对各种生命的热爱有利于丰富人的感情世界，促进个人对整个人类的热爱，而对人的热爱能深化个人对生命的认识，进而使人自觉地热爱其他生命。只强调对人的"爱"，而忽略对与人休戚相关的其他生命的爱，这种对人之"爱"就会变的空洞、抽象、单薄，进而流于形式。

儒家文化的动物保护思想虽然尚有"自私物种"的狭隘性，可它具有的超前的动物生态伦理思想是不可否认的。法国神学家史怀泽在其《敬畏生命》中说："中国伦理学的伟大在于，它天然地并在行动上同情动物。"[1]儒家文化善待生命的理论既蕴涵了儒家博爱的胸怀，又体现了其对宇宙本质、人与自然关系的独特思考。而这些思考既展现了古圣先贤独特的生存智慧，又为今人提供了可资借鉴的生态思想资源。1988年，75位诺贝尔奖获得者在巴黎发表宣言："如果人类想继续生存，那么，他将不得不在时间上退回2500年去领受孔子的智慧。"的确，儒家文化的爱护动物的思想以朴素的、直观的形式反映了当时人们对自然与自身关系的认识，其热爱生命、珍视动物的思想既使在当今时代依然有着重要的价值。

第二节　中国道家文化中的动物保护思想

在道教伦理中，动物保护思想也十分丰富。早期道教经典《太平经》就认为"夫天道恶杀而好生，蠕动之属皆有知，无轻杀伤用之也。"[2]即蠕动的小生命都有知觉，不能轻易杀伤。五代谭峭《化书》直接认为动物界也有它们的伦理关系，他说："夫禽兽之于人也何异：有巢穴之居，有夫妇之配，有父子之性，有生死之情。乌反哺，仁也。隼悯胎，义也。蜂有君，礼也。羊跪乳，智也。雉不再接，信也。孰究其道，万物之中，五常百行，无所不有也。……且夫焚其巢穴，非仁也；夺其亲爱，非义也；以斯为亨，非礼也；教民残暴，非智也；使万物怀疑，非信也。夫膻臭欲不止，杀害之机不已，羽毛虽无言，必状我为贪狼之兴封豕；鳞介虽无知，必名我为长鲸之与巨虺也，胡为自安，焉得不耻吁，直疑自古无君子。"[3]《孙真人卫生歌》也认为某些动物知情达理，他说："雁有序兮犬有义，黑鲤朝北知臣礼。人无礼义反食之，天地神明俱不喜。"于是道教形成了"三厌"之戒的传统。"三厌"就是孙思邈真人提到的天厌雁、地厌犬和人厌鲤。道教在理论上承认了动物有道德秩序。这

---

〔1〕 史怀泽：《敬畏生命》，上海社会科学出版社1992年版，第75页。

〔2〕 王明：《太平经合校》，中华书局1960年版，第174页。

〔3〕 《道藏》第23册，北京文物出版社、上海书店、天津古籍出版社联合出版1988年版，第598页。

些思想的基础就是道家的生态伦理理论。

一、道家文化中的生态伦理理论

道家是中国古代哲学的主要流派之一。以老庄为代表,道家哲学比较系统地论述了天人关系,提出"天"与"人"合而为一,肯定人是自然界的一部分,提出了宇宙生命统一论,对中国古代环境伦理思想的发展,产生了极其深远的影响。道家主张师法自然,生而不有,为而不恃,功成而弗居,并且提出"类无贵贱"的温和的生物平等主义思想。《老子》云:"域中有四大,而人居其一焉。"清楚地表明了人和万物是平等的,与万物共同构成一个有机的整体,"道"之所以崇高和尊贵,是因为它具有生长万物而不据为己有的崇高德性。庄子继承老子思想,认为"自然"和"人为"不仅有一定的界限,而且各有自己的职分,不能过分夸大人的作用,更不能"以人灭天",要返回到自然的本然状态,才能达到一种生生和谐的人与自然的平衡和协调状态。在道家思想看来,"祸莫大于不知足,咎莫大于欲得"。"知足"就是要人们克制自己的欲望。此外,在"知足"的基础上还要"知常"、"知和"、"知止"。懂得自然的"无为"本性和运行规律,懂得人与自然万物和谐相处的道理,行为和欲望必须有合理的限度,知道适可而止,而这,正是人类可持续发展理论深邃的哲理之源。

(一)人与天地万物相统一的宇宙论

老子哲学把思考的范围扩展到了整个宇宙。老子的宇宙论首先看到:天地万物是一个整体,人是天地万物的一部分。老子认为,从包括人类在内的天地万物都含有"阴阳",都是由阴阳二气妙合而成的。正所谓:"万物负阴而抱阳,冲气以为和。"从天地万物发生的本源来看,它们都是来自同一个"道"。所谓:"道生一,一生二,二生三,三生万物。"道是独一无偶的,由独一无偶的"道"分化出"阴阳"二气,二气相互激荡而生出第三者即"和",由它们再产生出千差万别的天地万物。这是老子建立的人与天地万物相统一的整体宇宙观。

(二)自然规律与道德法则的一致性

老子把天地万物的运动变化规律称之为"天道"或"天之道",既然天与人是合一的,人是自然的一部分,因而,"天道"与"人道"也就是一致的,"道"既是自然万物所遵循的规律,也是人类行为应该遵守的法则。老子认为人应当顺应自然,而为此则必须遵从"道"。"人法地,地法天,天法道,道法自然。"即人以地为法则,地以天为法则,天以道为法则,道以自然为其法则。老子提出的师法自然的思想,内在地包含了人类的道德行为、道德法则也应遵循自然法则的思想。

(三)处理人与万物关系的道德法则

老子哲学从自然和人道规律的一致性中,引申出处理人与万物关系的道德准则。"知止不殆","知足不辱"是道家道德准则的集中体现。"名与身孰亲?身与货孰多?得与亡孰病?甚爱必大费,多藏必厚亡。知足不辱,知止不殆,可以长久。”意即名誉与生命相比,哪一个更亲近?生命与财产相比,哪一个更重要?获得与丧失相比,哪一个更有害?所以,贪得无厌必然招致更大的破费,过多的贮藏必然招致更多的损失。知道满足就不会受到屈辱,知道适可而止就不会带来危险,这样就可以保持长久。

道教是以“道”为最高信仰的中华民族固有的传统宗教,是中国古代文化遗产的一个有机组成部分,在中国传统文化中占有重要地位。澳大利亚环境哲学家西尔万(Richard Sylvan)和贝内特(David Ben - nett)对道教在人与自然关系问题上具有的生态智慧,给予了高度评价,认为“其中蕴涵着深层的生态意识,它为‘顺应自然’的生活方式提供了实践基础”。[1] 在这些理论的基础上,亦形成了道家的动物保护思想。

二、道教文化的保护动物的思想

道教在“天人合一”生态整体观的指导下,对人与动物的关系,不仅有系统而深刻的论述,而且有具体的动物保护措施。

《洞玄灵宝六斋十直》说:“道教五戒,一者不得杀生。”刘宋道士陆修静《受持八戒斋文》规定:“不得杀生以自活。”《思微定志经十戒》规定:“不杀,当念众生。”《初真十戒》规定:“不得杀害含生,以充滋味,当行慈惠,以及昆虫。”《老君说一百八十戒》规定:“不得渔猎伤煞众生”,“不得绝断众生六畜之命”,“若人为己杀鸟兽鱼等皆不得食”。《说十戒》规定:“不得杀生屠害,割截物命。”[2]《无上秘要》卷44《洞真三元品戒仪》的《中元品戒》认为:“屠割六畜杀生”、“射刺野兽飞鸟”、“烧山捕猎”、“捕鱼张筌”等都是罪过。[3]《阴骘文》告诫人们“举步常看虫蚁”,“勿登山而网禽鸟,勿临水而毒鱼虾,勿宰耕牛”。[4] 道教要人们将慈爱之心扩大到自然物上,不要杀戮众生。《警世功过格》规定:“救一有力于人之物命(牛马犬类),五功至五十功”,“救一无力于人之畜命(诸羊之类),三功”。[5]

除了“不杀生”外,道教还反对惊吓、虐待动物。《老君说一百八十戒》中规定:“不得以足踏六畜”,“不得冬天发掘地中蛰藏虫物”,“不得妄上树探巢破卵”,“不

---

〔1〕 余谋昌:《生态哲学》,陕西人民教育出版社2000年版,第212页。

〔2〕《道藏》第23册,北京文物出版社、上海书店、天津古籍出版社联合出版1988年版,第258、281、267、278、271、274、264页。

〔3〕《道藏》第25册,北京文物出版社、上海书店、天津古籍出版社联合出版1988年版,第150页。

〔4〕 袁啸波:《民间劝善书》,上海古籍出版社1995年版,第7页。

〔5〕《藏外道书》第12册,巴蜀书社1994年版,第76页。

得笼罩鸟兽"，"不得妄鞭打六畜群众"，"不得惊鸟兽"。[1]《太上感应篇》劝人们不要"射飞"、"逐走"、"发蛰"、"惊栖"、"填穴"、"覆巢"、"伤胎"、"破卵"，[2]等等。当然，道教也不是无条件地反对杀生。在世俗生活中道教只是要求人们不要滥杀动物，只"取作害者以自给，牛马骡驴不任用者，给天下，至地有余，集共享食。勿杀任用者、少齿者，是天所行，神灵所仰也"。[3] 认为万物初生，或生命正处在旺盛时期不得捕杀，不可过早地中断其生命进程。道教的这种禁止杀生、反对惊吓或虐待动物的主张，充分反映了道教对动物生命的关爱。道教力图以神学的力量引导人们走到尊重生命、关怀生命、保护生态环境的道德实践。[4]

道教中保护动物思想的大力宣传者是道教善书。宋元以降，道教伦理逐渐出现了世俗化、通俗化和民间化趋势，并产生了专门劝人去恶从善的书籍——道教善书。道教善书将动物保护思想落实到人们的日常生活之中，对善待动物做了许多详尽的规定。道教善书是假神仙之口训导、托神仙的名义降授或道教徒以个人名义撰著的、用道教教义劝人去恶从善以成仙了道和积善获福的通俗道德教化书。这种通俗道德教材数量极大，尤以《太上感应篇》、《文昌帝君阴骘文》和《关圣帝君觉世真经》影响为最，称为"三圣经"。它们一出，就引起帝王将相、达官贵人、社会名流的重视，为之做的注释不下数十百种。今天仍然产生着影响。环境伦理学家施韦策就把它誉为环境伦理学的"圣经"。善书中有很多劝导人类爱护动物的内容，尊重动物的生存权利，把对待人的道德推广到动物界。认为共享"道"的人与万物都应受到道德关注，而关心动物特别能体现人的慈善。但人又必须依赖自然界提供生活资料，如植物、动物等。人不吃喝，就会饿死，人的生命就得不到保证。人不能为了自己的贪欲、猎奇，过度地损害动植物的生命，尤其不要在动物产卵、孕育的时节打猎，不要破坏它们的栖息，最好戒杀或买物放生。善书对人们对待动物的善、恶行为进行详细的分类和记录。为了方便不识字的人们记录准确，还专门设计了简易的格子，或画圈、或数红豆黑豆等。善书自宋代开始流行，持续到民国，它的出现反映了当时代人对道德滑坡和虐待动物的忧虑。[5] 它对动物保护思想的推广方式方便、易行、有效，也是我们今天值得借鉴之处。

总之，道家的生态伦理理论和保护动物的思想及措施可以帮助人们摆正人与

---

〔1〕《道藏》第22册，北京文物出版社、上海书店、天津古籍出版社联合出版1988年版，第271～273页。

〔2〕《道藏》第27册，北京文物出版社、上海书店、天津古籍出版社联合出版1988年版，第59～63页。

〔3〕王明：《太平经合校》，中华书局1960年版，第57页。

〔4〕毛丽娅："道教的生态伦理思想及其现代价值"，载《四川师范大学学报》(社会科学版)2005年第3期。

〔5〕陈霞："道教善书的动物保护思想初探"，载《中国道教》2004年第6期。

动物的关系,特别是道教的天人一体、尊重生命、自然无为、崇俭抑奢、返璞归真的生态伦理思想对当代应对生态危机亦有一定的借鉴意义。

第三节 中国佛教文化的护生思想

东汉时,佛教传入中国并逐渐地与中国固有的文化相融合而中国化。佛教所宣扬的人类与动物的关系以及佛教的生态理念主要表现在其生命观、自然观和理想观三个方面,这些生态理念也直接影响了中国文化,丰富了中国古代文化中的生态平衡思想。

一、佛教文化的环境伦理意识

现代环境伦理的一个显著特征是强调对地球上的生命和生态系统的保护,而这一思想在中国佛教的思想中可以寻找到理论支持。在中国传统文化中,有关尊重生命的思想表述的最完整的是佛教禅学,如果剔除其中附加的宗教的神秘内容,可以看到,佛学理论中所阐发的生命观,包含了丰富和深刻的环境伦理思想。

(一)万物平等的生命意识

在佛学中,人与自然之间是没有明显界限的,生命与环境是不可分割的一个整体。所谓"依正不二","依"是指"依报"(环境),"正"是指"正报"(生命主体),在佛的面前,人与其他所有生物都是平等的,"一切众生悉有佛性,如来常住无有变易"。佛教中的众生一是指人,二是指生物。这样一来,所有生命都潜藏着"佛"性,都有自己的价值,天台宗大师湛然将此明确表述为"无情有性",即没有情感意识的山川、草木、大地、瓦石等,都具有佛性。禅宗更是强调:郁郁黄花无非般若,青青翠竹皆是法身,大自然的一草一木都有其存在价值,都有可能达到"佛"这一生命的最高境界。人和其他生物的区别只是由在生灭轮回中的不同境遇所造成的。

佛教生命观的基调是众生平等、尊重生命。佛教认为当一个人的生命告终时,其一生动作和行为的总和会作为一个整体产生效果,且决定转世的生者的性格,众生所做的善业和恶业都会引起相应的果报。佛教据此提出不杀生的生命观。杀生,指杀害人畜等一切生灵。诸罪当中,杀罪最重;诸功德中,不杀第一。佛教宣扬的这些理念成为许多中国人生活的信条。基于这一缘由,清净国土、珍爱自然、爱惜生命是佛教徒天然的使命。

此外,佛教不但认为众生平等,还认为众生轮回。在佛教里有个经典的典故,讲的是一个妇人在给自己怀里的孩子喂食,一只流浪的老狗走过来向她乞食,这个妇人用石头向它扔去,那只老狗流着眼泪走了。圣僧看到了此景就问她为什么这样,并告诉她在她的前世里,她的父亲为了保护她而被恶人杀死,这只老狗就是她的父亲,而她怀里的小孩就是那个恶人。“轮回”的思想对当时的古人影响很大,人类对于善待动物也由一种法律上的强制转为了自身的主动行为。

(二)普度众生的慈悲情怀

佛教从非人类中心和万物平等的立场出发,主张善待万物和尊重生命。佛教对生命的关怀,最为集中地体现在普度众生的慈悲情怀上。在佛法上,“与乐”叫做慈,“拔苦”叫做悲。佛教教导人们要对所有生命大慈大悲。“大慈与一切众生乐,大悲拔一切众生苦。”(《大智度论》)

(三)不杀生的道德戒律

在佛教中首恶是杀生。这里的杀生不仅意味着对人的生命的伤害,而且也包含对所有生物的伤害。不杀和不伤害的戒律规定着人对动物的关系。佛教的“不杀生”是建立在以现实中所有的生命现象都遵循因果报应和转世再生的信仰基础之上的,因果报应和再生使得所有生命都具有“血缘关系”。某个动物前世曾经是并可能再次成为人类,因此,所有生物都互有关系。

二、佛教文化中的护生理念对中国民众的影响

佛教的最高理想是升入极乐世界。对极乐世界的描述,体现了佛教徒对理想生态的设定。极乐世界是无苦有乐的世界,内容包括:第一,极乐世界充满秩序,井井有条。第二,“水”是生命存在的基本要素,极乐世界有丰富的优质水,称为“八功德水”。第三,极乐世界有丰富的树木鲜花,如各种颜色的莲花等,香气芬馥。第四,极乐世界有优美的音乐,使人快乐。第五,极乐世界有增益身心健康的花雨,使人们身心适悦而不贪著。第六,极乐世界有奇妙多样的鸟类。第七,极乐世界有清新的空气。在漫长的历史发展中,佛教提炼出一系列独特的生活方式,这些生活方式有着保护动物等一些很高的生态价值,这集中表现于素食、放生、美化寺庙等行为中。汉传佛教要求僧人吃素,也就是以食用植物为主,这是落实不杀生戒的有力保证。一千四百多年前,南朝的梁武帝萧衍首先提出来:和尚一律不准吃肉。许多梵文佛经中都记载着佛教导弟子避免食肉的故事。大乘佛教通常鼓励僧侣们成为严格素食者,对于其他教徒则鼓励他们逐步摆脱肉食这种伤害生命的行为。小乘佛教中,僧人行十二头陀乞食时有“不挑食”的说法,乞食中若别人无意间给了混有肉食的食物,僧人在挑除肉食后,其他食物还是要吃下去的。许多经文中都描述了佛的饮食,但都从没有特殊要求过在家信众。佛教《楞严经》中还有永断五辛的说法,五辛是葱、蒜、洋葱、韭菜及兴渠。佛教对于教徒不仅要求和鼓励素食,并且认为,断除五辛的饮食才是更好的、有利于教徒修行。中国佛教可以食用奶制品,但不食蛋。虽然酒为谷类或水果制成,但因为喝酒会乱性,故不可食用。素食的根本目的是培育人的慈悲佛性。现如今,动物种类正以前所未有的速度消亡,其中很重要的一个原因,就是有大量动物被人类残杀食用了。可以肯定地说,素食对于保护动物的多样性有着重要的作用。

同时,佛教还鼓励放生,所谓放生,就是用钱赎买被捕的鱼、鸟等动物,将其放回江河、山野,使其重获生命自由。放生是戒杀、素食的发展。佛陀所处的地区,天气炎热,生命繁盛,为防止杀生,佛教徒取水之时,就用滤水袋过滤,将所得小生物放入专门的容器中,再将它们放入江河泉池。在中国民间,放生是颇受尊敬的善行,人们喜欢在节日放生,也愿意到寺庙放生。为满足佛教徒的放生意愿,寺庙有专门的设施,叫“放生池”。放生池一般多在佛寺周围,池中充水,大的放生池中还有假山、亭子、草木等,供动物生存休栖。佛教还有专门放生的法会,叫“放生会”。杭州名闻天下的西湖前身就是一放生池。一直到今天,无论深山僻壤,还是城廓闹市,佛教的活动场所无不充满着祥和之气,动植物和人和谐共处,显现了佛教优良的生态传统。[1]

并且释迦牟尼佛还订立每年四月十六日至七月十五日为安居期,称为僧安居。安居又称禁足,就是安居的僧众严禁出入道场,因为安居期间,也是草木、虫类繁殖最盛时,恐外出时易误伤害生灵。

由于有传统文化中的“仁义礼智信”为基础,再加上佛教的护生理念的熏陶,在中国民间,吃斋(素食)放生是颇受尊敬的善行。即使是贵为天子的皇帝也会在重要的日子沐浴更衣、斋戒敬天,为延年益寿,也会组织放生。南朝的梁武帝萧衍就下令提倡臣民吃素,并且祭祀天地神明祖宗的供品,不准再用三牲猪头,统统改成面粉做的猪头猪肉。金口一开,一呼百诺。一时,素食者“天下户口,几去其半”。

从以上的这些介绍来看,可以说在爱护生命、保护动物方面,佛教做到了极致。也可以说在创造、保障生命的和谐、自然的和谐上,佛教的理念是早已超越了各种思想。[2] 汉传佛教对于动物及世间万物生命的看法,与中国传统文化异曲同工,只是多了一层宗教信仰的外衣而已。作为中国文化的主流“天人合一”思想制约、影响着中国古人的行动,使历史上不少的中国人能够以悲悯的情怀,负责任的态度,善待我们这个世界上的生命,积极地维护着人类与自然的和谐统一。[3]

---

〔1〕 孙江:“动物保护立法历史溯源——兼谈动物立法与构建和谐社会的理性意义”,载《新远见》2008 年第 2 期。

〔2〕 同上注。

〔3〕 孙江:“动物保护立法历史溯源”,载《今日世界》2008 年第 3 期。

第二章　中国动物保护现状及其现实意义

第一节　中国动物保护现状

20世纪六七十年代随着环境危机的加重,各国都开始关注环境问题,我国也开始意识到动物对整个生态系统的重要性,并在《中国二十一世纪议程——中国二十一世纪人口、环境与发展白皮书》第15章生物多样性保护中提出了生物多样性保护的方案。那么,目前我国的动物生存状况怎样呢?我们就此根据已掌握的资料分别对野生动物和驯养动物的生存现状做简要介绍。

一、我国野生动物的保护现状

野生动物保护事业的发展是当前世界上衡量一个国家科学文化和精神文明程度的重要标志之一,并已成为国际文化交流和人类共同关注的一项重要内容。我国地域辽阔,自然环境多样,野生动物资源极为丰富。据统计,我国约有脊椎动物6266种,占世界种数的10%以上。其中兽类500种,鸟类1258种,爬行类412种,两栖类295种,鱼类3862种。许多野生动物属于我国特有或主要产于我国的珍稀物种,如大熊猫、金丝猴、朱鹮、普氏原羚、白唇鹿、褐马鸡、黑颈鹤、扬子鳄、蟒山烙铁头蛇等;有许多属于国际重要的迁徙物种以及具有经济、药用、观赏和科学研究价值的物种。[1] 这些珍贵的野生动物资源既是我国宝贵的自然财富,也是人类生存环境中不可或缺的重要组成部分。

新中国成立后,特别是改革开放以来,我国政府把保护野生动物自然资源、改善生态环境列为一项基本国策,在野生动物的保护管理、科学研究、资源考察、驯养繁殖等方面付诸了一系列的实践。因此,一方面我们应该看到,经过各级政府和富有社会责任感的民众的努力,我国野生动物保护事业取得了相当的成就;另一方面,由于我国人口的快速增长及经济的高速发展,对野生动物资源的需求和压力不

---

〔1〕 国家林业局:“中国野生动物资源”,载 http://www.forestry.gov.cn/distribution/2006/09/24/lygk-2006-09-24-2006.html。

断增大,在多重因素的影响下,使得许多野生动物严重濒危,野生动物的整体生存状况令人堪忧。

(一)我国野生动物保护取得的成绩

1. 以《中华人民共和国野生动物保护法》为核心的法律体系初步形成

我国早在1962年,国务院就颁布了《关于积极保护和合理利用野生动物资源的指示》;1973年外贸部发出了《关于停止珍贵野生动物收购和出口的通知》;同年,林业部草拟了《野生动物资源保护条例》;1979年国务院颁布了《水产资源繁殖保护条例》;1981年国务院批转了林业部《关于加强鸟类保护,执行中日候鸟保护协定的请示》;1983年国务院发出《关于严格保护珍贵稀有野生动物的通令》;1985年国务院公布施行的《森林和野生动物类型自然保护区管理办法》;1988年11月8日全国人大通过了的《中华人民共和国野生动物保护法》,规定我国野生动物保护事业的总方针是:"加强资源保护,积极驯养繁殖,合理开发利用";2004年8月全国人大常委会对这一法律进行了修改。同年12月,国务院批准颁布了《国家一、二级重点保护野生动物名录》,该名录规定保护的动物达335种(其中一级保护野生动物97种、二级238种)。另外,各省、市自治区和北京、四川、福建、新疆等也已规定了地方重点保护的野生动物。此外,还有《水产资源繁殖保护条例》、《严禁收购经营珍贵稀有野生动物及其产品的通知》、《中华人民共和国渔业法》、《关于禁止制止乱捕、滥猎和倒卖、走私珍稀、濒危动物的紧急通知》、《国家重点保护野生动物驯养繁殖许可证管理办法》、《中华人民共和国野生动物保护实施条例》、《水生野生动物保护实施条例》、《陆生野生动物资源保护管理收费通知》、《关于禁止犀牛角和虎骨贸易的通知》和《森林和野生动物类型自然保护区管理办法》等一系列法律法规;各级地方人大、政府也制定与之配套的法规和规章。我国还参加了《生物多样性公约》、《濒危野生动植物国际贸易公约》、《国际重要湿地公约》。还与日本和澳大利亚分别签订了保护候鸟及其栖息环境的协定,等等。就此,我国已初步形成了以《中华人民共和国野生动物保护法》为核心野生动物保护法律体系。

2. 初步形成了全国性的自然保护区网络

在野生动物栖息地保护方面,自20世纪50年代起,我国已开始建立自然保护区,改革开放以后,自然保护区得到了巨大的发展,2005年前我国已建立自然保护区1999个,占国土面积的14.4%,初步形成了全国性的保护区网络。目前全国80%的野生动物,特别是国家重点保护的珍稀濒危动物绝大多数都在自然保护区里得到较好保护。与此同时,中国自然保护区在国际上的影响也日益扩大。中国已有21处自然保护区加入"世界人与生物圈保护区网络",21处自然保护区被列入"国际重要湿地名录",3处自然保护区被列为世界自然遗产地。1992年1月3

日,我国政府加入《湿地公约》,现有自然湿地约为3620万公顷。[1] 2001年启动的"全国野生动植物保护及保护区建设工程",将湿地保护列为重要建设内容。国务院2006年正式批准启动由国家林业局、国土资源部、农业部、水利部、建设部等10部委共同编制的《全国湿地保护工程规划》(2004~2030年),确定了到2030年使全国湿地自然保护区达到713个,国际重要湿地达到80个,使90%以上天然湿地得到有效保护,完成湿地恢复工程140.5万公顷,建成53个国家湿地保护与合理利用示范区,形成较为完整的湿地保护、管理、建设体系。实现使我国成为湿地保护和管理先进国家的中长期发展战略和任务目标。我国的自然保护区建设为野生动物的生存繁衍作出了突出的贡献。

3.实施了濒危动物拯救措施

我国还建立了14处野生动物救护繁育中心,初步建立起野生动物收容、救护、繁育体系,收容救护了大量伤病等非正常来源的野生动物,并实施了大熊猫、扬子鳄、海南坡鹿、高鼻羚羊、野马等物种拯救工程,取得了显著成效:大熊猫野外种群数量一直稳定在1000只左右;扬子鳄在20世纪80年代初从野外引种200条,现在发展到7000条。马鹿、野马和高鼻羚羊已发展到了一定的种群,现在正恢复其野性,分批地让其重新回归大自然。梅花鹿、火鸡、鳄鱼、鸵鸟、虎纹蛙、珠鸡、蓝孔雀和绿头鸭等野生动物人类已驯养繁殖成功。[2] 这些措施的实施使我国的一些野生动物的濒危物种繁衍得到了恢复和发展。

4.充分掌握野生动物资源动态

在野生动物资源动态上,国家组织了多次区域性和全国性的单项或综合性的野生动物资源调查,掌握了野生动物资源动态,为我国的野生动物保护奠定了基础。特别是1995~2003年,国家林业局(林业部)组织开展了首次全国陆生野生动物资源调查,掌握了调查物种的种群数量、分布、栖息地状况,对我国的野生动物资源的保护工作具有深远的意义。为了加强对野生动物的管理,国家林业局分别成立了"野生动物进出口监测中心"、"野生动物资源监测中心"和"野生动物资源管理培训中心"等机构。同时国家林业局中国鸟类环志中心多年来一直在开展鸟类环志工作,共环志各种候鸟9万多只,[3] 另外组织开展的珍稀濒危野生动物生态学研究,取得了一大批重要科研成果,为这些物种的保护提供了科学的依据。

尽管在野生动物保护方面,我们取得了一定的成绩,但是我国野生动物保护现状仍令人忧虑。由于多种因素的影响,使一些原本分布广、种群大的物种数量急剧

---

[1] 有关数据来自"野生动物网",http://www.cnwildlife.com/。

[2] 有关数据来自"野生动物网",http://cnwildlife.com。

[3] 国家林业局:"中国野生动物资源",载 http://www.forestry.gov.cn/distribution/2006/09/24/lygk-2006-09-24-2006.html。

减少，许多濒临灭绝的野生动物处境更加艰难。

（二）我国野生动物生存与保护面临的问题

1. 滥捕乱杀现象仍然没有得到有效的制止

由于现有的野生动物保护法主要关注的是濒危野生动物，大量的野生动物并没有受到法律保护，于是许多人为了自己的口腹之欲或者其他商业目的，对动物大肆猎杀，许多原本数目繁多的动物面临灭绝之境。数十年前，我国青藏地区羚羊数目极其丰富，但当人类发现他们的皮毛可制成名贵的装饰品时，藏羚羊遭到了毁灭性的猎杀，据统计，1990到2000年在我国每年至少有25,000只羚羊遭到猎杀，短短十年间，原本数目极其丰富的藏羚羊已濒临灭绝。在可可西里，伴随着对藏羚羊的残杀。其他的野生动物如黄羊、白唇鹿、马鹿、棕熊、野驴等都遭到噩运。据青海野生动物办公室1995年的调查，在野牛沟一带，白唇鹿、马鹿种群数量在近10年中下降90%以上，在青海湖地区，过去广为分布的普氏原羚、野驴、盘羊等已基本绝迹。[1] 据国内一些媒体的公开报道，深圳市平均每天要吃掉10吨以上的蛇，饭店、酒楼经营的野生动物近40种，95%的被访者吃过野生动物；南昌市有一条街每天销售青蛙达3000公斤；南宁市园湖路的一些酒楼、粥店推出了麻雀宴、麻雀粥、烤麻雀来招揽顾客，平均每天有3000多只麻雀成为南宁人的腹中物；海南疯狂捕杀野生鸟类，使全省的鸟类从原来的344种减为214种。[2]

在国家林业局1995～2003年的全国陆生野生动物资源调查报告中，我们可以看到，国家重点保护野生动物是资源数量保持稳定或稳中有升的主体，但非国家重点保护野生动物，特别是具有较高经济价值的野生动物的种群数量明显下降。其中我国部分野生动物处于极度濒危状态，单一种群物种面临绝迹的危险。白臀叶猴多年来一直未曾发现，这次调查仍未见到任何踪迹，可能已经绝迹。四爪陆龟、扬子鳄、莽山烙铁头蛇、鳄蜥、朱鹮、黔金丝猴、海南长臂猿、坡鹿、普氏原羚、河狸等单一种群物种不仅种群数量少而且分布狭窄，一旦遭受自然灾害、疫情或其他威胁，则面临绝迹的危险。[3]

另外，对其他野生动物的猎杀也会危及珍稀动物。捕捉野生动物会对珍稀动物的食物、环境、生活造成极大的干扰，而且捕捉动物的机关、工具也会“有意无意之间”伤害珍稀动物，海上捕鱼队的鱼网每年困住并溺死上万头海豚就是一个有力的证据。

---

〔1〕莽萍：《绿色生活手记》，中国政法大学出版社2005年版，第254～257页。

〔2〕李彩虹、刘少峰：“浅谈依法保护野生动物”，载《焦作教育学院学报》2002年第2期。

〔3〕国家林业局：“中国野生动物资源”，载 http://www.forestry.gov.cn/distribution/2006/09/24/lygk-2006-09-24-2006.html。

2. 野生动物栖息地破坏严重

野生动物的灭绝或濒临灭绝的主要因素是人为因素。这些因素包括狩猎及生活环境的破坏,尤其是生活环境的退化、生活环境的丧失和生活环境的高速度断裂,这在过去的40多年中显得尤其突出。任何一种动物的生活都要受到栖息地内各种要素的制约。一般说来动物的栖息地经常处于相对稳定状态,但又是时刻处在不断变化的过程中,当其变化一旦超过动物所能耐受的范围,动物将无法在原地继续生存下去和进行繁殖。随着科学技术的日益发展和社会生产力的迅速提高,这种变化来得日益明显而急邃。

由于近几十年来我国人口的快速增长及经济的高速发展,对野生动物的栖息地生态环境的需求和压力,导致天然林面积的逐渐缩小,栖息地破碎化日趋严重(野生动物栖息地的破碎化指在人为活动和自然干扰下,大块连续分布地野生动物栖息地,被其他非适应的障碍物分隔成许多面积较小的板块),滥砍滥伐现象时有发生,侵占林地的现象比较普遍。加之人工林林种单一,虽然部分地区森林覆盖率较高,但生物多样性却没有得到很好的保护。天然湿地被侵占现象严重,围湖垦田、填海造地现象严重,海岸红树林破坏严重,极端的捕捞手段泛滥,化肥农药使用过量,大江大河断流现象严重,被列入国际重要湿地名录的扎龙自然保护区甚至需要人工注水来维持湿地面貌。虽然划定了大批的自然保护区,但除国家级自然保护区外,其他大部分保护区由于林地权属不清,经费、人员不足等原因,难以正常开展工作,无形中加重了野生动植物栖息地的受威胁程度。[1]

此外,由于为发展旅游业而兴建工程和旅游设施,大量建在野生动物栖息的地区,破坏了当地的生态环境,给野生动物的生存带来了严重的威胁。再加之游客所产生的嘈杂噪声、野炊烟火、拍摄观赏等,严重影响并干扰着野生动物的生活和生存环境,大量游人还可能使野生鸟类和动物正常生活习性紊乱,进而影响它们的健康,使其心律加快,繁殖能力衰退。国家级自然保护区中已有超过1/3出现因非保护目的不当开发而引起的环境恶化。与此同时,修水库、大坝、铁路、公路及采煤采矿等活动造成了野生动物栖息地的破碎化。由于这些工程阻断了野生动物的正常迁移、扩散和建群,不利于野生动物开拓新的生境和资源,降低了野生动物个体间的资源竞争,导致了近亲繁殖,不利于各种野生动物种群间的遗传基因交流,使野生动物体质不断下降以至灭绝。

3. 野生动物管理权限划分不清,管理体制不顺

我国对动物管理权限的划分存在一定问题,使很多动物成为管理不力的受害者。在野生动物管理方面,国家林业局、农业部分别主管全国陆生、水生野生动物

---

〔1〕 吴金梅:"中国野生动物栖息地的现状与法律保护",载《"林业、森林与野生动植资源保护法制建设——2004年中国环境资源法学研讨会(年会)"论文集》(2004. 7. 22~27·重庆)。

管理工作，省、自治区、直辖市林业（农林）厅（局）、渔业（水产、海洋与水产）厅（局）分别主管省、自治区、直辖市陆生、水生野生动物管理工作，自治州、县、市渔业（水产、海洋与水产）局主管自治州、县、市水生野生动物管理工作，自治州、县、市林业（农业、农林、一畜牧、农牧）局主管自治州、县、市陆生野生动物管理工作[1]。这种以行政区域和水生、陆生动物为界限的管理权限划分方式存在一定弊端。第一，水生动物与陆生动物不是动物学上的分类标准，有些动物既在水里生活也在陆地上生活；此外，野生动物保护法也没有对水生动物和陆生动物下定义，因而水生与陆生动物之间的界限是模糊的，这必将引发对动物管辖权的争议。第二，不符合动物生长分布规律，人为地割裂了动物生存环境的完整性，导致一些动物处于保护的真空地带。第三，地方政府和各个部门往往以各自的利益为重，难以保证对动物保护进行合理的人力、物力投入。第四，管理权限分散，难以对动物实行有效的科学管理。

以国家一级保护动物藏羚羊被大量非法猎杀为例，在我国藏羚羊主要分布在青海、新疆、西藏、四川四省区海拔3700～5500米的高山荒漠草原。为了保护藏羚羊，我国政府在重要分布区先后建立了青海可可西里国家级自然保护区、新疆阿尔金山国家级自然保护区、西藏羌塘自然保护区等多处自然保护区，成立了专门保护管理机构和执法队伍，定期进行巡山和对藏羚羊种群活动实施监测。但非法猎杀藏羚羊的活动并没有因此而停止过。对此，中央电视台对有关主管部门的负责人和偷猎分子进行了采访，指出了以行政区域划分管辖权的一些弊端：第一，各省交界处容易形成保护区的薄弱地带。因为保护区的执法队伍分属保护区所在的各地方政府机构，在执法时，各执法队伍只管辖在本行政区域内的保护区，这样各自保护区范围内的边缘地带往往被忽视；第二，有的地方政府因财政困难无法承担执法、巡山等保护工作带来的财政开支，形成了执法瘫痪的局面，这样就使地方政府联合执法的链条出现了薄弱环节，从而也为偷猎者提供了可乘之机。[2] 看来，野生动物管理权限的划分是否合理直接影响到野生动物保护工作的实效。

4. 野生动物的福利依然令人堪忧

野生动物依然有动物福利问题。1993 年我国首家野生动物园出现在深圳，此后短短十余年间，野生动物园已发展到30 多家，这一数量是日本的6 倍、美国的3 倍。这些野生动物园为追求经济效益，缺乏合理规划与布局，基本的野生动物生存条件不具备，大部分野生动物园属企业或个人投资，抵御自然灾害与市场风险能力弱，保护濒危野生动物的功能丧失。野生动物在那里仅仅被当作是旅游资源或观赏物被关在笼子里，备受虐待和折磨。据《北京青年报》2003 年5 月26 日报道，福

---

〔1〕“我国野生动物保护的立法概要”，载《中国绿色时报》2002 年12 月5 日。

〔2〕中国国家林业局：“中国藏羚羊保护现状”，载 http://www.forestry.gov.cn/。

建省海沧县野生动物园在SARS流行期间由于门票收入减少而克扣动物的活命口粮,致使动物园的濒危动物因饥饿而互相残杀……现在不少地方为商业利益而滥建动物园,不考虑动物的基本利益,没有设立企业储备金应对风险,遇到危机就克扣动物的口粮,这种虐待动物的行为在许多动物园都存在。[1] 在驯兽团里,种种虐待野生动物的行为就更加普遍了,为了不让野生动物反抗,有些驯兽团还将老虎、狮子的牙齿和指甲全部拔掉或打断,以上种种虐待行为在我国野生动物保护法中却并没有被明文禁止,即使他们引起民众的强烈的愤慨,受到道德的谴责,也照样可以逃避法律的制裁。更有偷猎者为制作猛禽标本,将捕获的猛禽眼睛刺瞎,将其关于黑房内,并切断食物和水源,令其痛苦死去。大量猴子被残忍地取出脑髓,无数食用动物在完全清醒的状态下被屠宰以及活熊取胆等残忍的中药入药方式……诸多事例表明,我国野生动物的福利状况不容乐观。

野生动物和人类一样是地球的主人,同样拥有生存的权利,尊重和保护它们的生存权是社会文明的表现。野生动物为人类提供了丰富的物质资源,并在维护生态平衡方面发挥着不可替代的作用,是人类可持续发展的重要基础。而上述我国野生动物生存和保护状况,说明了我国的野生动物保护形势还很严峻,需要常抓不懈。

二、我国驯养动物的保护现状

如前所述,驯养动物主要是指农场动物、工作动物、娱乐动物、宠物动物和实验动物。在这里我们以农场动物和工作动物为主来观察我国的驯养动物的生存和保护状况。

当前,中国的肉食动物饲养业正在以超过世界平均水平的速度发展。保守地估计,中国全年生猪出栏量已达6亿头。根据中国肉品协会公布的数字,2003年我国肉类产量已达6932万吨,肉品品种达300多种,其中猪肉4518万吨,牛肉630万吨,羊肉357万吨,禽肉1312万吨。我国肉类生产占全世界总产量的27%,居世界第一,其中猪肉产量占世界总产量的47%,同样位居世界第一,牛肉产量占世界总产量的9%,居世界第三位,羊肉占世界总产量的26%,也位居世界第一,禽肉占世界总产量的17%,居世界第二位。中国已成为名副其实的肉类生产大国。但在这个过程中,作为食物被批量生产出来的各类动物的生存状态却急剧恶化了,与之相关的动物健康和动物福利问题也随之而来。

(一)饲养环节的状况

随着农场动物变为"大宗商品"和"产肉机",畜禽规模化、集约化饲养的工厂式养殖方式在我国不断推广,忽视动物生命需要和基本利益,甚至虐待动物的行为

[1] "克扣口粮,动物园饿倒一只老虎",载《北京青年报》2003年5月26日。

也大大增加。

按我国一些科学家的研究表明，在我国肉鸡的生产上规模化、集约化占的比重比较大。[1] 一些生产者为了保证成品鸡肉的质量及出笼速度，将采购的肉鸡全部是室内饲养，在设定的温度、湿度、光照下，吃着按营养配比、口味始终如一的饲料，不到两个月就会走完一生，一般是45天左右的寿命。当这些从来没有接触过大自然的肉鸡，首次走出屋外享受阳光的时候，就是将被屠宰的时候。据介绍，看着那些温顺的肉鸡"叽叽喳喳"地涌到阳光下，一些操刀的员工会流下眼泪。[2] 在猪的饲养方面，猪场建设、过度限制母猪自由、猪鸡混养以及滥用添加剂上均存在着很大的问题。"以我们的猪场标准，在5平方米大小的圈里我们要养9头15～60公斤的猪，在12平方米内左右要养20～30头15公斤以下的猪，非常拥挤。猪根本就不能翻身，更不必说有别的空间。为避免母猪压死小猪，母猪生产在一个仅可容身的分娩栏里，勉强可以站起来和趴下，它必须在这样的狭小空间里待35天。猪的整体生存状况非常糟糕。我们的养殖场利用了很多欧洲逐步淘汰的工业化养殖技术。"[3] 对母猪普遍采用单体限位饲养，有的甚至把正在生长发育的后备猪也关在单体限位栏内饲养，造成种母猪体质下降，使用年限缩短，肢蹄病严重，以致有的猪场种母猪在生产3～4胎后就因站不起来、配不上种、难产、死胎增多而不得不提前淘汰。居住空间是动物福利非常重要的指标。我国传统的家畜动物养殖方式是，栓养和圈养。在饲养过程中，业主主要关注的是尽可能降低养殖成本，创造经济价值，因此，许多养殖场的动物生活在空间过小、连身子都无法转动的封闭型环境中，导致常常出现躁动和骚乱，精神和生理健康也就无从谈起。

中国肉类协会2004年2月23日发布的《关于应对禽流感挑战做好禽肉和禽蛋加工的情况通报》中指出：我国南方一些家庭农场的鸡舍就设在猪圈上方，鸡的排泄物随时落入猪舍中，在恶劣拥挤的饲养条件下，动物免疫力下降，如果加上催熟激素的滥用，使得畜禽的生长期过短（鸡的成熟期不足40天）。这些本来发育就不正常动物更容易受到病毒侵害。

在驯养动物的饲养方面，我国不但存在人为地或过分地用改善饲养配方的方法来提高生产率，打乱动物自然生长规律问题，而且为了节省土地，缩短畜禽的饲养周期，还采用了高度集约化的饲养方式。我国的饲料状况也令人堪忧，为了达到一定的经济效益，很多农畜都被饲养在非正常生长的状态，甚至是中毒状态。比如饲喂"瘦肉精"（盐酸克伦特罗）比较严重的生猪，呼吸急促，有明显的瘫软症状，四

---

〔1〕 张子仪："从科学发展观谈我国养殖业中的若干问题"，载《"动物营养与饲料科技创新"学术与技术研讨会》，四川·雅安，2004年10月23日。

〔2〕 "杀猪前先让它听盘'安魂曲'"，载《天府早报》2004年6月17日。

〔3〕 郝利琼："'悲天悯猪'与中国的动物福利"，载《三联生活周刊》2002年第48期。

肢严重颤抖或卧地不起。人食用了有残留的食品易出现中毒。国内外曾发生多起中毒事件。1999 年国家虽明文禁止使用盐酸克伦特罗，但从 2002 年全国统检结果看，仍有部分企业违法使用。[1] 还有在食粮中添加高剂量铜（125～250 毫克/千克）、砷制剂，直接影响动物健康和畜产品的食用安全。

（二）运输环节的状况

人类对待饲养动物的不善面孔同样表现在动物运输上。往往动物贩运者专注于追求经济利益，为降低成本，尽可能多地运送动物，运输工具通常超负荷一路不停地运抵目的地。经过长途运输到达目的地时，动物们已伤痕累累，又累、又饿、又渴甚至被热死、冻死或被同类踩死。运输的密度、温度，剧烈驱赶、外部陌生环境的刺激，再加上现在养殖的畜禽多为速生品种，抗应激能力差，这些问题都会对肉的质量产生不利影响。从山西运到新疆的活鸡，每年达几十万只，长途运输达 7～10 天，鸡在格子笼中不能站立，日光暴晒、缺少食水，折磨严重。[2] 动物异地运输屠宰量也越来越大，长途运输动物量更是逐年递增。仅以重要的畜产品生产和调出省河南来说，年生猪出栏量就达 4300 万头，其中一半以上要经过长途运输运往上海、北京和深圳等城市。而从主产区的生猪往往要经一二十个小时的车载运输才能到达广东、香港、上海等地，特别是广东的某些转运站在收到一车经长途运输的活猪后，立即强制给每头活猪灌服 20～30L 凉水。这不仅是对猪的摧残，也造成猪肉品质的严重下降。据新京报 2005 年 6 月 23 日报导，广州西郊一动物市场，一批货车装有 200 只珍贵的狐狸，到终点时已死了 4 只。而且通常，市场里装载沙鸡的小货车都有二三十只笼子，每只笼子约 20 只沙鸡，而一两只死于运输途中是极其常见的。

（三）屠宰环节的状况

中国作为一个畜牧大国，禽畜产品出口量的比例却不足 22%，原因之一就是不适当的养殖和屠宰。在屠宰过程中，动物能听到同伴的惨叫，看到同伴的流血。我国畜禽屠宰主要有两种方法：一种是采用传统办法的分散小规模个体屠宰；另一种是采用现代工艺的集中大规模肉联厂屠宰。目前像北京、上海、杭州这样的大中城市，政府定点屠宰生猪已经达到 90% 以上，但是家禽、肉羊、肉牛的定点屠宰还很少。相比较而言，小城市、城镇、农村的生猪定点屠宰工作更差。据统计，目前市场上流通的家畜肉属于个体屠宰的占 60% 左右。个体屠宰存在很多问题：一是屠宰过程中容易引起应激反应，产生的应激素虽然可能不至于影响人的健康，但肯定会影响肉的品质，目前国内大多数符合标准的屠宰场采用人工电击杀猪手法，但是由于电量控制难以掌握，有时会将猪直接电死或者是没有电晕反而让猪更恐惧，而

---

〔1〕 王雷杰、宋美娥："我国农畜动物福利的现状和对策"，载《中国牧业通讯》2004 年第 7 期。

〔2〕 莽萍："动物福利与动物伦理"，载《肉品卫生》2005 年第 11 期。

且很多牲畜都是在木棒驱赶下进入屠宰场、亲眼目睹同伴被宰杀分割、吓得嗷嗷乱叫甚至在屎尿齐下的极度恐惧中结束自己的生命的。二是个体屠宰大多在室外露天进行，在宰杀、剥皮、去骨、分割等过程中肉容易被污染。三是个体屠宰难于管理，给检疫和监控带来很多漏洞，而动物福利、动物保护更是无从谈起。[1]

生猪注水的情况也时有发生。这种注水主要通过两种方式，一种是将水管通过嘴直接插到猪胃，另一种就是将生猪的心脏割开插入水管，通过心脏的跳动将水送达全身。一般注水都用水泵，而且为了水能在猪的身体里驻留更长的时间，水中都会掺入胶质。这种注水方式相比较宰后注水手段残忍，完全不顾及动物的痛苦挣扎。但严格来讲这不是屠宰的方式，而是加插在屠宰前的非法“工序”。山东聊城市每年屠宰的肉牛达五六十万头。据称这些牛都要经过被强行注水的“工艺处理”。“一头300公斤重的牛经过‘洗胃’，要被灌进100公斤左右的井水。”“在高唐县鲁西肉类营销大市场，活牛宰杀前都要灌水，宰杀后还要通过动脉血管再注水。”一位老板表示，“他们这里都是根据市场行情和客户的要求，提供不同含水量的牛肉，10%的、15%的、20%的水都是自己掌握”。[2] 2001年4月27日，中央电视台新闻节日报道了某地生猪被“注水”的场面。1996年，广东出现了生猪被强行“保养”少加料的情况，而当时给猪灌注的是米糠、鸡屎、沙子等混合物，但到了2001年则直接往猪体内灌污水废渣；1996年是由人捉住每一头猪来灌注，到了2001年，却是直接用大钩钩住猪下巴。这些屠宰方式给动物造成了巨大的痛苦。

（四）管理状况

在驯养动物的管理方面，同样存在着多头管理、管理权限分散等问题。目前我国对畜禽的管理分别由农业部、卫生部、质检总局、工商总局等所属的多种机构执法。[3] 但即便是这样，对动物的管理仍然是不全面的，例如至今我国还没有一个保障动物福利的机构；而且这种管理也是不科学的，不但造成大量的人力、物力资源的浪费，亦起不到预期的管理效果，尤其是在对动物疾病的预防、动物福利方面，没有兽医的全程监控，很难得到保证。据不完全统计，目前我国畜禽死亡率较高，全国猪死亡率为8%～12%，家禽死亡率20%，牛死亡率为5%，均高于世界平均水平。[4] 看来对动物管理权限的划分必须采取一种更为合理的方法来确定，否则许多动物都将成为人类管理不力的牺牲品。

（五）驯养动物生存现状中存在的其他问题

除了在上述环节驯养动物的福利存在着严重的问题之外，近年来，我国连续出

---

〔1〕 王雷杰、宋美娥：“我国农畜动物福利的现状和对策”，载《中国牧业通讯》2004年第7期。

〔2〕 养萍：“动物福利与动物伦理”，载《肉品卫生》2005年第11期。

〔3〕 “理顺兽医管理体制”，载 http://www.agri.gov.cn/。

〔4〕 李胜利：“试论中国奶业的可持续发展”，载 http://www.chinafeed.org.cn/。

现“毒死宠物狗”,“宣扬敌对动物混养导致狒狒被老虎咬死”,“硫酸伤熊”等虐待动物的事件,也频频引起社会各界和媒体的广泛关注。四川成都的一份动物虐待调查显示,“生抠鹅肠”、“鸡要吃得叫鱼要吃得跳”的残忍做法竟成为当地某些餐饮经营中的招牌特色,人们能对仍活着的“被抠了肠的鹅”、“被生生割去胸肌的鸡”、“全身焦枯嘴仍翕动的鱼”的痛苦无动于衷。在皮草生意发达的肃宁县有人直言“死了剥皮和活着剥皮是一样的,不过这样(活着剥皮)方便利索”。从活熊取胆到羊城数万宠物狗被实施“忍气吞声术”残忍地割掉声带,甚至一些用动物入药的残忍方式,不仅要活的,还要用种种方式折磨动物才能体现药用价值。如为了“明目”等药用价值,就把粗糙的导管插入黑熊的胆囊中活取熊胆,等等。

在宠物热背后也有一些不容忽视的现象,由于社会对宠物的需求加大,不少作为育种工具的猫狗得不到应有的待遇,雌猫、雌狗终其一生就是不断的生育。一些宠物饲养者甚至遗弃发病的动物,让它们流浪,或被车子撞死或被提到市场卖掉,成为人类的盘中之餐。还有宠物死亡后的尸体处理问题,乱扔乱抛现象已经越来越成为困扰环境卫生的一个问题。我们为生活水平提高与经济发展沾沾自喜时,不少动物正遭受着摧残。

另外,“动物娱乐”是驯养动物保护中存在的又一个问题。据报道,斗狗比赛已出现在广西、广东、新疆、合肥、武汉等地。武汉一家斗狗场从2002年9月底正式成立,至今已经举行20多场斗狗表演。当地一些群众认为斗狗活动太残忍了,“看着狗厮杀得血淋淋的,实在惨不忍睹”。[1] 人们不仅在大肆吃狗,还要拿狗取乐、牟利,把残害动物的斗狗活动当作“都市休闲娱乐项目”加以引进,在时有所闻的斗鸡斗牛之外,又增加一种血腥娱乐。对于这类完全漠视动物福利、戕害动物,同时也培养人残忍和嗜血心态的不良娱乐,我们的社会应该有所反省和警觉了。

三、我国动物保护状况的反思

(一)在野生动物保护方面

我国生物多样性虽然丰富,但受到的威胁也相当严重。由于人类的生产生活等活动导致野生动物栖息地范围迅速缩小或破碎化,野生动物生存受到一定程度的威胁。

近年来,各级政府通过设立自然保护区或保护小区,完善法律制度,强化执法监管,实施全民保护意识教育等措施加强野生动物保护,并取得了明显成效:野生动物种群数量上升,特别是一些极度濒危的野生动物已摆脱了濒危状况,并开始实施人工种群向野外回归。

2009年,国家林业局已开始组织编制《全国极度濒危野生动物拯救恢复计划》

---

〔1〕“斗狗虽热闹,残忍惹争议”,载《北京青年报》2006年10月19日。

和《全国珍稀特有两栖爬行野生动物保护实施方案》,方案的实施,将进一步强化濒危珍稀野生动物栖息地保护和资源管理,确保更多物种得到有效保护和拯救。另外,国家林业局野生动植物保护和自然保护区管理司大力推进以利用野外资源为主向利用人工繁育资源为主的战略转变,使我国国民经济发展所需的大部分动植物原材料都能通过人工繁育满足需求。野生动植物的人工繁育利用,不但为社会创造了财富,解决了大批人口就业,更有效缓解了野外资源保护的压力,维护了野生动植物的生态功能。随着自然生态环境的不断改善,很多野生动物的数量大量增加,一些大型保护动物往往会干扰人类的生产生活。因为直接关系到群众利益,野生动物肇事补偿一直是社会各界关注的焦点问题。从国家林业局野生动植物保护和自然保护区管理司了解到,2009 年将完成《野生动物肇事补偿中央财政补助标准》和相关资金使用管理办法的编制工作,确保资金的安全和使用效率,使人类与动物和平相处,促进人与自然和谐发展。[1]

我国野生动物保护形势仍很严峻,野生动物生存受到的威胁依然存在,这主要有五个方面因素。一是毁林开荒、湿地减少等原因,导致野生动物栖息地退化、缩减或污染,造成野生动物生境丧失或片断化,陷入濒危状态。二是人为因素的破坏和干扰,对野生动物生存造成威胁。非法猎捕和过度开发利用的情况依然存在,导致个别野生动物物种数量下降。三是管理体制不顺或不健全,湿地开发利用混乱,导致湿地减少或退化,使野生动物生存受到威胁。四是非重点保护野生动物资源没有保护依据,导致资源过度消耗,从而出现了新的濒危物种。五是人工繁育滞后,无法满足经济发展对资源的需求,给野生动物保护工作造成了一定压力。[2]

(二)在动物福利方面

可以毫不隐讳地说,在中国,动物福利状况很差。这与我国作为一个经济大国、农业大国、畜牧大国的地位很不相称,并且越来越凸显出对于我国社会发展的阻碍作用来。残杀动物的事件一波未平一波又起,我们却没有相应的法律规范对这样的行为实施行之有效的制裁而只能从道德层面对这样的行为进行谴责;人们对于动物的掠夺暴戾无度,屡受其惩(如 2003 年的"非典",就是由于滥食野生动物引起的);动物福利概念在国际贸易中频频亮相,并日益成为一个不可回避的国际趋势,由此而来的贸易壁垒给予我们极大的经济压力;涉及动物实验的科研论文因为不能拿出符合动物福利的伦理准则的证明而不能在国际刊物上发表,影响着科学技术的发展进度。非理性的消费观念、不规范的屠宰方式、不安全的饲料成分都在时刻损害我国动物的福利状况,这些都值得我们去反思和检讨。析其原因主

---

〔1〕 张一诺:"保护生物多样性　中国林业在行动",载《中国绿色时报》2009 年 5 月 22 日。

〔2〕 "野生动物保护需要引起高度关注——访全国政协委员、中国野生动物保护协会会长赵学敏",载 http://www.cast.org.cn/n35081/n35548/n38680/10068725.html,2008 年 03 月 15 日。

要有：

1. 动物保护宣传教育留于表面，动物福利观念未深入人心

我国动物生存现状之不容乐观在很大程度上与公民的动物福利意识尚未达到相当水准有关。在我国，动物仍处于“没有生命的物”的地位。许多人在对待人与动物关系问题上，认为人对动物拥有绝对支配权，可主宰动物的一切，乃至生杀大权，动物遭受人类残暴对待的新闻屡屡见诸报端。仅透过上述事例我们已经可以了解国人动物福利意识状况之一二。随着公民受教育程度的加深，残害生命的现象仍时有发生，这不仅是我们的社会教育的一种缺失，而且是对生命之爱的缺失。

2. 中国传统动物保护伦理自身存在着缺陷

在对待人与动物关系上，中国没有发展出像西方这样系统的伦理理论。在理念层面，中国传统的动物保护伦理基本上是非人类中心主义的，在这点上与现代的动物保护伦理殊途同归，但在行为规范层面，传统动物保护伦理往往隐藏不显。反观中国传统文化，可以看到，儒家并没有明确的关于动物个体的解放或权利的观念，它主要是从“恻隐之心”的角度来理解关心和保护动物这一问题的。且儒家并不提倡素食，反而是食不厌精。道家也没有明确提出素食主义的观点，但对打猎持批评态度。这些对今天人们对待动物的态度和行为都会产生一定的影响。因而一方面，我们要在理念层面弘扬传统的伦理智慧，另一方面，又要在规范层面积极吸纳现代先进的动物保护伦理，从而为我国的动物保护事业提供强大的精神动力。

3. 传统生产生活方式、固有的价值观在人们的头脑中根深蒂固，动物福利理念在这一方面难以与其抗衡

长期以大米为主食的传统农耕社会里，对肉类资源的索取历来都有一股难以掩饰的热情。在等级森严的农业社会里，难以滋生出平等的权利观念。体现在对待动物上，仅将其视为利用对象，对待方式比较野蛮，完全不考虑动物的感受。在这种认知之下，动物福利观念难以有较大的影响，人们对粗暴对待动物现象习以为常。例如中草药和中华美食源远流长，许多在我们看来习以为常的入药或者烹饪方式却是建立在野蛮对待动物基础上的。例如活吃猴脑，生抠鹅肠等。

另外，在人类的固有价值观里，人的地位总是要高于其他生物的。当面对动物的福利问题时，很多人人首先会考虑增加动物的福利会不会在某些方面损害到人的利益。有些人就认为，动物福利与我国生产力发展水平不协调，在我们国家还有2000万贫困人口、人们的生活条件还没有达到小康水平的情况下，来谈论动物福利问题，可能会构成人类福利的损失，增加社会发展的成本，这根本是不允许发生的事情。这些观念和意识在一些人的头脑中根深蒂固，使得动物福利的认识很难与其抗衡。

4. 我国现有的经济物质基础限制了动物福利的迅速改善

社会经济基础是动物福利状况改善的物质保障。虽然我们强调给予动物一定

的福利关照和保护与一个国家的经济的发达程度不成正比，也有很多第三世界的国家虽然经济没有西方国家发达，但是对于动物的保护也进行了行之有效的努力和立法实践。但是，较好的物质基础和经济实力对动物福利的推广无异还是具有相当大的作用的，一个社会中人的生存条件得到改善，与之息息相关的事物包括与人类生活有密切关系的动物的状况也必定会有改善。而且，在给动物提供相应的福利待遇的时候，也不会因经济问题而显得捉襟见肘。因此，与西方发达国家相比，我国在今后相当长一段时期内还处于经济欠发达状态。在物力、人力和财力有限的情况下，改善动物福利状况无疑还有很长的路要走。

5. 动物保护法律体系存在着一定的缺陷

当前我国虽然已经制定了一些动物保护方面的法律法规，但仍然存在着明显的缺陷。诸如：立法的出发点不是基于将动物作为有感知能力的生命加以保护，而是把动物作为一种资源，放在从属的地位；对驯养动物福利法律保护的缺失；现有法律对动物保护的范围过于狭隘；法律条文原则性条款多，可操作性欠缺，等等。由于这些问题的存在，使得在我国对动物的保护缺乏全方位的法律规范标准，在具体制度的构建上也就存在着法律基础薄弱的问题。由此，实践中动物福利和保护方面出现种种令人遗憾的情形就是可能的了。上海动物园就曾发生过一只国家二级保护动物海豹客死柳州的事件。经解剖检查发现，这只三岁大的海豹胃内有十多个塑料袋和石头、铁钉、牙签等物。海豹胃部严重受损，导致死亡。北京动物园的 5 只黑熊被大学生刘海洋用烧碱和硫酸烧伤事件同样也为我们敲响了警钟。

动物的福利和保护，饲养和繁育涉及众多行业，不仅农业部门饲养动物，建设园林部门和大学研究部门实验室、私人家庭等都在越来越多地饲养动物，使得动物的数量极其庞大。而针对当前我国动物生存和保护的现实状况，对野生动物与驯养动物的饲育和利用，都应该在新的伦理眼光下重新审视。一方面我们要加强动物福利的宣传和教育，逐步提高人们的动物福利意识，更重要的，是亟待加快这一领域的立法，制定出适合国情的动物福利法律、法规及标准，使得动物福利和保护问题有法可依，有章可循，从而提高我国的动物保护水平，这对我国社会、经济、科技发展和文明进步都具有重大的现实意义。

第二节 中国动物保护立法的紧迫性与可行性

一、在中国为动物保护立法的紧迫性

“人与自然和谐共处”的思想在 1992 年联合国环境与发展大会通过的《里约宣言》中就得到确认。WTO 中也写入了动物福利条款。在强调人与自然和谐共处的时代，许多国家强调以合理保护和利用动物为目的的动物福利法治，除了出于

伦理道德建设及公共卫生与环境保护的需要外，促进本国的动物国际贸易或者加强本国的动物产业保护也是一个非常重要的原因。

目前，我国对于动物的保护范围过于狭窄，仅限于保护野生动物。对于非野生动物，如实验动物、伴侣动物、工作动物、娱乐动物、农场动物都没有专门法律进行保护。另外，立法体系十分松散，除了《野生动物保护法》、《动物检疫法》等几部单行法外，其他只能在一些零散条文中找到，并没有一部综合性的专门法律进行保护。就是已有的相关法律，可操作性也很差，司法和行政部门难以落实到位。这种缺乏立法的规范和激励，不能及时应对国外动物福利保护标准的设立和变更的现状，使得我国的动物、动物产品及与动物和动物产品有关的服务和其他产品在进入国外市场时，遇到了强有力的贸易阻力。如 2005 年 3 月，互联网上出现了一段名叫《惨绝人寰的时尚，每件皮草都残酷》的录像，该录像曝光的是河北省萧宁县尚村皮毛交易市场活剥貉皮和狐狸皮的事情。之后，美国的 CNN 有线新闻台和欧洲的一些媒体也大肆渲染，一些动物福利保护组织也强烈呼吁禁止从中国进口毛皮。据了解，在 2004 年底和 2005 年初就发生了我国出口的皮草产品在一些欧洲国家无端遭受下架和停售的事件。

事实上，近些年来我国在出口动物产品贸易中已屡次受到有关动物福利不过关而导致的产品被退回的影响。如前几年由于我国的渔船上没有装有海龟逃生装置，危害某些海龟的生息，因此，用这种捕捞技术捕捞的虾类，被禁止输入美国。特别是近年来，在我国出口的动物产品中遭国外退货或销毁的事件时有发生，其中的原因之一就与我国在执行动物福利标准不足方面有关，如饲养管理条件差，动物在饲养、运输、屠宰的过程中，不能按照动物福利的标准执行，导致动物产品质量下降，达不到出口标准。我国中药的疗效世人皆知，但中药的出口却屡屡碰壁，碰壁的一个重要原因就是入药动物的福利没有得到保障。

“动物福利”对国际畜禽产品贸易产生影响有几种情况：一是发达国家提高国际兽医局（OIE）标准，目前 OIE 标准已有关于动物福利的基本要求，如果发展中国家没有达到这些要求，就无法进入发达国家的市场，也无法向 WTO 提出贸易纠纷仲裁；二是虽然发展中国家的动物产品已达到 OIE 标准，但仍然远低于进口国的标准，进口国消费者可能选择价格较贵、动物福利较好的产品，发展中国家的动物产品在进口国市场没有销路；三是发达国家限制进口已达到 OIE 标准的动物产品，由于进口国在国际贸易中占有主动权，即使进口国违反了 WTO 规则，但这种贸易官司会耗费出口国许多人力、经费，实际上造成对出口国的伤害。

我国是一个畜牧生产大国，目前国内很多屠宰方法非常野蛮，我们现在的屠宰流程是让动物排着队走进屠宰场，动物能够看到自己的同伴怎样惨叫、流血以及怎样被分割。而国外在屠宰畜牧动物时，一般都是一头动物进入屠宰房后立即阻断，在一个单独的空间用高压电快速击中动物的致命部位，使动物在很短时间内失去知觉,再进行宰杀。国内这些野蛮宰杀方法,不仅对畜牧动物非常不人道的,对食用的人也是很有害。因为动物处于突然的恐怖和痛苦状态时,它的身体本身也会产生一种急剧的生理变化,产生一些毒素或是其他不好的物质。这些毒素对食用者也非常有害。我国是个畜牧大国,但是我们的畜产品却很少达到出口标准,其中的原因之一就与这种落后的屠宰方式有关。[1] 如果我们不尽快制定与国际惯例接轨同时又符合中国国情的"动物福利法",那么,以不人道的方式从事动物的生产和经营,不仅会破坏中国人崇尚伦理的传统形象,还影响到中国的动物、动物制品以及相关产品和服务的出口贸易。

同样,由于没有动物福利法,我们的科学研究也受到了影响。比如,那些涉及动物实验的科研论文要想拿到国际刊物上发表,就必须出示由"动物伦理委员会"提供的证明,证明该研究符合动物福利的伦理准则。

法律上的缺陷,也使得前述的一些虐待动物的做法仅仅受到的是道德上的谴责,而法律却无法作为。没有法律的保障,动物恶劣的生存环境就始终得不到彻底的改善。

我国已经加入了世界贸易组织,保护动物、善待生命不仅是国内所有善良人的愿望,也关系到我们国家在国际上的形象。我们需要有良善的风俗,也需要有良好的法律制度。近几年来,中国公众对动物处境的关注有了明显的增加,动物福利的概念也已出现在我们的法律条文中,爱护生命和反对残酷对待动物日益成为全社会的共识。因此,以我国目前的状况而言,从各个方面来看,都需要制定一部全面的动物保护法和行业条例法规来规范和管理相关事务。这种要求可以说已经十分迫切了。

二、在中国为动物保护立法的可行性

立法是构建法律制度的一个重要环节,需要考虑多种立法条件是否具备。但从各国动物福利立法状况来看,立法并非完全依赖于立法条件本身。立法具有相对独立性,世界立法史上,不乏以先立法,再推动执法条件成就的案例。此时,立法彰显的是一种理念和思想的先导。一定要等待立法各项条件齐备,然后再考虑立法是机械主义观点。当前,我国无论是在思想意识和传统文化的继承方面,还是现有的经济、社会、政治基础都已具备了推进动物保护立法的基本条件,从一定意义上说,在我国进行动物保护法的创制是可行的。

(一)文化条件:中国传统文化对动物福利思想的容纳

国内一些学者反对动物福利立法的理由之一就有我国并无动物福利的文化和道德传统。事实上,如上一章所述,我国关于动物福利思想的文化传统与道德传统

[1] 赵英杰:"动物福利立法势在必行",载《法制与社会》2007 年第 5 期。

有文字记载的资料可以追溯到春秋战国时期,比西方还要丰富。在当时许多思想家的经典著作中,我们可以看到,当时已经有在对待动物的态度和行为上要有仁慈的心之要求,否则会被视为道德品行不好的人。在秦汉时期,古人已经开始尝试以法律手段来调节自然资源再生能力的有限性与人类向自然界索取欲望的无限性之间的关系。动物福利思想并非外来的,更不是西方的独创,因此,在我国进行动物福利立法并不是简单的法律移植,而是对中国古代传统护生思想的一种回归。

另外,中国古代哲学强调天人合一,重视人与自然的和谐关系。在人与自然的关系中,强调人类是万物之灵。不论是自然界的动物还是植物,都是人类生存环境的一部分,人与动物之间的关系就是一种相互依存的关系。当工业化时代到来,动物成为人类赚钱的工具,这时候动物福利的问题才逐渐被提出来,方有了为动物立法之要求。从这一视角看,我们现在进行的动物福利立法仅仅是能否再次迎接人与自然和谐发展,承认人和动物的福利没有谁先谁后实现的顺序问题。

(二)物质条件:我国小康社会的实现

中国十一届三中全会以来30年改革开放的一项重要成就是中国人民的生活水平大幅度提高,城乡居民收入快速增长。1978年改革开放伊始,国民总收入为3645.2亿元,国内生产总值为3645.2亿元,人均国内生产总值381元,1978年的农村人口贫困标准为100元/人,那么,我国农村绝对贫困人口有2.5亿。很显然,在1978年我国的首要任务就是要解决人民的温饱问题,在食不饱、衣不暖的情况下要求人们关注动物的福利问题是个很不现实的要求。而到了2006年,我国的国民总收入已激增到211808亿元,国内生产总值为210871亿元,人均国内生产总值为16084元,2006年的农村人口贫困标准已增加到693元/人,贫困人口却减少到2148万人。[1] 我国人民千百年来衣食无虞的梦想变成现实,实现了总体上达到小康的历史性跨越,人民群众过上了殷实、幸福的生活,反贫困取得了全世界最突出的进展。

温饱问题的解决客观上摆脱了对动物资源的食物性依赖,为重构我们的食物结构,为我们的食谱添加人文主义因素,从而以实际行动提升动物福祉提供了一定的物质性前提条件。

然而,目前我国的现状是:越是在经济发达地区,野生动物消耗越大。蛇、穿山甲、熊掌成为腹中之物绝不是为了解决温饱问题,而是追求新奇、摆阔或者不正常的营养、养生观念所致。因此,加大舆论宣传教育的力度,是改变不正确的饮食观念的关键,也是为动物福利立法创造前置条件的关键。

(三)社会条件:舆论关注与民众动物保护意识、消费观念的逐步转变

近年来随着社会的发展,解决了温饱问题之后的人们,逐渐将目光转移到提高

---

〔1〕 相关统计数字来源:中国年鉴综合信息网,http://www.bojianbook.com/news.asp? id=60。

生活质量上来。自然环境问题也随之逐渐成为人们的热门话题之一，而与之密切相关的动物福利问题，因与食品安全、生活环境等联系在一起，渐渐成为人们关注的对象。随着公众对动物福利关注度的提升，动物立法的条件逐渐改善。几乎媒体报道的每一起虐待、残害动物案件，都能得到民众的强烈呼应。尽管仍然有种种不同的声音，但社会各界越来越多的人加入到为动物福利摇旗呐喊的行列中。种种迹象表明，大众理性在复归。在对待动物的态度方面，沉睡的道德感已被唤醒。动物虐待的事件总是能激起公众的极大愤怒，人们对动物福利有了更多的认识。2006 年网上出现了一个网名叫“碎玻璃渣子”的网友发的帖子，内容是一只可爱的小猫咪被高跟鞋一脚一脚残忍踩死的录像截图，这个帖子顿时引发了无数网民的愤怒和谴责。各大网站都开始关注并转载，各大报社的记者也进行了跟踪报道，网上也开始有人自发组织起来调查虐猫影片的制作者和虐猫女子，在广大网民的努力下，一切都水落石出，虐猫者被迫道歉，其单位也迫于压力将其开除。而公众并没有因此而满足，很多人开始思考怎么保护动物免受虐待，因为这样的录像其实还有很多，如虐待老鼠、虐待鸡、虐待鸟等，惨不忍睹。为了避免动物再受虐待和让虐待动物者受到应有的法律制裁，为动物福利立法又掀起了新一轮的高潮，这次动物福利立法的建议没有仅仅停留在网上或学者的专著上，全国政协委员陈丽华提交了《构建和谐社会，亟待出台小动物保护法》的提案。此后，全国政协委员杜毅也提交了《“反对虐杀动物”应当立法》的提案。与此同时，全国政协委员韩伟联合其他 23 位委员提交了《关于立法反对虐待动物的提案》。这些提案的提出与广大公众的关注和呼吁是分不开的。在“虐猫事件”上，国人所表现出的强烈关注也说明了我国公众保护动物的意识也日益增强。新闻媒体愈多的开始关注虐待动物事件也从某种意义上推动了公众动物保护意识的进步，在上海市已经出现了抵制皮草的公益广告：“双肩的冷，及不上它们的痛。”

此外，传统的消费观念发生着改变。当前，消费者更关注身体的健康，而又不得不面对产品质量复杂难辨的情况，因而造成了对食品安全的追求和对绿色食品的需求。消费者因为收入的增加而面临消费升级，希望在数量满足的基础上获得更高品质的产品，例如消费者在购买猪肉时首先考虑的是猪肉的安全性；而另一方面，我们的产品的生产过程不透明，操作没有规范，造成产品质量中存在不稳定因素。消费者的辨别能力有限，他只有按照产品的说明和个人的常识来选择。如果产品的价格高一些，但是进货渠道和产品质量有保证，他们就会觉得吃起来比较放心。消费者并不了解什么是动物福利，甚至也根本没听说过。但是仍可从中发现朴素的动物福利意识。如很多消费者认为母鸡在山上放养，吃青草和小虫，因而更健康，柴鸡蛋更有营养等。消费观念的变化将是动物福利意识能够被更广泛接受的最直接原因之一。

人对动物的态度会使我们感觉到不光是人对动物的态度，实际上是人对外界的态度，是人对弱者的态度，表现出你想在多大程度上能够干预自然，在多大程度上干预环境，在多大程度上干预一个生命，能在多大程度上剥夺一个生命。它反映的是这种心理，因此从动物福利这个角度入手非常好，它能带来一系列人性的变化。

舆论关注与民众动物保护意识、消费观念的逐步转变为动物福利立法提供了社会动力，种种现象表明，我国的动物福利立法已具备了良好的社会基础。

（四）组织条件：动物保护团体的广泛成立和相关理论研讨工作的深入开展

2005年11月3日为期3天的“2005动物福利与肉品安全国际论坛”在北京召开。这是中国首次举办以动物福利和肉品安全为关注焦点的国际性专业盛会。出席此次论坛的有世界动物卫生组织（OIE）陆地动物运输工作组主席唐纳德·布鲁姆教授等6位国际著名专家，论坛还邀请了商务部部长助理、商务部畜禽屠宰管理办公室主任黄海、东北农业大学副校长包军教授等20位国内专家、学者和企业领导作专题发言。论坛由肉品卫生杂志社、世界农场动物福利协会、英国防止动物虐待协会等五家机构主办。这次论坛以“关注动物福利、保障肉品安全、引导健康消费、促进和谐发展”为主题，重点介绍国外动物福利和肉品安全管理先进经验和应用技术，探讨中国在这方面存在的问题和应对措施。专家们共同讨论制定了切实可行的行动计划，以推动中国农场动物福利和肉品安全管理立法和行业法规、技术标准的制定。会后还发布了“保护农场动物福利，保障消费者肉品安全倡议书”。2008年4月，由中国社会科学院法学研究所和英国防止虐待动物协会举办了首届“中国动物保护法制建设国际研讨会”。

2008年9月，在西北政法大学成立了我国第一个“动物保护法研究中心”，它是一个专门开展动物保护法学术交流与研究的科研机构。以西北政法大学为依托，充分利用西北政法大学及陕西省动物保护研究与实践的优势资源，吸收其他动物保护法、动物伦理以及相关领域研究和实践的专家，进行学术交流、组织科研合作以及为社会提供有关动物法律的公共讲座、演讲，普及和宣传保护动物的社会实践活动。该中心致力于和国内外、校内外的研究机构、专家学者的交流合作。通过各种学术交流与研究合作，推动动物法学、动物伦理理论研究的深入开展，加强动物法学、动物伦理理论与法律实务的结合，探讨动物法学、动物伦理理论教育中的新问题、新特点，为推进我国动物保护法的发展和完善做出贡献。2008年12月20日，在西北政法大学举行了“中国《动物保护法（建议稿）》研究项目启动暨动物保护法国际研讨会》”，来自中国台湾和香港、澳大利亚、英国以及中国内陆的专家学者就我国动物保护立法的环境、内容和具体路径进行了积极深入的讨论，为推动我国动物保护立法进行了有益的探索。

另外，我国成立了野生动物保护协会。中华小动物保护基金会也于2003年10月3日成立。这是我国首个以小动物保护事业为主要支持对象的专项基金会，它的成立表明我国的动物保护事业在社会理念和实际运作上达到了一个新的高度。基金会的格言是"光荣与快乐"——在动物保护过程中体会光荣、感觉快乐；基金宗旨是:为中国动物保护事业服务；为基金捐赠者的符合中国法律法规前提下的小动物保护意愿服务；支持和赞助中国从事小动物保护事业的组织和个人；支持和赞助旨在切实保护、爱护动物,根本改善动物生存环境的行为,为"中国小动物保护活动"搭建融资平台。目前,全国已有31个省级和537个地县级野生动物保护协会。[1] 长春、北京、西安、哈尔滨、武汉、海南等地都有小动物保护协会的存在。

上述动物保护组织和研究机构的出现以及相关理论研讨活动的举办,都为我国动物福利立法工作的推进提供了较为充分的组织保障。

(五)法制条件:我国已有法律法规中动物福利思想的体现、部分地区对动物福利立法的尝试以及对港台、国外的动物福利立法经验的借鉴

1. 我国现行的与动物相关的法律制度中闪现着一定的动物福利色彩

在我国现有的与动物相关的法律中,不仅在《野生动物保护法》里可以找到保护动物的条款,在其他的一些法律规范中,从对待动物食品立法的角度,也蕴涵着一定的动物福利的思想。如《农业法》关于畜牧业结构调整的规定、《兽药管理条例》对于禁用兽药的规定、《饲料和饲料添加剂管理条例》对于饲料添加剂的限制性规定。《生猪屠宰管理条例》也不是片面追求屠宰效率,其中第7条规定,定点屠宰厂(场)应当具备下列条件:1)有与屠宰规模相适应,水质符合国家规定标准的水源条件;2)有符合国家规定要求的待宰间、屠宰间、急宰间以及生猪屠宰设备和运载工;3)有依法取得健康证明的屠宰技术人员;4)有经考核合格的专职或者兼职的肉品品质检验人员;5)有必要的检验设备、消毒设施和消毒药品及污染物处理设施;6)有生猪及生猪产品无害化处理设施;7)有符合动物防疫法规定的防疫条件。第10条规定,定点屠宰厂(场)屠宰生猪,应当符合国家规定的操作规程和技术要求。[2] 由此可见,这些法律规范是期望通过动物福利的制度化来提高动物产品的品质,保护生产者的利益。国家立法从保护消费者和供给者的角度,在规范中纳入动物福利,会较容易被社会广泛接受。因此,动物福利制度化是可行的,是符合现实需要的,可以说现行的制度不仅不排斥动物福利立法,而且提供了制度空间。

2. 部分地区进行了动物福利立法的尝试

2004年12月,北京市人大常委会修订的《实验动物管理条例》规定,实验动物管理机构要对"实验动物进行伦理审查",同时还规定了"生产或者应用实验用犬

---

[1] 资料来源:http://www.cwca.org.cn/。

[2] "河南省《生猪屠宰管理条例》实施办法",载《河南政报》2000年第6期。

的，免交管理服务费”，增加了“从事实验动物工作的单位和个人，应当维护动物福利，保障生物安全，防止环境污染”条款。该条例于2005年1月1日起生效。条例新增加的“动物福利”章节，尽管内容只有短短不到200字，但这是我国首次将“动物福利”的概念正式列入法律规范，标志着我国“动物福利”立法工作从无到有迈出的一大步。这必然为我国构建动物福利体系起到很好的推动作用。

2005年湖北省第10届人民代表大会常务委员会第16次会议通过了《湖北省试验动物管理条例》，其中第五章明确规定了生物安全与动物福利。第29条为“从事实验动物工作的单位和个人，应当关爱实验动物，维护动物福利，不得戏弄、虐待实验动物。在符合科学原则的前提下，尽量减少动物使用量，减轻被处置动物的痛苦。鼓励开展动物实验替代方法的研究与应用”。并在第35条中规定：“违反第29条规定，由省科学技术行政部门予以警告、责令限期改正；拒不改正的，暂扣实验动物生产、使用许可证。”该条例在立法权限上属于地方性法规，不但明文提到了动物福利，还较详细地规定了具体的做法，并规定了相应的法律责任。2006年由重庆市人民政府第71次常务会议通过的《重庆市实验动物管理办法》中第18条规定：“从事实验动物工作的单位和个人，应当关爱实验动物，维护动物福利，不得戏弄、虐待实验动物。在符合科学原则的前提下，尽量减少实验动物使用量，减轻被处置动物的痛苦。”该管理办法与《湖北省试验动物管理条例》比起来略有不足的是并未提及相应的法律责任，使得第18条成为一条略带倡导鼓励性色彩的条款。部分省份如海南省，也已经开始了动物福利的立法准备工作。2007年，河南省开始进行了“人道屠宰”的试点。

总之，我国已有部分省市开始了对动物福利立法的尝试，尽管许多规定尚显单薄和粗略，但已从一个侧面反映了动物福利立法意识在我国的增强。

3. 我国港台地区的动物福利立法可为我国动物福利立法提供有益借鉴

台湾地区和香港地区都属于我国不可分割的一部分，它们均已有了相关的动物福利立法，因其人文传统和价值判断与祖国大陆有着千丝万缕的联系，因此这些立法对我们的动物福利立法有很好的借鉴意义。香港早在1935年就制定了《防止残酷对待动物条例》。该条例对于动物界定的范围非常广，“包括任何哺乳动物、雀鸟、爬虫、两栖动物、鱼类或任何其他脊椎动物或无脊椎动物，不论属野生或驯养者”。也就是说即便虐待一只蚂蚁都有可能构成违法。它还对有关残酷对待动物的罚则进行了比较详细的规定。1999年香港制定了《防止残酷对待动物规例》，这个规例是对条例的一个细化，里面共分三部，第一部详细规定了各种动物的居住场所。第二部是关于禽畜、牛只、猪只等的进出口问题，里面的条文细化到“每个围栏不得容纳羊只超逾40头，而每头羊须获给予空间0.7平方米”。第三部是关于违反规定及罚则的规定。香港地区其他有关动物福利的立法还有《公共卫生（动物）（寄养所）规例》，《公共卫生（动物及禽鸟）（展览）规例》，也都对动物的寄养和展览等问题做了详尽的规定。

与香港地区相比,台湾地区的动物福利立法较晚,直到1999年才制定了“动物保护法”,2008年进行了第6次修改,其与香港的动物福利法有较大的差异。在对于动物的界定上,其规定为,“动物:指犬、猫及其他人为饲养或管领之脊椎动物,包括经济动物、实验动物、宠物及其他动物。”并对经济动物、实验动物、宠物及其他动物做了详细的定义。在具体如何保障动物的福利方面,台湾地区的规定较为粗糙,只是规定了动物的一般保护、科学应用和宠物的管理三个方面。而在罚则规定方面则条款众多且细致,从第25条到第35条都是关于罚则的规定,而且每条又有多款。此外,台湾地区还制定了“‘动物保护法’施行细则”、“‘农委会动物保护委员会’设置办法”、“‘农委会’实验动物伦理委员会设置办法”、“宠物登记管理办法”、“宠物登记管理及营利性宠物繁殖买卖或寄养业者管理收费标准”、“宠物业管理办法”以及“动物实验管理小组设置办法”等动物保护法律规范,另外还先后公布了一系列重要的行政规定。在行政监督方面,台湾由“农委会”畜牧处负责整体动物保护业务,涵盖宠物管理、实验动物和经济动物三大类。

对香港和台湾地区的动物保护立法,祖国大陆都可以根据具体的实际情况进行选择性的借鉴,如对相关动物娱乐的规定,香港的《防止残酷对待动物条例》规定,任何导致、促使或协助进行动物打斗的经营、使用、管理等行为都为违法。台湾的“动物保护法”也明确禁止“以直接、间接赌博、娱乐、营业、宣传或其他不当目的进行动物之间或人与动物间之搏斗”。这样的法律规定对于保护动物和教育民众有极大的功效。

4. 国外有大量的可供借鉴的动物保护立法的经验

如本书第二编所述,全球已有100多个国家制定了动物福利法,包括许多比我国经济落后的非洲国家。我们可以看到这些国家的立法都在逐渐进行着完善,其中的先进经验可以为我国借鉴。

(六)政治条件:科学发展观与和谐社会理论的提出以及动物保护工作的改善

近几年来,在野生动物保护方面,我国采取了收缴猎枪,严厉打击偷盗、偷猎的犯罪活动和封山育林等措施,使我国普通的野生动物种群得到了一定的壮大。在濒危物种保护方面,我国也积极开展了主要濒危物种的拯救繁育工作,还通过实施野生动物保护措施和发展养殖利用技术,使野生动物的福利状况得到很大改善。目前我国已建立16处野生动物救护中心和300多处救护站点,对伤病野生动物进行救治,并对全国野生动物养殖机构进行检查,严厉查处了一批非法养殖利用行为,同时加强了对野生动物的疫病监测防控工作。此外,我国还出台了有关野生动物养殖、运输的具体规章,改善了野生动物的生活状况。

在其他动物的福利保护方面,如我国一些大型的食品企业已经开始采取行动按照国际标准实行养殖和屠宰工艺的升级。2004年山东东大食品集团开始把动物福利作为提升产品等级、获取产品竞争力的手段来看待和宣传，投资两千多万元进行种猪饲养，种猪场三面环山，一面环水，远离居住群体。场内人工水库，既美化了环境，又是天然隔离带。整齐划一的别墅式的种猪舍，通风、换气、消毒、保暖和清洁，都达到了国际上最先进的种猪场建设标准。每头猪都有独立的床位、单独的食槽、单独的饮水器，有活动场所、洗澡淋浴等。同时，他们还花费巨资引进德国生产的屠宰及分割流水线，实行全封闭式无菌生产管理。生猪控食观察 24 小时后沐浴，在乐曲声中进入梦乡。屠宰后经严格消毒，再由工作人员对其各个部位进行分割、检疫，经恒温冷却、排酸，保证了肉品安全，还使肉的质地更加柔软富有弹性，滋味细嫩鲜美。[1] 这些措施无疑将有助于动物福利思想的传播，提高我国动物的福利水平，也为动物保护立法构建了良好的实践平台。

此外，我们的党和国家提出了践行科学发展观，构建社会主义和谐社会的理论和要求。中国和谐社会的构建之关键是解决现实中存在的各类突出矛盾，这一点已在党的有关文件和政策中明确体现。人与动物的和谐相处是我国构建和谐社会的题中之义，这种和谐要求人与动物能够和平共处在同一片蓝天下，动物本应具有的生存空间、生存环境、生存权利得到应有的保护与尊重，从而也为人类更加合理地利用动物资源提供安全、正义的条件，最终实现动物保护与人类生存发展的平衡，即保护动物是为保护环境，为人类的美好发展。动物保护法的制定和完善是从立法层面对这一目标实现的推动。

我们承认，在今天的中国，谈到动物福利、动物保护立法时，仍有人会质疑。当面对动物的福利问题时，他们首先会考虑增加动物的福利会不会在某些方面损害到人的利益，并认为在我们国家还有 2000 万贫困人口、人们的生活条件还没有达到小康水平的情况下，来谈论动物福利问题，可能会构成人类福利的损失，增加社会发展的成本。也有人说按照国际上动物福利有关规定，饲养的时候要考虑每种动物所需要的空间，而现在我国还是主要从如何降低成本、提高利润来考虑。比如说动物福利规定按照猴子的习性，在实验室要为其准备一些玩具和空间。我国实验室条件相对较差，空间相对紧张，如果泛泛地强调动物福利，饲养、实验或者保护的成本就会很高。何况，如果一个国家或地区的儿童连最基本的生活都无法保障，怎能要求他们制定法案为动物准备足够的玩具？面对这些质疑，我们的思考是，在中国确实还有人生活在贫困线以下，如果他们的温饱问题只能通过虐待动物的方式或无视动物福利的方式得以解决的话，我们也许会沉默。如果实施动物福利的措施后相当一部分面临失业或者收入急剧减少，恐怕我们也不会盲目地颁布改善动物福利情况的法律。但事实毕竟不是如此，动物福利与人的福利并不矛盾，对动物福利的立法也绝非是一蹴而就的，更不能简单地对西方国家的动物福利标准进

---

[1] "山东龙大善待善宰保障肉食安全"，载《中国食品报绿色消费专刊》2004 年第 7 期。

行简单的移植。而是要根据我国动物生存的现实状况和社会经济文化各方面的实际需要进行切实可行的规范创设,既不能固步自封,也不能急功近利,而是要针对动物保护中存在的具体问题,有的放矢地逐步完善我国的动物保护法律制度。

第三章　中国的动物保护立法

第一节　中国动物保护立法现状综述

一、现行的有关动物保护的法律法规数量较少，尚未形成一个完整的体系

我国至今还没有一部对动物保护法的宗旨、原则、任务、保护对象、适用范围、基本制度以及基本管理体制作出明确规定的能够统领全局的动物保护基本法，这就直接制约了对于动物保护单行法规的制定。

相对于外国的专门性立法，我国目前只有《野生动物保护法》、《陆生野生动物保护实施条例》、《水生野生动物保护实施条例》和《实验动物管理条例》等几部法律法规涉及野生动物和实验动物的保护，其他有关动物保护的规定只散见于《森林法》、《渔业法》和《海洋环境保护法》等之中。所以，我国动物保护的相关法律覆盖面窄，并且主要是出于对人类合理利用动物资源的规范，还远未达到"福利"的层面。

二、受保护的动物范围有限

在动物保护法视角下，国际通行的做法是以动物与人之间的关系为标准，将动物分为野生动物和驯养动物。不论是野生动物还是驯养动物，都应享有应有的福利。但我国即使是在"保护"层面，所保护的动物种类也是相当有限的，可以说是仅限于《野生动物保护法》中规定的动物种类。我国《野生动物保护法》在总则的第 2 条规定："本法规定保护的野生动物，是指珍贵、濒危的陆生、水生野生动物和有益的或者有重要经济、科学研究价值的陆生野生动物。"由此可见，我国仅保护珍贵、濒危的野生动物和对人类有益或者有重要价值的陆生野生动物。同时，由于该法对于野生动物的范围也没有明确的界定，这无形中又将许多一般的野生动物排斥在外。同样，《实验动物管理条例》和相关的行政规章也只适用于实验动物，而对于数量庞大、与人类关系密切的农场动物、伴侣动物、工作动物和娱乐动物的保护在法律上则处于真空地带。

三、对于残害动物的行为制裁不足

在法国及美国部分州，残酷对待动物的行为已被纳入刑法的调整范围内。如

美国纽约1829年的防止虐待动物法规定，如果一个人恶意杀死、重伤或轻伤属于他人的马、牛或羊，或者，一个人恶意并残酷殴打或折磨不论是属于该人本人还是属于他人的此种动物，一旦定罪，属于犯轻罪。[1]《法国刑法典》第R655－1条规定："在非必要的情况下，以公开或非公开的手段，蓄意将家养动物，驯养、猎获圈养野生动物致死的行为，以第五级违章处以罚款。"[2]而根据我国现行法律的规定，只有非法捕杀国家重点保护野生动物的，才追究刑事责任。而虐杀普通动物的行为，几乎不会受到任何处罚。[3]

四、相关法律条款过于原则化，不利于司法、执法的具体实践

欧美等国经过长期努力，已形成了一套完整的动物保护法律体系。法律对于相关概念、行为以及法律责任的承担做出了明确的规定。而我国此方面的法律主要是原则性的指导条款，几乎没有一个具体参照的标准。例如《野生动物保护法》第九条规定第"国家对珍贵、濒危的野生动物实行重点保护。"这就相当地笼统。

第二节　中国野生动物保护立法

一、我国野生动物保护立法的基本概况

野生动物是生物圈中的重要组成部分，但是在近几百年中，它们面临着生存环境恶化和种类灭绝的厄运。而人类的活动作为这一现象的根本原因已成了不争的事实。欧盟计划通过建立自然环境保护系统，以保护各种野生物种，为此，还设立了欧洲野生动物的等级保护，禁止使用某些残忍的，不可采用的方法对待野生动物。在一些国家，持有某些鸟类，出售鸟蛋，骚扰鸟巢，都是为动物保护法所禁止的行为。[4]

目前，我国已经形成了以《中华人民共和国野生动物保护法》为主导，包括国际条约、宪法、刑法及地方法规相关规定在内的保护野生动物的法律体系。

（一）宪法

1982年通过的现行《宪法》第9条第2款规定："国家保障自然资源的合理利用，保护珍贵的动物和植物。禁止任何组织或者个人用任何手段侵占或者破坏自然资源。"这是制定野生动物保护法律、法规的宪法基础，也将野生动物的保护和

---

[1] 曹菡艾：《动物非物——动物法在西方》，法律出版社2007年版，第319页。
[2] 杨源："论我国动物保护法律体系的完善"，载《国土与自然资源研究》2003年第1期。
[3] 安静："动物生命权保护"，载《康定民族师范高等专科学校学报》2007年第4期。
[4] 宋伟："中国法学界应当关注的话题——动物福利法"，载《森林与人类》2003年第1期。

合理利用提高到了应有的高度。

（二）野生动物保护法律

由全国人大和人大常委会制定颁布的与野生动物保护有关的法律主要有：1984年实施并于1998年修改的《中华人民共和国森林法》、1985年实施的《中华人民共和国草原法》、1989年颁布的《中华人民共和国环境保护法》、1989年实施并于2004年修订的《中华人民共和国野生动物保护法》、1992年实施的《中华人民共和国进出境动植物检疫法》、2000年实施的修订后的《中华人民共和国海洋环境保护法》、2000年实施的《中华人民共和国海洋环境保护法》、2004年修订的《中华人民共和国渔业法》以及2008年修订的《中华人民共和国动物防疫法》等。

（三）行政法规

国务院制定和颁布的有关野生动物保护的行政法规主要有：1979年的《中华人民共和国水产资源繁殖保护条例》、1985年的《森林和野生动物类型自然保护区管理办法》、1989年1月经国务院批准的《国家重点保护野生动物名录》、1992年生效的《中华人民共和国陆生野生动物保护实施条例》，1993年实施的《国务院关于禁止犀牛角和虎骨贸易的通知》和《中华人民共和国水生野生动物保护实施条例》、1987年实施的《中华人民共和国野生药材资源保护管理条例》、1997年实施的《中华人民共和国进出境动植物检疫法实施条例》、2000年实施的《中国湿地保护行动计划》、2004年实施的《中华人民共和国兽药管理条例》和2006年实施的《中华人民共和国濒危野生动植物进出口管理条例》等。

（四）部门规章

在部门规章的层次上，涉及野生动物保护的主要有：1991年原林业部实施的《国家重点保护野生动物驯养繁殖许可证管理办法》、1993年生效，由原林业部、财政部和国家物价局发布的《陆生野生动物资源保护管理费收费办法》、1999年由原林业部颁布的林业行业标准《陆生野生动物（兽类）饲养场通用技术条件》、《陆生野生动物（鸟类）饲养场通用技术条件》、《陆生野生动物（两栖爬行类）饲养场通用技术条件》、1996年农业部颁布的《关于加强水族馆和展览、表演、驯养繁殖、科研利用水生野生动物管理有关问题的通知》、1999年由农业部颁布的《中华人民共和国水生野生动物利用特许办法》、2002年农业部颁布的《中华人民共和国动物检疫管理办法》和《兽药生产质量管理规范》、2004年建设部修订的《城市动物园管理规定》等。

（五）地方性法规与规章

地方性法规有1990年宁夏回族自治区实施的《宁夏回族自治区野生动物保护实施办法》、1997年实施的《北京市实施〈中华人民共和国野生动物保护法〉办法》、2001年广东省实施的《野生动物保护管理条例》、2004年云南省实施的《云南省动物防疫条例》、2005年贵州省实施的《贵州省动物防疫条例》、2006年广东省实施的《广东省湿地保护条例》、2006 年天津市实施的《天津市野生动物保护条例》、2007 年辽宁省实施的《辽宁省湿地保护条例》、2008 年陕西省实施的《陕西省秦岭生态环境保护条例》等。

有关野生动物保护的地方性规章有:1988 年山东省政府颁布的《实施〈野生药材资源保护管理条例〉细则》,2000 年黑龙江省政府修订的《〈野生药材资源保护管理条例〉实施细则》,2009 年北京市政府颁布的《北京市重点保护陆生野生动物造成损失补偿办法》等。

此外,我国还积极开展了野生动物保护的国际合作与交流,我国已先后加入了《濒危野生动植物种国际贸易公约》、《国际重要湿地特别是水禽栖息地公约》和《生物多样性公约》,《国际捕鲸规则公约》和《公海渔业和生物资源保护公约》等。并与日本、蒙古、澳大利亚、美国、加拿大、英国、俄罗斯等国签订了环境保护或自然保护双边协定。如 1990 年的《中华人民共和国政府与蒙古人民共和国政府关于保护自然环境的合作协定》、1994 年的《中日环境保护合作协定》和《中俄环境保护合作协定》、1998 年的《中华人民共和国国家环境保护局与加拿大环境部环境合作备忘录》、《中华人民共和国政府与大不列颠及北爱尔兰联合王国政府环境保护合作备忘录》等。

鉴于篇幅的原因,我们仅就几个主要的法律规范加以介绍。

二、《中华人民共和国野生动物保护法》

(一)《中华人民共和国野生动物保护法》的主要内容

《中华人民共和国野生动物保护法》由中华人民共和国第七届全国人民代表大会常务委员会第四次会议于 1988 年 11 月 8 日通过,自 1989 年 3 月 1 日起施行。2004 年,第十届全国人大代表会常务委员会第十一次会议通过了《全国人民代表大会常务委员会关于修改〈中华人民共和国野生动物保护法〉的决定》,将其中的第二十六条第二款修改为:“建立对外国人开放的猎捕场所,应当报国务院野生动物行政主管部门备案。”

如上所述,《野生动物保护法》第 2 条规定了野生动物的概念,“本法规定保护的野生动物,是指珍贵、濒危的陆生、水生野生动物和有益的或者有重要经济、科学研究价值的陆生野生动物。本法各条款所提野生动物,均系指前款规定的受保护的野生动物。珍贵、濒危的水生野生动物以外的其他水生野生动物的保护,适用渔业法的规定”。可见,这一概念并未对野生动物有明确的界定,现实中就出现了诸如“驯养繁殖的野生动物是否属于野生动物”等亟待解决的问题。因此,我国立法关于野生动物概念的界定很不科学,有必要予以修改。

《野生动物保护法》分为总则、野生动物保护、野生动物管理、法律责任、附则五个部分,主要规定如下:

第1条规定了立法目的:是为了保护、拯救珍贵、濒危野生动物,保护、发展和合理利用野生动物资源,维护生态平衡。

第3条至第7条规定了野生动物资源开发利用的基本政策和野生动物管理的主管部门。野生动物资源属于国家所有。国家保护依法开发利用野生动物资源的单位和个人的合法权益。国家对野生动物实行加强资源保护、积极驯养繁殖、合理开发利用的方针,鼓励开展野生动物科学研究。在野生动物资源保护、科学研究和驯养繁殖方面成绩显著的单位和个人,由政府给予奖励。中华人民共和国公民有保护野生动物资源的义务,对侵占或者破坏野生动物资源的行为有权检举和控告。各级政府应当加强对野生动物资源的管理,制定保护、发展和合理利用野生动物资源的规划和措施。国务院林业、渔业行政主管部门主管本行政区域内陆生野生动物管理工作。省、自治区、直辖市政府林业行政主管部门主管本行政区域内陆野生动物管理工作,自治州、县和市政府陆生野生动物管理工作的行政主管部门,由省、自治区、直辖市政府确定。县级以上地方政府渔业行政主管部门主管本行政区域内水生野生动物管理工作。

对于野生动物保护的具体规定有:国家保护野生动物及其生存环境,禁止任何单位和个人非法猎捕或者破坏。国家对珍贵、濒危的野生动物实行重点保护。国家重点保护的野生动物分为一级和二级保护野生动物。国家重点保护的野生动物名录及其调整,由国务院野生动物行政主管部门制定,报国务院批准公布;地方重点保护野生动物是指国家重点保护野生动物以外,由省、自治区、直辖市重点保护的野生动物。地方重点保护的野生动物名录,由省、自治区、直辖市政府制定并公布,报国务院备案。国家保护的有益的或者有重要经济、科学研究价值的陆生野生动物名录及其调整,由国务院野生动物行政主管部门制定并公布。国务院野生动物行政主管部门和省、自治区、直辖市政府,应当在国家和地方重点保护野生动物的主要生息繁衍的地区和水域,划定自然保护区,加强对国家和地方重点保护野生动物及其生存环境的保护管理。各级野生动物行政主管部门应当监视、监测环境对野生动物的影响。由于环境影响对野生动物造成危害时,野生动物行政主管部门应当会同有关部门进行调查处理。建设项目对国家或者地方重点保护野生动物的生存环境产生不利影响的,建设单位应当提交环境影响报告书;环境保护部门在审批时,应当征求同级野生动物行政主管部门的意见。国家和地方重点保护野生动物受到自然灾害威胁时,当地政府应当及时采取拯救措施。因保护国家和地方重点保护野生动物,造成农作物或者其他损失的,由当地政府给予补偿。补偿办法由省、自治区、直辖市政府制定。

该法第三章关于野生动物的管理规定了涉及猎捕、驯养繁殖、经营野生动物及其产品和野生动物的进出口等方面的内容。野生动物行政主管部门应当定期组织对野生动物资源的调查,建立野生动物资源档案。禁止猎捕、杀害国家重点保护野生动物。因科学研究、驯养繁殖、展览或者其他特殊情况,需要捕捉、捕捞国家一级保护野生动物的,必须向国务院野生动物行政主管部门申请特许猎捕证;猎捕国家二级保护野生动物的,必须向省、自治区、直辖市政府野生动物行政主管部门申请特许猎捕证。国家鼓励驯养繁殖野生动物,驯养繁殖国家重点保护野生动物的,应当持有许可证。许可证的管理办法由国务院野生动物行政主管部门制定。猎捕非国家重点保护野生动物的,必须取得狩猎证,并且服从猎捕量限额管理。持枪猎捕的,必须取得县、市公安机关核发的持枪证。猎捕者应当按照特许猎捕证、狩猎证规定的种类、数量、地点和期限进行猎捕。在自然保护区、禁猎区和禁猎期内,禁止猎捕和其他妨碍野生动物生息繁衍的活动。禁猎区和禁猎期以及禁止使用的猎捕工具和方法,由县级以上政府或者其野生动物行政主管部门规定。禁止使用军用武器、毒药、炸药进行猎捕。猎枪及弹具的生产、销售和使用管理办法,由国务院林业行政主管部门会同公安部门制定,报国务院批准施行。禁止出售、收购国家重点保护野生动物或者其产品。因科学研究、驯养繁殖、展览等特殊情况,需要出售、收购、利用国家一级保护野生动物或者其产品的,必须经国务院野生动物行政主管部门或者其授权的单位批准;需要出售、收购、利用国家二级保护野生动物或者其产品的,必须经省、自治区、直辖市政府野生动物行政主管部门或者其授权的单位批准。驯养繁殖国家重点保护野生动物的单位和个人可以凭驯养繁殖许可证向政府指定的收购单位,按照规定出售国家重点保护野生动物或者其产品。工商行政管理部门对进入市场的野生动物或者其产品,应当进行监督管理。

关于野生动物的运输、进出口和信息保护方面,该法规定,运输、携带国家重点保护野生动物或者其产品出县境的,必须经省、自治区、直辖市政府野生动物行政主管部门或者其授权的单位批准。出口国家重点保护野生动物或者其产品的,进出口中国参加的国际公约所限制进出口的野生动物或者其产品的,必须经国务院野生动物行政主管部门或者国务院批准,并取得国家濒危物种进出口管理机构核发的允许进出口证明书。海关凭允许进出口证明书查验放行。涉及科学技术保密的野生动物物种的出口,按照国务院有关规定办理。禁止伪造、倒卖、转让特许猎捕证、狩猎证、驯养繁殖许可证和允许进出口证明书。外国人在中国境内对国家重点保护野生动物进行野外考察或者在野外拍摄电影、录像,必须经国务院野生动物行政主管部门或者其授权的单位批准。建立对外国人开放的猎捕场所,应当报国务院野生动物行政主管部门备案。

对违反《野生动物保护法》所要承担的责任,主要规定了刑事责任和行政责任两大类。

(二)对现行《野生动物保护法》的简要评说

《野生动物保护法》实施近20年来,作为保护野生动物的基本法律已经暴露出立法目的滞后、保护范围过窄、野生动物致害赔偿制度不合理等方面的缺陷,已不能完全适应现在的社会情况。

1.《野生动物保护法》的立法目的有一定的局限性。立法目的就是立法者制定法律所希望实现的预期目的,也可以说它反映了一种立法理念。我国野生动物保护法第一条就明确规定了该法的立法目的是:“为保护拯救珍贵、濒危野生动物,保护发展和合理利用野生动物资源,维持生态平衡,制定本法。”首先,从其直接目的来看,保护范围过小,因仅限于珍贵、濒危野生动物,忽视了对普通野生动物应有的保护,从而导致了很多未列入国家地方重点保护野生动物名录上的野生动物,越来越多地成为珍贵、濒危物种。其次,从其根本目的来看,保护的目的仍在于更好地利用。而现实中许多动物恰恰是在被利用的情况下走向灭亡的。这样的立法目的是不够全面的,仍然是“传统人类中心主义”思想的体现,在其指导下这部法律对野生动物的保护功能就会大打折扣。而我们制定这部法律的根本目的应该是更好地发挥野生动物在大自然中的生态作用和促进人与自然的和谐相处。

2. 野生动物致人损害补救制度欠缺。关于国家保护的野生动物致人损害的补救措施,《野生动物保护法》规定得过于原则,不利于实际的操作。首先,补偿主体模糊不清。虽然该条规定了由当地政府给予补偿,但是法律并没有对当地政府进行明确的界定。这就有可能出现实际执行中各级政府相互推卸责任的出现。其次,损害补偿的范围不明。该法规定,对野生动物造成的“农作物或其他损失”,由当地政府予以补偿,但对于损害,即到底是仅仅补偿直接财产损失,还是应该包括间接财产损失?对于人身损害是否补偿?法律对此无明确的规定。再次,补偿机制不合理。该条规定只补偿国家和地方重点保护的野生动物造成的损失,而对普通的野生动物造成的损失不予补偿,这是不合理的,因为许多农作物和家畜造成的损害是不容易判断到底是哪类野生动物造成的。这就给了责任主体逃避责任的机会,他们往往会以此为接口不给予受害者补偿。最后,计算损害补偿标准不明。在实际的补偿过程中,不应该采用一种标准,而应具体情况具体分析。例如,对于造成人身损害的,致轻伤、重伤、致死为不同的情况,救济的标准也应不同,而目前由于标准缺陷,导致了对于补偿的额度只能临时说了算,随意性较大,不利于保障受损者的利益。〔1〕另外,《野生动物保护法》对补偿资金的来源途径、保障措施和补偿纠纷的处理方式都未作具体规定,这就严重影响了这一制度的实现。

3. 野生动物驯养繁殖制度有待完善。《野生动物保护法》只规定了野生动物资源的国有属性,缺乏关于集体所有以及有条件限制下的个人所有制度。对于驯养繁殖的野生动物资源产权归属不明,尤其是对人工驯养条件下繁育出的子一代或子二代以后的动物,到底是否应该属于国家所有,能否进行所有权的转移及合理

---

〔1〕 骆元卡:“野生动物致害的国家补偿及其法制完善”,载《广西右江民族师专学报》2006 年第 19 卷第 1 期。

处分,没有科学界定产权关系的标准,也没有明确的许可办法,导致产权界限不明晰,使野生动物驯养繁殖的单位和个人积极性受到打击,也不利于野生动物合法市场交易。[1] 此外,驯养繁殖野生动物的种源管理也不健全。野生动物行政管理部门对野生动物驯养繁殖场,动物园从野外捕获的野生动物,只收取资源管理费,而对以后的行为不进行任何监督,导致了一些野生动物驯养繁殖基地和动物园的违法犯罪活动,他们将大批的野生动物运到养殖场洗货后便获得了驯养证和运输证,然后将其销往全国各地。

4. 虐待野生动物行为成法律漏洞。《野生动物保护法》只对"非法捕杀国家重点保护野生动物"等相关行为规定了法律责任及相关的惩罚措施,而伤害、虐待野生动物的行为却找不到相关的处罚依据。这也是现实生活中在野生动物园、驯兽团中野生动物受虐,却无法处罚和制止的原因所在。

值得关注的是,我国《野生动物保护法》正在修改之中,据悉,将会有动物福利内容的加入。

三、《中华人民共和国渔业法》

1986 年 1 月 20 日第六届全国人大常委会第十四次会议通过了《中华人民共和国渔业法》,后又几经修改,现行《渔业法》是 2004 年修订的。分为总则、养殖业、捕捞业、渔业资源的增殖和保护、法律责任、附则六个部分,主要内容如下:

该法第 1 条规定了立法目的,制定《渔业法》是为了加强渔业资源的保护、增殖、开发和合理利用,发展人工养殖,保障渔业生产者的合法权益,促进渔业生产的发展,适应社会主义建设和人民生活的需要。《渔业法》的适用范围有:中华人民共和国的内水、滩涂、领海以及中华人民共和国管辖的一切其他海域从事养殖和捕捞水生动物、水生植物等渔业生产活动。另外,按上述《野生动物保护法》的规定,珍贵、濒危的水生野生动物的保护也适用《渔业法》。

国家对渔业生产的基本方针是以养殖为主,养殖、捕捞、加工并举,因地制宜,各有侧重。各级人民政府应当把渔业生产纳入国民经济发展计划,采取措施,加强水域的统一规划和综合利用。国家鼓励渔业科学技术研究,推广先进技术,提高渔业科学技术水平。在增殖和保护渔业资源、发展渔业生产、进行渔业科学技术研究等方面成绩显著的单位和个人,由各级人民政府给予精神的或者物质的奖励。

渔业的主管部门的职权划分是:国务院渔业行政主管部门主管全国的渔业工作;县级以上地方人民政府渔业行政主管部门主管本行政区域内的渔业工作;县级以上人民政府渔业行政主管部门可以在重要渔业水域、渔港设渔政监督管理机构;县级以上人民政府渔业行政主管部门及其所属的渔政监督管理机构可以设渔政检

---

[1] 王跃先、洪贺:"我国野生动物产权法律制度初探",载《野生动物杂志》2002 年第 3 期。

查人员；渔政检查人员执行渔业行政主管部门及其所属的渔政监督管理机构交付的任务。国家对渔业的监督管理，实行统一领导、分级管理。海洋渔业，除国务院划定由国务院渔业行政主管部门及其所属的渔政监督管理机构监督管理的海域和特定渔业资源渔场外，由毗邻海域的省、自治区、直辖市人民政府渔业行政主管部门监督管理。江河、湖泊等水域的渔业，按照行政区划由有关县级以上人民政府渔业行政主管部门监督管理；跨行政区域的，由有关县级以上地方人民政府协商制定管理办法，或者由上一级人民政府渔业行政主管部门及其所属的渔政监督管理机构监督管理。外国人、外国渔业船舶进入中华人民共和国管辖水域，从事渔业生产或者渔业资源调查活动，必须经国务院有关主管部门批准，并遵守《渔业法》和中华人民共和国其他有关法律、法规的规定；同中华人民共和国订有条约、协定的，按照条约、协定办理。国家渔政渔港监督管理机构对外行使渔政渔港监督管理权。

对养殖业的管理，该法规定：国家鼓励全民所有制单位、集体所有制单位和个人充分利用适于养殖的水域、滩涂，发展养殖业。国家鼓励和支持水产优良品种的选育、培育和推广。水产新品种必须经全国水产原种和良种审定委员会审定，由国务院渔业行政主管部门公告后推广。水产苗种的进口、出口由国务院渔业行政主管部门或者省、自治区、直辖市人民政府渔业行政主管部门审批。水产苗种的生产由县级以上地方人民政府渔业行政主管部门审批。但是，渔业生产者自育、自用水产苗种的除外。水产苗种的进口、出口必须实施检疫，防止病害传入境内和传出境外，具体检疫工作按照有关动植物进出境检疫法律、行政法规的规定执行。引进转基因水产苗种必须进行安全性评价，具体管理工作按照国务院有关规定执行。县级以上人民政府渔业行政主管部门应当加强对养殖生产的技术指导和病害防治工作。从事养殖生产不得使用含有毒有害物质的饵料、饲料。从事养殖生产应当保护水域生态环境，科学确定养殖密度，合理投饵、施肥、使用药物，不得造成水域的环境污染。

关于对捕捞业的规定，具体有：国家在财政、信贷和税收等方面采取措施，鼓励、扶持远洋捕捞业的发展，并根据渔业资源的可捕捞量，安排内水和近海捕捞力量。国家根据捕捞量低于渔业资源增长量的原则，确定渔业资源的总可捕捞量，实行捕捞限额制度。国务院渔业行政主管部门负责组织渔业资源的调查和评估，为实行捕捞限额制度提供科学依据。中华人民共和国内海、领海、专属经济区和其他管辖海域的捕捞限额总量由国务院渔业行政主管部门确定，报国务院批准后逐级分解下达；国家确定的重要江河、湖泊的捕捞限额总量由有关省、自治区、直辖市人民政府确定或者协商确定，逐级分解下达。捕捞限额总量的分配应当体现公平、公正的原则，分配办法和分配结果必须向社会公开，并接受监督。国务院渔业行政主管部门和省、自治区、直辖市人民政府渔业行政主管部门应当加强对捕捞限额制度实施情况的监督检查，对超过上级下达的捕捞限额指标的，应当在其次年捕捞限额指标中予以核减。国家对捕捞业实行捕捞许可证制度。海洋大型拖网、围网作业以及到中华人民共和国与有关国家缔结的协定确定的共同管理的渔区或者公海从事捕捞作业的捕捞许可证，由国务院渔业行政主管部门批准发放。其他作业的捕捞许可证，由县级以上地方人民政府渔业行政主管部门批准发放；但是，批准发放海洋作业的捕捞许可证不得超过国家下达的船网工具控制指标，具体办法由省、自治区、直辖市人民政府规定。捕捞许可证不得买卖、出租和以其他形式转让，不得涂改、伪造、变造。从事捕捞作业的单位和个人，必须按照捕捞许可证关于作业类型、场所、时限、渔具数量和捕捞限额的规定进行作业，并遵守国家有关保护渔业资源的规定，大中型渔船应当填写渔捞日志。制造、更新改造、购置、进口的从事捕捞作业的船舶必须经渔业船舶检验部门检验合格后，方可下水作业。具体管理办法由国务院规定。

对于渔业资源的增殖和保护，该法规定了如下内容：县级以上人民政府渔业行政主管部门可以向受益的单位和个人征收渔业资源增殖保护费，专门用于增殖和保护渔业资源。未经国务院渔业行政主管部门批准，任何单位或者个人不得在水产种质资源保护区内从事捕捞活动。禁止使用炸鱼、毒鱼、电鱼等破坏渔业资源的方法进行捕捞。禁止制造、销售、使用禁用的渔具。禁止在禁渔区、禁渔期进行捕捞。禁止使用小于最小网目尺寸的网具进行捕捞。捕捞的渔获物中幼鱼不得超过规定的比例。在禁渔区或者禁渔期内禁止销售非法捕捞的渔获物。禁止捕捞有重要经济价值的水生动物苗种。因养殖或者其他特殊需要，捕捞有重要经济价值的苗种或者禁捕的怀卵亲体的，必须经国务院渔业行政主管部门或者省、自治区、直辖市人民政府渔业行政主管部门批准，在指定的区域和时间内，按照限额捕捞。在水生动物苗种重点产区引水用水时，应当采取措施，保护苗种。在鱼、虾、蟹洄游通道建闸、筑坝，对渔业资源有严重影响的，建设单位应当建造过鱼设施或者采取其他补救措施。用于渔业并兼有调蓄、灌溉等功能的水体，有关主管部门应当确定渔业生产所需的最低水位线。禁止围湖造田。沿海滩涂未经县级以上人民政府批准，不得围垦；重要的苗种基地和养殖场所不得围垦。进行水下爆破、勘探、施工作业，对渔业资源有严重影响的，作业单位应当事先同有关县级以上人民政府渔业行政主管部门协商，采取措施，防止或者减少对渔业资源的损害；造成渔业资源损失的，由有关县级以上人民政府责令赔偿。各级人民政府应当采取措施，保护和改善渔业水域的生态环境，防治污染。国家对白鳍豚等珍贵、濒危水生野生动物实行重点保护，防止其灭绝。禁止捕杀、伤害国家重点保护的水生野生动物。因科学研究、驯养繁殖、展览或者其他特殊情况，需要捕捞国家重点保护的水生野生动物的，依照《中华人民共和国野生动物保护法》的规定执行。

《渔业法》的第五章是法律责任的规定，主要针对的违法情形有，使用炸鱼、毒鱼、电鱼等破坏渔业资源方法进行捕捞的，违反关于禁渔区、禁渔期的规定进行捕捞,或者使用禁用的渔具、捕捞方法和小于最小网目尺寸的网具进行捕捞或者渔获物中幼鱼超过规定比例、制造、销售禁用的渔具、使用全民所有的水域、滩涂从事养殖生产,无正当理由使水域、滩涂荒芜满一年、未依法取得养殖证擅自在全民所有的水域从事养殖生产、非法生产、进口、出口水产苗种等行为,责任形式包括没收渔获物、渔船、渔具、违法所得以及罚款、赔偿损失、责令限期开发利用、责令改正、责令停止经营、吊销捕捞许可证等。对于情节严重的,需追究刑事责任。

四、《城市动物园管理规定》

1994 年建设部发布了《城市动物园管理规定》,2001 年、2004 年又先后对其进行了修正,分总则、动物园的规划与建设、动物园的管理、动物的保护、奖励和处罚及附则六章。

《城市动物园管理规定》的第 2 条规定了适用范围:综合性动物园(水族馆)、专类性动物园、野生动物园、城市公园的动物展区、珍稀濒危动物饲养繁殖研究场所。

与野生动物保护有关的具体规定有:国家鼓励动物园积极开展珍稀濒危野生动物的科学研究和移地保护工作。动物园的规划设计应当坚持环境优美、适于动物栖息、生长和展出、保证安全、方便游人的原则。动物园管理机构应当备有卫生防疫、医疗救护、麻醉保护设施,定时进行防疫和消毒。有条件的动物园要设有动物疾病检疫隔离场。动物园管理机构每年应当从事业经费中提取一定比例的资金作为科研经费,用于饲养野生动物的科学研究。动物园管理机构应当制定野生动物科学普及教育计划,要设专人负责科普工作,利用各种方式向群众,特别是向青少年,进行宣传教育。动物园管理机构应当制定野生动物种群发展计划。动物园间应当密切配合和协作,共同做好濒危物种的保护繁育研究工作。有条件的动物园应当建立繁育研究基地。国家重点保护的野生动物因自然或人为灾害受到威胁时,动物园管理机构有责任进行保护和拯救。动物园与国外进行"濒危野生动植物种进出口国际贸易公约"附录Ⅰ、Ⅱ中的野生动物的交换、展览、赠送等,涉及进出口边境口岸的,经国务院建设行政主管部门审核同意后,报国务院野生动物行政主管部门批准,并取得国家濒危物种进出口管理机构核发的允许进出口证明书。[1] 大熊猫的进出口需报国务院批准。对在动物园建设、管理和野生动物特别是珍稀濒危野生动物的保护和科学普及教育中作出显著成绩的单位和个人,应当给予表彰或奖励。

---

〔1〕 谭涛哲:"核发野生动植物允许进出口证明书的法理分析",载《野生动物》2004 年第 4 期。

五、其他与野生动物保护相关的法律规范

(一)1998 年的《中华人民共和国国家环境保护局与加拿大环境部环境合作备忘录》

《中华人民共和国国家环境保护局与加拿大环境部环境合作备忘录》第 2 条规定了中加合作领域,包括自然保护区的管理和生物多样性的保护。由此可以看出野生动物保护也包含在合作的领域。第 3 条规定了合作方式,包括有关信息和资料的交换;互派专家、学者、代表团和培训人员;共同举办由科学家、专家、环境管理人员和其他有关人员参加的研讨会,专题讨论会及其他会议;实施双方商定的合作计划,包括开展联合研究;双方同意的其他合作方式。另外对执行保证的规定有,为执行本备忘录,双方将促进两国环境保护部门及从事环境保护工作的团体和企业间建立和发展直接的接触和联系。为检查与评价本备忘录的实施情况,制定双方在一定时期内的年度合作计划,并于必要时提供加强本备忘录下合作的具体办法,双方自本备忘录签字之日起六个月内各自指定一名或几名协调员。原则上,双方协调员每两年一次轮流在中华人民共和国和加拿大召开例会。参加会议的国际旅费由派遣方负担,国内费用根据对等原则由接待方负担等。

(二)《天津市野生动物保护条例》和《北京市重点保护陆生野生动物造成损失补偿办法》

1.《天津市野生动物保护条例》的主要规定

2006 年 5 月 24 日天津市第十四届人民代表大会常务委员会第二十八次会议通过了《天津市野生动物保护条例》。该条例涉及了野生动物及其栖息地保护、驯养繁殖、猎捕管理及法律责任等内容。具体规定如下:

对野生动物及其栖息地保护的规定有,重点保护野生动物名录,由市野生动物主管部门提出,经市人民政府批准并公布,报国务院备案。市野生动物主管部门应当至少每十年对本市野生动物资源进行一次普查,并建立档案。人民政府应当在重点保护的野生动物主要生息繁衍地区和水域设立野生动物自然保护区。天津市野生动物自然保护区的设立,由市野生动物主管部门提出,依照有关法律、法规规定的程序,报市人民政府批准并公布。野生动物主管部门或者其设立的野生动物救助机构,负责对捐赠、没收、误捕、受伤、搁浅的野生动物的接收、救护、放生等工作。财政部门应当每年安排资金,专项用于野生动物救护设施建设和救护经费支出,保证野生动物救护工作的开展。野生动物主管部门应当按照职责分工加强对野生动物疫源疫病的监测。任何个人和组织发现患有疫病、疑似疫病或者异常死亡的野生动物,应当立即向当地动物防疫监督机构报告。

有关猎捕、驯养繁殖和经营利用的主要规定有:禁止任何个人和组织非法猎捕和杀害野生动物。因特殊情况,需要猎捕国家重点保护野生动物的,应当按照有关

法律规定,申请特许猎捕证。猎捕非国家重点保护陆生野生动物,应当持有狩猎证;捕捉市重点保护水生野生动物,应当持有捕捉证。天津市野生动物主管部门应当根据本区域内野生动物资源状况,确定本市猎捕的野生动物种类和年度猎捕量限额。申请办理狩猎证、捕捉证,应当符合下列条件之一:因科学研究、资源调查、医药生产、教学需要的;因驯养繁殖需要获得种源的;因国际交往、交换需要的;因其他特殊情况需要的。野生动物主管部门应当依据确定的猎捕的野生动物种类和年度猎捕量限额,予以审批。经批准猎捕野生动物的个人和组织,必须按照批准的工具和方法猎捕。猎捕时应当采取措施避免误猎、误捕、误伤野生动物或者破坏其生存环境。对误捕的野生动物应当立即放生,对误伤的野生动物应当立即采取抢救措施并送交野生动物救助机构,对死亡的野生动物应当及时报告野生动物主管部门。驯养繁殖市重点保护野生动物的个人和组织,应当取得野生动物驯养繁殖许可证,并按照许可证规定的范围进行驯养。申请办理驯养繁殖许可证,应当向野生动物主管部门提出,并符合下列条件:有来源合法的野生动物种源;有适宜驯养繁殖野生动物的固定场所和必需的设施;具备与驯养繁殖野生动物种类、数量相适应的资金、人员和技术;有足够的饲料来源。运输、携带、邮寄市重点保护野生动物及其产品出市,应当持有野生动物及其产品运输证明。任何个人和组织不得为非法猎捕、宰杀、收购、出售、加工、运输、储存、携带野生动物及其产品者提供工具或者场所。经营利用市重点保护野生动物及其产品的个人和组织,必须在市或者区、县野生动物主管部门核定的年度经营利用限额内,从事经营利用活动。经营利用市重点保护野生动物及其产品的,应当缴纳野生动物资源管理费,等等。

2.《北京市重点保护陆生野生动物造成损失补偿办法》的主要规定

地方性规章《北京市重点保护陆生野生动物造成损失补偿办法》自 2009 年 4 月 1 日起实行。主要涉及补偿对象、补偿费用的承担及计算标准、预防和控制野生动物造成的损失、补偿的程序等。这一办法的出台,对解决当前不断出现的野生动物造成人身和财产损害问题的解决有积极意义。其主要内容有:

在北京市行政区域内,受到北京市确定给予补偿的陆生野生动物(以下简称野生动物)造成损失的单位和个人,均可以依照该办法申请补偿。这里所称的确定给予补偿的野生动物范围,由北京市园林绿化行政主管部门根据国家和北京市“重点保护陆生野生动物名录”确定并向社会公布。北京市园林绿化行政主管部门负责全市野生动物造成损失补偿的组织指导和监督工作。区(县)林业行政主管部门负责本行政区域内野生动物造成损失的认定、核实和补偿工作。乡(镇)人民政府、街道办事处应当做好野生动物造成损失情况的调查工作,村民委员会、居民委员会配合做好相关工作。市和区(县)人民政府应当将野生动物造成损失的预防控制、宣传培训和损失补偿等经费列入本级财政预算。野生动物造成财产损失的补偿费用,由区(县)财政负担。发生较大范围野生动物损害造成较大数额财产损失的，市级财政对相关区（县）给予适当补助。市园林绿化行政主管部门和区（县）林业行政主管部门应当做好预防和控制野生动物可能造成损失的工作，包括：组织开展相关野生动物物种资源调查，制定防范措施；设置警示牌，发放宣传手册，利用电视、广播、报刊宣传野生动物保护的法律法规和保护防护知识；组织开展有关野生动物生物习性、防护技术等内容的培训工作；研究并综合运用预防和控制野生动物可能造成损失的工程技术和生物技术等。当事人发现野生动物造成农作物损毁、圈养的家禽家畜受伤或者死亡的，应当在5个工作日内向当地乡（镇）人民政府或者街道办事处提出补偿申请。野生动物造成财产损失的补偿费，根据预防控制措施采取情况，按照以下规定计算：农作物损失，按照核实的损失量和当地区（县）上一年度该类农作物的市场平均价格计算，补偿全部损失的60%至80%；家禽家畜受伤的，补偿实际发生治疗费的50%至70%，最高额不超过该类家禽家畜价值的50%；家禽家畜死亡的，补偿费按该类家禽家畜当时的市场价格计算，补偿全部损失的60%至80%。因保护重点陆生野生动物造成损失，导致家庭生活困难的，可以依法向当地民政部门申请救助。符合社会救助条件的，当地民政部门应当适时给予救助。财政、审计和监察部门应当对野生动物造成损失的补偿、调查勘验、宣传培训、预防控制等工作经费的使用情况加强监督检查。野生动物造成人身伤亡的，由市园林绿化行政主管部门会同市财政部门参照本办法有关规定予以适当补偿。法律责任主要有行政处分和刑事责任的规范。[1]

第三节　中国实验动物保护法律制度

实验动物对人类的健康具有重大的贡献，但是如果漫无科学目的或者反复盲目进行动物实验，就会给动物的身体造成莫大的痛苦，故应尽可能减少活体动物实验，更有必要寻求代替实验方法。现在世界上许多国家都逐渐取消了小学和中学的动物活体实验，这是近几十年来环境伦理观念和道德进步的结果。[2]

一、有关实验动物保护法的渊源

（一）法律

由全国人大及其常委会制定的有关实验动物保护的法律主要是1992年实施的《进出境动植物检疫法》和1998年实施的《动物防疫法》。以及《野生动物保护

〔1〕“行政违法和行政犯罪的相异和衔接关系分析”，载 http://www. studa. net/xingzhengfa/080710/11061041. html。

〔2〕宋伟：“中国法学界应当关注的话题动物福利法”，载《森林与人类》2003年第1期。

法》中规定的因科学研究需要捕捉、捕捞、出售、收购和利用国家重点保护野生动物的内容。

（二）行政法规和部委规章

行政法规主要有，国务院在1988年颁布的《实验动物管理条例》、1997年实施的《进出境动植物检疫法实施条例》、2001年修订的《饲料和饲料添加剂管理条例》、2004年修订的《兽药管理条例》。

部委规章有，国家科委、卫生部、农业部、国家医药管理局1997年联合发布的《关于"九五"期间实验动物发展的若干意见》；科技部1997年发布的《实验动物质量管理办法》、1998年发布的《国家啮齿类实验动物种子中心引种、供种实施细则》、《国家实验动物种子中心管理办法》、《省级实验动物质量检测机构技术审查准则》；农业部于1997年发布的《农业系统实验动物管理办法》；科技部、卫生部、教育部、农业部、国家质检总局、国家中医药管理局、解放军总后卫生部2001年12月5日联合发布的《实验动物许可证管理办法（试行）》。

（三）地方性立法

一些民族自治地方的自治条例和单行条例包括动物防疫的内容要么与实验动物的福利相关，要么专门规范实验动物的经营行为，如2003年凉山彝族自治州人大常委会通过的《凉山彝族自治州实施〈四川省《中华人民共和国防疫法》实施办法〉的补充通知》等。[1]

关于实验动物保护的地方性法规和规章主要有：2004年北京市修改的《北京市实验动物管理条例》；湖北省1993年发布的《湖北省实验动物管理办法》、2003年发布的《湖北省实验动物许可证管理实施细则》；河北省2001年颁布的《河北省实验动物许可证管理办法》、2003年颁布的《河北省关于药品检验用实验动物管理意见的函》；福建省2003年发布的《福建省实验动物许可证管理办法（试行）》；2008年10月1日开始实施的《江苏省实验动物管理办法》等。

此外，还有一些关于实验动物的配合饲料、环境与设施、遗传等国家标准和地方标准的规定。

由于我国有关实验动物的法律、法规和标准较多，我们无法一一列举，只就其重要的法律规范予以介绍。

二、《实验动物管理条例》

1988年11月14日开始实施的《实验动物管理条例》是实验动物管理的基本法规，它规定了实验动物的饲育管理、检疫、传染病控制、应用及进出口管理等方面的内容。具体包括：

---

〔1〕 常纪文：《动物福利法——中国与欧盟之比较》，中国环境科学出版社2006年版，第153页。

条例第 3 条规定了从事实验动物的研究、保种、饲育、供应、应用、管理、监督的单位和个人适用于该条例。

对实验动物的一般性管理,条例规定:实验动物的管理,应当遵循统一规划、合理分工,有利于促进实验动物科学研究和应用的原则。国家科学技术委员会(现为科技部)主管全国实验动物工作。省、自治区、直辖市科学技术委员会(现为科技厅或科技局)主管本地区的实验动物工作。国务院各有关部门负责管理本部门的实验动物工作。国家实行实验动物的质量监督和质量合格认证制度。实验动物遗传学、微生物学、营养学和饲育环境等方面的国家标准由国家技术监督局制定(现由国家标准局行使)。

条例的第二章(第 8 条至第 15 条)对实验动物的饲育管理方面进行了规定。条例第 8 条规定:"从事实验动物饲育工作的单位,必须根据遗传学、微生物学、营养学和饲育环境方面的标准,定期对实验动物进行质量监测。各项作业过程和监测数据应有完整、准确的记录,并建立统计报告制度。"条例第 9 条对实验动物的实验区域进行了规定,明确了实验动物的实验室和饲育室要有科学的管理制度和操作规定。第 10 条规定了实验动物的品种品系需国内外认可品种并且持有合格证书。第 11 条规定了实验动物分开饲养的依据。第 12 条对实验动物的级别进行了划分,分为四个级别。第 14 条对实验动物的饮食卫生作出了比较细致的规定。第 13 条根据实验动物的不同级别做出了不同实验动物饮用水的规定。第 15 条要求根据不同等级的实验动物的需要提供垫料。

条例的第三章(第 16 条至第 18 条)规定了实验动物的检疫和传染病控制。第 16 条规定:"对引入的实验动物,必须进行隔离检疫。为补充种源或开发新品种而捕捉的野生动物,必须在当地进行隔离检疫,并取得动物检疫部门出具的证明。野生动物运抵实验动物处所,需经再次检疫,方可进入实验动物饲育室。"第 17 条规定:"对必须进行预防接种的实验动物,应当根据实验要求或者按照《家畜家禽防疫条例》的有关规定,进行预防接种,但用作生物制品原料的实验动物除外。"第 18 条对实验动物死亡的处理进行了规定,明确规定:"实验动物患有传染性疾病的,必须立即视情况分别予以销毁或者隔离治疗。对可能被传染的实验动物,进行紧急预防接种,对饲育室内外可能被污染的区域采取严格消毒措施,并报告上级实验动物管理部门和当地动物检疫、卫生防疫单位,采取紧急预防措施,防止疫病蔓延。"

条例第四章(第 19 条至第 21 条)规定了实验动物的应用。第 19 条明确了应用实验动物的目的,应使用合格实验动物,以及使用不合格实验动物的后果。第 20 条规定了实验动物应具备的资料,包括有"品种、品系及亚系的确切名称;遗传背景或其来源;微生物检测状况;合格证书;饲育单位负责人签名"。第 21 条规定:"实验动物的运输工作应当有专人负责。实验动物的装运工具应当安全、可靠。

不得将不同品种、品系或者不同等级的实验动物混合装运。”

条例第五章（第22条至第25条）规定了实验动物的进口与出口的管理。第22条规定了实验动物从国外进口应具备的相关资料。第23条规定了实验动物进口必须向国家科学技术委员会指定的保种、育种质量监控单位登记。第24条规定了实验动物的出口也必须报国家科学技术委员会审批。经批准后，方可办理出口手续，其中还明确提出“出口应用国家重点保护的野生动物物种开发的实验动物，必须按照国家的有关规定，取得出口许可证后，方可办理出口手续”。

条例第六章（第26条至第29条）对从事实验动物工作的人员进行了规定。条例规定了从事实验动物工作单位应当根据需要来配备实验科技工作人员，以及经过专业培训的饲育人员，并且各类实验人员都必须遵守实验动物饲育管理的各项制度，熟悉、掌握操作规程。实验动物工作人员的资格审查由地方各级实验动物工作的主管部门进行，逐步实行资格认可制度。第28条规定了实验动物工作人员应定期检查身体，有不适合继续实验工作的疾病的应即时调离工作岗位。第29条原则性地规定了实验动物工作人员不得戏弄或实验动物。

条例第七章（第30条至第32条）规定了奖励和处罚。条例规定：“对长期从事实验动物饲育管理，取得显著成绩的单位或者个人，由管理实验动物工作的部门给予表彰或奖励。对违反该条例规定的单位，由管理实验动物工作的部门视情节轻重，分别给予警告、限期改进、责令关闭的行政处罚。对违反该条例规定的有关工作人员，由其所在单位视情节轻重，根据国家有关规定，给予行政处分。”

三、《实验动物质量管理办法》和《实验动物许可证管理办法（试行）》

（一）1997年科技部颁布实施的《实验动物质量管理办法》

《实验动物质量管理办法》共有5章，其中与实验动物福利有关的规定主要体现在对实验动物生产和使用许可证的规范上，主要集中在办法的第3章。

该办法第三章第9条规定实验动物生产和使用，实行许可证制度。实验动物生产和使用单位，必须取得许可证。实验动物生产许可证，适用于从事实验动物繁育和商业性经营的单位。第10条规定实验动物使用许可证，适用于从事动物实验和利用实验动物生产药品、生物制品的单位。从事实验动物繁育和商业性经营的单位，取得生产许可证，必须具备下列基本条件：实验动物种子来源于国家实验动物保种中心，遗传背景清楚，质量符合国家标准；生产的实验动物质量符合国家标准；具有保证实验动物质量的饲养、繁育环境设施及检测手段；使用的实验动物饲料符合国家标准；具有健全有效的质量管理制度；具有保证正常生产和保证动物质量的专业技术人员、熟练技术工人及检测人员，所有人员持证上岗；有关法律、行政法规规定的其他条件。第11条规定从事动物实验和利用实验动物生产药品、生物制品的单位，取得使用许可证必须具备下列基本条件：使用的实验动物，必须有合格证;实验动物饲育环境及设施符合国家标准;实验动物饲料符合国家标准;有经过专业培训的实验动物饲养和动物实验人员;具有健全有效的管理制度;有关法律、行政法规规定的其他条件。第13条规定实验动物生产使用许可证的申请、审批,按照以下程序进行:取得许可证的单位,必须接受每年的复查。复查合格者,许可证继续有效;任何一项条件复查不合格的,限期三个月进行整改,并接受再次复查。如仍不合格,取消其实验动物生产或使用资格,由发证部门收回许可证。但在条件具备时,可重新提出申请。第15条规定取得许可证的实验动物生产单位,必须对饲养、繁育的实验动物按有关国家标准进行质量检测。出售时应提供合格证。合格证必须标明:实验动物生产许可证号;品种、品系和确切名称;级别;遗传背景或来源;微生物及寄生虫检测状况,并有单位负责人签名。第16条规定实验动物生产单位,供应或出售不合格实验动物,或者合格证内容填写不实的,视情节轻重,可予以警告处分或吊销许可证;给用户造成严重后果的,应承担经济和法律责任。第17条规定未取得实验动物生产许可证的单位,一律不准饲养、繁育和经营实验动物。未取得实验动物使用许可证的单位,进行动物实验和生产药品和生物制品所使用的实验动物,一律视为不合格。

(二)《实验动物许可证管理办法(试行)》

科技部、卫生部、教育部、农业部、国家质检总局、国家中医药管理局、解放军总后卫生部2001年12月5日联合发布,2002年1月1日开始实施的《实验动物许可证管理办法(试行)》,代替了卫生部的《医学实验动物管理实施细则》。其中与实验动物福利有关的规范主要有:

该办法适用于在我国境内从事和实验动物工作有关的组织和个人。实验动物许可证包括实验动物生产许可证和实验动物使用许可证。实验动物生产许可证,适用于从事实验动物及相关产品保种、繁育、生产、供应、运输及有关商业性经营的组织和个人。实验动物使用许可证适用于使用实验动物及相关产品进行科学研究和实验的组织和个人。

办法第5条和第6条规定了许可证的申请条件。办法第5条规定的申请实验动物生产许可证的组织和个人必须具备的条件有:“实验动物种子来源于国家实验动物保种中心或国家认可的种源单位,遗传背景清楚,质量符合现行的国家标准;具有保证实验动物及相关产品质量的饲养、繁育、生产环境设施及检测手段;使用的实验动物饲料、垫料及饮水等符合国家标准及相关要求;具有保证正常生产和保证动物质量的专业技术人员、熟练技术工人及检测人员;具有健全有效的质量管理制度;生产的实验动物质量符合国家标准;法律、法规规定的其他条件。”办法第6条规定的申请实验动物使用许可证的组织和个人,必须具备下列条件:“使用的实验动物及相关产品必须来自有实验动物生产许可证的单位,质量合格;实验动物饲育环境及设施符合国家标准;使用的实验动物饲料符合国家标准;有经过专业培训的实验动物饲养和动物实验人员;具有健全有效的管理制度等。”

办法第8条至第10条规定了许可证的审批和发放,明确了“省、自治区、直辖市科技厅(科委)负责受理许可证申请,并进行考核和审批。各省、自治区、直辖市科技厅(科委)受理申请后,应组织专家组对申请单位的申请材料及实际情况进行审查和现场验收,出具专家组验收报告。”

办法第11条至第19条对许可证的管理和监督进行了规定。第11条规定:“凡取得实验动物生产许可证的单位,应严格按照国家有关实验动物的质量标准进行生产和质量控制,在出售实验动物时,应提供实验动物质量合格证,并附符合标准规定的近期实验动物质量检测报告。实验动物质量合格证内容应该包括生产单位、生产许可证编号、动物品种品系、动物质量等级、动物规格、动物数量、最近一次的质量检测日期、质量检测单位、质量负责人签字,使用单位名称、用途等。”第12条规许可证的有效期为5年,到期重新审查发证。第13条规定了具有实验动物使用许可证的单位在接受外单位委托的动物实验时,双方应签署协议书,使用许可证复印件必须与协议书一并使用,方可作为实验结论合法性的有效文件。第14条规定了实验动物许可证不得转借、转让、出租给他人使用,取得实验动物生产许可证的单位也不得代售无许可证单位生产的动物及相关产品。第15条规定了取得实验动物许可证的单位,需变更许可证登记事项,应提前一个月向原发证机关提出申请。第16条规定了许可证实行年检管理制度。年检不合格的单位,由省、自治区、直辖市科技厅(科委)吊销其许可证,并报科技部及有关部门备案,予以公告。第17条规定了未取得实验动物生产许可证的单位不得从事实验动物生产、经营活动。未取得实验动物使用许可证的单位,或者使用的实验动物及相关产品来自未取得生产许可证的单位或质量不合格的,所进行的动物实验结果不予承认。

办法的第18条对违反规定需承担的法律责任进行了规定,“已取得实验动物许可证的单位,生产、使用不合格的动物,一经核实,发证机关有权收回其许可证,并予公告。情节恶劣、造成严重后果的,依法追究行政责任和法律责任”。

四、《北京市实验动物管理条例》

北京市人大常委会于1996年10月17日通过的《北京市实验动物管理条例》是我国第一部有关动物管理的地方性法规,产生了很大的影响。此后,北京市科委又先后依据《条例》制定了《北京市实验动物从业人员培训考核管理办法(试行)》、《北京市实验动物质量检测机构管理办法(试行)》、《关于加强北京市实验动物行政执法工作的实施办法》、《北京市实验动物行政执法责任制(试行)》等一系列相关规章,建立了实验动物质量检测机构管理、实验动物从业人员培训管理、实验动物许可证管理、行政审批办法和质量监督守则等一个比较完整的实验动物管理制度体系。2004年12月2日,北京市第十二届人民代表大会常务委员会第十七次会议修订的《北京市实验动物管理条例》在总则的第七条明确提出:"从事实验动物工作的单位和个人,应当维护动物福利,保障生物安全,防止环境污染。"[1]这是我国在实验动物福利上的一个重大突破。

《北京市实验动物管理条例》分为总则、从事实验动物工作的单位及人员、实验动物的生产、实验动物的应用、实验动物的防疫、监督检查、法律责任和附则八章。其基本原则是协调统一,加强规划,合理分工,资源共享,有利于市场规范,促进实验动物的科学研究、生产和应用。

条例第一章(第1条至第8条)对条例的目的、适用范围、原则、执行标准等作出了规定,明确地提出了应维护动物福利、保障生物安全,并且提出了对管理中工作突出的人员和单位应予以奖励。

条例第二章(第9条至第13条)主要针对从事实验动物工作的单位和人员进行了规定。条例第9条规定从事实验动物工作的单位,应当配备科技人员,由实验动物管理机构负责实验动物工作中涉及实验动物项目的管理,并对动物实验进行伦理审查。第10条规定从事实验动物工作的单位,应当组织从业人员进行专业培训。未经培训的,不得上岗。第11条规定从事实验动物工作的单位,应当组织实验动物专业技术人员参加实验动物学及相关专业的继续教育。第12条规定从事实验动物工作的单位,应当组织技术工人参加技术等级考核;对从事实验动物工作的专业技术人员,根据其岗位特点和专业水平评定、晋升专业技术职务。从事实验动物工作的单位,应当采取防护措施,保证从业人员的健康与安全,组织从业人员每年进行身体检查,及时调整健康状况不宜从事实验动物工作的人员。第13条和第14条规定了从事实验动物工作的人员,应当遵守实验动物的各项管理规定;取得实验动物许可证的单位和个人,生产或者应用实验用犬的,免交管理服务费。这里我们需要注意的是,这一条例首次提出了"对动物实验进行伦理审查"的要求。

条例第三章(第15条至第21条)对实验动物的生产进行了规定。第15条规定从事实验动物及相关产品保种、繁育、生产、供应、运输及有关商业性经营的单位和个人,应当按照实验动物生产许可证许可范围,生产供应或者出售合格的实验动物及相关产品。第16条规定实验动物生产环境设施应当符合不同等级实验动物标准要求。不同等级、不同品种的实验动物,应当按照相应的标准,在不同的环境设施中分别管理,使用合格的饲料、笼具、垫料等用品。第17条规定从事实验动物保种、繁育的单位和个人,应当采用国内、国际公认的品种、品系和标准的繁育方法。为补充种源、开发实验动物新品种或者科学研究需要捕捉野生动物的,应当按照国家有关法律、法规办理。第18条规定了从事实验动物及其相关产品生产的单位和个人,应当根据遗传学、寄生虫学、微生物学、营养学和生产环境设施方面的标

---

〔1〕 刘文菊:"北京实验动物立法走在全国前列",载《科技潮》2004年第12期。

准,定期进行质量检测。各项操作过程和检测数据应当有完整、准确的记录。第19条规定了从事实验动物及其相关产品生产的单位和个人,供应或者出售实验动物及相关产品时,应当提供质量合格证明。合格证明应当标明实验动物或者相关产品的确切名称、等级、数量、质量检测情况、购买单位名称、出售日期、许可证编号等内容,由出售单位负责人签字并加盖公章。第20条规定了运输实验动物使用的转运工具和笼器具,应当符合所运实验动物的微生物和环境质量控制标准。不同品种、品系、性别和等级的实验动物,不得在同一笼盒内混合装运。

条例第四章(第22条至第26条)对实验动物的应用进行了规定。第22条规定了利用实验动物从事科研、生产、检定、检验和其他活动的单位和个人,应当按照使用许可证许可范围,使用合格的实验动物。第23条规定动物实验环境设施应当符合相应实验动物等级标准的要求,使用合格的饲料、笼具、垫料等用品,涉及放射性和感染性等有特殊要求的实验室,应当按照有关规定执行。第24条规定了进行动物实验应当根据实验目的,使用相应等级标准的实验动物。不同品种、不同等级和互有干扰的动物实验,不得在同一试验间进行。第25条规定了申报科研课题、鉴定科研成果、进行检定检验和以实验动物为生产材料生产制品,应当把应用合格实验动物和使用相应等级的动物实验环境设施作为基本条件。应用不合格的实验动物或者在不合格的实验环境设施内取得的动物实验结果无效,生产的制品不得出售。第26条规定了从事动物实验的人员应当遵循替代、减少和优化的原则进行实验设计,使用正确的方法处理实验动物。这些规定,和《实验动物管理条例》的规定相比,增加了许可证、环境设施、实验原则和等级使用等方面的内容,相比于原来的规定内容更为广泛更为完善。

条例第五章(第27条至第29条)对实验动物的防疫进行了规定,但是规定比较原则性,比如第27条"实验动物的预防免疫,应当结合实验动物的特殊要求办理。"何谓特殊要求没有具体的规定,这也给条例的具体实施带来了一定了阻碍。

条例第六章(第30条至第32条)对监督检查进行了规定。第30条规定市科学技术行政部门对本市从事实验动物生产与应用的单位和个人进行监督检查,监督检查结果应当公示。第31条规定聘请实验动物质量监督员,协助其对本市实验动物生产和应用活动进行监督检查。第32条规定了对从事实验动物生产和应用的单位和个人建立信用管理制度。市科学技术行政部门应当公布实验动物许可单位和个人的信用信息。鼓励公民向市科学技术行政部门举报违法从事实验动物生产和应用的行为。新的条例增加了检查人员的聘用、检查结果公示、信用管理、对违法行为的举报等内容,较之于《实验动物管理条例》内容更为丰富,也更有可行性,加强了与群众的联系,更为人性化。

此外,2005年7月29日,湖北省第十届人大常委会第16次会议通过了《湖北省实验动物管理条例》。该条例共分七章三十九条,对实验动物的生产与经营、应用、质量检测与防疫、生物安全与动物福利、管理与监督等活动进行规范，并明确了相关的法律责任。条例明确规定实验动物工作实行许可制度，省科学技术行政部门负责本省行政区域内的实验动物管理工作。

在这里还有一点需要说明的是，关于把野生动物应用于科学目的的问题，2004年修订的《野生动物保护法》第16条规定，禁止猎捕、杀害国家重点保护野生动物。因科学研究需要捕捉、捕捞国家保护野生动物的，必须申请特许猎捕证。第22条规定，禁止出售、收购国家重点保护野生动物或者其产品。因科学研究需要出售、收购、利用国家保护野生动物的，必须经过批准。这些规定可以涉及野生实验动物的捕捉和捕捞问题。

第四节　中国农场动物保护法律制度

农场动物为人类提供肉类、皮毛、蛋类及其他制品，其福利状况与人直接相关，因此，国外动物福利立法一般都将农场动物的福利作为其立法重点。这直接导致我国在近年来在动物产品的国际贸易中承受着巨大压力。越来越多的发达国家已经开始运用动物福利条款对国际贸易施加影响，如果肉用动物在饲养、运输、屠宰过程中不按动物福利的标准执行，检验指标就会出问题，从而影响肉食品的出口。[1] 我国一些经不符合动物福利标准的方式饲养、运输和屠宰的牲畜产品被他们拒之于国门之外。中国是一个农业大国，农产品包括动物及其产品出口越来越多。[2] 但我国与此相关的法律有限，在运输和屠宰环节的立法尚属空白，尤其是我国虐杀动物的生产方法早已经遭到了海内外的强烈抗议，甚至引起了市场萎缩并导致产品停产。即使已有的立法，无论从其立法原则还是具体内容来看也都远远没有达到福利一词的标准。欧盟销毁的我国进口的肉食品就是出于这样的原因。可以这样说，动物福利正渐渐作为一项继“价格保护”、“技术堡垒”之后的“绿色壁垒”或“道德堡垒”，极大地影响着我国动物及其产品的贸易。

一、我国农场动物保护法的主要渊源

（一）法律

《宪法》第9条规定：“矿藏、水流、森林、山岭、草原、荒地、滩涂等自然资源，都属于国家所有，即全民所有；由法律规定属于集体所有的森林和山岭、草原、荒地、

---

〔1〕 赵英杰：“动物福利立法势在必行”，载《法制与社会》2007年第5期。

〔2〕 刘哲石：“我国动物福利保护立法存在的问题及完善”，载《湖南师范大学社会科学学报》2008年第3期。

滩涂除外。国家保障自然资源的合理利用,保护珍贵的动物和植物。禁止任何组织或者个人用任何手段侵占或者破坏自然资源。”这是农场动物保护法律法规制定的宪法依据。

由全国人大常委会制定,于2006年7月1日开始实施的《中华人民共和国畜牧法》是畜牧类农场动物福利保护的基本法。[1] 此外,涉及农场动物保护的法律还有1992年实施的《进出境动植物检疫法》、1998年实施并于2007年修订的《动物防疫法》,2004年修订的《野生动物保护法》也规定了野生动物驯养等和农场动物保护有关的内容。

(二)行政法规与部委规章

行政法规层面上,我国于1985年实施了《家畜家禽防疫条例》,1994年实施了《种畜禽管理条例》,1997年实施了《进出境动植物检疫法实施条例》,2001年修订了《饲料和饲料添加剂管理条例》,2004年修订了《兽药管理条例》等。

涉及农场动物保护的部委规章主要有:1989年农业部公布的《兽药药政药检管理办法》和《进口兽药管理办法》;1992年实施的《家畜家禽防疫条例实施细则》,1996年实施了《兽用生物制品管理办法》,1997年实施了《农业系统实验动物管理办法》;2002年实施了《动物检疫管理办法》、《动物免疫标识管理办法》(已废止)和《兽药生产质量管理规范》;2004年实施的《动物源性饲料产品安全卫生管理办法》和《猪口蹄疫O型灭活疫苗质量标准》;2005年实施的《兽药注册办法》、《兽药生产质量管理规范检查验收办法》、《兽用生物制品注册分类及注册资料要求》、《中兽药、天然药物分类及注册资料要求》、《兽用消毒剂分类及注册资料要求》、《兽药变更注册事项及申报资料要求》和《进口兽药再注册资料项目》等。此外,还有部委发布的具有法律约束力的公告,如农业部和国家质量监督检验检疫总局2005年联合发布的《关丁禁止从朝鲜直接或者间接输入禽鸟及共制品的第486号公告》。

(三)地方性立法

地方性法规主要有,2002年实施的《广东省动物防疫条例》、2004年实施的《云南动物防疫条例》、2005年实施的《贵州省动物防疫条例》等。

民族自治条例和单行条例涉及农场动物保护的主要有,2003年凉山彝族自治州人大常委会通过的《凉山彝族自治州实施《四川省〈中华人民共和国动物防疫法〉实施办法》的补充通知等。其他地方性规范文件还有伊犁哈萨克自治州政府2005年实施的《州直高致性禽流感应急预案》等。

---

〔1〕 刘哲石:“我国动物福利保护立法存在的问题及完善”,载《湖南师范大学社会科学学报》2008年第3期。

二、《中华人民共和国畜牧法》主要规定

2006年7月1日开始实施的《中华人民共和国畜牧法》在提交审议的草案中曾包含“动物福利”一词，要求“畜牧兽医行政主管部门应当指导畜牧业生产经营者按照动物福利要求从事畜禽繁育、饲养、经营、运输活动”，但因“动物福利”一词较为抽象，含义不够清楚，全国人大常委会决定删去这一规定。[1] 但是从中我们可以看到立法层面在动物福利问题上所做的努力。同时这一法律的具体规范中对畜禽的福利保护做出了相应的规定。

《畜牧法》有关农场动物的范围界定是比较模糊的。其第73条规定：“本法所称种畜禽，是指经过选育、具有种用价值、适于繁殖后代的畜禽及其卵子（蛋）、胚胎、精液等。”该概念所界定的动物范围，根据该法第2条“在中华人民共和国境内从事畜禽的遗传资源保护利用、繁育、饲养、经营、运输等活动，适用本法”的规定，仅限于畜禽。按照字面意思，畜禽仅包括家禽、兔、狐、犬、羊、牛、猪、马、驴、骡等，不包括蜜蜂、蚕、蛇等爬虫动物、鱼等水生动物、甲鱼等甲壳动物、牛蛙等两栖动物。但是《畜牧法》又明文规定了蜜蜂和蚕的养殖管理问题，而对于蛇等爬虫动物、甲鱼等甲壳动物、牛蛙等两栖动物、鱼等水生动物，《畜牧法》又没有明确涉及。根据农业部畜禽新品种的范围规定和其他文件的规定来看，蛇等爬虫动物、甲鱼等甲壳动物、牛蛙等两栖动物、鱼等水生动物没有被纳入畜禽的范畴，而是属于水产和其他动物的范围。

《畜牧法》分总则、畜禽遗传资源保护、种畜禽品种选育与生产经营、畜禽养殖、畜禽交易与运输、质量和安全保障、法律责任和附则共8章。

对畜牧业的主管，该法的规定是：国务院畜牧兽医行政主管部门负责全国畜牧业的监督管理工作。县级以上地方人民政府畜牧兽医行政主管部门负责本行政区域内的畜牧业监督管理工作。县级以上人民政府有关主管部门在各自的职责范围内，负责有关促进畜牧业发展的工作。国务院畜牧兽医行政主管部门应当指导畜牧业生产经营者改善畜禽繁育、饲养、运输的条件和环境。

第3章是对种畜禽品种选育与生产经营的规定。国家扶持畜禽品种的选育和优良品种的推广使用，支持企业、院校、科研机构和技术推广单位开展联合育种，建立畜禽良种繁育体系。从事种畜禽生产经营或者生产商品代仔畜、雏禽的单位、个人，应当取得种畜禽生产经营许可证。其应当具备下列条件：生产经营的种畜禽必须是通过国家畜禽遗传资源委员会审定或者鉴定的品种、配套系，或者是经批准引进的境外品种、配套系；有与生产经营规模相适应的畜牧兽医技术人员；有与生产

---

〔1〕“全国人大常委会通过畜牧法草案提高畜禽福利待遇”，载 http://www.ahnw.gov.cn/2006nwkx/html/200512/%7BD637142B-0324-4449-A80A-002A8D728F16%7D.shtml。

经营规模相适应的繁育设施设备；具备法律、行政法规和国务院畜牧兽医行政主管部门规定的种畜禽防疫条件；有完善的质量管理和育种记录制度；具备法律、行政法规规定的其他条件。种畜禽场和孵化场（厂）销售商品代仔畜、雏禽的，应当向购买者提供其销售的商品代仔畜、雏禽的主要生产性能指标、免疫情况、饲养技术要求和有关咨询服务，并附具动物防疫监督机构出具的检疫合格证明。

《畜牧法》在畜禽养殖方面有关农场动物福利的规定主要有：县级以上人民政府畜牧兽医行政主管部门应当根据畜牧业发展规划和市场需求，引导和支持畜牧业结构调整，发展优势畜禽生产，提高畜禽产品市场竞争力。国家支持草原牧区开展草原围栏、草原水利、草原改良、饲草饲料基地等草原基本建设，优化畜群结构，改良牲畜品种，转变生产方式，发展舍饲圈养、划区轮牧，逐步实现畜草平衡，改善草原生态环境。国务院和省级人民政府应当在其财政预算内安排支持畜牧业发展的良种补贴、贴息补助等资金，并鼓励有关金融机构通过提供贷款、保险服务等形式，支持畜禽养殖者购买优良畜禽、繁育良种、改善生产设施、扩大养殖规模，提高养殖效益。国家支持农村集体经济组织、农民和畜牧业合作经济组织建立畜禽养殖场、养殖小区，发展规模化、标准化养殖。畜禽养殖场、养殖小区应当具备下列条件：有与其饲养规模相适应的生产场所和配套的生产设施；有为其服务的畜牧兽医技术人员；具备法律、行政法规和国务院畜牧兽医行政主管部门规定的防疫条件；有对畜禽粪便、废水和其他固体废弃物进行综合利用的沼气池等设施或者其他无害化处理设施；具备法律、行政法规规定的其他条件。养殖场、养殖小区兴办者应当将养殖场、养殖小区的名称、养殖地址、畜禽品种和养殖规模，向养殖场、养殖小区所在地县级人民政府畜牧兽医行政主管部门备案，取得畜禽标识代码。畜禽养殖场应当建立养殖档案，载明以下内容：畜禽的品种、数量、繁殖记录、标识情况、来源和进出场日期；饲料、饲料添加剂、兽药等投入品的来源、名称、使用对象、时间和用量；检疫、免疫、消毒情况；畜禽发病、死亡和无害化处理情况；国务院畜牧兽医行政主管部门规定的其他内容。畜禽养殖场应当为其饲养的畜禽提供适当的繁殖条件和生存、生长环境。从事畜禽养殖，不得有下列行为：违反法律、行政法规的规定和国家技术规范的强制性要求使用饲料、饲料添加剂、兽药；使用未经高温处理的餐馆、食堂的泔水饲喂家畜；在垃圾场或者使用垃圾场中的物质饲养畜禽；法律、行政法规和国务院畜牧兽医行政主管部门规定的危害人和畜禽健康的其他行为。从事畜禽养殖，应当依照《中华人民共和国动物防疫法》的规定，做好畜禽疫病的防治工作。

在畜禽运输方面，该法规定，运输畜禽，必须符合法律、行政法规和国务院畜牧兽医行政主管部门规定的动物防疫条件，采取措施保护畜禽安全，并为运输的畜禽提供必要的空间和饲喂饮水条件。在质量安全保障方面，该法规定，县级以上人民政府应当组织畜牧兽医行政主管部门和其他有关主管部门，依照本法和有关法律、行政法规的规定,加强对畜禽饲养环境、种畜禽质量、饲料和兽药等投入品的使用以及畜禽交易与运输的监督管理。国务院畜牧兽医行政主管部门应当制定畜禽标识和养殖档案管理办法,采取措施落实畜禽产品质量责任追究制度。

三、有关农场动物保护的专门性规定

(一)关于农场动物免疫和防疫的专门规定

1.《中华人民共和国动物防疫法》的相关规定

现行《动物防疫法》是全国人大常委会于2007年修订,2008年1月1日开始实施的。它只适用于在中华人民共和国领域内的动物防疫及其监督管理活动。进出境动物、动物产品的检疫,适用《中华人民共和国进出境动植物检疫法》。《动物防疫法》分总则、动物疫病的预防、动物疫情的报告、通报和公布、动物疫病的控制和扑灭、动物和动物产品的检疫、动物诊疗、监督管理、保障措施法律责任和附则共十章。其中对农场动物防疫的规定主要有:饲养动物的单位和个人应当依法履行动物疫病强制免疫义务,按照兽医主管部门的要求做好强制免疫工作。从事动物饲养、屠宰、经营、隔离、运输以及动物产品生产、经营、加工、贮藏等活动的单位和个人,应当依照本法和国务院兽医主管部门的规定,做好免疫、消毒等动物疫病预防工作。种用、乳用动物和宠物应当符合国务院兽医主管部门规定的健康标准。种用、乳用动物应当接受动物疫病预防控制机构的定期检测;检测不合格的,应当按照国务院兽医主管部门的规定予以处理。动物饲养场(养殖小区)和隔离场所,动物屠宰加工场所,以及动物和动物产品无害化处理场所,应当符合下列动物防疫条件:场所的位置与居民生活区、生活饮用水源地、学校、医院等公共场所的距离符合国务院兽医主管部门规定的标准;生产区封闭隔离,工程设计和工艺流程符合动物防疫要求;有相应的污水、污物、病死动物、染疫动物产品的无害化处理设施设备和清洗消毒设施设备;有为其服务的动物防疫技术人员;有完善的动物防疫制度等;具备国务院兽医主管部门规定的其他动物防疫条件。经营动物、动物产品的集贸市场应当具备国务院兽医主管部门规定的动物防疫条件,并接受动物卫生监督机构的监督检查。从事动物诊疗活动的机构,应当具备下列条件:有与动物诊疗活动相适应并符合动物防疫条件的场所;有与动物诊疗活动相适应的执业兽医;有与动物诊疗活动相适应的兽医器械和设备;有完善的管理制度。设立从事动物诊疗活动的机构,应当向县级以上地方人民政府兽医主管部门申请动物诊疗许可证。县级以上人民政府应当建立健全动物疫情监测网络,加强动物疫情监测。国务院兽医主管部门应当制定国家动物疫病监测计划。省、自治区、直辖市人民政府兽医主管部门应当根据国家动物疫病监测计划,制定本行政区域的动物疫病监测计划。动物疫病预防控制机构应当按照国务院兽医主管部门的规定,对动物疫病的发生、流行等情况进行监测;从事动物饲养、屠宰、经营、隔离、运输以及动物产品生产、经

营、加工、贮藏等活动的单位和个人不得拒绝或者阻碍等。

2.《动物检疫管理办法》

2002 年农业部颁布了《动物检疫管理办法》。办法规定，县级以上人民政府畜牧兽医行政管理部门主管本行政区域内的动物检疫工作，县级以上人民政府所属的动物防疫监督机构负责对本行政区域内的动物、动物产品实施检疫。动物防疫监督机构根据工作需要，可以在乡镇畜牧兽医站和其他有条件的单位聘用专业兽医人员，作为动物防疫监督机构的派出动物检疫员，代表动物防疫监督机构执行规定范围内的检疫任务。动物检疫员必须按照国家标准、行业标准、检疫规程和本办法的规定，对动物、动物产品实施检疫，并对检疫结果负责。动物检疫员按照国家标准和农业部颁布的检疫标准、检疫对象以及本办法的有关规定实施动物检疫。对检疫合格的动物、动物产品出具检疫合格证明，加盖验讫印章或加封规定的检疫标志。对检疫不合格的动物、动物产品，包括染疫或者疑似染疫的动物、动物产品，病死或者死因不明的动物、动物产品，必须按照国家有关规定，在动物防疫监督机构监督下由货主进行无害化处理；无法作无害化处理的，予以销毁。

3.《畜禽标识和养殖档案管理办法》

2002 年农业部颁布了《动物免疫标识管理办法》，但是这一部法律的实施时间并不长，2006 年农业部新颁布的《畜禽标识和养殖档案管理办法》将其代替。新办法所称畜禽标识是指经农业部批准使用的耳标、电子标签、脚环以及其他承载畜禽信息的标识物，规定了畜禽标识制度应当坚持统一规划、分类指导、分步实施、稳步推进的原则，并且规定将畜禽标识所需费用列入省级人民政府财政预算。

办法在畜禽标识管理方面规定："畜禽标识实行一畜一标，编码应当具有唯一性。畜禽标识编码由畜禽种类代码、县级行政区域代码、标识顺序号共 15 位数字及专用条码组成。农业部制定并公布畜禽标识技术规范，生产企业生产的畜禽标识应当符合该规范规定。省级动物疫病预防控制机构统一采购畜禽标识，逐级供应。畜禽标识生产企业不得向省级动物疫病预防控制机构以外的单位和个人提供畜禽标识。畜禽养殖者应当向当地县级动物疫病预防控制机构申领畜禽标识，并按照规定对畜禽加施畜禽标识。畜禽标识严重磨损、破损、脱落后，应当及时加施新的标识，并在养殖档案中记录新标识编码。动物卫生监督机构实施产地检疫时，应当查验畜禽标识。没有加施畜禽标识的，不得出具检疫合格证明。动物卫生监督机构应当在畜禽屠宰前，查验、登记畜禽标识。畜禽屠宰经营者应当在畜禽屠宰时回收畜禽标识，由动物卫生监督机构保存、销毁。畜禽经屠宰检疫合格后，动物卫生监督机构应当在畜禽产品检疫标志中注明畜禽标识编码。省级人民政府畜牧兽医行政主管部门应当建立畜禽标识及所需配套设备的采购、保管、发放、使用、登记、回收、销毁等制度。"

办法第三章（第 18 条至 24 条）对养殖档案管理作出了规定，主要包括：畜禽养殖场应当建立养殖档案,应载明相关内容。县级动物疫病预防控制机构应当建立畜禽防疫档案,载明以下内容:1. 畜禽养殖场:名称、地址、畜禽种类、数量、免疫日期、疫苗名称、畜禽养殖代码、畜禽标识顺序号、免疫人员以及用药记录等。2. 畜禽散养户:户主姓名、地址、畜禽种类、数量、免疫日期、疫苗名称、畜禽标识顺序号、免疫人员以及用药记录等。畜禽养殖场、养殖小区应当依法向所在地县级人民政府畜牧兽医行政主管部门备案,取得畜禽养殖代码。畜禽养殖代码由县级人民政府畜牧兽医行政主管部门按照备案顺序统一编号,每个畜禽养殖场、养殖小区只有一个畜禽养殖代码。畜禽养殖代码由6位县级行政区域代码和4位顺序号组成,作为养殖档案编号。饲养种畜应当建立个体养殖档案,注明标识编码、性别、出生日期、父系和母系品种类型、母本的标识编码等信息。种畜调运时应当在个体养殖档案上注明调出和调入地,个体养殖档案应当随同调运。养殖档案和防疫档案保存时间:商品猪、禽为2年,牛为20年,羊为10年,种畜禽长期保存。从事畜禽经营的销售者和购买者应当向所在地县级动物疫病预防控制机构报告更新防疫档案相关内容。销售者或购买者属于养殖场的,应及时在畜禽养殖档案中登记畜禽标识编码及相关信息变化情况。畜禽养殖场养殖档案及种畜个体养殖档案格式由农业部统一制定。

办法第四章和第五章对信息管理和监督管理做出了规定,要求农业部建立包括国家畜禽标识信息中央数据库在内的国家畜禽标识信息管理系统。省级人民政府畜牧兽医行政主管部门建立本行政区域畜禽标识信息数据库,并成为国家畜禽标识信息中央数据库的子数据库。另外规定县级以上地方人民政府畜牧兽医行政主管部门所属动物卫生监督机构具体承担本行政区域内畜禽标识的监督管理工作。县级以上人民政府畜牧兽医行政主管部门应当根据畜禽标识、养殖档案等信息对畜禽及畜禽产品实施追溯和处理。国外引进的畜禽在国内发生重大动物疫情,由农业部会同有关部门进行追溯。任何单位和个人不得销售、收购、运输、屠宰应当加施标识而没有标识的畜禽。

(二)有关饲料和饲料添加剂管理的主要规定

1.《饲料和饲料添加剂管理条例》

2001年国务院修改了《饲料和饲料添加剂管理条例》,该条例分为总则、审定与进口管理、生产,经营管理、罚则和附则共5章。条例所规定的饲料,是指经工业化加工、制作的供动物食用的饲料,包括单一饲料、添加剂预混合饲料、浓缩饲料、配合饲料和精料补充料。饲料添加剂,是指在饲料加工、制作、使用过程中添加的少量或者微量物质,包括营养性饲料添加剂和一般饲料添加剂。饲料添加剂的品种目录由国务院农业行政主管部门制定并公布。国务院农业行政主管部门负责全国饲料、饲料添加剂的管理工作。县级以上地方人民政府负责饲料、饲料添加剂管理的部门,负责本行政区域内的饲料、饲料添加剂的管理工作。

条例在研制反面的规定主要包括有：新研制的饲料、饲料添加剂，在投入生产前，研制者、生产者必须向国务院农业行政主管部门提出新产品审定申请，并提交如下申请资料：新产品的名称、主要成分和理化性质；新产品的研制方法、生产工艺、质量标准和检测方法；新产品的饲喂效果、残留消解动态和毒理；环境影响报告和污染防治措施。

条例关于生产企业的设立方面也做出了明确的规定，规定要求"污染防治措施必须符合国家环境保护要求，不得直接添加兽药和其他禁用药品；允许添加的兽药，必须制成药物饲料添加剂后，方可添加：生产药物饲料添加剂，不得添加激素类药品。企业生产饲料、饲料添加剂，应当进行产品质量检验。检验合格的，应当附具产品质量检验合格证；无产品质量合格证的，不得销售。饲料、饲料添加剂的包装，应当符合国家有关安全、卫生的规定；饲料、饲料添加剂的包装物上应当附具标签。标签应当以中文或者适用符号标明产品名称、原料组成、产品成分分析保证值、净重、生产日期、保质期、厂名、厂址和产品标准代号"。

条例在经营方面的规定主要有："单位进货时必须核对产品标签、产品质量合格证，禁止经营无产品质量标准、无产品质量合格证、无生产许可证和产品批准文号的饲料、饲料添加剂；禁止生产、经营停用、禁用或者淘汰的饲料、饲料添加剂以及未经审定公布的饲料、饲料添加剂，禁止经营未经国务院农业行政主管部门登记的进口饲料、进口饲料添加剂，禁止在饲料和动物饮用水中添加激素类药品和国务院农业行政主管部门规定的其他禁用药品。"

此外条例在动物进口方面规定，首次进口的饲料或饲料添加剂的，进口的单位应向国务院农业行政主管部门申请登记，并递交相关的资料以备查用。

2.《动物源性饲料产品安全卫生管理办法》

2004年农业部颁布了《动物源性饲料产品安全卫生管理办法》。该办法所规定的动物源性饲料产品是指以动物或动物副产物为原料，经工业化加工、制作的单一饲料。动物源性饲料产品目录由农业部发布。农业部负责全国动物源性饲料产品的管理工作，县级以上地方人民政府饲料管理部门负责本行政区域内动物源性饲料产品的管理工作。

设立动物源性饲料产品生产企业，应当具备下列条件：厂房无破损，厂房及其附属设施便于清洗和消毒；具有相应的防蝇、防鼠、防鸟、防尘设备和仓储设施：具有相应的更衣室、卫生间、洗手池，生产工艺和设备能满足产品的安全卫生和质量标准要求；具有相应的清洗、消毒、烘干、粉碎等设施；具有完备的废弃物收集、处理系统和污染防治设施，其排放符合环保要求。

办法在原料和采购、存放和使用方面做出了如下的规定：禁止采购腐败、污染或来自动物疫区的动物原料；原料分类堆放并明确标识，保证合格原料与不合格原料、哺乳类动物原料与其他原料分开。禁止露天放置原料；原料使用遵循先进先出原则，使用前进行筛选，去除不合格原料并作无害化处理。禁止在厂区内堆积不必要的器材、物品，以免有害生物孳生。禁止在反刍动物饲料中使用动物源性饲料产品，但乳及乳制品除外。

办法对卫生的要求主要有：用于制造、包装、储运的设备及器具定期清洗、消毒；使用同一设备生产不同动物源性饲料产品前，应当对设备进行彻底清洗，防止交叉污染。产品包装物不得破损，并附具明确、醒目的标识和标签；包装物需重复使用的，应当进行清洁、冲洗、消毒。在进出口方面，办法规定，禁止进口动物疫情流行国家（地区）的动物源性饲料产品，禁止进口经第三国（地区）转口的动物疫情流行国家和地区的动物源性饲料产品。

第五节　中国其他驯养动物保护的法律规定

一、伴侣动物保护的法律规定

伴侣动物又称宠物，是指那些适于家庭饲养，用于丰富人类精神生活，提高人类生活质量的动物。宠物一般被视为家庭成员，所以其福利较其他动物来说要求会更高，也更多地体现人类对其的精神价值取向而非经济价值。我国尚未有对伴侣动物保护的专门立法。

洛克曾经从教育的角度论述，“折磨和杀死野兽会逐渐地使他们（孩子）的思维冷酷无情，甚至接近成年人；并且使动物痛苦和破坏低级生物中取乐也不利于他们变得很有同情心或形成他们性格中的这一部分……在混乱的外部环境中，孩子不应失去人类本性中的仁慈；他们越是仁慈，他们就会被教育得品行越好，他们就会对那些地位较低、占有（财产）很小部分的同胞们越有同情心和仁慈。”[1]所以，对于伴侣动物的爱护与其他动物显著的区别就在于，更多地体现出道德因素，体现的更多的是其对人类精神价值而非单纯意义上的经济价值。禁止对于伴侣动物的虐待，也成立国外动物福利立法的重要方面。例如英国除了在《动物福利法》中规定了人对动物的关照责任，还有专门的《宠物动物法》保护用于销售的家庭宠物的福利，规定宠物店许可制度、宠物店为动物提供的食宿、安全、健康和饮食标准，还有《动物遗弃法》明确规定了遗弃动物属于犯罪行为、《动物寄宿场所法》规定了为家庭宠物提供住宿的商业场所的许可证、住宿、饮食、安全等标准，建立了一个较为完备的伴侣动物福利制度。

与此相对的是，我国近年来却频频出现对于伴侣动物的虐待事件，这些事件在

---

〔1〕 John Locke, Cruelty is Not Nature, in Andrew Linzey and Paul Barry Clarke (ed.), *Animal Rights: A Historical Anthology*, Columbia University Press, 2004, pp. 119 – 121.

社会上引起轩然大波，并引发了民众对此的积极讨论，“为动物立法”这一思想也正是因为这些事件在民众中间慢慢传播开来并得到越来越多人的支持与认可。因此笔者认为，我国的动物福利立法大可以借助民众在这方面的认同，以伴侣动物的福利立法入手普及动物福利概念，最后促成整个动物福利法律体系的建立。但是，在这个问题上还是要充分考虑我国的国情，在提高伴侣动物的福利的同时，切实加强对伴侣动物的管理。

（一）伴侣动物保护法的渊源

在法律层面，1992 年实施的《进出境动植物检疫法》中有涉及伴侣动物进出口检疫的规定；2008 年的《动物防疫法》涉及伴侣动物的防疫问题。

在行政法规和部委规章层面，1994 年实施的《种畜禽管理条例》适用于属于种畜禽的伴侣动物；1997 年的《进出境动植物检疫法实施条例》和伴侣动物的进出境有关；2001 年修订的《饲料和饲料添加剂管理条例》与伴侣动物的繁殖饲养有关；2004 年实施的《兽药管理条例》和伴侣动物的免疫和医疗有关。此外，农业部于 1989 年颁布了《兽药药政药检管理办法》和《进出口兽药管理办法》，1996 年实施了《兽用生物制品管理办法》，2005 年实施了《兽药注册办法》、《兽药生产质量管理规范检查验收办法》、《兽用生物制品注册分类及注册资料要求》及《进口兽药再注册资料项目》等。这些规章都涉及伴侣动物的相关福利问题。

在地方性法律规范性文件中，较有代表性的规定有：《北京市养犬管理规定》、《深圳经济特区限制养犬规定》、《南宁市严格限制养犬规定》等。

（二）我国伴侣动物保护法律制度的有关规定

对伴侣动物的法律保护会涉及伴侣动物饲养的资格和条件、伴侣动物的收容和处理、医疗、运输等许多方面的内容。由于面广量大，本书仅撷取主要的几个方面予以介绍。

1. 有关伴侣动物饲养的资格和条件的法律规定

随着我国社会的发展和经济能力的增长，对伴侣动物的饲养的群体呈发展的趋势，对伴侣动物的饲养者的资格和条件做出规定，是有益于伴侣动物保护的，也有益于提升对生命关爱和尊重的道德水平。

我国有关伴侣动物饲养资格和条件限制的法律规定散见于涉及伴侣动物管理的法律规范中。如《北京市养犬管理规定》第 11 条规定：“个人养犬，应当具备下列条件：（一）有合法身份证明；（二）有完全民事行为能力；（三）有固定住所且独户居住；（四）住所在禁止养犬区域以外。”从上述条文可以看出，对养犬人的身份、民事行为能力、居住状况和居住地等方面均提出了一定的要求。第 12 条规定：“个人养犬前，应当征得居民委员会、村民委员会的同意。对符合养犬条件的，居民委员会、村民委员会出具养犬条件的证明，并与其签订养犬义务保证书。”从取得证明之日起的 30 日内，养犬人还须到公安机关办理登记手续，领取养犬登记证。

2000 年的《合肥市限制养犬规定》规定的饲养小型观赏犬的养犬人的条件是：有本市常住户口或暂住户口；具有完全民事行为能力，独户居住。同时，该规定第 12 条还规定，外来人员若携带小型观赏犬进入本市，条件是不准携带烈性犬和大型犬，义务是应当携带当地公安部门核发的犬类准养证或县级以上动物防疫监督机构出具的犬类健康和免疫注射证明；进入本市暂住的，须按规定到市公安部门办理犬类准养证。

值得一提的是，2003 年，南京市民政部门颁布的《南京市城市居民最低生活保障工作实施细则》第 11 条把饲养高档宠物的人排除在最低生活保障金享受者的范围之外。[1] 这条规定显然对高档宠物饲主的经济能力有了要求。这在世界各国的相关规定中还是很少见的。

2004 年修订的《西安市限制养犬规定》规定：本市二环路以内区域及二环路以外的文物古迹保护区、风景名胜游览区、开发区、居民住宅区和机关、团体、企业事业单位为重点限制养犬区，其他区域为一般限制养犬区；市公安机关是本市限制养犬工作的行政主管部门，市卫生、农业、工商、市容等行政管理部门应按其职责，协同管理。社区居民委员会、村民委员会，应当协助公安机关做好限制养犬工作；二环路以内，禁止从事犬类交易、养殖和举办犬类展览、竞赛、表演。重点限制养犬区内，禁止个人养烈性犬、大型犬。重点限制养犬区内经登记，个人可养小型观赏犬。烈性犬、大型犬和小型观赏犬的分类，由市公安机关会同农业部门确定并公告；个人养犬，应当具备下列条件：有本市常住户口或暂住户口，有民事行为能力，独门独户居住。经登记养犬的，每户限养一只。

2008 年实施的《动物防疫法》第 23 条规定："患有人畜共患传染病的人员不得直接从事动物诊疗以及易感染动物的饲养、屠宰、经营、隔离、运输等活动。"这一规定中隐含着对伴侣动物饲养人的条件要求。

2. 弃养伴侣动物和流浪伴侣动物的保护

这一方面的规定主要集中在地方性法律规范性文件中。如《北京市养犬管理规定》第 16 条规定："养犬人因故确需放弃所饲养犬的，应当将犬送交犬类留检所，并到公安机关办理注销手续。"但是，具体的"原因"和犬类留检所应如何处理被放弃的犬并未详细规定，在实践中缺乏可操作性。另外，第 19 条规定，如果被放弃的犬疑似患有狂犬病，那么，先由动物防疫监督机构进行检疫。《青岛市养犬管理办法》规定：对确认患有狂犬病的犬，动物防疫监督机构应当依法采取捕杀措施，并进行无害化处理。

由于法律制度的不完善或缺失，饲主弃养伴侣动物，实际上通常是这样两种情况，一种是赠与他人，另一种是遗弃。如果在没有人愿意接受赠与的情况下，遗弃

---

〔1〕 常纪文：《动物福利法——中国与欧盟之比较》，中国环境科学出版社 2006 年版，第 97 页。

往往是主要的放弃方式。政府在遗弃伴侣动物的管理上应当承担应有的责任,设立收容机构,有利于有关部门采取措施积极开展流浪动物的收容、防疫、节育等工作,有效地减少流浪动物的数量。收容机构应当为非赢利机构,其经费主要由政府拨款和捐赠等方式获取。收容机构的建立,意味着要消耗大量的人力、物力、财力,但是资源是有限的,在这样的前提下,没有条件也没有可能给予这些可怜的流浪动物更多的生存空间,人道地施与安乐死能有效地减少动物遭受的苦难。一方面政府设立收容机构,另一方面鼓励其他机构和个人建立收容机构是对政府设立收容机构的补充,也体现对动物保护的公众参与的要求。

当前,在流浪伴侣动物数量较大的城市,均需要颁布有关收容流浪伴侣动物的政策法规。同时还应考虑收容费用的来源以及如何控制流浪伴侣动物的数量等问题。

3. 伴侣动物的活动空间问题

我国对伴侣动物的户外活动空间的规定主要集中在地方性立法中。如《深圳市养犬管理条例》规定,禁止在居民住宅区、商业区、工业区内饲养烈性犬,而烈性犬的界定,由畜牧兽医行政管理部门确定。《河北省家犬管理办法》规定“城市(含县城关镇)、郊区、矿区、新兴工业区、游览区、道口和机场周围禁止养犬”。《西安市限制养犬条例》第六条规定了“二环路以内,禁止从事犬类交易、养殖和举办犬类展览、竞赛、表演。重点限制养犬区内,禁止个人养烈性犬、大型犬。重点限制养犬区内经登记,个人可养小型观赏犬。烈性犬、大型犬和小型观赏犬的分类,由市公安机关会同农业部门确定并公告”。《北京市养犬管理规定》第8条规定:“天安门广场以及东、西长安街和其他的主要道路禁止遛犬。主要道路名录由市人民政府确定,向社会公布。市人民政府可以在重大节假日或者举办重大活动期间划定范围禁止遛犬。区县人民政府可以对本行政区域内的特定地区划定范围禁上养犬、禁止遛犬。居民会议、村民会议、业主会议经讨论决定,可以在本居住区内划定禁止遛犬的区域。”第17条规定:“养犬人应当遵守下列规定:(一)不得携犬进入市场、商店、商业街区、饭店、公园、公共绿地、学校、医院、展览馆、影剧院、体育场馆、社区公共健身场所、游乐场、候车室等公共场所。(二)不得携犬乘坐除小型出租汽车以外的公共交通工具;携犬乘坐小型出租汽车时,应当征得驾驶员同意,并为犬戴嘴套,或者将犬装入犬袋、犬笼,或者怀抱。(三)携犬乘坐电梯的,应当避开乘坐电梯的高峰时间,并为犬戴嘴套,或者将犬装入犬袋、犬笼;居民委员会、村民委员会、业主委员会可以根据实际情况确定禁止携犬乘坐电梯的具体时间。(四)携犬出户时,应当对犬束犬链,由成年人牵领,携犬人应当携带养犬登记证,并应当避让老年人、残疾人、孕妇和儿童。(五)对烈性犬、大型犬实行拴养或者圈养,不得出户遛犬;因登记、年检、免疫、诊疗等出户的,应当将犬装入犬笼或者为犬戴嘴套、束犬链。”《青岛市养犬管理办法》规定:不得携犬乘坐除客运出租车以外的公共交通工具。狗乘坐客运出租车时，主人或者看管人也要给狗带套，或者装入犬袋、犬笼，或者抱入怀中。乘坐电梯时，也要像乘坐出租汽车那样把狗管好。《上海市养犬须知》规定：准养犬必须圈养或拴养，不准携带犬类进入道路、广场和其他公共场所。犬只有在领证、检疫、免疫接种、诊疗才能进入道路、广场和其他公共场所。

可见，我国现有的政策法规，仍是以限制甚至是严格限制伴侣动物的活动空间为原则的。严格管理原则还更多地体现为违反规定的否定性后果。如对无证养犬等情况，由公安机关没收犬只，或对养犬单位和个人处以高额罚款，在现实中更多地体现为经常出现的以防疫为名的“打狗”行动。

另外，目前我国关于伴侣动物的管理规范基本上是针对犬类的，适用猫及鸟类等其他伴侣动物的规定还很少。

4. 伴侣动物的监督和管理问题

对于养犬的主要管理机关为公安机关。除了深圳市明确以城市管理局为养犬管理行政主管机关，河南省郑州市以“城市市容环境卫生行政管理部门是本市限制养犬工作的主管部门”，湖南省长沙市规定“市畜牧兽医行政部门是本市犬类动物管理的主管机关”以外，国内其他城市养犬规定上都明确由公安机关全面负责养犬管理工作，以强制手段负责养犬登记和年检、审批有关犬类的销售、养殖、演艺等活动、处罚违法养犬者、查处无证养犬、违法携犬外出等行为、捕杀流浪犬、无证犬等。参与养犬管理工作的部门还有畜牧兽医、工商行政、卫生防疫、城市管理综合执法或环境卫生等部门及市和区、县、乡镇人民政府、街道办事处。一般规定中都对这些管理部门的职责和权限作了划分，比如畜牧兽医行政部门负责犬类狂犬病的免疫、检疫、疫情监测、审核发放防疫合格证、宠物诊疗业的资格许可等，卫生行政部门负责对人用狂犬病疫苗的供应和防疫、对狂犬病人的诊治及疫情监测工作，工商行政管理部门负责犬类经营活动的监督管理，城市管理部门负责对因养犬对破坏市容环境卫生行为的查处等，基层组织如街道办事处、乡镇人民政府以及居民委员会、村民委员会做好协助养犬管理工作，如开展宣传教育、出具有关证明材料等工作。

管理机关主要针对养犬的限制性规定来进行监管，比如养犬的区域限制、数量限制、品种限制和疾病限制以及养犬条件许可、管理收费标准、犬类管理要求等方面。各地的相关规定是有所区别的，但主要区别在于收费标准不同。国内除了吉林省吉林市、新疆维吾尔自治区乌鲁木齐市未明文规定收取养犬登记费用，只要取得犬类免疫证明等证明，可办理《养犬许可证》和领取准养标志。除成都、苏州、武汉等少数城市办理养犬的登记注册费在1000元以下外，其他城市对登记养犬收费均居高不下。如《北京市养犬管理规定》第13条规定，重点管理区内每只犬第一年为1000元，以后每年度为500元。1995年辽宁省规定城市市区内每只登记费为

2000元至5000元,第二年起注册费为每年500元至2000元;上海市对批准养犬的犬主须每年1次办理审、验证手续,并缴纳规定的犬类管理费、保险费和防疫费共2000元人民币;目前,国内养犬收费以广州市、深圳市、汕头市最高,对经批准养犬的个人"应缴纳登记费10000元,满1年后对犬只进行年审时应缴纳年审费6000元"。

目前很多地方的严格限制政策没有得到公众的支持,管理效果也差强人意。但近几年来国内一些地方开始陆续地对严格养狗的限制有所修改,放宽了养狗的限制,比如2005年1月修订通过的《乌鲁木齐市养犬规定》将"严格限制养犬"的方针改为了"严格管理、限管结合"。反而在采取这样的措施之后,在取消或者是降低登记注册的费用之后,公众主动为动物办理登记和免疫的人数明显上升,这样的方法不仅提高了有关部门的监管效果,对于保障公众身心健康都是有益的。

二、工作动物和娱乐动物保护立法

工作动物又称役使动物,是指为人类提供服务的动物,包括警犬、牧犬、耕牛、拉车或驮运物品的马等。娱乐动物主要指为人类表演或者供人观赏的动物,包括动物园内的动物、马戏团动物以及在影视业中使用的动物等。我国在工作动物和娱乐动物的保护上的立法亦属空白。即使在地方的法规上,也很难找见,原则性的规定都寥寥可数,具体的规定就更是凤毛麟角。2008年的北京残奥会上,人们熟悉了一条名叫LUCKY的导盲犬,和其他的导盲犬一样,LUCKY为眼残人士精心尽力地提供服务。但是由于北京市的关于的犬类的规定中不允许大型犬进入到公共场所,奥运期间一些特殊的工作犬类除外,在9月20号以后,LUCKY就只能缩小它的活动范围,甚至只能待在家中。可以看出,不要说给予工作动物以福利,单单是对工作动物的规定都不甚完善。

2006年5月1日起实行的《长沙市城市养犬管理规定》中,仅仅在第2条说明法律的适用范围时规定:"在本市城市范围内犬只(军犬、警犬除外)的饲养、经营和管理活动,适用本规定。"说明军犬与警犬属于工作动物而不是伴侣动物。

三、有关动物屠宰福利的法律规定

(一)我国动物屠宰福利法的渊源

涉及动物屠宰内容的法律主要有:1992年实施的《进出境动植物检疫法》和2008年实施的修订后的《动物防疫法》。行政法规主要有:1997年实施的《进出境动植物检疫法实施条例》、1998年实施的《生猪屠宰管理条例》。在部门规章的层次上主要有:农业部2002年实施的《动物检疫管理办法》,2003发布实施的《关于加强生猪屠宰管理确保肉品安全的紧急通知》;国内贸易部1998年实施的《生猪屠宰管理条例实施办法》和《屠宰执法监督管理检查人员管理办法》,2000年颁布的《屠宰执法监督检查人员统一标志管理办法》。在国家标准方面，有1990年的《肉类加工厂卫生规范》，1998年的《畜类屠宰加工通用技术条件》，2000年颁布的《生猪屠宰与分割车间设计规范》。2005年的《毛皮野生动物驯养繁育利用技术暂行规定》，规定了人道屠宰毛皮野生动物的方法和步骤等内容。

地方立法包含动物屠宰福利内容的有：1998年实施的《四川省生猪屠宰管理办法》；2003年的《凉山彝族自治州实施〈四川省〈中华人民共和国动物防疫法〉实施办法〉的补充通知》；2002年实施的《广东省动物防疫条例》、《广东省生猪屠宰管理规定》、《宁夏回族自治区牛羊屠宰管理办法》和《湖南省实施〈生猪屠宰管理条例〉办法》；2003年实施的《湖南省生猪屠宰管理条例》；2004年实施的《云南省动物防疫条例》、《河南省生猪屠宰管理条例》和《黑龙江省畜禽屠宰管理办法》；2005年实施的《贵州省动物防疫条例》等。

（二）《生猪屠宰管理条例》和《生猪屠宰管理条例实施办法》的主要规定

1998年的《生猪屠宰管理条例》是动物屠宰管理的基本法，但它与其实施办法都是具体针对猪进行规定的。

《生猪屠宰管理条例》规定，国务院商务主管部门主管全国生猪屠宰的行业管理工作，县级以上地方人民政府商务主管部门负责本行政区域内生猪屠宰活动的监督管理。

条例规定了生猪的屠宰的地点，“国家对生猪实行定点屠宰、集中检疫的制度。定点屠宰厂（场）应当将定点屠宰标志牌悬挂于显著位置；未经定点，任何单位和个人不得屠宰生猪。对于农村地区农产自养生猪的自宰自食，条例规定，不适用定点屠宰的规定”。

另外条例规定了定点屠宰厂（场）应具备以下几个条件：“有与屠宰规模相适应，水质符合国家规定标准的水源条件；有符合国家规定要求的待宰间、屠宰间、急宰间以及生猪屠宰设备和运载工具；有依法取得健康证明的屠宰技术人员；有经考核合格的专职或者兼职的肉品品质检验人员；有必要的检验设备，消毒设施和消毒药品及污染物处理设施；有生猪及生猪产品无害化处理设施；有符合动物防疫法规定的防疫条件。”屠宰生猪应持有相关屠宰的证书，不符合规定的不得屠宰。所屠宰的生猪必须符合国家的卫生防疫的规定，有相应的实验记录。对于病猪进行无害化处理，任何单位和个人都不得向生猪或者生猪产品注水或注入其他物质。另外对于猪肉或猪肉制品的流通也做了规定。

条例对于生猪的屠宰程序也有明确的规定，要求定点屠宰厂（场）屠宰生猪，应当符合国家规定的操作规程和技术要求；定点屠宰厂（场）不得对生猪或者生猪产品注水或者注入其他物质。条例对于抑制私自屠宰行为，规定了一旦违反本条例规定，“未经定点擅自屠宰生猪的，由市、县人民政府商品流通行政主管部门予以取缔，并由市、县人民政府商品流通行政主管部门会同其他有关部门没收非法屠宰的生猪产品和违法所得，可以并处违法经营额3倍以下的罚款。”

《生猪屠宰管理条例实施办法》规定了生猪屠宰的行业的管理工作由各级人民政府商务主管部门来负责，依照法律规定对动物的屠宰进行监管。主要负责的内容有：屠宰管理法规的组织实施；制订生猪屠宰行业发展规划，并组织实施；制定生猪屠宰管理规章、屠宰厂（场）设计规范、屠宰操作规程、屠宰检验规程和生猪产品质量标准，并监督执行；负责生猪屠宰管理有关案件的行政复议；负责生猪屠宰行业管理其他工作。

对屠宰设施和条件的主要规定包括了，鼓励和支持屠宰厂（场）实行规模化、工厂化、机械化屠宰生猪。规定定点屠宰场的选址必须符合国家的明文规定，主要出于环境保护、食品卫生等方面的考虑。定点屠宰厂（场）应当有与屠宰规模相适应的充足水源，水质符合国家规定的城乡生活饮用水卫生标准。定点屠宰厂（场）的待宰间、屠宰间、急宰间的建筑和布局，要符合国家和行业规定的设计规范和卫生规定。待宰间要设有生猪待宰圈、病猪隔离圈和运载生猪的车辆冲洗设施。圈舍应当设有通风、饮水、淋浴等设施，其地面要求不渗水、易清洗。圈舍容量，一般不小于日宰量的1倍。屠宰间的生猪屠宰设备，要有麻电器、吊轨、挂钩、内脏整理操作台、烫池以及符合国家卫生标准的生猪产品的专用器具。急宰间的出入口必须设有消毒池。定点屠宰厂（场）应当使用符合国家卫生标准的专用运载工具，生猪和生猪产品必须使用不同的运载工具运输。屠宰厂（场）应备有适用的消毒设施、消毒药品，建立健全卫生消毒制度。

屠宰的程序办法也做了规定，生猪在屠宰之前必须进行检验，病猪和伤残猪一旦被发现必须按照有关规定进行处理。定点屠宰的屠宰场必须按照国家规定的程序和技术，要求生猪在被屠宰前停食、饮水，屠宰方式采用麻电致昏、刺杀放血等工艺流程等。明确规定病猪要分开屠宰。

（三）《畜类屠宰加工通用技术条件》的主要规定

1998年实施的《畜类屠宰加工通用技术条件》适用于我国境内猪、牛和羊的屠宰厂（场）。

在屠宰厂（场）的设施和条件方面的主要规定有，场内应设置与屠宰加工量相适应的验收间、隔离间、待宰间、急宰间、屠宰加工间等。屠宰厂（场）应设在交通运输方便、电源稳定、水源充足、环境卫生条件良好，无有害气体、粉尘、污浊水及其他污染源的地区。屠宰厂（场）应当设立与屠宰量相适应的屠宰加工容器和专用运输工具。采用悬挂法屠宰牲畜时，应该在牲畜击昏处设置存放回空滑轮及挂套蹄链的装置。屠宰和分割车间工作场所照度不应小于75勒克斯，屠宰操作面照度不应小于150勒克斯。[1] 屠宰厂（场）内应设立污水处理设施，其排放符合国家标

---

〔1〕“化妆品生产企业卫生规范（2007年版）”，载《牙膏工业》2008年第1期。

准的规定。

《畜类屠宰加工通用技术条件》还规定，宗教屠宰供应少数民族食用的畜类产品的屠宰厂（场），要尊重民族风俗习惯，使用祭牲法宰杀放血时，应设置使活畜仰卧固定位置。[1]

商务部2004年颁布的《关于加强牛羊屠宰管理工作的指导意见》规定，省级商务主管部门要在政府的统一领导下，负责牛羊屠宰的行业管理工作，进行归口管理。牛羊屠宰厂（场）行业准入的基本条件包括：符合省级人民政府制定的牛羊屠宰厂（场）设置规划，并经市县人民政府批准，从事清真屠宰的企业还应同时符合少数民族的风俗习惯和宗教礼仪；厂区选址应远离居民住宅区和城市上游，周边应有良好的环境卫生条件，避开产生有害气体、烟雾、粉尘的工业企业和其他污染源，具备符合国家标准要求的生产水源和电源；进入厂区及厂区内的主要道路，应铺设坚硬路面并保持平整，厂区道路两侧和建筑物周围均应绿化；建有符合国家标准要求，与牛羊屠宰规模相适应，具备清扫、冲洗和消毒条件的屠宰设施，包括待宰间、病畜隔离间、屠宰车间、急宰间、无害化处理间、排污设施，以及各类易于清洗消毒的容器和运输工具；实验室和检验设备的配置应符合国家有关标准规定，有完善的企业管理制度和检疫检验制度；在牛羊屠宰厂（场）设置布局和屠宰工艺流程方面，意见要求，应符合国家《肉类加工厂卫生规范》、《畜类屠宰加工通用技术》和《家畜屠宰加工企业兽医卫生规范》等国家标准的要求。

四、有关动物运输福利的法律规定

（一）我国动物运输福利法的渊源

目前，我国尚无动物运输方面的基本法律规范。涉及动物运输的法律有，1992年实施的《进出境动植物检疫法》、2008年实施的修订后的《动物防疫法》和2004年修订的《野生动物保护法》。行政法规主要有：1988年实施的《实验动物管理条例》、1993年实施的《水生野生动物保护实施条例》、1997年实施的《进出境动植物检疫法实施条例》、修订的《水路运输管理条例》。部委规章主要有：1996年实施的《中国民用航空货物国内运输规则》、1998年国家林业局颁布的《活体野生动物运输要求》以及农业部于2002年实施的《动物检疫管理办法》和《动物免疫标识管理办法》都包含有动物运输的内容。另外，在2002年实施的《广东省动物防疫条例》、2004年实施的《云南动物防疫条例》、2005年实施的《贵州省动物防疫条例》等地方性法规中对此问题也有所涉及。

---

[1] 参考相关法律条文及常纪文：《动物福利——中国与欧盟之比较》，中国环境科学出版社2006年版，第288页。

(二)《中国民用航空货物国内运输规则》的有关规定

规则规定动物的运输条件包括有,要求动物的包装既要便于装卸又需适合动物特性和空运的要求,能防止动物破坏、逃逸和接触外界,底部有防止粪便外溢的措施,保证通风,防止动物窒息。另外在动物的外包装上需要注明相关的注意事项。承运人应当将动物至于适合其的运输舱内。对于动物在运输途中死亡的除承运人的责任外,承运人不承担责任。

在动物的托运手续方面,规定要求,动物运输除了符合国家的有关规定之外还必须出具当地县及以上的检疫部门的注射证明和检疫的相关证书。属于国家及保护动物进行运输的必须出具准运证明。由市场管理的动物也需要市场证明。此外,托运动物的应事先预定仓位,在正式托运时填写活体动物运输申明书。

动物的托运接受和提取的内容包括有:托运人通知收货人提取货物的规定,双方应当在机场收交货物,负有对动物运输和到达后的保管义务。有特殊要求的托运人需事先说明注意事项。有需要的应当派人押运。动物运输的收费按照规定是按普通货物的150%收取。[1]

(三)《进出境动植物检疫法》的有关规定

1992年实施的《进出境动植物检疫法》规定的检疫对象有,进出境的动物,装载动物的容器、包装物,以及来自动物疫区的运输工具。该法对监管体制和监管职权做了以下规定:由国务院设立的动植物检疫机关统一管理全国进出境动植物检疫工作;全国进出境动植物检疫工作由国务院农业主管部门主管。口岸动植物检疫机关的主要职责有:登船、登车、登机实施检疫;查阅、复制、摘录与检疫物有关的运行日志、货运单、合同、发票及其他单证;进入有关生产、仓库等场所进行疫情监测、监督管理,发现有禁止进境物的,作退回或者销毁处理。

对进口检疫的规定主要有:需要输入动物的应当在进境时进行检疫。没有检疫或没有经过检疫机关同意的不得通过。输入动物,需隔离检疫的,在口岸动物检疫机关指定的隔离场所检疫。因口岸条件限制等原因,可以由国家动物检疫机关决定将动物运往指定地点检疫。货主或者其他代理人在对动物的运输和装卸过程中应当采取防疫措施。相关场所应符合动物检疫和防疫的规定。输入动物经检疫合格后方可进入,必须在检疫单据上加盖公章,检查不合格的由检疫机关签发《检疫处理通知单》通知货主或代理人,要求其对货物进行相应的处理。

对出境检疫的规定主要包括有:货主或者其代理人在动物出境前,向口岸动物检疫机关报检。出境前需经隔离检疫的动物,在口岸动物检疫机关指定的隔离场所检疫。输出动物,由口岸动物检疫机关实施检疫,经检疫合格或者经除害处理合格的,准予出境;海关凭口岸动物检疫机关签发的检疫证书或者在报关单上加盖的

[1] 参考国家民航总局颁布的《中国民用航空货物国内运输规则》。

印章验放。检疫不合格又无有效方法作除害处理的，不准出境。

该法在动物过境方面也有规定：运输动物经过中国境内的必须经中国国家动物检疫机关同意，按照规定的路线和口岸过境。过境动物的装载交通工具、容器等必须要符合中国动物检疫的规定。运输动物过境时首先应由承运人或押运人向中国国家检疫机关提交检疫证书，进境时报检处境时可不再检疫。经检查合格的予以过境，检查不合格的全体动物不予过境。过境动物的饲料受病虫害污染的，作除害、不准过境或者销毁处理。过境的动物的尸体、排泄物、垫料及其他废弃物，必须按照动物检疫机关的规定处理，不得擅自抛弃。另外，未经动物检疫机关同意动物在过境期间不得随意卸离运输工具。

运输动物的工具也有要求，法律规定来自动物疫区的船舶、飞机、火车抵达口岸时，由口岸动物检疫机关实施检疫，发现有法律规定的病虫害的，作不准带离运输工具、除害、封存或者销毁处理。不得擅自抛弃进出境运输工具上的泔水、动物性废弃物等，必须依照动物检疫机关的规定处理。装载动物的运输工具也应该符合检疫机关的相关规定。

该法在应急措施方面的规定如下："邮电、运输部门对重大动物疫情报告和送检材料应当优先传送"；"如国外发生重大动物疫情并可能传入中国时，国务院应当采取紧急预防措施，必要时可以下令禁止来自动物疫区的运输工具进境或者封锁有关口岸"。[1]

（四）其他法律法规有关动物运输的法律规定

1998年，国家林业局颁布实施的《活体野生动物运输要求》规定，要严格规范野生动物运输证件管理，逐步推行活体野生动物运输专用标识制度；严厉打击非法出售、运输、走私野生动物的行为；装运符合要求，消除传播、扩散疫病隐患等问题；成立活体野生动物运输专家委员会，严格论证评估程序，开展专项调查和技术服务；强化检验、论证，为野生动物运输、公共卫生安全提供有力保障。

1988年的《实验动物管理条例》规定，实验动物的运输工作应当有专人负责。实验动物的装运工具应当安全、可靠。不得将不同品种、品系或者不同等级的实验动物混合装运。

2004年的《野生动物保护法》规定，运输、携带国家重点保护野生动物或者其产品出县境的，必须经省、自治区、直辖市政府野生动物行政主管部门或者其授权的单位批准。[2]

---

〔1〕 参见1992年实施的《进出境动植物检疫法》有关动物运输的法律规定。

〔2〕 参见1998年国家林业局颁布的《活体野生动物运输要求》、《实验动物管理条例》、《野生动物保护法》有关动物运输的法律规定。

第四章　中国动物保护组织

第一节　动物保护组织综述

从国内外动物福利保护的经验来看，公众参与是相当重要的一支力量。除必须的行政、司法部门外，动物福利法自身的特殊性，如动物无法对自身的权益受损进行申诉，均决定了动物保护需要全民的监督予以保障、案件程度一般较轻而不易上升到司法判决的高度、动物福利案件审理时往往专业知识要求较高、动物与整个人类联系密切等，都需要通过扩大民众的参与程度来实现。

一、动物保护组织在动物保护进程中的作用

从世界范围来看，大部分的动物保护组织都相当于"非政府组织"(Non—Governmental Organizations)。一般指非政府的、非营利的、自主管理的、非党派性质的，并且具有一定志愿性质的、致力于解决各种社会性问题的社会组织。它是人类社会发展过程中的一次重要的制度创新和组织创新，被称为与政府和营利组织相并列的第三部门。[1] 动物保护组织从其产生之初就在整个动物保护运动中扮演着重要的角色。美国的动物保护运动就开始于1866年美国防止虐待动物协会ASPCA的成立。1824年，世界上第一个动物保护组织——防止虐待动物协会SPCA成立，这个组织很快就吸引了很多社会中上阶层人士的支持。它在1833年、1835年、1849年和1854年四次成功地修改了马丁法案，扩大了该法案所保护的范围，加入了狗、猫、鸡、猪等所有的家禽家畜，而且还禁止了以诱饵捕猎动物，剪猪耳等。近年来，我国也成立了一些动物保护组织，它们在我国的动物保护领域所起的作用日渐凸显。

---

〔1〕 孙志祥："'双重管理'体制下的民间组织——以三个民间环保组织为例"，载《中国软科学》2001年第7期。

（一）动物保护组织能够成为政府与民众之间的桥梁，解决双方的信息“偏载”问题

随着环保意识和生态的觉醒，面对环境污染和生态危机日重的趋势，民众已经感到人与动物和谐相处的必要性。为此，就需要禁止虐待动物，尊重动物的生命和福祉，参与动物的保护。但是，单个人的力量总是有限的，在相关专业知识和信息的取得尚难完整的前提下，无法面对利益纷繁、需求多元化的社会以及日益复杂的生态和环境危机，因此参加和组织动物保护团体，并通过其活动来维护人类与动物的平衡利益，就成为了一种需要。

而一个国家，在动物保护事务中起主导作用的本应是政府，这是因其强势地位和公权力性质而决定的。但政府并不是无时无刻都能履行好“人民委托授权”的职能，很难保证政府的一切行为都代表公共利益，都能保证人类利益与动物福利之间的相恰互适，将二者的矛盾降至最低点、最小范畴。这时就需要有来自外部力量的制约和监督。而动物保护组织，作为民间力量，以预防和制止虐待动物为己任，以实现人类与动物的和谐相处为目标，不受制于任何官方组织，有相对独立的地位，能对政府起到一定的约束作用，促进动物保护工作的开展。

政府职能的行使最主要的是决策、执行和监督三类行为，在动物保护领域也不例外。动物保护法律政策的出台，涉及生态伦理、社会经济的发展、政府与民众的承受力和环境科学，也会影响和触动相关的利益集团。因此，一项好的决策的作出绝不可能是一蹴而就的，一定是在反复讨论、质疑、沟通和妥协之后才能尘埃落定。而动物保护组织一般是由相关学科的学者、法律界人士、科学家、市民等热心动物保护工作、关注人类生存环境的各界人士组成的，他们可以发挥各自的专业和社会资源特长，在对话的基础上以“动物保护论坛”、“听证会”等形式给政府提供咨询，在这样一种利益表达和利益协调中，帮助政府做出正确的、合乎社会和人类生活发展规律的科学决策，使政府的决策既能保护动物的生命和福利，又能兼顾各方利益。在政府执行动物保护的相关法律法规、政策时，动物保护组织可以以其专业的眼光和较好的社会号召力，帮助公民在获得动物生态知情权的基础上，更加积极地参与到政府的动物保护工作中，并在参与的过程中作为社会力量对政府的执法行为进行监督，及时提出纠正的意见和建议。

动物保护组织作为公民表达自由与政府主导之间的桥梁，为公民提出自己的利益要求和社会建议提供了平台。它是介于公民与政府之间的缓冲力量，有利于二者的信息传递和反馈，让政府能够及时地了解公民在动物保护问题上的利益诉求、态度以及可能进行的让步和让步的程度，同时也让公民更加充分地明晰政府决策的背景和缘由，以此尽可能地减少和化解政府与公民之间的矛盾，并通过逐步沟通、斡旋、游说，促进政府与公民在动物保护领域的合作。

同时，动物保护组织是公众参与动物保护的重要形式，它可以透过各种媒介向

社会传播动物保护知识，促进整个社会动物保护意识的提升。由于其自身形式和人员构成，可能会比政府更能取得民众的认可，并逐渐在民众中形成一种动物保护共识，一种广泛承认的社会意见，即“公众舆论”。这样也可以成为监督政府违法行政和具体公权力人的权力异化行为的有效途径。

另外，因为动物保护组织中有相当一批相关学科专家和学者，这样就可以在政府部门处理动物保护纠纷时，提供咨询或协助，使其能更加公正、合理地定分止争。[1]

（二）动物保护组织的相对独立性和专业性，让其能够更加彻底地致力于动物保护立法的推进

现实中动物保护组织的经费基本上是自行解决的，其主要来源是本组织会员的会费、社会捐款以及私人捐款等非政府渠道，这种经济上的独立性，决定了动物保护组织追求和实现目标的坚定性和彻底性。而民众或公立组织往往因为各方利益和多种因素的左右，在动物保护和动物福利问题上摇摆不定。与它们相比，动物保护组织在动物保护和动物福利问题上的态度要单纯地多。他们的宗旨基本上都是防止动物受到虐待、遗弃或非人道宰杀，加强对动物的关爱，提高动物的福利水准。这种单一的目标设定，与民众或公立组织在动物保护问题上的目标多元化不同，也就少有干扰和羁绊。由此，动物保护组织的存在，在推动一个国家的动物福利立法和动物保护进程中都会发挥巨大的潜能。

此外，动物保护纠纷的解决通常比较复杂，所需专业知识的水平较高，动物又无法对自身权益受损进行申诉。而动物保护组织可以通过自律、自治的方式提高其管理、组织、协调能力，推选既懂专业又懂法律的代表出席诉讼，帮助相关部门及动物所有人及时解决此类纠纷，使动物福利的损害能在最大限度内得到救济。

（三）动物保护组织的群众性，让其在整个社会的动物保护意识的培养中发挥不可替代的作用

动物保护组织的成员构成决定了它的群众性特质，又因它的行动和宗旨较少功利因素而获得了良好的号召力和公信力。它本身的目标实现亦要求其不断的接受最新的动物保护意识和知识，并很快通过动物保护组织的组织网络影响社会。动物保护组织在其规模扩张中，也会吸引越来越多的民众参与到动物保护的行列里，通过亲身体会切实地感受善待生命、保护动物的乐趣，逐渐消除人们在对待这件事情上的最初的不接纳或抵触情绪。

动物保护是一项公益性的全民事业，整个社会的参与是必不可少的。许多民众有强烈的参与热情，但但缺乏有效的组织。政府具有其他组织无法比拟的动员

---

[1]　陈延辉：“民间环保组织在环境保护中的作用”，载《中山大学学报论丛》2003年第23卷第4期。

各种资源的能力和合法性,但是有相当一部分政府工作人员更关心的是自己职位的升迁和稳固,而对那些短时期内无法显示出"政绩"的事则兴趣不大。另外,部门利益的存在也使得政府部门之间缺乏相互沟通的积极性和主动性。而动物保护组织具有比较专业化的动物福利知识和理论,有比较完整的实施方案和详细的规则,有专业人员,有比较好的媒体关系。在这种情况下,一方面动物保护组织积极进行动物保护知识的普及和宣传。环保组织的热忱和灵活,让其相对与政府相关部门来说效率要高很多,主动性亦较强。它们会采取多样化的方式、利用各种途径,宣传动物保护知识和提高民众的动物保护意识。激发民众参与动物保护的热情。另一方面在政府有关部门、居委会及其他相关组织之间进行游说和协调,促成各方的合作。实践证明,动物保护组织在这一方面发挥的作用是不可忽视和低估的。

二、全球动物保护组织概况

迄今为止,世界各国主要的动物保护组织有:1866"美国防止虐待动物协会"(ASPCA)成立;1868 年美国"麻州防止虐待动物协会"(MSPCA)成立;1875 年英国"维多利亚街保护动物免于解剖协会"(Victoria Street Society for the Protection of animals from Vivisection)成立;1883 年"美国反动物解剖协会"(American Anti - Vivisection Society)成立;1889 年"美国人道教育协会"(American Humane Education Society)成立;1891 年"人道联盟"(The Humanitarian League)成立;1895 年美国"新英格兰反动物解剖协会"(New England Anti - Vivisection Society)成立;1898 年"英国废除解剖联盟"(British Union for the Abolition of Vivisection)成立;1906 年英国"动物保卫及反动物实验协会"(Animal Defence and Aniti - Vivisection Society);1938 年更名为"动物福利大学联盟"简称 UFAW;1929 年英国"全国反解剖协会"(National Anti - Vivisection Society)成立;1946 年"国家医学实验协会"(National Society for Medical Research)成立;1948 年"摩利士动物基金会成立;1951 年"动物福利组织"(Animal Welfare Institute)成立;1952 年"实验动物资源组织"(Institute for Animal Laboratory Resources)成立;1954 年"美国人道协会"(Humane Society of the United States)成立;1955 年"动物保护立法联盟"(Society for Animal Protective Legislation)成立;1957 年"动物之友"(Friends of Animals)成立;1959 年英国"要美丽不要残酷协会"(Beauty without Cruelty)成立;1959 年"天主教动物福利协会"(Catholic Society for Animal Welfare)成立,现称为"国际动物权协会";1967 年英国"动物基金会"(Fund for Animals)成立;1967 年英国"农场动物福利咨询委员"(Farm Animal Welfare Advisory Committee)成立;1968 年"动物保护组织"(Animal Protection Institute)成立;1969 年"国际动物福利基金会"(International Fund for Animal Welfare)成立;1971 年"绿色和平组织"

(Greenpeace)成立,现称"国际绿色和平组织";1973年"国际灵长类动物保护联盟"(International Primate Protection League)成立;1973年"国家反动物解剖协会"(National Antivivisection Society)成立;1980年"人道对待动物协会"(People for the Ethical Treatment of Animals)成立,等等。

(一)动物保护组织的工作内容及运作模式

欧美等发达国家与动物福利相关的民间组织非常发达,对其动物福利事业的发展有着重要的推进作用。早期的动物保护组织派人去学校和教堂进行演讲,出版通讯简报,并且大量散发传单。等时机成熟时,他们就开始利用舆论对政治人物施加压力,以期达到立法的目的。而且,这些组织的领导人很快就意识到组成全国性的联盟对于促成全国性的动物保护立法至关重要。例如美国的"动物法律保护基金",于1979年由美国律师组织成立,弘扬在法律领域保护动物、维护动物生命权益,其活动主要包括对虐待动物的行为向法庭提出起诉,为指控虐待动物的起诉方提供免费法律咨询,努力提倡加强美国各州防止动物虐待的法规,鼓励敦促联邦政府执行现有动物保护法,并鼓励法学院教授动物法、鼓励学生学习动物法,并下设一个法学学生动物法律保护基金,为社会提供有关动物法律的公共讲座、演讲,普及和宣传保护动物的常识。一些国家的防止虐待动物协会具有法律资格代表动物对虐待动物者提起刑事诉讼,指控残害动物者,不论是个人、机构还是公司。这些动物福利慈善组织的另一项重要工作还在于促进动物保护和动物福利的立法工作,向政府和立法机构提请报告和呼吁,敦促、改善动物福利和动物福利立法。此外,一些动物福利机构,还经常对使用动物的公司、实验室等机构进行监督调查,收集证据,对于有虐待动物嫌疑者,向有关当局报告,要求起诉。例如2003年以色列动物保护组织联盟诺亚认为,人工强制喂鹅以使用于制造鹅肝酱的鹅肝长得异常肥大的做法属于对鹅的虐待,违反了以色列的《动物福利法》,并据此起诉了以色列司法部部长、农业部部长和蛋禽属。而事实上,以色列司法部曾于2001年颁布了一项《人工强制性喂养条例》,该条例并没有禁止人工强制性喂养鹅。法庭最终判定人工强制性喂鹅违反《动物福利法》,《人工强制性喂养条例》的有关条款无效,因此,人工强制性喂鹅的方法应予以禁止。[1]

近年来,在欧美和澳大利亚等国家相继出现了一些由职业律师和大学法学院学生组成的团体,专门为动物打官司和提供动物有关的法律咨询。例如1979年由美国律师组织成立的"动物法律保护基金",弘扬在法律领域保护动物,维护动物生命权益,其主要活动包括对虐待动物案件向法院提起诉讼,曾组织并出庭了多个重要案例,并有胜诉案例。此外还努力提倡加强相关方面的法规、为社会提供相关方面的公共讲座,普及和宣传保护动物的常识等。在澳大利亚,2005年由著名商

---

〔1〕 曹菡艾:《动物非物——动物法在西方》,法律出版社2007年版,第227页。

业人士私人出资成立了一个名叫"无声者"的动物慈善机构，该组织特别重视通过法律途径改善动物福利，下设动物法部，聘请了澳大利亚有史以来第一名全职动物法律师。该基金还每年出资赞助各类在澳大利亚开展的同动物福利有关的教育、法律研究项目和活动。[1]

在此以美国的"预防虐待动物协会"(SPCA)为例简要说明动物保护组织的运作模式。"预防虐待动物协会"是承担保护动物和收容流浪动物制止虐待动物的最主要机构。这类机构的运作资金通常是来自社会私人或其他慈善基金、企业的捐款，也有少数私人机构用自己的私有资金运作。所有这类组织的宗旨都是保护动物，改善动物生存福利。

很多国家都设有 SPCA 组织，SPCA 的机构通常有：国家级、省(州)级行政机构，地方机构，包括：行政办公室，执法部门，动物医院，动物收容所。SPCA 虽然是民间的非营利性动物保护组织，但他们成立和运作是有法律根据的，通常是依据《预防虐待动物法令》(各国有关保护动物的法令名称不同)；SPCA 组织不但照顾城市流浪动物，还根据政府的授权承担动物保护的执法职能，当有虐待动物的案件发生，他们可以依法进行调查。当虐待动物的行为严重到犯罪的程度，当地警察就会介入，SPCA 会配合警察进行调查，如果需要司法程序解决，SPCA 会承担公诉人的角色。SPCA 在动物保护立法和修改法令的活动中也起到十分重要的作用，提出建设性的意见。

SPCA 组织的资金来源主要是：(1)直接向社会募捐，包括企业、各种慈善基金会及个人。为了募集到足够的资金，机构设有集资部门，长年从事募集资金的工作。(2)通过组织一些社会性活动来募集资金，比如每年定期或结合大型节日，在社区、商城里举行动物展览，动物游行，让公众了解该组织及为动物所作的工作，以此方式募集资金。(3)通过自我运作产生一定效益，比如 SPCA 附设有动物医院，医院产生的收益全部用于支持协会的运作和动物收容所。另外动物收容所在人们领养动物时要收取一定费用，这也构成协会收入的来源，还有发行杂志等。(4)政府合同。很多 SPCA 的地方机构与当地政府签订合同，负责照顾该城市的流浪动物，政府则支付一定费用。各地的机构在经济上是独立运作的，也就是说，如果不能成功地募集到足够的资金就得关门。在以上所有经费来源中，募捐和政府合同是最主要的资金来源。募捐实际分为实物和现金。实物捐助也是包罗万象：包括动物食品、玩具、被褥、笼舍、工具、用品，甚至当需要时捐助建材等。一句话，只要是需要的用品，一律来者不拒。志愿者实际上也是一种捐助，是捐出自己的时间和精力。

由于 SPCA 是非营利机构，并且其资金主要来源于社会捐款，所以机构的设置

---

〔1〕 曹菡艾：《动物非物——动物法在西方》，法律出版社 2007 年版，第 78 页。

力求短小精悍,日常的大量工作都由志愿者承担,通常行政办公室设专人常年招聘志愿者,为志愿者提供必要的培训,志愿者本身的管理和协调也有志愿者承担。志愿者的工作涉及 SPCA 的全部工作,包括:募捐,组织活动,展览,日常文档处理,网站维护,收容所的动物照顾,医院照顾生病动物等。可以说,志愿者在 SPCA 的日常工作中起到了非常重要的作用,功不可没。所以每年 SPCA 都会开会表彰贡献突出的志愿者。

动物收容所在 SPCA 的全部工作中占了很大的比重。通常动物收容所对送来的、捡来的动物一律来者不拒,收容所会询问主人放弃动物的原因,但通常不会拒绝接收动物。被抛弃动物的原因有很多种,比较常见的有:老年人死去,伴侣动物失去主人无人照顾;老年人生病,无力再照顾伴侣动物;主人迁居,无法带着动物;主人搬入不允许养动物的公寓;动物走失;因主人虐待动物,动物被 SPCA 没收等待别人收养;动物被主人遗弃;因各种原因主人不再喜欢动物而将其送入收容所等待别人收养等。收容所对各种来源的动物一律先做身体检查,没做绝育手术的一律先做手术,对有病的先做治疗,然后在条件许可的情况下,送到寄养家庭寄养一段时间,旨在观察该动物的习性,或校正不好的习惯,然后在网站上发布该动物的资料,包括习惯特点等,等待收养。动物收容所收容动物的目的是为被抛弃的或流浪动物寻找一个新的家庭,使之能够有比较好的生存条件和环境。动物收容所的条件再好,终究无法做到像一个家庭那样宠爱动物,因为动物不仅仅需要食物,还需要人的爱抚,触摸,玩耍,需要感情的交流。而收容所由于空间有限,通常都是把动物关在笼子里,所以收容所只是为动物提供一个临时栖息所。改善动物待遇的根本办法还是为动物寻找一个好的家庭。收容所除了照顾收留的动物,另一个重要的工作就是为动物寻找收养家庭。每个收养家庭都有记录,如果收养家庭遗弃了收养动物,就失去了再领养动物的资格。收容所有专人负责跟踪了解被收养动物的情况,确保动物得到了应该得到的待遇。

不论是协会还是收容所,为了实现自己的宗旨,必须让社会公众了解他们的组织和他们所从事的工作,所以宣传是一个非常重要的常规工作。通过各种有效的宣传活动使人们了解动物保护组织和他们的工作,通过宣传动物保护的概念使公众提高和加强保护动物的自觉性和主动性,因此动物保护组织才会得到更多的捐款,更多的志愿者;使人们更多地参与保护动物活动,更积极地发现和检举虐待动物行为。所有这一切都是为了达到一个单纯的目的:防止虐待动物![1]

此外,除了机构实体,大量有关动物法律和动物福利的网站不断建立出现,其中比较有影响的动物法网站包括以下两个:

1."动物法律和历史网站中心"。(http://www.animallaw.info)该网站建于

---

〔1〕"国外动物保护组织和动物收容所",载 http://pet.xicn.net/。

2004 年，汇集了当今世界上最广泛的有关动物法的资料，包括很多国家的动物立法、案例法、分析介绍文章。目前有 700 多份案例法全文，将近 1000 个美国联邦和各州的动物法规。

2.“国际动物法学院”。(http://www. annimallawintl. org)该网站主要提供有关动物的法律信息，包括立法草案到案例法的信息交流中心，其中有许多的评论和文章，向为动物维权的律师提供指导和帮助。[1]

（二）世界著名的动物保护组织

1. 世界动物保护协会(WSPA)。世界动物保护协会总部设于伦敦，它是由成立于 1953 年的动物保护联盟(WFPA)与成立于 1959 年的动物保护国际联合会在 1981 年合并而成的。取得的最显著的成就是，促使欧盟议会通过了一系列保护野生动物的法律法规。如今有 13 个办公室分布在世界各地，440 多位动物保护专家分布在 101 个国家。它的主要任务是：在全球提高动物的福利标准。主要致力于在全球通过法律程序，确保动物享有的福利，让每一个人都应该理解、尊重和保护动物的福利。倡导的主要运动，有关注世界畜牧业运动、世界宣言运动、远离残忍文化的运动、反对饲养黑熊运动。

2. 英国防止虐待动物协会(RSPCA)。RSPCA 是世界上历史最为悠久、规模最大的动物福利组织之一。主要任务是：进行反对虐待动物和促进善待动物的宣传教育；由动物保护检查员执行动物保护法律；作为英国政府和议会有关动物福利问题和制定有关法律的顾问机构；收容和救助被遗弃的和伤病的动物，为他们重新安排养主；以及向社会大众进行动物养主责任和动物福利问题的教育。RSPCA 的工作还包括：友伴动物(宠物)的饲养、照顾、医疗和绝育；经济动物(食用和毛动物)的饲养、运输和屠宰的环境条件；制止捕猎海豹和鲸；制止使用毛皮动物产品；实验动物的福利，如日用化工产品和药品试验、科研实验动物的方法与条件；救助野生动物，保护与恢复野生动物的生境，以及评价与改善娱乐动物的狩猎、动物园和马戏团的环境条件。RSPCA 已与我国有关部门开展合作，进行支持保护野生动物、友伴动物收容所和爱护动物教育等项目。

3. 世界自然基金会(World Wildlife Fund, WWF)。世界自然基金会是世界最大的、经验最丰富的独立性非政府环境保护机构，前身是世界野生生物基金会(WWF, World Wildlife Fund)。成立于 1961 年，总部设于瑞士。目前世界自然基金会通过由 27 个国家级会员、21 个项目办公室及 5 个附属会员组织组成的一个全球性网络在北美洲、欧洲、亚太地区及非洲开展工作。WWF 自 1980 年以来已同国际及地方各级政府和其他国际性机构建立了稳固的合作关系。世界自然基金会的目标是制止并最终扭转地球自然环境的加速恶化，并帮助创立一个人与自然和

---

[1] 曹菡艾：《动物非物——动物法在西方》，法律出版社 2007 年版，第 82 页。

谐共处的美好未来。为达到目标,WWF意欲通过保护基因、物种及生态系统的多样性,确保现在和将来可持续地利用可再生的自然资源,减少污染,制止对自然资源和能源的过度开发和消耗,来达到保护自然及生态进程的目的。主要致力于:保护世界生物多样性、确保可再生自然资源的可持续利用、推动减少污染和浪费性消费的行动。开展的活动众多,有野生动物保护工作如我国的大熊猫保护项目等。

4. 国际爱护动物基金会(IFAW)。国际爱护动物基金会成立于20世纪60年代,总部设在美国的马萨诸塞州。主要致力于在全球范围内通过减少野生动物的商业贸易和野生动物交易,保护动物栖息地及救助陷于危机和濒危中的动物来提高野生动物与伴侣动物的福利。其全球的各个项目以及捐助活动主要集中于:减少商业利用和野生动物交易、救助陷于危机和苦难中的动物、动物栖息地保护。其开展的主要活动有:紧急救援活动(救助过19,000只遭受油污的企鹅、拯救陷于灾难中的动物、营救搁浅的鲸和海豚、支持救助孤幼动物的避难所);制止捕鲸、更多了解IWC(国际捕鲸委员会)、建立新的鲸保护区、拯救全球濒危的鲸;大象和象牙运动(制止象牙从业者、从盗猎者手中保护大象、重建整个公园以保护所有物种、必要时营救和重新安置大象);野生动物贸易(拯救大猩猩及其他濒危物种、终止丛林动物肉类贸易、拯救藏羚羊、制止将野生动物作为伴侣动物的贸易);拯救琴海豹活动(制止残酷的猎杀、获得免费参观海豹之旅、终止资助和支持猎杀、改革加拿大渔业政策);在各国和地区的努力(推广国际爱护动物行动周、获得禁止用猎犬打猎的胜利、拯救灰熊以及拯救全球各地更多的动物)。

5. 国际野生生物保护学会(The Wildlife Conservation Society, WCS)。国际野生生物保护学会的前身是纽约动物学会(The New York Zoological Society),成立于1895年,总部设立在美国纽约市,是一个致力于保护野生生物及其所栖息生境的非盈利性的国际性组织。WCS在全球范围同许多政府机构和当地自然保护组织建立许多的关系。国际野生生物保护学会的策略是支持综合的野外研究课题,培训当地的自然保护专业人员,为保护和管理野生生物种群。开展的主要活动,有设立野外研究课题,建立野外工作计划;派遣专家赴世界各地医治野生动物和培训当地兽医;WCS的教育部编写以强化自然保护内容中小学教材并在世界各地举办教师培训班。

6. 野生救援组织(Wild Aid)。野生救援组织是环保自愿者组建的非赢利组织,成立于20世纪70年代初,总部设于美国旧金山。主要目标是保护濒危的野生动物。具体目标有,大规模削减野生动物的非法贸易;把保护野生动物事宜提高到最高国际议程;保护荒漠地带;确保濒危物种种群数量的恢复;确保人类与野生动物长期和平相处。创新性地找到了保护野生动物的方法,该方法可信而有效,并能直接量化保护成果。联络政府、地方团体和消费者一起参与保护。并尽力改变社会对野生动物消费的观念。各个项目及主要活动集中在保护野生动物、停止非法贸易、削减社会对野生动物的需求三个方面。

7. 国际素食协会(International Vegetarian Union, IVU)。自1908年成立以来,一直致力于在世界范围内推行素食主义。国际素食协会是一个非赢利的组织,它接受任何主要宗旨为倡导素食主义,且授权负责人是素食者的非赢利的组织。IVU的成员资格,素食主义包括严格素食主义,是一种戒食肉,家禽或鱼及其副产品的行为。IVU的宗旨是在世界范围内推行素食主义。为了实现这一宗旨,其主要目标是:鼓励建立地区,国家和区域的素食团体,以及促进这些团体之间的合作;促使召开世界和区域的素食者大会,以增进人们对素食事业的关心,并为素食者们提供相互认识的机会;尽可能地增加基金以支持成员社团;鼓励IVU自身及其成员组织在所有领域内开展有关素食主义的研究,及收集和出版有关素食主义的各种资料,包括各种媒体形式,协会会员通过参加历届的世界素食大会(每两年举行一次)来领导IVU的活动。

8. 生而自由基金会(Born Free Foundation, BFF)。生而自由基金会成立于1964年,总部设在英国。主要目的是保护动物生活在其栖息地内,反对动物园、马戏团饲养动物,反对家庭饲养宠物。生而自由基金会是同情动物组织的代表,鼓励更多人或社团来关爱动物生存权力。开展的主要活动有:废除动物园运动、保护人类亲密朋友大象运动、保护大型猫科动物运动、保护埃塞俄比亚野狼运动、保护海豚运动、保护灵长目运动以及保护黑熊运动。

9. 国际自然和自然资源保护联盟(IUCN)。国际自然和自然资源保护联盟(International Union for Conservation of Nature and Nature Resources)于1948年由联合国教科文组织在法国巴黎建立,是由各国政府、非官方机构、科学工作者及其他自然资源保护专家组成的国际组织,下设有六个工作委员会。

物种保护委员会主要职能是研究和确定需要保护的生物物种,出版《红皮书》和《受危动植物名录》等。列入《红皮书》中的物种都是国际关注的物种。该委员会还成立猫科动物专家组、犬科动物专家组等,定期召开会议,研讨地球上受危动物的现状和保护措施。目前,我国有数名学者是各专家组的成员。

国家公园和保护区委员会主要职能是区划和建立世界范围内的保护区网,制定保护区建立的原则和标准,建立保护区和国家公园名录及档案等,对世界各国的保护区事业发展起到了组织、督促和指导作用。列入名录的各国保护区,在全球范围内构成了国际自然保护区网。

生态学委员会主要职能是评价世界生态系统的现状和自然资源保护的措施,促进自然资源的科学管理和持续利用。

环境规划委员会主要职能是应用生态学的原理和方法,促进世界环境的规划和建设。

环境教育委员会主要职能是宣传和普及科学知识,通过世界范围的教育,提高人们对自然资源保护和利用重要性的认识。

环境政策法律和管理委员会主要职能是研究人类影响环境的社会、政治和经济的实质，建立环境立法等。

IUCN 自成立以来，主持过很多地区的自然保护项目计划，促进了多项国际条约的签署，主办过多次国际会议，出版了兽类、鸟类、两栖爬行类和植物等的《红皮书》分册，明确了自然保护区的分类和基本概念，提出了建立自然保护区的原则、标准和世界保护区网的规划，推进了自然保护学科的建立和发展，扩大了自然保护的宣传和教育面。1979 年，我国以国务院环保办公室的名义加入了 IUCN。

10. 美国反动物实验协会（American Anti - Vivisection Society, AAVS）。美国反动物实验协会成立于 1883 年，总部设在纽约，是美国最早的动物保护协会。该协会的目的是在科研、教育和药物试验中废除用动物作实验。该协会还反对其他方式虐待动物。

该协会的主要进展：

（1）采取有效措施恳请美国国立卫生研究院（NIH）改变它的医疗政策，希望政府建立替代动物实验方法研究基金；

（2）推动禁止使用动物作实验的立法，建立黑猩猩避难所；

（3）向医学学生宣传，使他们别解剖动物作实验；

（4）与美国农业部一起推动制订了联邦福利法案，自 1970 年颁布以来，最大限度保护了科学研究中所使用的鸟类、耗子、猴子等动物。

该协会的主要活动：

①开展替代动物实验研究；②禁止买卖猫和狗作为实验动物；③实验室里的动物福利运动；④替代动物实验的教育运动；⑤提倡素食运动；⑥制定动物福利法案。

11. 国际野生动物关怀组织（Care for the Wild International , CWI）。国际野生动物关怀组织成立于 1984 年，总部设在英国。目标是为世界上任何地方处于危难的动物提供援助。与当地群众和地方政府一道来减轻野生动物的苦难。

该组织采取的主要措施有：

（1）资助英国政府建立动物营救和保护中心，保护和营救的野生动物种类繁多，比如獾、水獭、狐狸、海鸟、捕食海鸟动物、海豹以及海豚等；

（2）在保护非洲和亚洲的老虎、大象、大猩猩、乌龟、犀牛、黑猩猩、长臂猿和河马项目中也起到了重要作用；

（3）通过教育来提高人们关爱动物的意识；

（4）支助对重大生态系统和动物福利的调查。

该组织参与的重大活动有：反对捕鲸运动、拯救毛衣岛海豚运动、禁止盗猎雪豹运动、禁止走私藏羚羊运动、取消麻醉盗猎大型动物运动、拯救鲸鱼运动等。

12. 美国人道协会（The Humane Society of the United States）。美国人道协会

是美国最大和最有效的动物保护组织，设立于 1954 年，总部在美国首都华盛顿。该协会致力于追求一个对所有动物人道和可持续并且有益于人类的世界，是美国人反对虐待、剥夺和忽视动物的主流力量和宣扬人与动物关系的可信声音的同盟。美国国际人道协会[Humane Society International（HSI）]是其负责国际项目的机构，几年来在中国与其他机构和中国有关方举办了 2009 年的中国第二、三次伴侣动物研讨会，2008 年的农场动物和可持续农业国际论坛。HSI 关注中国的动物保护事业，曾参与对四川地震时的动物救助和其他的相关工作。

13. 亚洲动物基金（Animals Asia Foundation）。亚洲动物基金由谢罗便臣女士（Jill Robinson）创办于 1998 年，是一个正式注册的动物福利慈善机构，总部设在香港，同时在英国、美国、澳大利亚、德国和意大利设有办事处，并在这些国家享受税收减免待遇。亚洲动物基金还在中国和越南建立了黑熊救护中心，全球雇员超过 230 名。亚洲动物基金致力于在亚洲帮助需要救助的野生、家养和濒危动物。亚洲动物基金由居住在亚洲的专业人士管理，致力于为当今在复杂变幻的环境下苦苦挣扎的动物寻找富有建设性的解决方案。具体的方法包括三方面的内容：采用最先进的兽医技术、动物护理和环境保护科学，根据不同地区的实际需求，为当地的动物提供解决方案；与各国政府基金进行富有成效的沟通和合作，以开创双赢的局面；在社区进行基层的推广富有创意的项目和活动，给人们的观念带来深远的变化并激励人们与动物和平共处。

第二节　中国的动物保护组织

一、野生动物保护组织

中国野生动物保护协会（CWCA）于 1983 年 12 月在北京成立，是中国科协所属全国性社会团体，常设办事机构为秘书处，行政上受国家林业局领导。

中国野生动物保护协会是一个具有广泛代表性的野生动物保护组织，截止到 2005 年底，全国已拥有省、地、市、县级协会 673 个，拥有会员 21 万多人。它是由野生动物保护管理、科研教育、驯养繁殖、自然保护区工作者和广大野生动物爱好者组成的群众团体，其宗旨是推动中国野生动物保护事业的发展，为保护、拯救濒危、珍稀动物作出贡献。其主要任务是，组织会员贯彻国家保护野生动物的方针、法令，开展拯救和保护珍稀野生动物的宣传教育，开展保护野生动物的科学研究、学术交流，提供经营管理野生动物资源的技术业务咨询，筹募保护野生动物的资金，同各国自然保护组织和机构建立联系，参与有关国际合作与交流。

协会自成立以来，通过“爱鸟周”、“野生动物宣传月”等多种形式的宣传教育、科技交流活动，在普遍提高全民自然保护意识，普及科学知识，增强法制观念及促进科技、文化交流方面发挥了重要作用。多年来,通过组织珍稀动物展览等形式,开展募捐活动,为国家保护大熊猫工程,拯救朱鹮,东北虎等濒危珍稀野生动物,支援自然保护区建设等广泛地筹募了资金。同时在北京召开了"野生动物保护国际会议",先后同美国、德国等国家的野生动物保护组织开展保护野生动物的合作研究项目,为促进国际间的文化交流、组织中国珍贵动物大熊猫、金丝猴先后到美国、加拿大、爱尔兰、比利时、新加坡、日本等国家展出,1984年,中国野生动物保护协会被世界自然保护联盟(IUCN)接纳为会员。

中国野生动物保护协会设有科技、宣传和基金管理委员会,以加强和协调野生动物宣传、科技工作和资金的使用管理,此外,为了推动野生动物养殖和濒危物种——鹤类的保护工作,还先后成立了中国野生动物保护协会野生动物养殖委员会和鹤类保护专业委员会。

中国野生动物保护协会在致力于推动中国野生动物保护事业发展的同时,将进一步寻求同各国和国际野生动物保护组织的友好往来及技术交流。[1]

二、中国驯养动物保护组织概况

中国的驯养动物保护组织与国外民间动物保护组织在体例上相仿,同样是自负收支,但就其运作与管理来说远没有国外的先进,主要活动也就是以私人出资(数目一般较小)的形式对流浪动物进行收留或者在力所能及的范围内对动物进行有限的救助,而不是以基金会的形式经营运作,从而大大限制了其在动物福利事业上的作用。

中国民间主要动物保护组织区域分布

湖南地区	长沙市小动物保护协会		
北京地区	伴侣动物保护网络	中国反虐杀联盟	中国小动物保护协会
	伴侣动物保护网络	中国反虐杀联盟	中国小动物保护协会
	中国犬与社会公益组织	伴侣动物研究中心	人与动物环保科普中心
	北京市保护小动物协会	北京小动物救助委员会	海淀林业动物救助分会
	北京幸运土猫	北京猫咪有约	北京流浪的天使
	主题猫	流浪动物网上的家	北京精灵之家
	环球宠物	动物权利在中国	

〔1〕 资料来自中国野生动物保护协会网站,地址 http://www.cwca.org.cn/gywm/ShowArticle.asp?ArticleID=127。

续表

上海地区	上海市小动物保护分会	上海阳光小动物	上海快乐猫咪
	上海市闵行区宠物协会	上海救救猫狗论坛	
重庆地区	重庆市小动物保护协会	重庆流浪小动物爱心网	
河北地区	承德市小动物保护协会		
黑 龙 江	哈尔滨小动物保护协会		
山东地区	济南猫窝	山东泰山小动物保护协会	
浙江地区	杭州流浪狗	杭州爱猫地带	我要猫猫
江苏地区	南京流浪动物救助	南京猫友俱乐部	
广东地区	广州善慈爱护小动物中心	私宠之家	广州猫
	深圳狗	深圳猫	汕头猫
福建地区	福州宠物网	厦门宠物网	厦门猫
	漳州小动物保护协会		福州猫
海南地区	海南省小动物保护协会		
河南地区	河南小动物救助同盟		
湖北地区	武汉流浪宠物救助中心		
四川地区	四川启明小动物保护中心	蓉城猫友会	
贵州地区	贵阳市宠缘动物救助站		
陕西地区	西安小动物救助同盟	陕西省小动物救助委员会	
安徽省	环境与动物保护教育组		
香港	香港动物守护神	香港爱护动物协会	亚洲动物基金会
		亚洲动物保护网	
澳门	澳门保护遗弃动物协会		
台湾	台湾动物社会研究会	关怀生命协会	台中世界联合保护动物协会
		台湾花莲县动物权益促进会	台湾新竹市红项圈流浪动物协会

三、我国主要的动物保护组织

(一)中国小动物保护协会

中国小动物保护协会(China Small Animal Protection Association)是国家一级专业性社会团体,可在全国吸引会员、建立地方性组织和开展国际交流活动。

中国小动物保护协会以珍爱生命、倡导精神文明和发扬人道主义精神为思想基础,以保护动物、维护动物的生存权利和不受虐待的权利以及改善和提高小动物的生命条件、饲养水平为宗旨,坚决反对任何虐待、残害动物的行为和思想。协会的这个宗旨,得到了文化界老前辈的支持。

协会自1988年12月在民政部注册登记,具独立法人资格。协会总部在北京,设有组织、宣传、研究、联络、开发、救护收容、医疗保健等部和办公室。

十多年来,协会在组织、宣传和救护动物等方面做了大量的工作。在国际动物组织的帮助下,建立了救护收容小动物的基地——爱心教育基地,结束了多年来带着动物东奔西窜的险难生活,使备受虐待摧残,被抛弃追杀的小动物们有了一座避难所。1999年,又在南京的佛门弟子的帮助下,在风物秀美的北京西山附近,购得占地十七亩之广的庭院,改善了动物的生活条件。1998年,协会还历尽艰辛,建立了小动物防疫、保健、治疗中心。解决了动物的保健、医疗问题。这两个实体,为协会的进一步发展创造了良好的条件。

现在除北京市外、上海、天津、哈尔滨等大城市和江浙、两广、四川、安徽等省都有不少热爱生活、关注小动物命运的仁人善士,加入会员的行列,现协会已拥有会员2000多人。

1993年,协会成立不久,便到北京市政府,向当时负责“禁犬”的单位和领导,反复陈说“禁犬”政策违反科学、文明的野蛮性和残暴性,反映珍爱生命、提倡精神文明建设的人们对灭犬行为的反感。1995年,在北京市限养法规草案讨论期间,协会曾召开各种类型座谈会达七次之多。在给市政府的意见书上,2000多人签了名。大家在拥护养犬管理原则的同时,就征收奇高的养犬费用和禁养品种以及遛犬时间规定、没收无证犬等一系列问题,都提出意见和多方面的建议。1996年11月,限养法规实施一周年之际,协会又召开邀有市执法部门有关领导参加的各界人士座谈会,就科学管理和犬费等问题交流了意见。四年之后的2000年11月,协会再一次邀请各界知名人士和养犬人,对北京市已经实施5年的“犬限养法规”,实事求是地进行了总结。与会者,在肯定限养、管理的进步意义和成绩的同时,又反复强调高额的养犬收费标准、犬型、遛狗时间及残暴收捕无证犬的问题,提出意见和建议。为了消除人们对狂犬病的恐惧心理,协会于1996年2月,举办了狂犬病国际学术研讨会,邀请国内外的专家作了专题报告。同年,为了了解北京市民对养犬问题的各种态度,协会又与人民大学社会学系合作,对海淀、朝阳、崇文三区共

300户养犬人和300户非养犬人做了抽样问卷调查。中国小动物保护协会在养狗问题上所做的这份调查研究,在中国历史上是首次。结果表明:现在的城区养犬者中,86%是工薪族,人均月收入多在800元以下。居民中极端厌犬、坚决反对养犬的,只占极少数。拿海淀来说,120中只有6人,占5%;朝阳区更少,150人之中只有2人,占1.3%;特别令人鼓舞的是,被调查的青少年都喜欢狗。这说明中国的动物保护事业是很有希望的。

1996年10月4日,中国小动物保护协会在农大成功地举办了首届世界动物日纪念周,首次将每年的10月4日为国际所公认的"世界动物日"引进了中国人的社会生活。

(二)北京市保护小动物协会

北京市保护小动物协会(简称ASAP),是经民政局批准成立的一家专门从事宠物行业推广和小动物保护的公益性民间组织。协会充分发挥其专业优势和社会影响,积极开展健康有益,集专业化、职业化及趣味性于一体的服务和活动,致力于使北京市保护小动物协会真正成为关爱动物的新家园,为这些可爱的小动物们营造一个更加美好的生活空间。2000年1月10—11日,协会在北京音乐厅举办了"关心自然、保护动物新年音乐会"。这是国内首次以保护动物为主题的音乐会,受到社会各界的广泛关注。

在城市小动物科学饲养和管理方面,协会从1999年8月开始,每月举办宠物科学饲养讲座,并开通了免费咨询热线和协会网站www.asapbj.org,为宠物主人提供了全面周到的服务。为解决城市中虐待、遗弃小动物的现象,协会还专门开通了小动物救助热线,并在昌平建立了小动物收养基地,收留和照顾城市流浪动物,受到社会的广泛好评。北京市保护小动物协会还是一如既往地保护、分留流浪动物。经过工作人员和广大动物爱好者们的不懈努力,现已救助了3000多只无家可归和被人遗弃的猫咪。协会连同北京50多家宠物医院做出了以下决定,凡是参与此活动的宠物医院每个月免费提供10个名额,截止到目前约有5000多只流浪猫做了绝育手术。作为国内宠物界的领先专业团体,协会下设爱猫分会(CAA),有证犬分会(BKC),美容师分会(CPGA),训练师分会,救助部。

(三)广州善慈爱护动物中心(Home for Stray Animals)

善慈爱护动物中心(Home for Stray Animals)是在2005年中由善慈居士独自发起捐助而成立的一个民间私人的非牟利机构。善慈爱护动物中心以珍爱生命、关爱生命、倡导精神文明和发扬人道主义精神为思想基础,以保护动物、维护动物的生存权利和不受虐待的权利以及改善和提高小动物的生命条件为宗旨,坚决反对任何虐待、残害动物的行为和思想;并身体力行,从事小动物救护工作。

目前善慈爱护动物中心全体工作人员及义工都以"街上不再有流浪的小动物"为共同的奋斗目标努力。以后将朝着改变人们对任意食用小动物的观念、对小动物的生存价值观及将部分小动物培养为动物治疗为目标而坚持不断的努力。

善慈爱护动物中心目前的工作范围:定期更换中心网站上所有栏目内容供义工、会员交流心得,进行讨论;建立宠物救助基地,收容、救护被虐待、残害、遗弃或走失流浪的宠物;开展领养流浪宠物工作,使得每只小动物都有所居;管理好善慈爱护动物中心基地日常工作,指导、安排义工进行义务活动;通过媒体,参观救护中心基地,开展动物保护宣传,培养青少年善良的心性、优美的情趣和热爱动物与自然的精神;使得他们从小就对小动物充满爱心;举办参与各种爱宠活动,提高养宠者素质,宣传科学的养宠知识;向有关的政府领导部门,呈送材料,提出意见及建议。

(四)海南省小动物保护协会(Hainan Small Animal Protect Association)

海南省小动物保护协会以珍爱生命、倡导精神文明和发扬人道主义精神为思想基础,以保护动物、维护动物的生存权利和不受虐待的权利、以及改善和提高小动物的生命条件、饲养水平办宗旨,坚决反对任何虐待、残害动物的行为和思想。

协会成立以来,针对海南省的情况,借鉴国内外先进的协会工作模式与成功经验,多次举行了公益活动,在提升人们关爱生命,普及有关科学知识等方面进行了公众教育。在2003年非典时期协会动用了大量的人力、物力救助200多只被丢弃、致伤、致残的狗猫。迄今为止,协会收留了共400多头狗(大、中、小)和猫80多只。并创建了宠物收养所一家、协会医疗医院、协会基地。协会在职员工26名,义工50多名,协会会员目前有300多名。

协会以"关爱动物、尊重生命",促进生态平衡发展,反对一切虐待、丢弃伤害动物的行为,救助危难中的动物,并提高其福利为宗旨,同时积极倡导推进全社会科学规范的养育小动物行为,树立海南健康岛形象。

(五)上海小动物保护协会(Shanghai Small Animal Protection Association)

上海市畜牧兽医学会小动物保护分会是在上海市畜牧兽医学会的直接领导下,由上海市民政局和上海市科学技术协会批准成立的本市惟一一家以科研学术为主的合法的保护小动物组织。所有资金来源有3个渠道:会长个人出资;会员费收入;志愿者捐款和定向资助。目前后两项经费来源所占比例微乎其微。协会的目标是提倡动物福利。了解动物、善待动物、尊重动物,让它们和人类幸福共处是协会的最终目标。协会目前的日常工作主要包括:救助和收养流浪小动物;宣传有关平等对待小动物的正确理念;提高伴侣动物主人的综合素质;为宠物与宠物主人提供尽量完善及全面的服务,传达先进的宠物文化,与国际科学的宠物理念接轨。

(六)湖南小动物保护协会(Hunan Small Animal Protection Association)

湖南省野生动物保护协会小动物保护分会成立于2002年9月8日,于2004年4月申请成功,发起人为61岁退休老师许玲(女)。协会的宗旨是救助收养流浪宠物,宣传有关宠物的各种知识,提高宠物主人的素质。由于救助收养流浪宠物需要资金，所以会员自愿一年一次缴纳一定金额的会费给协会，由协会筹备组支配用于救助流浪宠物，会员可根据自己的实际情况决定缴纳会费的多少。

（七）哈尔滨小动物保护协会（Harbin Small Animal Protection Association）

哈尔滨市小动物保护协会以倡导讲道德、讲科学、讲文明、积德行善、珍爱生命的社会风尚为宗旨；以发扬中华民族崇尚自然、宽仁爱物的传统美德、维护文明古国的声誉并发扬光大，从而让我市在保护动物、优美环境的领域，能列身于全国文明、进步之行列为目的；以保护小动物，反对一切虐待、残害动物的行为和思想，并身力行，从事保护动物的实践。

协会目前的日常工作主要包括：收容、救护被虐待、残害或抛弃的小动物；积极开展“领养”或“认养”小动物工作；宣传有关平等对待小动物的正确理念；提高伴侣动物主人的综合素质。我们没有任何政府拨款。协会的资金来源于会员的会费及社会捐款，及在核准的业务范围内开展活动或服务的收入。协会会员主要是以爱护动物、积极支持动物保护和公益事业的人士为主自愿组成，实行自我教育、自我管理。市畜牧局作为本会行业主管部门，受其具体的业务领导和管理，协会在业务部门的领导下开展协会工作。

（八）北京人与动物环保科普中心（Beijing Human and Animals Environmental Education Center，BHAEEC）

北京人与动物环保科普中心是由张吕萍女士创建、北京市民政局批准成立的公益性民营非企业单位。是一座集动保宣传教育、动物救助治疗为一体的综合性科普实体，也是国内唯一一家政府批准的非营利性民间动物收容及保护机构。中心的宗旨是：通过保护救助小动物和宣传教育活动，提高人们的动物保护意识，达到人与动物的和谐共处。

中心的基本职能有：小动物救助、治疗和看护；宣传教育和培训；为动物保护事业募集基金。

（九）香港爱护动物协会［Society of or the prevention of cruelty to Animals（Hong Kong）］

香港爱护动物协会（SPCA）最初是由一些志愿人士在1903年组成，但直到1921年才在社会上活跃起来。其得到的政府资助非常少。内设东南亚第一间的小型动物医院、诊所、行政办公室、寄养笼舍等设施。以及帮助一些被遗弃的动物。香港爱护动物协会的宗旨是尽力以不同的服务，达至爱护动物和防止动物受虐待的目的。主要的工作有：收集及拯救被遗弃的受伤动物、调查虐待动物的报告、接收市民弃养的动物，以解动物流离之困，亦有助舒缓动物流浪街头的问题、为猫狗提供廉价的绝育手术服务，以避免动物被繁殖后无人愿意养育的情况、为无家可归的动物寻觅新主人、尽可能为一些无家可归的动物提供住院的服务，包括基本的兽疾护理、治疗甚至大型手术；向公众传扬“宠物主人应有的责任与动物福利”等讯息。

（十）动物守护神（Animal Guardians）

动物守护神是一家致力于防止虐待动物的公益机构。在中国参与多个项目以推动防止虐待动物的立法及动物保护的立法活动，唤醒公众、企业及政府机构对动物保护的意识，推广动物福利概念及原则的普及。其参与的公益活动包括资助四川地震灾区的动物救助工作，资助中国的动物保护人士、团队、协会的代表参加亚洲动物大会探讨动物保护事业的发展，与中国政府相关部门探讨将防止虐待与动物保护理念介绍到企业社会责任标准之中，资助《让法律温暖动物》、《动物保护法概论》及《动物保护法学》等动物法书籍的出版，正与西北政法大学动物保护法研究中心进行此领域的课题研究项目合作等。

当前，我国动物保护组织的规模和力量都较有限，尚处于起步阶段，在其开展活动的过程中还有非常多的问题需要解决。例如，有些动物保护组织迟迟不能取得"合法"地位，其中一个很主要的原因是在现在的体制下他们很难找到愿意为他们的行为负责的"业务主管单位"。而这种缺乏法律保护的情况对其将来的发展很不利，不具备合法身份也使得他们在筹资、争取合作伙伴等问题上遇到了很多困难。特别是近两年国家强化社团管理的措施对所有社团都提出了充分的合法性要求。另外经费不足也成为制约动物保护组织发展和开展相关活动的重要因素。从上述介绍，我们可以看到这类组织的经费来源基本上都是自筹或社会捐款，这就会产生经费不稳定和持续性难以保证的问题。同时，国外动物保护组织发展的过程中，还出现了对国家动物保护政策持矛盾态度的问题。1860 年，英国的 RSPCA 遇到了前所未有的困难。问题在于一个引起广泛争议的话题：动物实验。对此，英国的动物保护界分成了两派意见。一派认为动物实验是有必要的，但应该接受一定的监督以保障动物的福利；另一派则彻底反对动物实验。最后，RSPCA 的领导人采取了较温和的态度。在 1876 年，RSPCA 成功地说服英国议会通过了"残酷对待动物法"。这个法律并没有禁止动物实验，但试图对它进行监督和管制。然而，医学界不久即成功地将这项法律弱化到几乎等于零。连 RSPCA 都对最终的结果深表失望。这个法律的通过再次提供了一个保护动物法律的先例，但也预示了反对动物保护者的强大能量以及动物保护运动内部不断出现的激进派与保守派的争论。美国的 ASPCA 内部也有激进派和保守派的分歧。由于根深蒂固的利益以及人们传统思维的反对，改良性质的动物保护立法往往不得不向对手做出很大的让步。这些法律虽然有着极重要的教育意义，其所能达成的实际效果常常不如人意。采取温和的改良，还是激进地"革命"？这是每一个动物保护运动都会面临的难题。直到今天，这仍然是动物保护组织内部争论不休的话题。我国的动物保护组织的活动虽还未能够如此深刻地影响政府决策，但其他国家的前车之鉴和解决此类矛盾的经验教训都是值得我们思考的。

虽然我国动物保护组织的发展还不够快，影响还不够大，但是随着我国法治化道路的加快，在以科学、文明、民主、自由为主旋律的社会生活中，保护环境、人与自然、人与动物应和谐相处的思想，尊重生命、珍惜生命的思想，必将成为人们的共识，动物保护组织也将会因其对动物保护的贡献和符合世界多元社会结构的发展趋势，而得到迅猛的发展，成为推动中国的动物保护事业发展壮大的巨大力量。

第五章　动物保护法研究和教学

第一节　动物保护法研究教学概况

1620年,最早的英国移民搭着“五月花号”船抵达普利茅斯,不久,又有从英国来的清教徒,建立了马萨诸塞海湾殖民公司。而马萨诸塞和本章议题的关联之处在于,也许,世界上第一个反虐待动物的法律就是载在1641年的马萨诸塞殖民地法典中,它规定,“任何人不应以任何残酷的手段对待通常喂养来供人类使用的动物”。到了1822年,英国人对动物处境的思考趋于成熟,《马丁法令》在英国国会顺利通过,使虐待动物本身成为一种犯罪。无怪乎英国人很自豪地说:“我们的国家是拥有着‘动物爱护者’这一声誉的,而且我们也配得上这个称号。”

目前,全世界已有100多个国家制定了动物保护的相关法律,并且已经不仅仅是单纯意义上的保护而是上升到“动物福利”的高度,动物权益主体由早期的一部分动物逐渐扩大到所有受人类影响的动物,内容由单纯防止虐待向改善动物的生存环境和减少痛苦等基本福利甚至动物的精神福利方面发展,立法范围也由英国扩展至整个欧洲、北美甚至亚非拉美地区,显示出世界性立法的趋势。与任何一种法律制度一样,动物保护法的发展也离不开相关领域的学术研究和教学,这是其价值和功能更好地发挥作用的理性支撑。

一、动物保护法研究的概况

对动物福利和动物保护法的研究,世界各国都在不同程度和层面上进行着。它不仅仅涉及法律领域,而且还涉及生态学、生物学、伦理学、经济学、社会学、心理学等相关学科和多种研究方法。它不仅需要确定动物福利的价值体系和评价标准,阐明其中的基本原理和机制。而且还要研究人与动物之间的在动物保护和动物福利领域的关系。但这是单纯的动物福利学本身所解决不了的问题,于是进而促发了相应的生命伦理学的伴随性发展。同时,建立在“主、客一体化”基础上的交叉学科——包括动物福利法在内的环境资源法学,从科学和人文精神相结合出发,形成了“动物有自身目的、内在价值和自然权利”和人们应该“尊重生命、善待动物、不虐待动物”等理念，并主张从自然科学、社会科学和人文科学的结合上进行解释，从科学精神、科学理性、经济理性、人文精神、人的感情理想的结合上进行了解释和研究。

近20多年来，对动物权益以及动物福利的关注呈空前的增长趋势。通过对文献的分析，Phillips 和 Sechzer（1989）发现，自从1966年美国通过了动物福利法案后，关于动物福利的文章数量增加了4倍。Jasper 和 Nelkin（1992）的统计结果表明：目前有10万~15万的美国人至少从属于一家动物福利组织，并且1/5的美国人声称他们曾捐款给动物保护组织。在1987年与1995年之间，将近1/4的州立法机关提出有关法案，其他一些州及联邦立法机关则限制动物研究。在我国，尽管有关文献还不是很多，但研究者和管理部门已经开始意识到这方面的问题，并着手介绍相关知识、制定相应条例。我们很难评估对动物的这种关注所带来的影响到底有多大，不过，20多年以来，全球用于实验用的动物数量已降低了30%~50%。[1]

专门从事动物福利、动物保护和动物保护法律制度研究的机构也在不断地涌现出来：

1. 美国霍普金斯动物实验替代法研究中心（The Johns Hopkins Center for Alternatives to Animal Testing，CAAT）。CAAT成立于1981年，设立于霍普金斯大学卫生与健康学院，CAAT在有关化学物品的安全性实验方面、在建立减少和替代整体动物实验技术方面已成为国际上一个很重要的中心。在CAAT中设有一个由30~35人组成的顾问委员会，其中包括科学家、企业家、政府官员和动物福利组织的代表。自CAAT成立以来，在3R方面制订并实施了一些非常有意义的计划，其中包括：推动3R方面研究的资助计划；鼓励体外毒理学的研究计划；替代方法的验证计划；宣传3R并将3R的研究成果应用于实践的信息/教育计划等。通过CAAT的努力，特别是在毒理学、细胞和分子生物学领域中的进展，极大地推动了体外毒理学研究的发展。在建立体外毒理学研究方法、指导和组织不同团体和组织共同发展替代方法和动物保护法以及在替代方法的验证等方面都取得了很大的成就。1993年CAAT作为东道主举办了第一届生命科学中替代物和动物应用世界大会，共有来自24个国家的725人（代表了科学界、企业、政府和动物保护组织）出席了大会。

2. 荷兰动物应用替代方法研究中心（Netherlands Center Alternatives to Animal Use，NCA）。该中心成立于1994年，其筹划小组成员由来自动物实验替代方法论坛、国家公共卫生与环境保护研究所、荷兰应用科学研究组织、毒理学研究所、

---

〔1〕 Plous S：Attitudes toward the use of animals in psychological researchand educationJ，*American Psychologist*，1996，51：pp. 1167－1180.

Utrecht 大学和 Leiden 大学的代表组成。作为国家级的替代方法研究的信息资料中心,在鼓励替代方法的建立、验证、认可和应用方面起着非常重要的作用。主要活动包括:收集替代法的资料,汇编成册;确定需要建立新的替代方法的领域;通过数据库和专题研讨会传播信息;发起、组织和协调验证的研究;出版发行国内和国际通讯;推动研究项目的开展;建立工作小组,并作为秘书处,提出有关建议;参与国家和国际信息网络系统;为动物实验替代法提供信息和建议。NCA 的另一个主要任务就是支持动物实验替代方法论坛的活动。NCA 的任务与“论坛”的总体目标是一致的,即推动动物实验替代方法的研究、验证和应用。NCA 目前管理着两个数据库:一个是科学文献的数据库,一个是替代方法的数据库。通过 PREX 在线信息服务系统,可以得到有关代替方面的信息资料。

3. 欧洲替代法验证中心(European Center for the Validation of Alternative Methods,ECVAM)。ECVAM 成立于 1993 年。中心有它自己的顾问委员会,除了 15 个成员国的代表外,还从其他组织中指定一些人参与委员会的工作,包括欧洲化妆品、化妆用品(Toiletry)和香水协会(COLIPA)、欧洲体内毒理学和化学物品毒理学中心(ECETOC)、欧洲制药工业协会联合会(EFPIA)、欧洲毒理实验替代方法研究小组(ERGATT)、动物福利小组等。从 1995 ~ 1998 年,ECVAM 开展的主要工作有:皮肤刺激性实验的验证研究;预验证过程的研究;疫苗生产、质量控制及评价的替代方法;体外血液毒性实验(蚀斑形成单位的预验证/验证;预测急性中性白细胞减少症的粒细胞/巨嗜细胞的分析实验);体外胚胎毒性实验:微块培养、大鼠胚细胞和胚胎干细胞培养技术的预验证/验证。ECVAM 还在以下几个方面提供信息服务:替代方法及其研究现状;验证研究的注册登记;由 ECVAM 主持开展的验证研究,包括方案和实验原始数据;化学物品和各种配方在体内、体外的毒性特征;数据分析,包括体内和休外的比较;验证研究的结果和对目前执行的规定中应进行有关修改的内容;欧洲药物毒理学家的注册。另外与各成员国研究小组相互协作,开展实验性研究,包括利用胚胎干细胞系做胚胎毒性实验;骨髓细胞在血液毒性实验中的应用;表皮细胞在体外毒性实验中的应用;遗传工程细胞的特性和在代谢性毒性研究中的应用;体外实验终点(endpoints)的确定和评价以及效应的生物标记。

4. 美国的动物福利信息中心(Animal Welfare Information center,AWIC)。AWIC 设立于国立农业图书馆内,为修改《动物福利法》1985 年版而成立。通过出版书目提要、举办讲习班和发行《动物福利信息中心通讯》向有关雇员提供培训、实验方法的改进(包括替代方法)及动物管理和动物使用等方面的资料。AWIC 服务的对象是那些遵守《动物福利法》的科研人员、兽医、动物展览人员、动物交易人员等,他们可以及时从 AWIC 获得出版物和有关资料。

5. 动物福利研究所(Animal Welfare Institute,AWI)。成立于 1951 年,是一个

致力于减少由人类引起的疼痛和恐惧的非营利机构。AWI 促进善待实验动物，并强调动物的社会性、运动和环境优化的重要性。AWI 支持“3R”概念，出版发行《AWI 季刊》、《实验动物舒适的居住区》、《实验室门外》、《动物及其他们的合法权力》。这些材料对科研机构和图书馆免费提供，欢迎与科学家、技术员和“研究机构的动物管理和使用委员会（IAGUC）”的成员为改善实验动物的生活进行通讯和讨论。

6. 医学实验中动物替代法基金会（Fund for the Replacement of Animal in Medical Experiment，FRAME）。英国的 FRAME 成立于 1969 年，是一个慈善性的“托拉斯”，全部事务由 5 位荣誉托管人负责，由他们聘请科学家和管理人员，主要在以下 5 个领域开展工作：科学研究、出版物和信息服务、法规和规章措施、公众教育以及研究经费的筹集。在研究相关和可靠的替代方法方面，FRAME 参与了多个评价和验证计划。到 1995 年为止，FRAME 已发表的研究论文和综述文章就多达 200 篇左右。由 FRAME 编辑出版的 ATLA 已在 50 多个国家发行，并已成为国际上声誉很高的编辑委员会。另外，面向科学家、政治家、知识阶层和管理者的“FRAME 新闻”和“FRAME 的朋友”这两本出版物都是在 FRAME 支持者的赞助下出版的。另外，还出版发行专为学生设计的两本小册子和三种传单，宣传动物实验和替代方法。在 ECVAM 的资助下，FRAME 与欧洲毒理检验替代方法研究小组共同编辑了体外毒理学（INVITTOX）数据库，这个数据库能够在毒理学和毒性检验方面，为推广使用替代方法提供最新教学资料。为探索减少毒理检验中的动物使用和对动物造成的痛苦的可能性，展望替代方法的前景，FRAME 于 1979 年成立了毒理学委员会。1983 年，FRAME 与动物实验改革委员会（Committee for the Reform Animal Experimentation，CRAE）和英国兽医协会（British Veterinary Association，BVA）成立联盟，提出一系列的计划，对英国政府产生了很大影响，使有关替代方法的内容写入了 1985 年的白皮书。1986 年对动物条例进行重新修订，在英国议会上得到通过，并于 1987 年 1 月 1 日正式实施。

7. 免疫生物制品学动物实验替代方法顾问小组（Advisory Group on Alternatives to Animal Tests in Immunobiologicals，AGAATI）。AGAATI 成立于 1995 年，设立在荷兰，由来自欧洲七个国家的 10 名成员组成，其主要工作是推动 3R 的应用，在人用和兽用疫苗和生物制品的生产和质量检定中建立和应用替代方法，协助推进体外替代方法的认可。在目前没有替代方法、根据有关规程必须使用动物进行实验的那些领域，要确保动物实验按照科学标准和伦理学标准进行。为达到上述目的，AGAATI 加强与科学家和官方机构的接触与合作，如与欧洲药典委员会合作，对涉及动物实验的所有规程进行评价等。

8. 动物福利中心（Animal Welfare Center，AWC）。设立在荷兰 Utrecht 大学的 AWC，其主要任务是倡导和协调对那些在人工饲养条件下的各种动物（包括宠物、农畜、实验动物、动物园动物和马戏团动物)福利方面的研究;在评价动物福利基本技术方面开展基础性研究,其中包括用来评价动物健康状态的生理学和生态学指标参数的研究,目前这项研究已经启动。AWC 在国家和国际水平上开展动物福利问题的研究和讨论方面也起到重要作用。为扩大影响,发挥更大的作用,AWC 除了与农业、自然管理和渔业部以及一些荷兰科研机构合作外,它还加强了与国内外的更广泛的接触和联系。

9. 奥地利动物实验替代和互补方法中心(Austrian Center for Alternative and Complementary Methods in Animal Experiments,ZeT)奥地利的 ZeT 成立于 1996 年 1 月。中心有两个分支机构,分别在两个方面开展工作:在 Graz 大学开展替代方法的研究;在维也纳(Vienna)进行宣传和公共关系活动。ZeT 的创建者提出,ZeT 应成为类似德国的 ZEBET、荷兰的 NCA 和英国的 FRAME 那样的机构。ZeT 的工作范围和目标是:遵照 3R 的原则,建立动物实验替代方法,并对其进行验证;在实际工作中应用替代方法;作为动物福利的代表,参与国家级和国际咨询委员会的活动;为公众免费提供有关资料信息。

10. 澳大利亚和新西兰研究和教育用动物管理委员会(Australia and New Zealand Council for the Care of Animal in Research and Testing,ANZCCART)。ANZCCART 成立于 1987 年,它的主席是由一个在研究、教学或产品检验中不使用动物的人来担任,也是 ANZCCART 委员会两个非专业成员之一。十几年来,特别关注科学界和广大民众针对研究和教学中使用动物而提出的各类问题。因为 ANZCCART 已认识到以一种双方都能够接受的方式,探讨并阐明使用动物在科学、道德和社会问题之间的关系是非常必要的,现已发展成处理这类问题的国家级中心。在研究和教育中使用动物经常是一个引起激烈争论的话题。为了寻找出能够化解这些可能存在的冲突的办法,ANZCCART 通过各种活动,促进关心在研究和教学中使用动物这一问题的所有个人和团体之间积极开展对话与合作,寻找可能的解决办法。

11. 日本动物实验替代方法协会(Japanese Society for Alternatives to Animal Experiments,JSAAE)。由于人们宗教观念和看待人与动物相互关系方式的不同,日本开展的研究并不向欧洲那样在一定程度上是受了动物保护和动物福利的影响,而是完全出于科学发展的需要。1973 年通过了动物保护和管理法。1982 年,在科学技术协会的支持下,化学和物理研究所成立了动物实验程序委员会(The Committee of Animal Experiment Procedures)。作为此委员会的成员之一,Kyoto 大学的荣誉教授 Tsutomu Sugahara 与 20 位国立和私立大学及研究所的科学家共同创建了检查动物实验替代方法小组(The Group for Examining Alternatives to Animal Testing)。并确定小组的最终目标不是要完全废止动物实验,而是要建立最为合理的程序或系统,作为动物实验的替代方法。为了加强国际合作,1989 年在小组的基础上进行重组,成为日本动物实验替代方法协会(Japanese Society for Alternatives to Animal Experiments,JSAAE)。1992 年由 JSAAE 牵头,在日本化妆品企业联合会的指导下,组织了 42 个专业实验室的 99 位科学家,对用于检测化妆品成分的体外眼刺激实验的 5 种替代方法(体外细胞毒性实验方法)进行了验证。[1]

此外,1991 年"美国促进医学发展委员会"在马里兰州巴尔的摩举行了"生命科学的动物使用与替代办法之第一次世界大会";1977 年首次动物权国际学术研讨会,由安德鲁林基及理查瑞德筹办,于英国剑桥大学三一学院举行;1979 年于荷兰举行了第一届欧洲农场动物福利研讨会等。世界各地的相关学科的专家学者和动物保护事业的热心人士通过各种渠道进行充分的信息交流和研讨,以期在共同关注的动物保护和动物福利的一些问题上达成共识,并找到解决现实矛盾的出路。

近年来,以美国为首,一些大学还开始出版有关动物法和动物权利的学术期刊,这对于动物保护法的学术交流和影响扩大起到了积极的促进作用。其中主要有《动物法》杂志,旨在向读者介绍动物法的诸方面;《动物法学刊》,主要是探讨各级政府、各国和国际涉及动物的法律和公共政策;《国际野生动物法律和政策杂志》,主要刊登有关野生动物物种和生态栖息地管理和保护的法律和政策以及人与动物关系方面的文章,分析国际和地区的野生动植物公约的法律和执行问题以及司法决定及其影响,通过分析研究现有国际野生动植物保护公约和国内法来协助在国际间、国家和地方各级起草制定和执行有关有效管理和保护野生物种的法规。

二、动物保护法的教学概况

动物保护法教学从二十世纪中后期才开始起步。因为动物保护立法在欧洲和美国相对发达,因此,其这方面的教学亦发展的较快。例如 1986 年英国剑桥大学兽医学院设立了动物福利学教授席位,1990 年爱丁堡大学开设应用动物行为学和动物福利的硕士课程,我国已有人学成回国。1991 年学术期刊《动物福利》创刊,以及 1995 年英国为执业兽医师首次开设动物福利学、伦理学和法学等研究生课程,是具有重要意义的里程碑。在美国,目前有近 70 所大学的法学院教授动物保护法课,包括哈佛大学、哥伦比亚大学、加州大学、普林斯顿大学等。澳大利亚也有了动物保护法的教学实践,但是时间很短。2005 年新南威尔士大学法学院在澳大利亚大学中首创开设动物保护法课程。随后,澳大利亚格里菲斯大学等三所大学相继在 2006 年开始开设动物保护法课程。《动物非物——动物法在西方》的作者

〔1〕 有关机构的资料来自于:北京实验动物信息网,http://www.baola.org/ShowContent.aspx?contentId=75。

曹菡艾教授于2007年年初,在澳大利亚格里菲斯大学法学院开设了动物法课程。她的动物保护法课程的内容包括动物法律地位、动物的法律定义、动物在法律上作为财产的界定和原因及法律依据、有关动物权利的论述,并且在上课的过程中有学生大量的参与,比如每个学生都必须就指定题目做15分钟左右的演讲,自己课外准备、收集资料等。通过学习,学生了解动物法的诸方面,掌握有关律师在动物法实践和立法中如何为改善动物福利和为动物维权做出贡献。

在美国,位于新泽西州的拉特斯哥法学院开设了《动物权利法:理论与实践》课程,重点是培养法律学科的学生在处理涉及动物权利方面的个案和当人的权利和动物权利相冲突的各案情形中作为律师的实践技巧,此外还涉及介绍人和动物关系的法律和道德问题。值得一提的是,该课程的一个特点在于,它的重点不是法律如何进一步调整人和动物的关系,而是采取哪些步骤一边逐渐承认动物的基本权利从而结束对动物的剥削和虐待。

匈牙利的野生动物保护管理系设在农业大学,现有农学类专业学生必须学习一门野生动物生态与管理课程,即教育体系将野生动物管理纳入了大农业的范畴,这就使得对野生动物资源的保护和管理与农业生产过程形成了完整的体系,学生所掌握的技能和思路更加宽阔,在完成农业生产的同时,兼顾狩猎动物的利用,增加了土地的有效产出。在这一领域的研究和教学方面,本国政府投资大,从欧盟其他国家获得资金的渠道多,同时由于对大学的考核(如国际知名程度)也促使各学校增加教学研究经费,科研人员对外交流频繁,形成了良好的互动关系。另外,由于教师职位的相对稳定(教师的流动是以正常的职位空缺后招聘实现的),因而,在某一学科领域的教学发展具有长期性和连续性,也正是这种长期致力于一个方向的连续研究使其研究成果更具深度和影响力,使其能够称为国际先进。匈牙利动物保护的教学和科研始终以服务生产为重点,即应用型研究。同时,教学研究人员与狩猎组织的交流也很频繁。[1]

可见,动物保护法内容和课题范围其实是很广的,例如动物权的哲学和伦理思想和学说,动物的法律地位,使用动物的行为规范,谁具有法律资格代表动物提起诉讼,哪种行为在法律上被视为残酷违法行为,在农业、科学试验和娱乐体育方面使用动物的行为规范,有关野生动物保育的国际法等。[2]

动物保护法的研究与教学,不仅仅是一种资料和数据的收集以及基本知识的普及过程,而是要形成系统的、科学的理论,整合知识、解释知识、预测未知的和未观察到的事物、干预和提高人类和动物的生存状况,培养相关领域的人才,继而进

---

〔1〕 鲍伟东、张书理:“匈牙利与我国野生动物保护教学之比较”,载《中国林业教育》2006年第2期。

〔2〕 曹菡艾:《动物非物——动物法在西方》,法律出版社2007年版,第74页。

一步推动动物保护立法实践的发展。

第二节　我国的动物保护法研究和教学

每个人都有对生命现象的认识过程。经历不同,对生命现象的理解和认识也将大相径庭——有漠视、有关注,有残害、有关爱,有遗弃、有收留、有消费、有杀戮……也许我们每个人都经历过对动物生命的漠视,甚至对生命有意亦或不经意的对动物生命的伤害,总有个事件或经历,使人开始对动物生命观开始发生改变。事件和经历的不同,生命观也将大大不同。

近些年来,社会上屡屡爆出的动物虐待事件在社会上引起轩然大波,公众的注意力因为这些事件而投向了动物,对于动物虐待事件的思考也渐渐地从道德的高度上升到法律的高度,这些残酷的事件在挑战国民善良的底线,人们开始呼吁通过立法来制止这样的悲剧再次发生,同时也出现了疑惑的声音,即我们对于动物的更高层次的保护甚至福利的考虑是否必要?人与动物之间的关系到底应该怎样?动物保护,就其根本,到底是为了什么?正是在这样的社会背景之下,动物保护法学这样一门新兴的边缘学科开始得到大家的关注,但它对于中国来说毕竟是一个新生事物,对于动物保护问题,我们首先需要做的,是使得民众对它有一个系统的了解,动物保护乃至动物福利不仅仅是动物是否受虐待这样一个问题,相反,它的内涵远比这样一个层面丰富得多,也深刻得多,我们在中国倡导为动物福利立法,因素是多方面的,无论是为了应对动物福利贸易壁垒,优化畜牧业的发展,还是为了本国人民的身心健康,人与自然的和谐共处,弘扬民族伦理精神等都是至关重要的。

一、我国动物保护法研究概况

自《野生动物保护法》颁布以来,我国学者对野生动物的关注日渐增多,1994年以来期刊上发表的研究文章里,篇名直接显示“野生动物保护法”的就有50多篇。涉及野生动物资源生态补偿机制、历史上野生动物保护制度、野生动物合理利用制度、立法评述、比较研究、野生动物致害的立法完善、有关野生动物的刑法完善等。篇名直接写“野生动物”且属于法律制度研究的论文在百篇以上,内容涉及野生动物侵权、作为物权客体的属性、刑法保护、驯养利用、管理制度、狩猎权、所有权、中外比较、立法价值以及执法研究。[1]

---

〔1〕 数据出自中国期刊全文数据库“政治军事与法律”分栏,该数据包括部分作者在不同期刊中的同名文章。

主要著作有：

马英杰著：《中国珍稀濒危海洋动物保护法律研究》，中国海洋大学出版社 2008 年版。

童光法主编：《我国外来物种入侵的法律对策研究》，知识产权出版社 2008 年版。

联合国粮食及农业组织编：《野生动物管理法律发展趋势》，贺纯佩等译，2005 年版。

1990 年以来，我国在公开期刊上发表篇名显示“动物福利法”的学术论文 27 篇有余，显示“动物福利”的学术论文有 437 篇，主要内容涉及动物福利立法的必要性、可行性、价值定位、理论基础、历史比较、中外比较以及借鉴等方面研究。[1]

在我国，动物保护学也已经从动物行为学或畜牧兽医学中分离出来，成为独立的学科。评价动物福利的方法已不是只凭感觉或直觉，而是建立在科学方法的基础上。我国开展这方面的工作较晚，但近年来对动物福利、动物保护及其法律制度的研究和教学都已经有了起步。北京实验动物学会于 1997 年成立了实验动物替代法研究会，组织学术讲座，介绍国外动物实验替代方法的概念、研究内容、验证体系、研究机构、研究成果和应用以及对生命科学研究的意义。在《实验动物科学与管理》杂志上设立了 3R 专栏，介绍国外 3R 研究及在各学科中的应用和我国学者所开展的相关工作。在国家科技部 1997 年《关于“九五”期间实验动物发展的若干意见》中，已把对 3R 的研究列为资助的重点。在 2000 年的科研立项中，资助了“实验动物替代物——肿瘤耐药基因芯片的研究”、“外贸中壁垒性技术——动物实验替代方法的研究”和“剑尾鱼水生实验动物化研究”三个项目的研究。北京市实验动物“九五”发展计划和 2010 年发展规划也把替代研究列为北京地区实验动物发展的重点任务和关键技术。

该领域的研究专著比较著名的有安徽医科大学的祖述宪教授翻译的《动物解放》、中国社会主义学院莽萍教授主编的《护生文丛》、中国社会科学院常纪文教授的《中国与欧盟动物福利法比较分析》以及澳大利亚格里菲斯大学（曹菡艾 Deborah Cao）教授的《动物非物——动物法在西方》以及中国科学技术大学的宋伟教授的《善待生灵——英国动物福利法律制度概要》，比较系统介绍外国动物权利与动物福利的思想内容。此外还有蔡守秋教授、杨通进教授、刘福森教授、韩立新教授等专家学者也从不同的角度论述了动物福利及其立法的相关问题，但总体而言，中国动物福利法的科研活动在目前来说，尚且还是处于一个起步阶段。而说到国家和省部级关于此领域方面研究课题，就更鲜为人知了。如果有的话也是有关野生动物保护法领域的研究。据了解，中国社会科学院的常纪文教授和莽萍教授

[1] 数据出自中国期刊全文数据库“政治军事与法律”分栏，该数据包括部分作者在不同期刊中的同名文章。

等人曾参与或主持过国外动物保护组织关于此领域的相关课题。但可喜的是：

2008 年度司法部国家法治与法学理论研究项目课题指南目录中将“动物福利立法研究”列为一般课题。这也是我国首次将动物福利立法研究列入部级课题，对于动物福利法领域的研究无疑具有划时代的意义。[1]

2008 年 12 月 20 日，由中国社会科学院法学研究所常纪文教授主持，国际爱护动物基金会和英国防止虐待动物协会共同资助，有武汉大学、中国政法大学、中南财经政法大学、山东大学、西北政法大学和澳大利亚格里菲斯大学等多所中外大学学者参与的，中国《动物保护法（建议稿）》研究项目在西安正式启动，同日，中国首个“动物保护法研究中心”——西北政法大学动物保护法研究中心也正式挂牌。这些都将对动物保护法研究工作的发展起到非常重要的、积极的推动作用。

近几年，我国理论界和实践层面对动物保护和动物福利问题的关注度一直在增强，这一现象从下面的[2]图一、图二中可以看出。2000 年至今，对动物福利问题的学术关注度在逐渐攀升，且增幅很大。1994 年到 2006 年发表了有关动物福利和动物保护法文章的国内主要期刊有：《肉品卫生》、《中国禽业导刊》、《中国家禽》、《中国检验检疫》、《生态经济》、《中国动物保健》和《中国牧业通讯》。而从文章所涉及的内容来看，大多数是从动物福利与食品安全和农产品贸易的关系的视角所做的实证分析，基本法律理论层面的关注较少。可见，我国动物保护法的理论研究还非常薄弱。

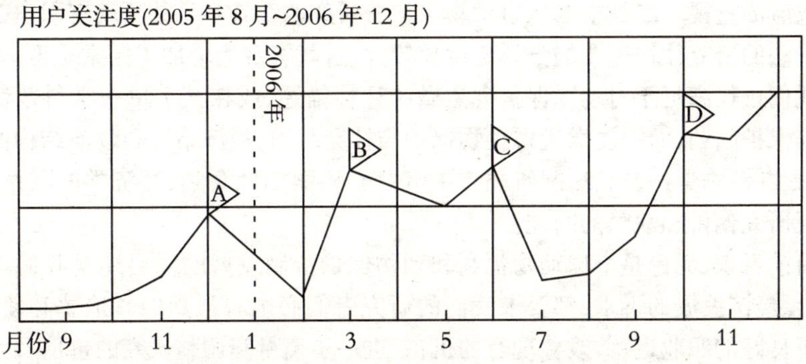

图一　查询与动物福利有关的文献的用户关注度统计表

〔1〕 孙江：《动物福利立法研究》，法律出版社 2008 年版，第 167～168 页。

〔2〕 “动物福利的学术趋势”，来源于 CNKI 学术趋势，http://trend.cnki.net/trendshow.php?searchword=%E5%8A%A8%E7%89%A9%E7%A6%8F%E5%88%A9。

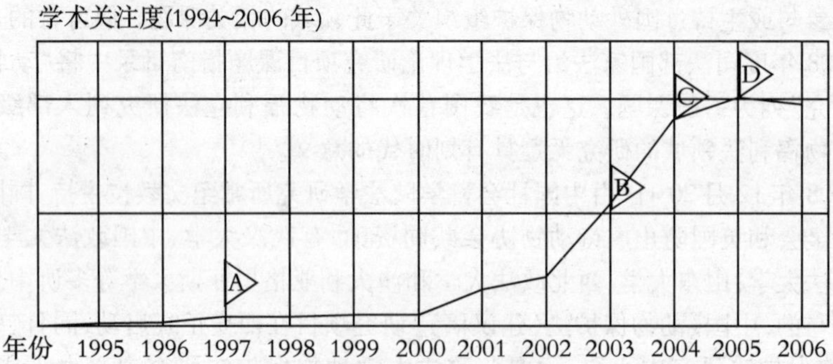

图二　对动物福利的学术关注度

的确,在我国,相对于其他学科来说,有关动物保护的理论尤其是动物保护法的研究历史非常短,对相当一部分中国公民来说,这都是一个完全陌生的领域。同时,即便是已经开始关注和研究动物保护问题的学术界,也存在着因怀疑理论的重要性使得一些研究者用经验研究模型来代替理论,甚至少数人完全放弃理论研究的现象。因而,我们得出了许多描述动物保护现象的经验结论。结果是积累了一定的现实资料成果,而理论发展却滞后。而出现这一现象的主要原因:一是对动物保护及其法律制度研究的不耐烦。动物保护法的理论研究需要大量长期艰苦的积累,而且成效不显著。而动物保护的应用研究相对见效快。尤其是干预研究,容易受到政府的重视。二是中国从事动物保护法研究的学者本身数量就有限。三是动物保护法的研究往往需要的学科跨度比较大,这就客观上增加了探索难度。但是,如果我们仅仅满足于对动物保护现象做统计性描述,或在某个单一学科范畴内研究动物保护问题,而不注意考虑动物保护与社会结构、经济结构和政治结构的因果联系,割断动物保护及其法制研究与主流社会科学如社会学、经济学的联系,那就会出现研究偏僻和缺陷的问题。

目前看来,无论是全球动物福利和动物保护法制发展的需要还是我们本国内部社会、经济发展的诉求,都要求我们的研究者们必须有强烈的紧迫感和使命感,建立更良好的职业道德,改善现有的机构,进一步衡量和调整研究的价值及方法以解决目前的种种关于动物保护的争论,为中国的动物保护事业的发展提供强有力的理论支撑和相对完善的制度路径设计。

二、我国动物保护法教学现状——以西北政法大学《动物福利法》教学为例

在我国进行动物保护法的教学尚属新鲜事物,特别是动物福利法的教学为数少之又少。据本书著者了解南京农业大学等高校的兽医专业已经开设了关于动物福利的课程。2000年元月下旬,中国科技大学和英国RSPCA(英国皇家反虐待动物协会)共同开设了“环境与动物福利法”课程。“生态体验教育研究”团队也在中

小学生及教师和大学一些社团进行了“生态体验”教学实践，它强调用一种更加高远、互惠共生及生态和谐的观点来教育引导受教育者生成生态智慧，以从根本上树立生态保护、关爱生命的意识。2008 年上半年，西北政法大学在环境法专业研究生中开设了动物保护法课程，这是中国首次在研究生教育中进行的有关动物福利及其法律制度建设的教学活动，其授课人为本书作者之一的西北政法大学动物保护法研究中心主任孙江副教授。在本节中将透过对西北政法大学教学实践活动的介绍，分析我国动物保护法教学的现状和存在的问题。

在构建和谐社会，强调依法治国的当代中国，作为环境法专业的研究生了解和研究人与自然、人与动物之间的和谐状态调整的法律支撑，是非常必要的。而在一系列与此相关的法律规范中，动物福利法在调整人与动物的关系、改善动物的生存环境以及规范动物管理等方面起着非常重要的作用。但是这一已被西方国家关注并运行了 200 多年的法律制度，在我国，无论是理论探讨亦或立法实践，均处于探索和启蒙阶段。甚至于“动物福利法”这一概念对许多有着相当法律专业背景的研究生来说，都是非常新鲜和陌生的。因此，2008 年春，西北政法大学开始在环境法专业的研究生中开设《动物福利法学》这门课，并尝试突破传统的讲授式教学，引入现代教学方法，以期增强授课和学习效果。

(一)增强动物福利意识，掌握法学原理，为进一步深入研究打好基础

开设《动物福利法学》这门课，旨在使学生能够由表及里地了解和掌握动物福利法的基本理论和法律实践，从理性、社会和法治的层面看待动物福利的立法问题，从而真正具有动物福利的观念和意识，明确为动物福利立法是人类同情心的延伸，是人性的拓展，今天立法保护动物福利，正是关怀明天人类自身的需要。

1. 开设《动物福利法学》课程的必要性

在政法院校开设《动物福利法学》这门课是非常必要的。

首先，这是青年学生伦理道德教育的需要。从 2002 年刘海洋泼熊事件，到 2005 年复旦研究生虐猫事件，再到 2006 年北大学子摔猫事件，这些发生在大学校园里的残酷，怎能不令人触目惊心啊！能够走入清华北大复旦的年轻人，肯定是百里挑一、学业优异的佼佼者。然而，这样的行为举止背后隐藏着的是怎样的道德操守和社会责任感呢？所以，大学生伦理道德教育亟待加强，《动物福利法学》有利于学生从法律、伦理道德的角度认识人类应该善待动物的意义。其次，通过动物福利法的教学，希望学生接受动物保护和动物福利的理念，因为他们是国家法治建设未来的立法者、执法者甚至是决策者，他们的动物保护理念可以影响他们的立法思想，进而推进中国动物福利立法的进程。第三，大学里的动物福利法教学也是推动整个社会动物保护理念进步的重要力量，动物保护和动物福利的理念如果深植到这些来自不同社会、阶层、家庭和不同地域的学生心目中，他们进而会影响更多的人，就如“星星之火”，一定可以成为“燎原之势”，进而形成中国动物福利立法的社

会民众力量。第四,通过动物福利法教学为动物福利法的法学教育和法律实践做好人才储备工作。比如:上过《动物福利法学》这门课的西北政法大学环境法专业2006级研究生中,就已经有同学将动物福利立法研究作为自己毕业论文的研究方向。此外,经过一学期的学习,上课的40名同学撰写了动物福利法学课程的结业论文,有29名同学的论文已经公开出版发表,其中一名同学的论文还发表到了核心期刊上。我们相信用不了几年关注动物福利立法研究和实践的人会越来越多,会像其他专业方向一样形成具有规模的动物福利法学术团队。

2. 立足实际,设计《动物福利法学》的教学内容

在具体的课程设计上,我们充分考虑到《动物福利法学》现在不为大众所熟悉的特殊性。因此,不宜陡然进入非常深入的理论研究层面,而是需要一定的基础知识、现实态势以及法律规范的铺垫。

首先,从感性认知入手,引起学生对动物福利的关注。在课程伊始,组织学生观看了中央电视台拍摄的大型科普片《为什么不能吃它们》,影片用详实的数据和大量的音像素材,介绍了从古到今人和动物相依相存的关系,科学地阐述了人和动物相处的误区,许多在我们看来习以为常的入药或者烹饪方式却是建立在野蛮对待动物基础上的。例如活熊取胆、活吃猴脑、生抠鹅肠等。有些入药方式特别残忍,不仅要活的,还要用种种方式折磨动物才能体现出药用价值。片中有些镜头触目惊心。放映结束,许多学生当即表示人类应该善待动物。

其次,以讲授动物福利、动物权利、动物福利法的法理内涵、动物法考源以及西方国家动物福利立法及实践为基础,进而引出在我国进行动物福利立法的必要性、立法实践进程中的障碍和具体法律制度构建的思考和研究。其中主要涉及的内容有:

1. 动物法律地位的界定。在我国动物福利立法最先应该解决的问题,是动物的法律地位。以法律条文的形式规定了动物的法律地位,对于虐待动物的行为才能有法可依,在执行的过程中才能强劲有力地打击各类违法行为,从而有效地遏制这一现象的蔓延。当前有“主体说”、“客体说”、“特殊客体说”等,它的确定直接影响到动物福利立法的宗旨、价值目标的走向。重点介绍从“人本主义”的逻辑起点出发,采用“特殊客体说”的原因。

2. “动物福利”与“动物权利”的关系,这一问题是目前争议较大也是非常容易混淆的两个概念,理顺二者的渐进关联关系方能为动物保护法的发展指明方向。

3. 我国动物福利立法的理性思考,即在我国进行动物福利立法的必要性和可行性。就必要性来说,一是人的生存权、健康权以及公共伦理道德的建设需要人类善待动物;二是给动物提供康乐的条件,实现这一领域的公共卫生保护、环境保护,从而最终实现人与动物的和谐相处;三是国际贸易呼唤中国需要有一系列的动物福利保护标准。就可行性而言,我国传统的儒释道文化中就有丰富的“动物保护”

的思想,实践中亦有动物保护的律令规范。现实状况是,随着社会的文明进步,民众的动物保护意识逐渐加强,“动物福利”已在一些法律草案和法规中提及,并有建议将动物福利立法纳入国家立法规划,且国外有大量可借鉴的立法经验。从推动动物福利立法的力量方面考量,自上而下,有领导层面的关注,自下而上有民众的期望,同时学者亦已开始从理论和实践层面进行相应的探索和研究。由此可见,在我国开始启动动物福利法的制定已有了一定的基础和条件。

4. 我国动物福利法的立法构想。因动物福利立法在我国尚属新生事物,因此对这一制度构建的立法建议不仅要起到拾遗补阙的作用,还必须具有前瞻性。这就需要针对当前我国动物保护法律制度中存在的问题,立足本国实际,借鉴西方国家较为成熟的动物福利法理论和实践,提出我国动物福利立法的宏观构想和具体法律框架。首先是对立法模式和立法层级的宏观层面确定,在此基础上具体设计我国动物福利法的宗旨、适用范围、原则、动物福利标准、具体制度和法律责任,并最终对此法律制定和运行前景,以及可能遇到的困难和突破路径予以展望和分析。

5. 启动和推进动物福利法律制度创制和实施的路径探析。在我国的确存在着一些人对改善动物福利及进行动物福利立法不理解、不支持甚至冷嘲热讽的现象,如何克服这些障碍,让动物福利的观念深入人心,不仅是理论研究亦是现实层面亟待解决的问题。这就需要从宣传教育、立法、司法、执法的效力、配套措施等多维度进行考虑,进一步的研究和探讨。

透过以上的教学内容,让研究生们对动物福利法的概况有了较为详细的了解,完善了其知识结构,浸入了动物福利的意识和观念,并在一定程度上激发了他们对中国进行动物福利立法的思考和研究的兴趣。

(二)创新教学方法,讲究教育实效

众所周知,人的行为的后果影响着后继的行为。《动物福利法学》作为一门初入课堂的研究生课程,能够真正实现教学目的,达到预期的效果,才能为今后进一步拓宽教学范围,深入教学内容打好基础。为此,选择适当的教学方法就是关键。

传统的研究生教学,主要以单向训导的教学模式为主,它虽然能够较好地提供完整的知识体系和脉络,但在很大程度上忽略了知识的发展性,即知识并不是对现实世界的绝对正确的表征,不是放之各种情境皆准的教条,它们处在不断的发展之中,而且在不同情境中,它们需要被重新建构;学生亦不是空着脑袋走进教室的,在以往的生活、学习和交往活动中,他们逐步形成了自己对各种现象的理解和看法,而且,他们具有利用现有知识经验进行推论的智力潜能;相应地,学习不单单是知识由外到内的转移和传递,而是学习者主动地建构自己的知识经验的过程。我们会发现,在传统的教学模式下,学生在学习中只是被动地接受现成的结论,而缺乏对问题的分析,缺乏自己的见解,在这种教学中,学习者的思维能力得不到很好的发展,批判性和独立性受到压制,而求知欲也被消磨在机械、枯燥的学习活动中。

同时,此模式也掩盖了这样一个基本的事实,那就是研究生教育的主要目的是个人能力、行为以及思维模式的改变。改变的承担者只能是行为主体本身!因而,在教学的立意上,必须进行一种主体的还原:回到学习者(学生),回到学习活动。换句话说,就是要激发学生对这门学科的好奇心、主动性和创造性,通过自身体验和经历,通过深刻的学习,在认知、技能或情感上有所改变。研究生学习的规律之一,就是他们是在受尊重中学习的。

为此,在进行《动物福利法学》教学过程中,并未单纯沿袭传统的讲授式教学的方法,而是以发现式讲授为主,在此基础上适时的引入了体验式、研讨式、案例式等新的教学方法。

1. 体验式教学——激发学习热情,变被动为主动

记住一些条文或原理而不能理解其中的道理,或者理解了道理而不能付诸行动,结果只能是一种表浅的学习。动物福利法教学首先是发挥学生在教学中的积极性,让学生具有对动物福利法的好奇,想知道"事情为什么会是这样的",然后再去探索,去寻找答案,解除自己认知上的冲突,通过这种活动来使学生建构起对知识的理解。于是,最初的课程设计是通过观看资料片,深入农村、养殖户、走访宠物的饲养者、对民众进行相关问题的调查,引导学生走入动物福利的世界,让他们对这一问题由被动了解逐渐的转向主动探寻。

例如,为了进一步了解民众对于动物福利问题的关注度以及了解程度,在课程之初即组织环境法研究生及其他院系的一些学生一起,对包括北京、陕西、湖北、河北、河南和山西在内的20个省、市、自治区进行了相关调查,问卷通过网络、邮寄、直接发放的形式进行,发放调查问卷10000份,收回问卷9743份。问卷内容主要针对民众对于我国动物保护状况及立法的关注度、感受度、参与度及民众的法律意识四个方面10个问题,参与调查的对象设计搭配各行各业及不同年龄层次的人群,包括中小学生(10%)、大学本科生(其中法律专业学生占6%,非法律专业学生占6.5%,共计12.5%)、研究生(其中法律专业研究生占10%,非法律专业研究生占5%,共计15%)、博士(2.5%)、教师(2.5%)、律师(2.5%)、公务员(2.5%)、农民(15%)、餐饮从业者(5%)、动物制品相关从业人员(12.5%)、农民工(5%)、公司职员(8%)和其他(僧侣、无业或自由职业者等)2%。最后的调查结果是79.38%的受调查者认为应该专门立法管理和保护小动物;19.47%的受调查者认为"无所谓";1.75%的受调查者认为"不应该"。这些数据和调查报告的形成,不仅让学生们直观的了解到当前我国动物福利的社会环境,也为接下来的理论学习和研究提供了非常扎实的数据资料依据。

2. 研讨式教学——锻炼思辨能力,培养科学精神

在对我国动物福利立法的意义、模式等具体问题的教学上,主要运用了研讨式的方法。即在教师的指导下,学生自己开展研究性的学习活动,采取小组讨论、全

班讨论、攻关式讨论、辩论会等手段，进一步发现问题，分享解决问题的思路。

值得一提的是，课程进行中将研究生分为两组进行了“中国现阶段，该不该出台动物福利法”的辩论会。并且用海报的形式宣传，吸引全校范围的师生来旁听，不仅让我们的学生在论辩的过程中整理了知识，理清了思路，也在一定程度上起到了动物福利法的普法宣传目的。

另外，研讨式教学，还有一个非常大的优势——给“分享”留出应有的空间和时间。研究生教育最重要的功能之一就是改变看问题的视角。但在传统的讲授中，虽然许多人同坐在一个教室中，但他们的头脑是分立的，他们的思想很少交流，他们的情感很少碰撞，他们心灵的火花很少聚变出熊熊燃烧的智慧之火。学习只有建立在整体互动或分享的基础上，才能产生聚合之力。没有分享，也就没有充分的学习。研讨式学习恰恰解决了这一问题。学生积极参与不同形式的讨论，通过相互影响、相互启发，丰富了感性认识，验证、扩张和深化了理性认识，最终达到了提高各自思辨能力的目的。同时，也学会了倾听别人的意见，吸取他人的长处，正确地领会他人对自己行为的反应以及如何更好地提高自己，形成一种正确对待知识和问题的科学精神。在这一教学实践中，学生们一定程度上对动物福利法的知识结构形成了较为深刻的理解，培养起了具有广泛迁移价值的问题解决策略，并形成了对这一学科的积极态度。这些在对动物福利法的学习和研究，也是极为重要的。

3. 案例式教学——积聚众人智慧，探寻解决路径

案例式教学是在模拟的情景中，通过对教学案例的阅读、研讨、分析，达到教学设计目的的一种教学方法。它强调以案论理和创造性思维，强调全员参与和答案的多元化和最佳化。在我国还没有出台一部真正意义的动物福利法，在这一领域有着诸多需要研究和解决的问题，运用案例式教学学习和探讨“我国动物福利立法的障碍及突破”、“启动和推进动物福利法创制和实施的路径”等问题，具有很强的针对性和更广范围的思路捕捉。

《动物福利法学》的研究生教学，是一种结构良好的任务导向型教学，环境和前提是确定的，可以清楚界定任务形式。我们必须看到它所需要触及的学习层面，并不只是知识和技能的层面，还会涉及更深的个人的行为范式，包括自我意识、社会角色、思维方式、动机、价值观等内容。教师在重视知识传递的同时，更要重视与实际效果的结合。让学生仅仅停留在“知道”层面是不具有太多价值的，学习必须转化为“能力”才有意义，因为能力的提升能够让一个人更有效地解决他所面对的各种问题。能力意味着：当面对一种情况时，我们会自动以特定的模式去“思”，以及去“做”。具体到“动物福利法”层面，就是要具备这样的法律意识、理念和思维模式。具体教学中，选择了“欧盟、德国的动物福利立法实践与借鉴”、“是动物的权利还是动物的‘人权’”、“谁来推进中国动物福利立法”等案例进行了分析、讨论

和思路的共享。这一过程不仅激发了学生对这些问题的求知欲,并且加强了动物福利法理论的理性理解及应用。更重要的是改变了以往对动物福利的一些偏颇认知,有了解决相关问题的愿望和行动。

这次的《动物福利法学》教学实践引起了社会关注,在2008年5月举行的“中国动物保护法制建设国际研讨会”上,本书作者之一的孙江副教授做了“西北政法大学的动物法教学实践”的主题发言,引起与会中外专家的广泛关注,会后,中国政法大学、西南政法大学以及山东师范大学等高校的会议代表也都纷纷表示将开设《动物福利法学》这门课,如果这样的话,一个有关动物福利法的学术氛围就会逐渐形成。我们有理由相信动物福利法教学会越来越受到关注,在中国高校形成气候。

但是,通过对西北政法大学《动物福利法学》研究生教学实践的观察,我们也深刻地体会到,在中国进行动物福利法教学尚有诸多困难,主要是:(1)师资力量薄弱。(2)国外先进立法和实践的一手资料缺少,这方面国内外的研究著述较少,而且很多书因为印量少,资料搜集也比较困难。(3)有关这方面的研讨会和培训更是少之又少。(4)缺少教材和教辅书。因为意识的缘故,此领域的研究不为人所重视,很多国家部委甚至学校课题都通不过,课题审查部门认识不到此领域的研究意义,这样经费支持成为不可能,本来就弱的学科,就愈加没有竞争力。成不了强势学科,也只能是选修课,而一般来说,选修课的教材建设显然不如必修课受到重视。(5)与国外就此领域的学术和实践领域的交流较少。这些问题尚需所有关注动物福利的组织、机构、学者和民众,逐步地予以解决和完善。

此外,与发达国家动物保护法的研究和教学相比较,我国在此领域还面临着一些挑战:一是随着人类的一些利益与动物福利之间矛盾的出现,要求研究者给决策者和民众提供详细的可靠资料使双方理性的对待这一矛盾。并培养受到良好训练的年轻一代来解决实际问题,学者们又承担了社会学家和教育家的责任。二是随着中国的开放,国际合作的机会不断增加,如何平等合作也是非常重要的问题,如何在国内有效地开展联合,保证属于自己的知识产权。这不仅是学者的素养,更是民族发展的要求。三是我国的科研更多的是追求国际热点区而缺乏长期深入的研究。这既与社会关注的不稳定有关,也与各单位急于抢占所谓的国内领先地位密切相关,特别是近年来大学和研究院的职称评聘和津贴发放均与文章数量挂钩,更增添了这一先天不足的硬伤。四是一些教学科研人员与生产实际距离较远。由于现行的评估体制是以论文数量考核教授和研究员,因而他们关心的就是如何发表中国第一的文章来跟踪国际热点,根本不可能考虑生产,也不可能历经长期积累获得原始创新。我们现有的先进研究设备使得他们可以跟踪国际,也使得某些教授们及其研究机构为能够保持国内一流而沾沾自喜,这一现状或许在将来会有所改观。

作为一项公益事业,动物保护法的教学与科研需要长期的投资,既包括献身于此事业的学者能够长期坚持吃苦耐劳,也要求有稳定的资金来源。但由于受科研经费的制约,不能较长期地在某一方向坚持,表现为哪里有热点就以此为项目,貌似国际前沿,实为模仿他人,既不能形成自己的理论体系,也无法有所创新,这样又限制了在专一方向获得连续资助的机会,出现恶性循环。同时,由于动物保护法研究的社会公益属性以及不能直接创造生产价值,也由于国内少有机构或个人设立基金资助这方面的科研,因而经费获得渠道狭窄,主要由国家科研基金提供支持,其力度和广度无法满足解决日益突出的动物保护和动物福利问题的需要。

只有相应的科研才能为复杂的动物保护问题提供有效的解决方案。因此,我国目前要加大对动物保护法研究和教学的投入力度,只要我们付出长期艰苦的努力,借鉴他人的经验探索具有自我特色的途径,彼此协作、互相支持,一定会使我国在相关领域的教学研究达到世界水平。

结语:和谐社会视野下的动物立法

生命是宇宙的一个基本事实,宇宙间的生命更替不断、绵延不绝。在漫长的历史进程中,地球上形形色色的物种相继出现,人类作为一种高级的生命体从自然界中诞生。物种的生命和人的生命共同构成地球的生命链,为这个美丽的星球演奏着最动听的乐章,谱写着最绝妙的诗篇,这其中自然也有动物的存在。

从以往各章的论述中,我们已经深切体会,善待动物,绝不是人类对动物的施舍,从生态学和经济学的长远角度看,这无疑可以使人类本身生活得更好。由此人类为了关怀其他人的生命和其他形式的生命,就要采取新的生活方式和生产方式,在符合科学规律和经济发展条件的前提下,将动物的保护和利用纳入良性发展的法制化轨道,这无疑是实现人与自然和谐相处的必要前提。因此,如果换一个角度看,保护动物的立法的受益者主要的并不只是动物,而是人类自身。同时,这种立法实质上又是对于人类精神的深切关怀,是一种对于人文精神回归的呼唤,发展本身并不是一切,也不是终极的目标,社会的和谐以及人与环境的和谐才是人类追求的目标。诺贝尔奖获得者薛定谔(Envin Schrodinger)怀疑科学和技术的突飞猛进能否增加人类的幸福,的确,在科技和经济飞速发展的今天,人类要追求真实的、长久的幸福生活,对于自然深沉的爱是不可或缺的,我们是否可以这样认为,这种包含着对于自然深沉之爱的人文精神,就是一个具备人类良知和充分智识的老船长,只有在他的指引下,人类才会正确地小心翼翼地行驶在通往幸福彼岸的的航路上。因此,即便在中国这样一个不发达的发展中国家,还有众多的贫困人口,普通国民的福利还远非完善的情况下,动物福利立法也并不只是一种姿态和奢谈,而是国家和社会精神文明进步的必然要求。人类社会如果允许赤裸裸地宣示弱肉强食,那么社会就丧失了人文和价值的关怀,这种发展方向是值得担忧的,如果循着这种方向前行,国家和社会的未来将不只是一场噩梦。[1]

从建设小康社会到建设和谐社会是中国共产党作为执政党近年来在执政理念上的又一进步。和谐是人类的一种理想秩序,包括人与人的和谐和人与自然的和谐两个方面。国家主席胡锦涛指出,实现社会和谐,建设美好社会,始终是人类孜

〔1〕 曲云鹏:"动物福利立法与和谐社会建设",载《学术交流》2007 年第 10 期。

孜以求的一个社会理想,也是包括中国共产党在内的马克思主义政党不懈追求的一个社会理想。2003 年中共十六届三中全会提出了科学发展观,胡锦涛在阐明科学发展观时强调,要统筹人与自然和谐发展,要促进人与自然的和谐,实现经济发展和人口、资源、环境相协调,要牢固树立人与自然相和谐的观念。2004 年中共十六届四中全会通过的《中共中央关于加强党的执政能力建设的决定》,决定将"构建社会主义和谐社会"正式列为中国共产党全面提高执政能力的五大能力之一,胡锦涛在阐明社会主义和谐社会的基本特征时指出,"我们所要建设的社会主义和谐社会,应该是民主法治、公平正义、诚信友爱、充满活力、安定有序、人与自然和谐相处的社会"。2005 年 9 月 6 日,胡锦涛在会见第二十二届世界法律大会的部分代表的讲话中指出:"本届大会以'法治与国际和谐社会'为主题,具有十分重要的意义。法治是人类文明进步的重要标志。法治是以和平理性的方式解决社会矛盾的最佳途径。人与人的和睦相处,人与自然的和谐相处,国家与国家的和平共处,都需要法治加以规范和维护。"当前,中国和谐社会的构建之关键是解决现实中存在的各类突出矛盾,这一点已在党的有关文件和政策中明确体现。人与动物的和谐相处是我国构建和谐社会的题中之义,这种和谐要求人与动物能够和平共处在同一片蓝天下,动物本应具有的生存空间、生存环境、生存权利得到应有的保护与尊重,从而也为人类更加合理的利用动物资源提供安全、正义的条件,最终实现动物保护与人类生存发展的"共赢"。而现实是,当前我国动物的生存现状不尽如人意、公民的动物保护意识淡薄,虐待动物、破坏、掠夺动物生存环境的事件屡有发生,动物自身的康乐与人的正常欲望或者超常规欲望(如食用活着的动物)之间的矛盾在一定范围内存在,动物保护法体系很不完备(主要是对野生动物和实验动物予以保护的一些法律规定,其他动物基本没有涉及)。同时,我们又面临着国际舆论和"畜牧、水产品国际贸易壁垒"的压力。这一切都迫切需要在西方发达国家关于动物福利法的理论和实践已经日趋成熟的今天,中国作为一个有着良好怜悯生物传统、勇于创新和致力于和平发展的国家,大胆吸收和借鉴国外先进的立法经验,适时制定出一部符合本国实际、具有本土特色的动物保护法。这样不但能提高国民保护环境和爱护动物的意识,而且能为我国经济、社会的可持续发展注入新的动力,从而适应全球环境保护发展趋势的要求。

人与动物和谐相处也是指导各国加强动物保护法制建设的核心理念,该理念是人与自然和谐相处的理念在动物保护法中的具体反映。较早宣示和谐理念的环境资源法律是美国 1969 年颁布的《国家环境政策法》,该法在国会的目的和政策宣言中申明:促进人类与环境之间的充分和谐。《世界自然宪章》强调,"人类与大自然和谐相处,才有最好的机会发挥创造力和得到休息与娱乐"。1988 年发表的《我们共同的未来》及 1992 年联合国环境与发展会议通过的《联合国环境与发展宣言》已经确立"人与自然和谐"的可持续发展观。

在动物保护法发展的过程中,既有持科学观点的专家从科学性提出自己的见解,也有持人文精神的学者从宗教、伦理、道德、信仰提出自己的主张,他们往往争论不休;前者从"科学性"出发,指责动物福利保护立法是对愚昧、落后、迷信、无知、伪科学的迁就、妥协、投降和同流合污;后者从"人本主义"出发,指责动物福利保护立法是对人的尊严的亵渎、人的地位的贬低、人的利益的侵夺、人的社会秩序的干扰。理想的法律应该遵循自然生态规律和社会经济发展规律,应该尽可能地向客观规律靠拢,但是法律毕竟是法律,法律不等于客观规律和科学真理;有些人过分强调法律评价的主观价值,希望法律充分体现宗教信仰、伦理道德和人文精神,但法律的基础是现实的物质生活条件,法律绝不能违背客观规律。法律是现实社会生活的反映,是各种社会利益调和、衡平的产物。各国动物福利立法的实践说明,只有形成科学精神与人文精神相结合的理念,才能有效处理和化解在制定动物保护法方面的分歧和矛盾。各国动物保护法制建设的实践说明,动物保护法中关于"人与自然和谐相处"等理念既不单纯是科学理性的产物,也不单纯是人文精神的产物,而是人类现实利益与理性智慧、科学态度与道德精神相结合的产物。

因为与西方国家有着不同的历史文化背景,因此在我国构建动物保护法律制度,完善动物保护立法绝不能够急于求成,企望一蹴而就。我们应立足于我国国情,同时也要借鉴国外先进经验。许多发达国家的动物保护立法已经达到相当高的水准,而且在针对不同动物所制定的福利标准也各有不同,细化程度非常高,同时在执法力度上也非常严格,能够保障动物保护立法的实施。借鉴国外的先进经验,这样可以使得我们少走很多弯路,也可以使我国的动物保护立法更加科学合理。但也不可以完全照搬,因为虽然国外有很多立法在技术层面上讲是非常完善的,但是在我国却不一定有能生存下去的土壤。所以,在借鉴国外成功经验的基础上,结合我国现有的生产力水平,社会文明发展程度以及公民科学文化素质等一系列我国特有的国情,先制定出一部在现阶段具有现实意义的动物保护法,不乏是一种实事求是的态度。

在我国,对动物福利进行立法,尚需在很多方面进行协商,但是也必须坚持一个最低限度保护动物原则,否则动物福利立法就失去了其意义。所谓最低限度保护动物,是指在经济或其他条件难以满足动物福利标准时,先保证动物处于不受虐待的状态。在德国《动物福利法》的规定中能看到很多对从事动物饲养、动物实验的福利人员提出必须具备相关的知识技术的高要求,例如其第4条规定的"只有具备必要知识和技能的人才能从事杀灭脊椎动物。"然而,在我国目前如果要提出这样的要求,恐怕将有大量的牲口屠宰工作无法顺利进行,但如果我国在这方面完全不作任何规定,那么大量的屠宰前注水、活杀的现状还是不会得到有效的改善。因此,我国在进行动物保护立法时必须坚持最低限度保护动物原则,最低限度的标准最主要体现于不虐待动物。不虐待动物是动物保护法的最低底线,因为虐待动物与否和经济发展水平无关,事实上在贫困的地区人和动物和谐相处的程度往往更高。在贫困的西藏高原,藏区的每一个牧民都非常善待他们的狗,把它本身视为家庭中的成员,有的甚至在食物方面都不存在区别。[1]

在制定动物保护法律制度时,还应该让专业人员与公众共同参与。首先,动物保护法对专业性的要求很强,每种动物在被剥夺表达正常行为的机会时所产生的应激行为各不相同,对于这些行为哪些是正常的哪些是不正常的,只能由专门从事研究动物的专业人员来作出判断,而不能由我们从人类自身的角度出发作出任意判断。另外,在制定动物福利标准时,也应由从事大量研究这类动物的专业人员给出,不同类型、年龄、性别、体重的动物对于环境的需求都是不一样的。这些标准不是由其动物所有人随意拟定或是凭心情好坏决定的,而应当经由专业人员科学的观察和反复的测试后才能得出的。其次,动物福利标准还必须经由广大公众的共同参与和配合才能成为一个切实可行的标准。如果一个标准的设定虽然有利于保持动物的最佳生活状态,但是却损害了动物所有人的基本权益,则该标准无疑是难以得到落实的,而用法律的强制力去要求公众按照其无法做到的动物福利标准去对待动物也毫无疑问是不公正的。动物保护法因其特有的敏感性决定了其中任何一个动物福利标准的制定都必须征求广大公众的意见,而公众在参与的过程中也能容易接受动物保护的教育,增强动物福利的意识。最后,在为动物保护立法的过程中,除了应当征求专业人员的意见,还应当广泛征求公众的意见,只有充分调动两者参与的积极性,才有利于制定出一部科学的法律制度。

在我国动物保护立法模式的选择上,在衡量需要和可能、中国国情和国外先进经验、现实需要和目标适当超前以及理论与实际的关系后,应考虑走渐进式的立法模式。具体来说,我国现阶段应在《野生动物保护法》、《实验动物管理条例》、《畜牧法》等现有法律中增加体现动物福利内容的条款,通过这些条款保护动物的福利状况并增强公众的动物福利意识。然后再制定《防止虐待动物法》,全面禁止各种虐待动物的行为。等该法在我国实行一段时间后,公众已经普遍具备了动物福利的法律意识,最后再制定动物保护基本法,即《动物福利法》或《动物保护法》,该基本法可效仿德国《动物福利法》将各类动物的福利内容涵盖进去,无法涵盖进去的内容再授权有权机关另行制定。

中国的经济经历了一个30年的高速成长期,但是在社会快速行进的过程中,在某些方面,精神的成长某种程度上没有得到应有的关照。当然,在社会的进步过程中,任何国家都不可避免地要付出成长的代价。对于一些问题的出现,也不能够完全和简单地仅仅归咎于相关法律的缺失,甚至可以说,有时候,法律并不是最为核心的问题,法律并非万能,它需要其他多种的社会资源配置手段共同作用才能取

---

〔1〕 倪正:《真实的藏獒》,国际文化出版公司2006年版,第43页。

得较好的效果。对于这个问题，恐怕在技术层面之上的更主要的和更为深层次的根源，在于我们的教育制度和社会环境，它在相当程度上泯灭了年轻人的创造力和对于自然的爱，在不远的未来，期望我们的教育体制可以培养出自然而快乐的青年人，拥有完善的人格与素质的现代人，只有在这样的前提下，造就了充满对社会、对周围人和对自然包括对动物的爱的公民，建设和谐健康的社会才是可能的。[1]

---

〔1〕 曲云鹏："动物福利立法与和谐社会建设"，载《学术交流》2007年第10期。

附录一：中国主要有关动物保护和福利的法律法规

《关于稀有动物保护办法》(1950年)
《关于积极保护和合理利用野生动物资源的指示》(1962年，国务院)
《野生动物资源保护条例(草案)》(1973年，农林部)
《自然保护区暂行条例(草案)》(1973年，农林部)
《水产资源繁殖保护条例》(1979年，国务院)
《中国进出口动植物检疫条例》(1982年，国务院)
《关于严格保护珍贵稀有野生动物的通令》(1983年，国务院)
《森林和野生动物类型自然保护区管理办法》(1985年，林业部)
《关于坚决制止乱捕滥猎和倒卖、走私珍稀野生动物的紧急通知》(1987年，国务院)
《中华人民共和国环境保护法(试行)》(1979年)
《中华人民共和国海洋环境保护法》(1982年)
《中华人民共和国森林法》(1984年，1998年修订)
《中华人民共和国草原法》(1985年)
《家畜家禽防疫条例》(1985年)
《中华人民共和国渔业法》(1986年)
《中华人民共和国国境卫生检疫法》(1986年)
《野生药材资源保护管理条例》(1987年)
《中华人民共和国野生动物保护法》(1988年)
《实验动物管理条例》(1988年)
《中华人民共和国环境保护法》(1989年)
《中华人民共和国传染病防治法》(1989年，2004年修订)
《兽药药政药检管理办法》(1989年)
《进出口兽药管理办法》(1989年)
《国家重点保护野生动物驯养繁殖许可证管理办法》(1991年)
《进出境动植物检疫法》(1992年)
《陆生野生动物保护实施条例》(1992年)
《家畜家禽防疫条例实施细则》(1992年)
《水生野生动物保护实施条例》(1993年)

《猎枪弹具管理办法》(1993 年)
《陆生野生动物资源保护管理收费办法》(1993 年)
《关于禁止犀牛角和虎骨贸易的通知》(1993 年)
《水生野生动物保护实施条例》(1993 年)
《中华人民共和国自然保护区条例》(1994 年)
《种畜禽管理条例》(1994 年)
《城市动物园管理规定》(1994 年,2004 年修订)
《进出境动植物检疫法实施条例》(1996 年)
《兽用生物制品管理办法》(1996 年)
《中华人民共和国刑法》(1997 年修订)
《中华人民共和国动物防疫法》(1997 年,2007 年修订)
《农业系统实验动物管理办法》(1997 年)
《生猪屠宰管理条例》(1998 年)
《生猪屠宰管理条例实施办法》(1998 年)
《屠宰执法监督管理检查人员管理办法》(1998 年)
《饲料和饲料添加剂管理条例》(2001 年)
《实验动物许可证管理办法(试行)》(2001 年)
《动物检疫管理办法》(2002 年)
《动物免疫标识管理办法》(2002 年)
《动物检疫管理办法》(2002 年)
《兽药管理条例》(2004 年 3 月 24 日通过)
《动物源性饲料产品安全卫生管理办法》(2004 年)
《中华人民共和国畜牧法》(2005 年)
《重大动物疫情应急条例》(2005 年)
《中华人民共和国濒危野生动植物进出口管理条例》(2006 年)
《生猪屠宰管理条例》(2007 年修订)

附录二：中国参加的与动物保护有关的条约

《国际捕鲸管制公约》（本公约1946年12月3日订于华盛顿，并于1948年11月10日生效。1980年9月24日中国外长致函该公约的保存国美国国务卿，通知我国决定加入国际捕鲸公约及国际捕鲸委员会；同时声明，台湾当局盗用中国名义对上述公约的承认和加入的申请是非法无效的。1980年10月20日美国国务院复函，确认中华人民共和国从1980年9月24日起成为本公约当事国）

《南极条约》（该公约1959年12月1日订于华盛顿，1961年6月23日生效。1983年6月8日中华人民共和国政府向美国政府交存加入书，并自该日起对我国生效）

《濒危野生动植物物种国际贸易公约》（1973年3月3日订于华盛顿，并于1975年7月1日生效。1981年1月8日，中国政府向该公约保存国瑞士政府交存加入书。同年4月8日，该公约对我国生效）

《保护世界文化和自然遗产公约》（1972年11月23日订于巴黎，1975年12月17日生效。1986年3月12日对中国生效）

《亚洲—太平洋水产养殖中心网协议》（本协议1988年1月8日订于曼谷，并于1990年1月11日生效。中国政府于1988年1月8日签署本协议。1990年1月11日，本协议对中国生效）

《关于特别是作为水禽栖息地的国际重要湿地公约》（该公约通常简称"湿地公约"或"拉姆萨公约"，1971年2月2日订于拉姆萨，并经1982年3月12日议定书修正，1975年12月21日生效。中华人民共和国政府于1992年1月3日加入该公约，同年7月31日对我国生效）

《生物多样性公约》（该公约1992年6月5日订于里约热内卢，并于1993年12月29日生效。中国政府总理1992年6月11日在里约热内卢签署该公约。1992年11月7日，全国人大常委会决定批准该公约。1993年1月5日，中国交存批准书；同年12月29日，该公约对我国生效）《卡塔赫纳生物安全议定书》（2000年）

《中华人民共和国政府和日本国政府环境保护合作协定》（1994年3月20日签订于北京）

《联合国海洋法公约》（1982年12月10日订于蒙特哥湾。同日，中华人民共和国政府代表签署该公约。1994年11月16日，该公约生效。1996年5月15日，第八届全国人大常委会第十九次会议决定，批准海洋法公约）

《养护大西洋金枪鱼国际公约》（1966年5月14日签订于里约热内卢，1996年6月15

日，国务院关于决定加入《养护大西洋金枪鱼国际公约》及养护大西洋金枪鱼国际委员会的批复）

《中白令海峡鳕资源养护与管理公约》（本公约 1994 年 2 月 11 日订于华盛顿，并于 1995 年 12 月 8 日生效。公约的六个成员国中国、日本、韩国、波兰、俄罗斯和美国均已核准该公约。我国于 1995 年 9 月交存了批准书）

《跨界鱼类种群和高度洄游鱼类种群的养护与管理协定》（1995 年 12 月 4 日）

《中华人民共和国政府和大韩民国政府渔业协定》（2000 年 11 月 20 日签订于北京）

《中华人民共和国政府和越南社会主义共和国政府北部湾渔业合作协定》（2000 年 12 月 25 日签订于北京）

《南极海洋生物资源养护公约》（2006 年 10 月 19 日对我国生效）

附录三：世界动物福利宣言

认识到动物是活的、有感受力的生命个体，理应得到我们特别的关心与尊重。

认识到人类同其他的物种以及其他形式的生命共享这个星球，所有形式的生命在一个相互依赖的生态系统里共存。

认识到尽管人类的各个社会在社会、经济和文化上存在显著差异，但是每个社会都应该在一个人道的和可持续的方式上发展。

承认许多国家已经有了一个保护家养和野生动物的法律体系。

谋求保证这些体系持续有效，并且发展更好、更全面的动物福利条款。

世界动物保护协会

宣布这个《世界动物福利宣言》作为所有民族和国家达到的共同标准，不论国内还是国际，通过任何适当的、先进手段的努力，来推动这些原则的遵守，获得人们共同的有效的认同和评价。

第一条　定义

a.“动物”是指任何能感知疼痛和痛苦的、非人类的哺乳类、鸟类、爬行类、两栖类、鱼类和无脊椎动物。

b.“野生动物”包括未被人类驯养的所有动物。

c.“依人动物”是指其福利和生存受人照顾的动物，包括陪伴动物，用来提供食物和产品、畜力、服务、科学研究或娱乐而饲养的动物，以及捕获的野生动物。

d.“陪伴动物”（或称陪伴动物或宠物）是指在当地的文化背景下，传统上和人类相陪伴的动物种，无论是否有计划为此目的培育的。

e.“虐待”是指对动物施加的任何不必要的疼痛和痛苦，无论是故意的还是无意的。

f.“福利”是指满足动物的物质、行为和心理需要的程度。

第二条　基本条款

a. 人类肯定有照顾和保障动物福利的义务。

b. 人不应在不必要的情况下杀死动物或向动物施加残酷的行动。

c. 虐待任何动物应被视为是一种严重的罪过，应该通过不同层次的立法对这些行为进行适当的惩罚，以防止作恶者重犯。

第三条　野生动物

a. 在必须捕捉和猎杀野生动物的地方，为了保护生物的多样性，猎取动物的最大数量应是可持续的,而且建立在由管理实践所得出的科学地合理基础上。

b. 在必须捕捉和猎杀野生动物的地方,所用的器具和技术不应当:

● 给动物带来痛苦。

● 伤害非目标的动物。

● 破坏动物的生境。

c. 以娱乐和体育运动为目的而捕捉和猎杀野生动物应予禁止。

d. 为了确保上述条款的实施,应当采取一切必要的措施来保护动物的栖息地和生态系统。

第四条　依人动物

a. 由人管理饲养或被人捕获饲养的动物,应该提供“五项基本福利”。

(五个“F”,亦有译作“五大自由”),这在整个动物福利领域日益被广泛采纳:

●不受饥渴:提供充足的清洁水和食物以维护动物健康和精力。

●不受困顿:提供合适的环境,包括房舍和栖息场所。

●不受疼痛、伤病的折磨:预防疾病,及时给伤病动物诊治。

●不受恐惧和痛苦:确保动物拥有良好的条件和对待,避免精神上的痛苦。

●自由表达正常习性:提供足够的空间、适当的设施以及与同类动物伙伴在一起。

b. 任何严重受伤、患病或者遭受痛苦的动物,如果其生存仍然是持续痛苦的,兽医或其他有资格的人应当有权予以人道地处死。

第五条　为食物、产品和役使而饲养的动物

a. 为提供食品和产品必须宰杀动物时,所采用的方法不应该在动物死亡之前给动物带来痛苦。

b. 应该由熟练、胜任的人宰杀动物。

c. 待宰杀的动物在载卸、处置、住栏、喂饲和饮水时应该以人道的方式对待。

d. 应采取一切适当的措施,尽量减少动物的运输。如果必须运输,应考虑到过程中的动物福利问题。

e. 应该尽量在离饲养地最近的地方宰杀动物。

f. 采取一切适当的措施保证用作畜力或为人类做其他工作的动物,在工作持续时间和强度上采取合理的限制,这种限制应以科学评价为基础。

第六条　陪伴动物(或译作“伴侣动物”,过去称为“宠物”——译校者注)

a. 养主对陪伴动物一生的照顾和福利负有责任;如果养主不能再照顾动物时,有责任安排转交给另一个负责的人。

b. 应当采取适当的措施促进和推广陪伴动物的去势工作。

c. 应当采取适当的措施实行陪伴动物登记和身份识别制度。

d. 陪伴动物的商业经营应置于严格的规章、许可证和监查制度下,以防止虐待动物或者饲养动物供过于求。

e. 兽医或其他有资格的人有权应用人道手段,对那些被遗弃和不能再被收养,或者不能对它们提供适当照顾保障其福利的陪伴动物,进行安乐死。

f. 应当禁止使用不人道的或任意的方法处死陪伴动物,包括电击、毒杀、枪击、溺毙或者勒杀等。

第七条　运动或娱乐用动物

a. 当动物用于合法的体育运动或娱乐时,应采取各种适当的措施使它们免受虐待和折磨。

b. 动物用于展览和表演有损于它们的健康和福利,应该予以禁止。

第八条　科学研究用的活动物

a. 只有对人或动物的福祉必须时,才使用动物进行科学研究和试验,包括:

● 寻找治疗、预防和处理疾病的方法;

● 开发减轻病痛或促进健康的产品;

● 在别无其他方法可供选择的情况下进行有毒物质的测定。

b. 在必须用动物进行研究和测试时,采用的方法应该保证:

● 使用的动物数最少;

● 给动物带来的疼痛和痛苦最小,并且或者加以减轻;

● 在动物的整个生存期间应当受到高标准的饲养和照顾。

c. 如果可能,应当用其他方法代替动物试验;应当鼓励、研究和使替代方法合法化。

d. 在下列情况下,用动物进行的科学研究和测试应予禁止:

● 不用动物也可能获得类似科学价值的信息;

● 相似科学价值的信息已经存在。

e. 结果对人类和动物福祉是非必需的。

(郑怀信译 祖述宪校)

附录四:世界各国动物保护法律(英文)

ALBANIA

Law on Hunting and Protection of Wildlife (Act No. 7875, 23 November 1994)

ARMENIA

Law on Nature Reserves (17 December 1991)

AUSTRALIA

Environment Protection and Biodiversity Conservation Act (Act No. 91, 16 July 1999)

AUSTRIA

Law on the Protection of Nature of Styria (30 June 1976, amended by Law of 21 January 2000)

BELGIUM

Loi sur la chasse (28 February 1882, as consolidated on 6 August 1997)

Décret sur la chasse (Flemish Region) (24 July 1991)

Arrêté du gouvernement wallon relatif aux permis et licences de chasse (4 May 1995)

Arrêté du gouvernement wallon fixant les conditions et la procédure d' agrément des conseils cynégétiques (30 May 1996)

Décret concernant la conservation de la nature et le milieu naturel (Flemish Region) (21 October 1997)

BENIN

Loi portant réglementation de la protection de la nature et de l' exercice de la chasse (Act No. 87-014, 21 September 1987)

Loi portant conditions d' exercice de la chasse et du tourisme de vision (Act No. 93-111, 3 August 1993)

BOTSWANA

Wildlife Conservation and National Parks Act (Act No. 28 of 1992, as amended by Acts No.

60 of 1992 and No. 16 of 1993)

BULGARIA

Protected Areas Law (30 October 1998)

BURKINA FASO

Loi portant code forestier (Law No. 006/97/ADP, 31 January 1997)

CAMEROON

Loi portant régime des forêts, de la faune et de la pêche (Law No. 94/01, 20 January 1994)

Décret fixant les modalités d'application du régime de la faune (Decree No. 95/466/PM, 20 July 1995)

CHILE

Ley que sustituye el texto de la Ley n° 4601, sobre caza, y el artículo 609 *del Código Civil* (Law No. 19473, 4 September 1996)

COLOMBIA

Normas para el manejo sostenible de especies de fauna silvestre y acuática (Law No. 611, 17 August 2000)

COSTA RICA

Ley de Biodiversidad (Law No. 7788, 23 April 1998)

Ley de Conservación de la Vida Silvestre (Law No. 7317, 30 October 1992)

DENMARK

Protection of Nature Act (No. 9, 3 January 1992, consolidated until 23 February 2000)

Hunting and Wildlife Management Act (No. 114, 28 January 1997)

FINLAND

Law on the Protection of Nature (Law No. 615, 28 July 1993)

Law on Hunting (Law No. 1096, 20 December 1996)

FRANCE

Code de l'environnement, articles L429 - 1 - L429 - 40 (*chasse*)

Code rural, articles R221 - R229 (*chasse*)

Code rural, articles L211 - L215 and R211 - R215 (*protection de la faune et de la flore*)

Loi sur la protection et mise en valeur des paysages (No. 93 – 24, 8 January 1993)

GERMANY

Federal Nature Conservation Act (21 September 1998)

Federal Hunting Act (29 September 1976, as amended until Law of 26 January 1998)

GUINEA

Loi adoptant et promulguant le code de protection de la faune sauvage et réglementation de la chasse (Law L/97/038/An, 9 December 1997)

ITALY

Law on Protection of Warm – blooded Wild Fauna and Hunting (Law No. 157, 11 February 1992)

Framework Law on Protected Areas (Law No. 394, 6 December 1991, as amended until Law No. 426, 9 December 1998)

Decree of the President of the Council of Ministers on Implementation of the Provisions on Derogations under article 9 of Directive 79/409/EEC on Conservation of Wild Birds (27 September 1997)

Legislative Decree concerning the Transfer of State Administrative Functions to Regions and Local Authorities (Decree No. 112, 31 March 1998)

Regional Law (Tuscany) on Conservation of Natural and Semi – natural Habitats and Wild Flora and Fauna (Law No. 56, 6 April 2000)

KENYA

Wildlife (Conservation and Management) Act 1976, as amended in 1989 (Act No. 1, 10 February 1976 and Act No. 16, 6 December 1989)

LITHUANIA

Law on Wildlife (Law No. Ⅷ – 498, 6 November 1997)

MALAWI

National Parks and Wildlife Act (Act No. 11, 15 April 1992)

MALI

Loi fixant les conditions de gestion de la faune sauvage et de son habitat (Law No. 95 – 031, 20 March 1995)

Décret déterminant les modalités et conditions d' exercice des droits conférés par les titres de chasse (Decree No. 97 - 052/P - RM, 31 January 1997)

MAURITANIA

Loi abrogeant et remplaçant la loi n° 75 - 003 *du* 15 *janvier* 1975 *portant code de la chasse et de la protection de la nature* (Law No. 97 - 006, 20 January 1997)

MEXICO

Ley General de vida silvestre (Law of 20 April 2000)

NETHERLANDS

Flora and Fauna Act (25 May 1998)

PERU

Ley de Áreas Naturales Protegidas (Law No. 26834, 30 June 1997)

PHILIPPINES

National Integrated Protected Areas System Act (Act No. 75, 1 June 1992)

PORTUGAL

Framework Law on Hunting (*Lei de Bases Gerais da Caça*) (Law No. 173/99, 21 September 1999) 、

Decree - Law implementing the Framework Law on Hunting (No. 227 - B/2000, 15 September 2000)

Framework Law on the Environment (*Lei de Bases do Ambiente*) (Law 11/87, 7 April 1987)

ROMANIA

Law on Hunting and the Protection of Game (Law No. 103, 23 September 1996)

Law on Environmental Protection (Law No. 157, 29 December 1995)

SPAIN

Ley de Conservación de los Espacios Naturales y de la Flora y Fauna Silvestre and *Ley por la que se modifica la Ley de Conservación de los Espacios Naturales y de la Flora y Fauna Silvestre* (Law No. 4, 27 March 1989 and Law No. 41, 5 November 1997)

SWITZERLAND

Ordonnance sur la protection de la nature et du paysage (16 January 1991, with amendments up to 1 April 1996)

TAJIKISTAN

Law on the Protection and Use of the Animal World (Law No. 989, 20 July 1994)

UGANDA

Uganda Wildlife Statute (Act No. 14 , 14 May 1996)

URUGUAY

Decreto que mantiene la prohibición de la caza, tenencia, transporte, comercialización e industrialización de especies zoológicas silvestres y sus productos (Decree 164/996, 2 May 1996)

Decreto que autoriza la caza deportiva y el transporte por el cazador habilitado de ejemplares que se determinan (Decree 165/996, 2 May 1996)

参考文献

著作类:

1. 韩德培主编:《环境保护法教程》(第五版),法律出版社 2007 年版。
2. 王曦编著:《国际环境法》(第二版),法律出版社 2005 年版。
3. 王曦编译:《联合国环境规划署环境法教程》,法律出版社 2002 年版。
4. 宋伟:《善待生灵　英国动物福利法律制度概要》,中国科学技术大学出版社 2001 年版。
5. 常纪文:《动物福利法——中国与欧盟之比较》,中国环境科学出版社 2006 年版。
6. 曹菡艾:《动物非物——动物法在西方》,法律出版社 2007 年版。
7. 马建章、贾竞波编著:《野生动物管理学》,东北林业大学出版社 1990 年版。
8. 万自明等编著:《野生动植物执法》,中国林业出版社 2004 年版。
9. 林业部政策法规司编:《中华人民共和国森林法讲话、中华人民共和国野生动物保护法讲话》,中国林业出版社 1992 年版。
10. 莽萍、徐雪莉编:《为动物立法——东亚动物福利法律汇编》,中国政法大学出版社 2005 年版。
11. 孙江:《动物福利立法研究》,法律出版社 2008 年版。
12. 傅华:《生态伦理学研究》,华夏出版社 2002 年版。
13. 邝福光:《环境伦理学教程》,中国环境科学出版社 2000 年版。
14. 高利红:《动物法律地位研究》,中国政法大学出版社 2005 年版。
15. 徐宏发、张恩迪主编:《野生动物保护与管理技术》,华东师范大学出版社 1998 年版。
16. [法]亚历山大・基斯著:《国际环境法》,张若思编译,法律出版社 2000 年版。
17. [英]彼得・辛格著:《动物解放》,孟祥森、钱永祥译,光明日报出版社 1999 年版。
18. [英]彼得・辛格著:《动物解放》,刘述宽译,青岛出版社 2004 年版。
19. [美]汤姆・雷根:《动物权利论争》,中国政法大学出版社 2005 年版。
20. [美]罗伯特・乔著:《野生动植物的管理》,徐宏发等编译,上海三联书店 1994 年版。
21. [美]纳什著:《大自然的权利》,杨通进译,青岛出版社 2005 年版。

论文类:

1. 刘永鑫:"解读英国动物福利立法　完善我国动物福利立法",载《绿色中国》2005 年第 12 期。
2. 许健、沈展昌:"'动物权利主体论'质疑",载《河北法学》2004 年第 1 期。
3. 高利红:"动物福利立法的价值定位",载《山东科技大学学报》(社会科学版)2006 年 3 月。

4. 常纪文:“动物福利立法的贸易价值取向问题”,载《山东科技大学学报》(社会科学版)2006 年 3 月。
5. 张云雁:“论动物保护立法的发展趋势”,载《理论园地》2003 年 10 月。
6. 蔡守秋:“论动物福利法的基本理念”,载《山东科技大学学报》(社会科学版)2006 年 3 月。
7. 刘国信:“世界各国的动物福利立法”,载《动物福利》2005 年第 3 期。
8. 曹明德:“论生态法的基本原则”,载《法学评论》2002 年第 6 期。
9. 宋伟:“中国法学界应该关心的话题:动物福利法”,载《森林与人类》2003 年第 1 期。
10. M. T. Cirelli, Legal Trends In Wildlife Management, Rome, 2002. Cath Knight, The System of Wildlife Management And Conservation In Japan, With Particular Reference to The Asiatic Black Bear, *New Zealand Journal of Asian Studies* 9, 1 (June, 2007): 62 – 79.

后　　记

按出版时间推算，这本书正式出版面世的时候，正是秋天，一个收获的季节，也是一个感恩的季节。就在这样的时节里，尽我们拙力而勉为之的《动物保护法概论》终于出版了，虽然无论如何不敢自认对这一事业做出了怎样的贡献，但感激之情却是充满心间——为这一路上的支持与鼓励。

澳大利亚格里菲斯大学（Griffith University）曹菡艾（Deborah Cao）教授，在中国大陆出版了《动物非物——动物法在西方》，首次系统地向国人介绍了西方国家动物保护法律概念、动物福利、动物权利以及动物保护立法和实践。2008 年初，西北政法大学在环境法研究生中首开《动物福利法学》这门课，当时的教辅用书就是以曹菡艾教授这本书作为“蓝本”的。后来本书的作者在 2008 年 4 月“中国首届动物保护法制国际研讨会”上邂逅曹菡艾教授，自此后，曹教授对西北政法大学关于动物保护法领域的教学和科研给予了无私的帮助和支持，本书中也大量引用了曹教授的观点和资料以及她通过电邮帮我们翻译、提供的资料，在此我们全体撰写人员对曹教授表示由衷的感谢！本书的成型和我们的学术成长，曹教授可以说是功不可没！

经曹菡艾教授引荐，我们又结识了《动物解放》的翻译者祖述宪教授，他是最早引进西方动物保护法思想到中国的人之一，同时，他也是中国著名的流行病防治专家、安徽省预防医学会爱护环境与动物教育组创办人。老人家经常通过电邮为我们翻译和提供国外以及港台的动物保护（福利）法领域的一手资料。直到本书统稿阶段，祖教授还在给我们提供很多有益的素材，由于出版时间的紧迫，很多有益的意见，我们书里没有完全采纳，但祖教授的无私和高义令我们感动，并激励我们前行。

在这里还应该特别提到的是中国小动物保护协会会长、中国人民大学卢获教授，作为一个前行者，她对动物生命的关爱和对动物保护的执著一直感动着我们。特别感谢一直为被遗弃和伤残动物奔波的明明女士，她为我们提供了大量珍贵的资料和信息。也特别感谢国内著名公务员考试培训专家黄勇先生，在本书写作之初参与了本书的策划、讨论，贡献了宝贵的意见和经验。

还有中国社会科学院法学研究所的常纪文教授，是中国大陆最早涉足动物保护法研究的学者之一，他正在主持中国《动物保护法(建议稿)》研究项目和组织编写另外一本动物保护法教材——《动物保护法学》，他正致力的工作是中国动物保护法进程中不可或缺的内容。在本书中也大量借鉴了常纪文教授相关的著述及体例。在此表示由衷的感谢！

感谢资助本书出版的香港动物守护神咨询机构，这是一家致力于防止虐待动物的公益机构。它们的目标是在中国推动防止虐待动物的立法及动物保护的立法活动，唤醒公众、企业及政府机构对动物保护的意识，推广动物福利概念及原则的普及。

本书写作中引用了许多专家和学者的观点和资料，在此向给我们以启发的各位作者，表示由衷的感谢！

感谢所有用各种形式关注和从事动物保护和推动动物保护立法的人们和组织。

最后感谢我们的学校——西北政法大学，感谢历届关心支持我们的领导以及所有的老师和所有的同事。

法律出版社教育分社社长丁小宣先生、编辑张立明为出版本书付出了艰辛的劳动，在此致谢！

这一路走来，更加坚定了我们对于中国的动物保护(福利)立法研究事业的信念，并激励我们在这条道路上渐行渐远，永不止步。如果一定要说路上的艰辛与荆棘，也只能说这些艰辛与荆棘出自于我们学识的欠缺与薄弱，所以更加感念身边的支持与帮助！

孙江　何力　黄政

2009年7月7日于西北政法大学

图书在版编目(CIP)数据

动物保护法概论／孙江编著．—北京：法律出版社，2009.8

ISBN 978－7－5036－9774－6

Ⅰ.动…　Ⅱ.孙…　Ⅲ.动物保护法—中国—教材　Ⅳ.D922.68

中国版本图书馆CIP数据核字(2009)第129422号

责任编辑／张立明　　**装帧设计**／乔智炜

出版／法律出版社　　**编辑统筹**／法律教育出版分社
总发行／中国法律图书有限公司　　**经销**／新华书店
印刷／永恒印刷有限公司　　**责任印制**／张宇东

开本／787×960毫米　1/16　　**印张**／20.75　　**字数**／366千
版本／2009年8月第1版　　**印次**／2009年8月第1次印刷

法律出版社／北京市丰台区莲花池西里7号(100073)
电子邮件／info@lawpress.com.cn　　**销售热线**／010－63939792/9779
网址／www.lawpress.com.cn　　**咨询电话**／010－63939796

中国法律图书有限公司／北京市丰台区莲花池西里7号(100073)
全国各地中法图分、子公司电话：
第一法律书店／010－63939781/9782　**西安分公司**／029－85388843　**重庆公司**／023－65382816/2908
上海公司／021－62071010/1636　**北京分公司**／010－62534456　**深圳公司**／0755－83072995

书号：ISBN 978－7－5036－9774－6　　**定价：**29.00元

(如有缺页或倒装，中国法律图书有限公司负责退换)